天大法学文库

孙佑海 主编

环境司法制度研究

陈学敏 —— 著

法律出版社 | LAW PRESS
北京

图书在版编目(CIP)数据

环境司法制度研究 / 陈学敏著. -- 北京 : 法律出版社, 2023
(天大法学文库 / 孙佑海主编)
ISBN 978-7-5197-8552-9

Ⅰ. ①环… Ⅱ. ①陈… Ⅲ. ①环境保护法–研究–中国 Ⅳ. ①D922.680.4

中国国家版本馆 CIP 数据核字(2023)第 219647 号

天大法学文库	环境司法制度研究 HUANJING SIFA ZHIDU YANJIU	陈学敏 著	策划编辑 似 玉 责任编辑 似 玉 装帧设计 鲍龙卉

出版发行 法律出版社	开本 710 毫米×1000 毫米 1/16
编辑统筹 法律应用出版分社	印张 21.75 字数 322 千
责任校对 朱海波	版本 2023 年 12 月第 1 版
责任印制 刘晓伟	印次 2023 年 12 月第 1 次印刷
经 销 新华书店	印刷 唐山玺诚印务有限公司

地址:北京市丰台区莲花池西里 7 号(100073)
网址:www.lawpress.com.cn 销售电话:010-83938349
投稿邮箱:info@lawpress.com.cn 客服电话:010-83938350
举报盗版邮箱:jbwq@lawpress.com.cn 咨询电话:010-63939796

书号:ISBN 978-7-5197-8552-9 定价:88.00 元
凡购买本社图书,如有印装错误,我社负责退换。电话:010-83938349

天大法学文库
编辑委员会

总　序

作为中国第一所现代化大学，天津大学已经走过了120余载的风雨历程，其前身北洋大学是中国教育史乃至整个近现代史的一座伟大丰碑。如今，当人们谈起这座位于渤海之滨的学术殿堂时，首先想到的或许是其工科特色。的确，天津大学的建筑、精密仪器等学科远近闻名。然而，天津大学不仅有严谨、担当的工科，还有深厚的法科底蕴。在北洋大学创办之初，法科(律例学门)就位列各学科之首，开创了中国现代高等法学教育的先河。作为中国第一所现代化大学，天津大学颁发出我国第一张大学文凭不足为奇，巧合的是，第一张大学文凭的获得者恰恰是法科学生——王宠惠，这不仅是天津大学法学人的骄傲，更是值得中国法学界铭记的历史时刻。

北洋法学有着辉煌的历史，曾培养出张太雷、王宠惠、徐谟、王正廷等杰出校友。张太雷同志是杰出的无产阶级革命家，著名的政治活动家、宣传家，中国共产党和人民军队早期重要领导人之一，为中国革命作出卓越贡献。王宠惠先生曾将德文版《德国民法典》译成英文，作为英美法系国家的法学教材，并赢得法学界的广泛赞誉，他还代表中国参加《开罗宣言》的起草，代表中国参加《联合国宪章》的签署，为维护国家利益进行不懈斗争。徐谟先生学贯中西，国际法功底深厚，担任国际法院大法官。王正廷先生是著名的国际法学家，为废除不平等条约作出重要贡献，还积极推动奥林匹克运动在中国的发展，被誉为“中国奥运之父”。

由于种种原因，天津大学的法科教育一度中断，直到1994年设立经济法专业，1997年成立法学系。2015年是天津大学法学的重要时刻，在党和国家领导人与学校的大力支持下，天津大学正式复建法学院。自学院复建以来，在全体教师共同努力和社会各界的支持下，天津大学法学院在教书育人、高水平论文、科研项目、国际化、新法科建设等方面都取得了重要突破。2019年，在社会各界的大力支持下，天津大学获批法学一级学科博士学位授予权，这既是对天津大学法学的肯定，也是对我们的鞭策。

“天大法学文库”旨在继承和发扬前辈艰苦奋斗、勇于创新的精神，鼓励和促进天津大学法学院教师探索学术前沿、勇攀科学高峰，展示天津大学法学人的研究成果，加强与学界同人的交流与合作，为中国的法治事业略尽绵薄之力。

孙佑海

2019年12月

前　言

改革开放以来，随着社会经济的发展，在 GDP 不断创新高的同时，由于非可持续性的发展模式，以环境污染和生态破坏等形式体现的环境问题，及其引发的环境纠纷日渐凸显和频繁。据统计，仅 2005 年全国就发生 5.1 万起环境纠纷，上访投诉达 40 多万起，至今仍以每年 30% 的速度递增。但是令人不解的是，一方面环境纠纷逐年递增，另一方面环境诉讼却并未相应的有所增长。2004 年全国法院审结的环境污染案件为 4453 件，2005 年为 1543 件，2006 年为 2146 件。环境纠纷与环境诉讼之间出现的反差，是否意味着这些未进入诉讼领域的环境纠纷已经得到妥善解决了呢？"这些纠纷，有的是通过行政机关协调处理了，然而很大一部分在行政机关没有得到解决，污染受害者也没有到法院起诉。"这样造成的后果除了受害者不愿、不能、不敢到法院起诉，导致其合法权益得不到维护，对我国环境的污染和破坏也得不到应有的救济，公有地悲剧不断上演。

在此过程中，我国对保护环境重大意义的认识在不断深入（见表 1），具体表现如下：

2006年《国民经济和社会发展第十一个五年规划纲要》首次把建设资源节约型和环境友好型社会确定为国民经济与社会发展的一项战略任务，作为构建和谐社会的一个重要环节。2012年11月8日，党的十八大首次将生态文明建设提高到前所未有的战略高度，建设"美丽中国"成为生态文明建设的宏伟目标。2013年11月12日，党的十八届三中全会审议通过的《中共中央关于全面深化改革若干重大问题的决定》提出加快建立系统完整的生态文明制度体系。2014年10月23日，党的十八届四中全会审议通过的《中共中央关于全面推进依法治国若干重大问题的决定》要求用严格的法律制度保护生态环境。2015年10月29日，党的十八届五中全会审议通过的《中共中央关于制定国民经济和社会发展第十三个五年规划的建议》明确提出，坚持绿色发展，必须坚持节约资源和保护环境的基本国策，坚持可持续发展，坚定走生产发展、生活富裕、生态良好的文明发展道路。2016年10月27日，党的十八届六中全会要求"统筹推进'五位一体'总体布局"。2017年10月18日，党的十九大明确指出我国社会的主要矛盾已经发生了根本性变化。2020年10月26日，党的十九届五中全会明确了"十四五"期间所面临的来自生态环境方面的新要求和新挑战，并梳理了为实现"十四五"规划和2035年远景目标而要抓好的重点工作。

表1 我国关于环境保护重大意义认识深化一览表

时间	会议	颁行文件	具体内容
2006年3月14日	第十届全国人民代表大会第四次会议	《国民经济和社会发展第十一个五年规划纲要》	全文共计14篇，其中第六篇为"建设资源节约型、环境友好型社会"。明确所建设的资源节约型、环境友好型社会是"低投入、高产出，低消耗、少排放，能循环、可持续"的社会，所采取的路径有：发展循环经济、保护修复自然生态、加大环境保护力度、强化资源管理及合理利用海洋和气候资源

续表

时间	会议	颁行文件	具体内容
2012年11月8日	中国共产党第十八次全国代表大会	《坚定不移沿着中国特色社会主义道路前进为全面建成小康社会而奋斗》	明确提出“全面落实经济建设、政治建设、文化建设、社会建设、生态文明建设五位一体总体布局”，要求“大力推进生态文明建设”，具体在如下领域展开：优化国土空间开发格局；全面促进资源节约；加强自然生态系统和环境保护力度；加强生态文明制度建设
2013年11月12日	中国共产党第十八届中央委员会第三次全体会议	《中共中央关于全面深化改革若干重大问题的决定》	明确“全面推进社会主义经济建设、政治建设、文化建设、社会建设、生态文明建设”，强调“紧紧围绕建设美丽中国深化生态文明体制改革，加快建立生态文明制度，健全国土空间开发、资源节约利用、生态环境保护的体制机制，推动形成人与自然和谐发展现代化建设新格局”，指出：建设法治中国，必须深化司法体制改革，加快建设公正、高效、权威的社会主义司法制度，维护人民权益。维护宪法法律权威，深化行政执法体制改革，确保依法独立公正行使审判权、检察权，健全司法权力运行机制，完善人权司法保障制度，提出建设生态文明，必须建立系统完整的生态文明制度体系，用制度保护生态环境。要健全自然资源资产产权制度和用途管制制度，划定生态保护红线，实行资源有偿使用制度和生态补偿制度，改革生态环境保护管理体制

续表

时间	会议	颁行文件	具体内容
2014年10月23日	中国共产党第十八届中央委员会第四次全体会议	《中共中央关于全面推进依法治国若干重大问题的决定》	要求实现"生态良好",提出:必须完善司法管理体制和司法权力运行机制,规范司法行为,加强对司法活动的监督,努力让人民群众在每一个司法案件中感受到公平正义。完善确保依法独立公正行使审判权和检察权的制度,建立领导干部干预司法活动、插手具体案件处理的记录、通报和责任追究制度,建立健全司法人员履行法定职责保护机制。优化司法职权配置,推动实行审判权和执行权相分离的体制改革试点,最高人民法院设立巡回法庭,探索设立跨行政区划的人民法院和人民检察院,探索建立检察机关提起公益诉讼制度。推进严格司法,坚持以事实为根据,以法律为准绳,推进以审判为中心的诉讼制度改革,实行办案质量终身负责制和错案责任倒查问责制。保障人民群众参与司法,在司法调解、司法听证、涉诉信访等司法活动中保障人民群众参与,完善人民陪审员制度,构建开放、动态、透明、便民的阳光司法机制。加强人权司法保障。加强对司法活动的监督,完善检察机关行使监督权的法律制度,加强对刑事诉讼、民事诉讼、行政诉讼的法律监督,完善人民监督员制度,绝不允许法外开恩,绝不允许办关系案、人情案、金钱案

续表

时间	会议	颁行文件	具体内容
2015年10月29日	中国共产党第十八届中央委员会第五次全体会议	《中共中央关于制定国民经济和社会发展第十三个五年规划的建议》	指出我国当前“资源约束趋紧，生态环境恶化趋势尚未得到根本扭转”，“十三五”时期应“统筹推进经济建设、政治建设、文化建设、社会建设、生态文明建设和党的建设”，实现“生态环境质量总体改善”，即“生产方式和生活方式绿色、低碳水平上升。能源资源开发利用效率大幅提高，能源和水资源消耗、建设用地、碳排放总量得到有效控制，主要污染物排放总量大幅减少。主体功能区布局和生态安全屏障基本形成”。提出“牢固树立创新、协调、绿色、开放、共享的发展理念”“坚持创新发展、协调发展、绿色发展、开放发展、共享发展，是关系我国发展全局的一场深刻变革”。明确“绿色是永续发展的必要条件和人民对美好生活追求的重要体现。必须坚持节约资源和保护环境的基本国策，坚持可持续发展，坚定走生产发展、生活富裕、生态良好的文明发展道路，加快建设资源节约型、环境友好型社会，形成人与自然和谐发展现代化建设新格局，推进美丽中国建设，为全球生态安全作出新贡献”

续表

时间	会议	颁行文件	具体内容
2016年10月27日	中国共产党第十八届中央委员会第六次全体会议		明确要“统筹推进‘五位一体’总体布局”
2017年10月18日	中国共产党第十九次全国代表大会	《决胜全面建成小康社会 夺取新时代中国特色社会主义伟大胜利》	明确“我国社会主要矛盾已经转化为人民日益增长的美好生活需要和不平衡不充分的发展之间的矛盾”。提出“坚持人与自然和谐共生。建设生态文明是中华民族永续发展的千年大计。必须树立和践行绿水青山就是金山银山的理念,坚持节约资源和保护环境的基本国策,像对待生命一样对待生态环境,统筹山水林田湖草系统治理,实行最严格的生态环境保护制度,形成绿色发展方式和生活方式,坚定走生产发展、生活富裕、生态良好的文明发展道路,建设美丽中国,为人民创造良好生产生活环境,为全球生态安全作出贡献”。要求“加快生态文明体制改革,建设美丽中国”。指出“人与自然是生命共同体,人类必须尊重自然、顺应自然、保护自然。人类只有遵循自然规律才能有效防止在开发利用自然上走弯路,人类对大自然的伤害最终会伤及人类自身,这是无法抗拒的规律。我们要建设的现代化是人与自然和谐共生的现代化,既要创造更多物质财富和精神财富以满足人民日益增长的美好生活需要,也要提供更多优质生态产品以满足人民日益增长的优美生态环境需要。必须坚持节约优先、保护优先、自然恢复为主的方针,形成节约资源和保护环境的空间格局、产业结构、生产方式、生活方式,还自然以宁静、和谐、美丽”。具体路径是推进绿色发展、着力解决突出环境问题、加大生态系统保护力度、改善生态环境监管体制

续表

时间	会议	颁行文件	具体内容
2020年10月29日	中国共产党第十九届中央委员会第五次全体会议	《中共中央关于制定国民经济和社会发展第十四个五年规划和二〇三五年远景目标的建议》	“十四五”期间所面临的来自生态环境方面的新要求和新挑战:(1)生态环境从“明显改善”到“持续改善”,并要求“提升生态系统质量和稳定性”。这是实现五中全会提出的“到2035年,生态环境根本好转,美丽中国建设目标基本实现”的必经之路和根本保障。(2)从“城市”环境改善到“城乡”环境改善,这一转变既凸显了党中央对改善农村人居环境的重点关注,也是全面建设小康社会的必要环节,实现区域生态环境安全。(3)从推动“绿色”发展打破“绿色低碳”发展,促进经济社会发展全面绿色转型,到2035年,“碳排放达峰后,稳中有降”。(4)强调人与自然和谐共生的现代化。无论是推进现代化,还是建设生态文明,都是为了人,为了人的全面发展。人民不仅是现代化的建设者,而且是现代化的享用者。 为实现“十四五”规划和2035年远景目标而要抓好的重点工作是:第一,推动绿色发展,促进人与自然和谐共生。坚持“绿水青山就是金山银山”理念,坚持尊重自然、顺应自然、保护自然,坚持节约优先、保护优先、自然恢复为主,守住自然生态安全边界。第二,深入实施可持续发展战略,完善生态文明领域统筹协调机制,构建生态文明体系,促进经济社会发展全面绿色转型。第三,建设人与自然和谐共生的现代化。要加快推动绿色低碳发展,持续改善环境质量,提升生态系统质量和稳定性,全面提高资源利用效率

作为维护权利的最后一道屏障,司法坚持将国家环境政策(见表2)贯彻于环境审判活动中,始终在保护生态环境上发挥着重要作用。而我国司法制度几经修正完善,也已经初步形成了独具特色的司法制度。随着司法制度改革的进一步深入,设置符合实践需要的司法制度已成为亟待研究和解决的问题。环境司法制度作为其中的一环,因为环境纠纷的特殊性而呈现出不同于传统

司法制度的特色。但是,从中国的司法体制来看,中国司法机关由单一的部门设置,没有欧洲大陆的民事法院、刑事法院和行政法院等的差别,在受案范围上,各种性质的案件均可在一套司法系统内解决。所以,在 20 世纪 90 年代以前,环境案件均在普通司法系统内部得以解决,环境民事案件、环境行政案件和环境刑事案件分别由民事审判庭、行政审判庭和刑事审判庭审理,在当时市场经济尚不发达、环境问题还不是很突出的背景下,司法资源尚能满足解决环境冲突的需要。

随着市场经济的快速发展,一方面,工业化对生态环境资源的需求越来越大,资源短缺的情况日益严峻;另一方面,高消耗、高污染的非绿色发展模式加剧了环境质量的恶化。而与此同时,广大人民群众在解决基本温饱问题之后,对生态环境的要求不断提高。由此造成现实中各种环境纠纷频发,严重影响了社会和谐发展。当然,和谐并不意味着社会中没有矛盾和冲突,没有利益纷争,而是指具有解决矛盾和纠纷的完善机制。于是,在 20 世纪 90 年代以后,为了满足我国环境纠纷对司法资源的需求,在环境司法制度中出现了一股新的趋势——环境司法专门化。据统计,从 2007 年清镇环保法庭设立、2014 年最高人民法院环境资源审判庭成立,截至 2022 年 9 月底,全国共有环境资源专门审判机构 2426 个。自此,在通过诉讼方式解决环境纠纷的模式上,我国并存着两种现象:在尚未设立专门环境审判组织的地方,环境纠纷仍然由普通审判组织进行审理;而在已经设立专门环境审判组织的地方,在其受理范围以内的环境案件就由这些专门环境审判组织进行处理,超出其受理范围的,则仍然由普通审判组织审理。这种“花开两朵”的现象俨然是全球范围内解决环境纠纷的趋势。经过十余年“从上到下、由点及面”的探索,我国的环境资源案件审理已经形成传统环境侵权诉讼和环境公益诉讼、生态环境损害赔偿诉讼并行、专门化与专业化交织的“3 + 2”诉讼模式。在环境刑事、环境民事、环境行政、环境公益诉讼与生态环境损害赔偿诉讼中,扩大公众参与的广度和深度,引导公众有序参与环境治理;坚持系统保护思维和恢复性司法理念,创新审判执行方式;以流域等生态系统或生态功能区为单位探索环境资源案件跨行政区划集中管辖;加强区域司法协作,建立长江经济带区域司法协作,京津冀区域司法协作工作也取得新进展。在准确把握司法权边界前提下，与环境资源行政主管部门、公安机关和检察机关沟通协调，形成保护合力，我国走出了一条独具特色的环境司法之路。其以服务和保障于生态文明建设为大局，以让人民群众在每一起环境资源案件中感受到公平正义为目标，不断丰富着环境资源类案件与普通案件审理中的“绿色”元素，成为国家环境治理能力与治理体系现代化的重要一环。

表 2　我国环境司法政策发展概况一览表

时间	文件名称	主要内容
2014 年 12 月 26 日	最高人民法院、民政部、环境保护部《关于贯彻实施环境民事公益诉讼制度的通知》	通知共计 8 条，以指导人民法院对环境民事公益诉讼案件的审理，涉及如何处理社会组织提起的环境民事公益诉讼案件、对社会组织的行为规制、环境保护主管部门在环境公益诉讼中的职责、案件的调解或和解、生态环境修复、赔偿款的使用等
2014 年 6 月 23 日	最高人民法院《关于全面加强环境资源审判工作为推进生态文明建设提供有力司法保障的意见》（法发〔2014〕11 号）	该意见由 8 个部分 26 条组成，分别从重大意义、指导思想、基本原则和目标任务、审判职能作用、环境民事公益诉讼、司法体制改革、工作机制、司法公开和宣传力度、队伍建设等方面作了规定，以深入贯彻党的十八大、十八届三中全会和习近平总书记系列重要讲话精神
2016 年 2 月 3 日	最高人民法院《关于为京津冀协同发展提供司法服务和保障的意见》（法发〔2016〕5 号）	明确促进“京津冀地区创新、协调、绿色、开放、共享发展”，其中绿色发展部分重在审理矿产资源、污染环境等环境资源类民商事案件和行政案件、环境公益诉讼案件。在预防性和恢复性司法理念指导下，做好环境公共利益与私人利益、发展经济与保护环境、开发资源与节约资源之间关系的平衡，创新环境损害赔偿责任承担方式
2016 年 2 月 25 日	《人民法院审理人民检察院提起公益诉讼案件试点工作实施办法》（法发〔2016〕6 号）	明确对人民检察院提出的环境民事公益诉讼和环境行政公益诉讼的相关程序作出了规定，如管辖、调解、公告、撤诉、人民陪审制、诉讼费等

续表

时间	文件名称	主要内容
2016 年 2 月 24 日	最高人民法院《关于为长江经济带发展提供司法服务和保障的意见》(法发〔2016〕8 号)	意见由 3 个部分 16 条组成,既明确了在审判思想上应坚持生态优先、绿色发展,又提出了在涉环境资源保护刑事案件、环境资源保护民事案件等领域中充分发挥审判职能,探索建立长江流域水资源环境公益诉讼集中管辖制度
2016 年 5 月 26 日	最高人民法院《关于充分发挥审判职能作用为推进生态文明建设与绿色发展提供司法服务和保障的意见》(法发〔2016〕12 号)	意见由 7 个部分 27 条组成,分别针对环境污染防治和生态保护、自然资源开发利用、气候变化、生态环境损害赔偿诉讼等类型案件的审理作了明确规定,并强调要构建协同审判机制,强化组织保障措施。既提出了对于环境公益诉讼以及跨行政区划的环境污染、生态破坏等案件,探索实行跨行政区划集中管辖,又提出了将环境资源民事、行政乃至刑事案件统一由一个审判机构审理的“二合一”或者“三合一”归口审理模式;既要求积极创新审判执行方式,探索建立符合生态环境保护需要的特别诉讼规则,又要求充分利用信息技术,发挥案例资源优势,统一裁判标准
2016 年 12 月 30 日	最高人民法院《关于为自由贸易试验区建设提供司法保障的意见》(法发〔2016〕34 号)	在“加强涉自贸试验区的民事审判工作,依法保护当事人的合法权益”以充分发挥法院的审判职能,保障自贸试验区健康发展中,强调“积极设立有关机关和组织对损害社会公共利益或者具有重大风险的污染环境、破坏生态行为提起的诉讼”
2018 年 5 月 30 日	最高人民法院《关于深入学习贯彻习近平生态文明思想为新时代生态环境保护提供司法服务和保障的意见》(法发〔2018〕7 号)	意见共计 5 个部分。既有对如何以习近平生态文明思想来指导环境资源审判工作的明确,也有对保障污染防治和生态安全保护的具体要求;既有对平衡环境保护与经济发展的探索,也有关于保障生态文明体制改革的具体路径,还提出了如何健全完善环境资源审判体制机制

续表

时间	文件名称	主要内容
2018 年 8 月 9 日	最高人民法院《关于为海南全面深化改革开放提供司法服务和保障的意见》(法发〔2018〕16 号)	意见明确在“充分发挥司法职能,推动海南构建法治化、国际化、便利化的营商环境和公平开放统一的市场环境”中有一项即为环境资源审判,要求根据国家生态文明试验区建设实际需要,创新环境司法体制机制,依法审理自然资源权属争议、自然生态空间确权登记等案件
2018 年 11 月 7 日	最高人民法院《关于为实施乡村振兴战略提供司法服务和保障的意见》(法发〔2018〕19 号)	意见共计 7 部分,其中第四部分即为“强化环境资源保护,助推乡村生态文明建设”,由 6 条组成,既有强调司法理念的转变,又有对处理具体类型案件的指导,还有优化协同审判机制的要求
2019 年 2 月 27 日	最高人民法院《关于深化人民法院司法体制综合配套改革的意见——人民法院第五个五年改革纲要(2019—2023)》(法发〔2019〕8 号)	主要任务之“(二)健全人民法院服务和保障大局制度体系”中,明确提出“适应特定区域、流域生态环境整体保护的现实需要,完善重大环境资源案件管辖制度,完善生态环境损害赔偿与环境公益诉讼之间的衔接机制。探索惩罚性赔偿制度在环境污染和生态破坏纠纷案件中的适用”;之“(六)完善人民法院组织体系和机构职能体系”中指出要“深化与行政区划适当分离的司法管辖制度改革”,重点是“推动整合铁路运输法院、林区法院、农垦法院等机构”,并在“加强专业化审判机制建设”中明确“推进环境资源审判机制改革,完善环境资源审判规则”
2019 年 9 月 26 日	最高人民法院《关于为河北雄安新区规划建设提供司法服务和保障的意见》(法发〔2019〕22 号)	明确从创新环境资源司法体制机制,妥善审理自然资源权属争议纠纷,研究用能权、用水权、排污权、碳排放交易权的法律属性及交易规则等方面充分发挥职能,为雄安新区规划建设提供司法服务和保障

续表

时间	文件名称	主要内容
2019 年 12 月 27 日	最高人民法院《关于人民法院进一步为“一带一路”建设提供司法服务和保障的意见》（法发〔2019〕29 号）①	将“完善公益诉讼与生态环境损害赔偿诉讼制度，制止环境侵权，贯彻损害担责原则，推动生态环境修复，参与共建‘一带一路’生态保护大数据平台，促进绿色基础设施建设、绿色投资、绿色金融”作为“进一步发挥审判职能作用，全方位服务保障高质量共建‘一带一路’”的组成部分之一
2020 年 3 月 16 日	最高人民法院《关于人民法院贯彻落实党的十九届四中全会精神推进审判体系和审判能力现代化的意见》（法发〔2020〕9 号）	将“全面落实环境公益诉讼制度，健全生态环境保护修复责任制度，完善环境保护禁止令制度，深化环境资源案件管辖制度改革，更好服务美丽中国建设”作为“着力提升服务大局工作能力，积极服务保障经济社会发展”的重要组成部分
2020 年 6 月 1 日	最高人民法院《关于为黄河流域生态保护和高质量发展提供司法服务与保障的意见》（法发〔2020〕19 号）	明确要对黄河流域的生态系统实行整体保护，将依法审理涉水沙关系调节案件作为流域审判工作重点，妥善审理涉节水产业、节水技术、节水设施案件，及涉新技术、新业态、新模式案件，严厉惩治破坏黄河流域人文遗迹、自然遗迹的犯罪行为，探索对黄河生态环境的修复措施，根据黄河上中下游的区域特色妥善审理相关案件，同时积极构建流域司法机制，从而充分发挥审判职能为黄河流域生态保护和高质量发展提供司法服务与保障
2020 年 11 月 25 日	最高人民法院《关于为长江三角洲区域一体化发展提供司法服务和保障的意见》（法发〔2020〕22 号）	指出要“加强环境资源司法保护，保障长三角生态绿色一体化发展”，探索构建长三角区域生态环境保护司法协作机制，推进环境资源审判专业化建设，探索建立环境资源案件集中管辖制度，完善跨流域跨区域生态补偿机制，加大环境公益诉讼和生态环境损害赔偿案件审理力度

① 这与最高人民法院 2015 年 6 月 16 日颁行的《关于人民法院为“一带一路”建设提供司法服务和保障的若干意见》（法发〔2015〕9 号）形成鲜明对比。在该意见中，尚未明确提出在环境保护方面人民法院如何为“一带一路”建设提供司法服务和保障。

续表

时间	文件名称	主要内容
2020 年 11 月9 日	最高人民法院《关于支持和保障深圳建设中国特色社会主义先行示范区的意见》(法发〔2020〕39号)	明确“严格生态环境司法保护”是社会治理现代化的重要一环,强调要在惩治环境违法犯罪行为、完善环境公益诉讼和生态环境损害赔偿诉讼审理机制、建立环境保护禁止令制度、研究探索环境损害惩罚性赔偿适用案件类型、构成要件等问题、建立生态环境公益基金、保障自然资源产权制度改革、协同保护粤港澳人湾区、东江流域生态环境、加强粤港澳大湾区环境资源审判理论与实务交流等方面充分发挥作用
2020 年 12 月 24 日	最高人民法院、最高人民检察院、公安部、司法部《关于依法惩治非法野生动物交易犯罪的指导意见》(公通字〔2020〕19号)	明确对非法猎捕、杀害野生动物的犯罪行为,哪些情形以“共同犯罪论处”,如何核算涉案野生动物及其制品价值,哪些证据材料可以在刑事诉讼中作为证据使用,在认定是否构成犯罪和裁量刑罚时应考虑哪些因素等
2021 年2 月24 日	最高人民法院《关于贯彻〈中华人民共和国长江保护法〉的实施意见》(法发〔2021〕8 号)	声明要“充分发挥人民法院审判职能作用,为长江流域生态环境保护和绿色发展提供有力司法服务和保障”,即加强在水污染防治类案件、生态保护类案件、资源开发利用类案件、气候变化应对类案件、生态环境治理与服务类案件上的审理,发挥环境公益诉讼和生态环境损害赔偿诉讼作用。并明确要“加强长江司法保护体制机制建设,提升服务保障生态环境民生福祉的能力水平”

目录

第一章　现代环境司法制度的考察

第一节　现代环境司法制度的概念

一、司法的演变与发展

司法是国家权能的表现之一。在国家权力结构中，司法权虽不是最高也不是最庞大的权力，但却直接关系到社会的公正，对指引潜在当事人的行为、建立良好的社会秩序具有极其重要的作用。司法是一个可塑性很强的概念，在不同层面、不同国家、不同历史阶段有不同的意义。

在西方历史上，为了防止政府权力滥用，侵犯个人自由和安全，在约翰·洛克的政府立法权和行政权分立理论的基础上，古典自然法学派代表人物孟德斯鸠在三权分立学说中，明确提出了司法权的概念，他认为"最可靠的政府形式是立法、行政、司法三权分立的政府，亦就是使上述三权相互独立、并分别委托给不同的人或群体的形式"。[①]"因此，在实行三权分立的国家，司法是与立法、行政相对

---

① ［美］E. 博登海默：《法理学：法律哲学与法律方法》（修订版），邓正来译，中国政法大学出版社 2004 年版，第 62 页。

应的一项国家活动,即国家适用法律解决纠纷的活动。在这些国家,所谓司法就是审判,相应地,司法权就是审判权,司法机关也就仅指法院。至于检察权,则是作为行政权的一部分,因而检察机关隶属于政府行政系统。”①这可以从司法的英语含义表现出来。在英语世界里,司法是 Justice。Justice,除了有“司法”之义,还有“法律制裁”、“正义”、“法官”及“审判员”的意思。司法与法律及正义的关系不言而喻,但是“法官”和“审判员”的指称证明了在国外语境中,司法就是法官或审判员从事的公务活动,也就是审判组织的所作所为。

在中国历史上,“虽然我国唐代就已经出现了‘司法’一词,但使用该词主要是指称主管刑事审判的行政官职,它只是一个孤立的、描述一种行动和职权的词语”。② 近代意义上的“司法”是西方的舶来品,在清末戊戌变法时期,1895年,康有为率同梁启超等数千名举人公车上书中介绍了三权分立学说,提到了与立法、行政相对的司法概念。此后在清末修律中,修订的《法院编制法》和《大清新刑律》才出现近现代意义的“司法”,这个“司法”的概念在以后国民党政府的《六法全书》和新中国的法律制度中不断得到发展完善。

从我国法学理论界来看,司法有广义和狭义之说。广义司法包括的范围非常广泛,“司法权作为不可分割的国家权力的一部分,必须统一掌握在国家权力机关中。……司法活动作为国家的一项重要活动,也要由诸多国家机关分头进行,有的机关负责侦查,有的机关负责审判,有的机关负责执行,但是无论分工如何,它们都有一个共同的本质特征,即代表国家对危害统治秩序的行为作出否定评价,以强制力维持无产阶级的政治统治,而这正是司法活动的根本内容,因此,不管是侦查机关、检察机关,还是审判机关和司法行政机关,都属于司法机关的范畴”。③ 狭义层面的司法专指法院的审判行为。如陈瑞华先生认为,司法就是由专门的、享有司法权的机构所从事的执法活动。④ “司法权

---

① 谭世贵主编:《中国司法制度》,法律出版社2005年版,第1页。

② 程春明:《司法权及其配置》,中国法制出版社2009年版,第10页。

③ 吴磊主编:《中国司法制度》,中国人民大学出版社1988年版,第43页。

④ 参见陈瑞华:《司法权的性质——以刑事司法为范例的分析》,载《法学研究》2000年第5期。

在本质上就是裁判权,而检察权和警察权都属行政权(还包括法院的执行权)。"[①]而根据我国《宪法》、《人民法院组织法》和《人民检察院组织法》的规定,人民法院是国家审判机关,行使审判权,人民检察院是国家法律监督机关,行使检察权,它们共同构成我国的司法机关。但是,从本质上看,检察权是一种法律监督权,若凌驾于其他权力尤其是审判权之上,显然不利于依法独立行使审判权,与《宪法》规定的"人民法院、人民检察院和公安机关办理刑事案件,应当分工负责,互相配合,互相制约……"的宗旨是相违背的。被视为解决冲突最后一道防线的司法,只是居中对当事人之间的利益纠葛作出决断,因此,"既不能受干扰,也只能仅指审判权"。[②]

综上,本书倾向于狭义范畴的"司法"概念。这样,从活动内容来看,司法是由国家设立的专门机构——审判机关,解决社会主体之间利益纷争的活动;从国家法的运行来看,司法由法院通过适用法律敦促社会主体守法,并保障法的实施和执行;从权力分立来看,司法又是与立法、行政等并列的一种国家基本职能/权力。简言之,司法就是国家审判机关根据法定职权和程序的要求通过认定事实和适用法律,最终得出裁判结果以处理具体案件的一种现象和专门活动。

二、环境司法制度的内涵

(一)司法制度的解读

司法制度是"司法"与"制度"的联合体。"制度意味着特定权利的总合,它常常合成一些组分。"[③]既然我们已经采取了狭义上的司法概念,司法制度简单来说就是审判制度,亦即国家审判机关——法院适用法律处理诉讼案件的制度,是国家审判机关的"性质任务、组织体系、活动原则和工作制度的总称"。[④]"从宏观上看,司法制度基本上由法官制度、法院制度与司法程序组成。"其中,"法官作为使法律降临于尘世的使者,其整体素质如何最终决定着司法制度功

---

① 陈瑞华:《司法权的性质——以刑事司法为范例的分析》,载《法学研究》2000年第5期。

② 雷群安:《谈司法公正应注意的问题及改正》,载《社科纵横》2005年第1期。

③ [美]A.爱伦·斯密德:《财产、权力和公共选择——对法和经济学的进一步思考》,黄祖辉等译,上海人民出版社1999年版,第6~7页。

④ 熊先觉:《中国司法制度新论》,中国法制出版社2002年版,第2页。

能的发挥”“法院是承载法官行使司法权维护法治并维护其自身独立性的组织形式,是司法制度的结构或框架”。[①] 司法制度的恰当、合理、科学与否,直接影响到一国法治的实现。“只有当法律被法院公正地作出解释并予以适用时,法律才会被社会的大多数成员所接受。”[②]所以,可以这么说,一个国家如果没有立法机关,法庭还有判例或习惯法可以沿用,但如果没有司法制度,少了司法机关,就没有解释法律、审理案件、惩治犯罪、保障人权的手段,国家机器将无法运转和维持下去。因此,早在古希腊时期柏拉图就说过:“任何一个没有正式建立法庭的国家简直就不成其为一个国家。”[③]

(二)环境司法制度的解读

在现代经济发展中,政府作为经济中的一个部门,主要提供公共物品,“国家提供的基本服务是博弈的基本规则”。[④] 既然“制度是一系列被制定出来的规则、守法程序和行为的道德伦理规范,它旨在约束和追求主体福利或效用最大化利益的个人行为”,[⑤]那么制度显然是国家提供的主要的公共物品。司法制度是国家制度的有机组成部分之一,环境司法制度作为司法制度这一种概念下的属概念,理应属于国家提供的公共物品之一,其来源于20世纪50年代,随着社会生产力的不断发展和人类开发利用自然资源的规模不断扩大,严重的环境污染和生态破坏及能源危机日益威胁着地球生态系统的平衡、人类自身的生存和发展,环境权保护被人类提上日程并逐步在法律中得到确认和保障的需要。环境司法制度着重于处理案件类型的特殊化,而由类型的差异性带来其独有特征。环境司法制度就是一国处理环境纠纷的司法机关和司法组织的“性质、任务、组织体系、运作原则和程序的规范所形成的一系列制度的综合体”。[⑥] 因为本文采取的是狭义上的司法概念,故,具体来说,环境司法制度

---

① 马怀德主编:《司法改革与行政诉讼制度的完善——〈行政诉讼法〉修改建议稿及理由说明书》,中国政法大学出版社2004年版,第1页。

② Henry J. Abraham, *Judicial Process*, Oxford University Press, 1998, p. 26.

③ [古希腊]柏拉图:《法律篇》,张智仁、何勤华译,上海人民出版社2001年版,第179页。

④ [古希腊]柏拉图:《法律篇》,张智仁、何勤华译,上海人民出版社2001年版,第24页。

⑤ [美]道格拉斯·C.诺思:《经济史中的结构与变迁》,陈郁、罗华平等译,上海三联书店、上海人民出版社1994年版,第226页。

⑥ 左卫民主编:《中国司法制度》,中国政法大学出版社2002年版,第3页。

指的就是国家审判机构用以处理环境纠纷和维护社会秩序这一专门活动的制度,包括“法院的设置、法官、审判组织和活动等方面的法律制度”。①

第二节　现代环境司法的产生与发展

一、现代国际环境司法的产生与发展

(一)现代国际环境司法的发展历程②

从国际范围看,20 世纪 70 年代兴起的环境运动推动着环境司法的发展。越来越多的人开始认识到保护环境、保护公民健康和实现环境民主的重要性和必要性,这种认识的突出表现就是在一国的宪法中出现了新的特别权利表达。到目前为止,全球 200 多个国家中,有 1/3 之多在其宪法中认可“公民有生活在清洁、健康的环境中的权利”,即环境权。宪法的明确规定为公民获得最宽泛的诉讼合法地位提供了坚实的基础。但是人们在实践中发现,如果没有专门的环境法案,环境权很难得到救济。于是很多国家纷纷颁布特别法,在 20 世纪 70 年代,现代意义上的环境法律开始出现并迅速发展壮大。这些法律涉及的领域包括水、空气、土地、噪声、废液、核废弃物、环境影响评价、森林、栖息地、野生动植物等诸多方面。1984 年发生在印度博帕尔的工业事故造成成千上万的穷人死亡,而滴滴涕(Dichloro diphenyl trichloroethane, DDT)在工业化国家中的使用严重影响了野生动物和人类的健康。于是,世界范围内的人们迫切呼唤新的更严苛的环境法律。这些环境法律承认环境权利属于人权,其重要性等同于经济权、社会与文化发展权。但是,人们很快发现,环境法中涉及环境质量管理、自然资源的开发和保护、土地利用、城市和国家规划,以及各个层面(包括国际层面、国家层面和地方层面)的公共健康问题,其复杂性可见一斑,因此构建适宜于社会主体接近环境司法正义的机制显得尤为迫切。

---

① 熊先觉:《中国司法制度新论》,中国法制出版社 2002 年版,第 2 页。

② 该部分参见了 George Pring and Catherine Pring, *Greening Justice: Creating and Improving Environmental Courts and Tribunals: Chapter 1: A Study of Access to Justice*。

1998 年 6 月，联合国欧洲经济委员会（United Nations Economic Commission for Europe，UNECE）在丹麦奥胡斯市召开。会上通过了《奥胡斯公约》，即《在环境问题上获得信息、公众参与决策和诉诸法律公约》，2001 年 10 月《奥胡斯公约》生效。截至 2009 年 11 月已有 40 个国家（包括欧盟）签署了该公约。公约第 9 条详细提出了诉诸司法的理念：

第一，国家必须为那些有权获得某种信息而遭拒绝的公民提供一种审查程序，使得他们在诉诸司法或寻求其他根据法律得以成立的独立、公正组织之前获得救济。[art. 9(1)]

第二，国家要为那些拥有充分权益却受到损害的公民提供一种审查程序，以保证他们能从容应对任何无视公众参与的决议、法条等。[art. 2(5), 9(1)]

第三，国内法必须保证公民有足够多的途径诉诸司法。[art. 9(2)]

第四，只要有充分的理由证明具有相关的利害关系，任何环境非政府组织都有起诉资格。

第五，也是《奥胡斯公约》的开创性条款，要求国家为公民提供诉诸司法或行政的手段以推进个人和政府实施环境法律。[art. 9(3)]

2000 年，美洲国家组织（Organization of American States，OAS）采用了《为实现可持续发展在制定决策过程中推进公众参与的美洲战略》（*Inter-American Strategy for the Promotion of Public Participation in Decision Making for Sustainable Development*），其声称：

法律和规章在纷繁复杂的众多价值追求中应该确保能在各个层面诉诸司法以保障权益、审查决策和解决不满。有意义的诉诸司法的措施应该有：为所有受到影响和利益相关的当事人提供合法的诉权，保证其具有起诉资格，有向更高一级国家机构上诉或要求审核的权利；探究可替代性解决机制推进纠纷的处理；在其他负有执行、上诉和监督的权威机构中保持超然独立。（OAS－CIDI）

2006 年，联合国环境规划署（United Nations Environment Programme，UNEP）在印度尼西亚的万隆制定了万隆蓝图，来自亚洲和非洲的专家采纳的一条政策是“设计一条推动环境法律和制度向前发展的路径，从而实现环境目标和可持续发展的目的”。其中的一个建议就是“推进发展机制以利于环境正义问题的预防和解决，这些机制包括推行环境法院(庭)和其他实用的争议解决措施”。

综上，从环境法的发展历史来看，一方面，环境管理和保护越来越复杂，政府机构在保护环境和公众健康方面往往有心无力，促使人们寻求其他救济手段；另一方面，早期的环境法律不成体系，甚至有自相矛盾之处。在此背景下，不管是政府、开发者还是非政府组织(Non - Governmental Organizations, NGOs)都很难获得持续的、长期的可持续发展。这种压力反映到司法体系中，促使裁判和执行程序的凸显化和合理化，进而要求增强诉诸司法的能力。

(二)现代国际环境司法的发展特征

从国际环境司法的发展来看，世界范围内的国家为了适应保护环境的特殊需要，纷纷从司法诉讼方面对环境权益进行救济，及时处理日益增多的环境纠纷，提高处理环境案件的效率，重视本国环境司法制度的构建，其主要表现在以下几个方面：

1. 多元化的环境司法体制。将环境案件的普通审和专门审结合起来，除此之外，环境行政裁处所在保护环境方面的效用也不容忽视；同时，不管采用哪一种模式，都保障尽量脱离政治影响，以完善的条例予以保障司法公平、公正。

2. 为了摆脱地方干预，环境司法组织并不是完全按照既有的行政区划和司法层级来设立。环境案件管辖范围往往覆盖一个特定的地理区域，或一个指定的行政区域，通常被授予的是跨行政区域的管辖权。

3. 非常重视环境法官的遴选和培训。

4. 通过具体的环境司法实践，不断总结摸索，使环境诉讼机制得以逐步健全完善，形成专门化的环境司法诉讼规则。

5. 环境司法机关非常重视替代纠纷解决(Alternative Dispute Resolution, ADR)方式的适用；[①]在法院监督之下的 ADR 是当前法院节省成本和实现环境

① 尤其是在政府与个人或企业之间发生纠纷后，法院往往建议当事人采用 ADR 方式解决争议，如调解，以第三方的居间位置尽量使得双方的意愿趋向一致，减少矛盾激化的因素。双方的争议与不满在此过程中逐渐降低，后续的执行力得到加强。

司法正义最为有效的手段之一。

6. 不断创新环境责任追究新机制。

7. 将环境公益诉讼作为环境司法制度的生命线，各国和地区逐步放开对起诉资格的限制，环境公益保护成为环境司法的基础，而以 NGOs 来推动环境公益诉讼的发展也已经为各国司法实践所认可。

8. 为了提高环境司法制度在处理环境案件上的效率，非常重视案件管理并积累了丰富的经验。

9. 重视环境司法援助等机制的构建，通过为满足某些条件的原告提供免费的法律服务，大大提高了环境司法正义。

二、我国现代环境司法的产生与发展

（一）我国现代环境司法的发展历程

我国是典型的成文法国家，司法机关在处理社会纠纷和冲突时，严格按照现有法律的规定来受理和裁决案件，所以，我国现代环境司法的发展史与环境法的发展是密不可分的。

我国虽于 1949 年 12 月通过了《最高人民法院试行组织条例》，规定了最高人民法院的组织机构设置，并于 1951 年 9 月颁布的《人民法院暂行组织条例》规定了人民法院分为三级，实行三级两审终审制，1954 年 9 月全国人大颁布的《人民法院组织法》，比较全面的规定了人民法院的组织和职权，但是直到 1979 年第五届全国人大第二次会议通过《人民法院组织法》，法院系统才基本建立起来。在环境行政法律方面，直到 1979 年 9 月 13 日，《环境保护法（试行）》得以颁布和试行，拉开了我国环境纠纷司法救济的序幕。其第 32 条规定："对违反本法和其他环境保护的条例、规定，污染和破坏环境，危害人民健康的单位……对严重污染和破坏环境，引起人员伤亡或者造成农、林、牧、副、渔业重大损失的单位的领导人员、直接责任人员或者其他公民，要追究行政责任、经济责任，直至依法追究刑事责任。"王娟诉青岛市化工厂案是 1979 年《环境保护法（试行）》颁布以来，人民法院审理的第一起环境污染侵权案件。[①] 处理该

---

① 具体案例参见吕忠梅主编：《环境法案例辨析》，中国高等教育出版社 2006 年版，第 395～399 页。

案的是青岛市中级人民法院。在此期间,发生过"大炼钢铁""围湖造田"等一系列运动,使得我国的环境问题越来越严重,《环境保护法(试行)》已经不能适应现实发展的需要。于是,1989年12月26日,经过修改完善的《环境保护法》开始施行,其中第五章专章规定了法律责任——环境民事责任、环境行政责任和环境刑事责任。只是在《行政诉讼法》颁布之前,环境行政诉讼案件一直由民事审判庭和经济审判庭按照《民事诉讼法》进行审理。1990年10月1日《行政诉讼法》颁布,标志着我国行政诉讼制度的正式建立。从此以后,环境行政诉讼案件明显增多。根据最高人民法院行政审判庭统计,1991年度全国各级人民法院共受理环境行政诉讼案件108件,加上1991年前受理但尚未结案的10件诉讼案件,全年共受理118件环境行政诉讼案件。① 但随着我国步入生态文明建设阶段,相关法律已经无法适应当前的需要。因此,修订或制定法律势在必行。于是,《环境保护法》在运行近30年之后得到修订,由此产生了我国史上"最严环保法"。2014年修订、于2015年1月1日起开始施行的《环境保护法》,不仅增加了"按日计罚"等行政处罚措施,还在第58条对环境民事公益诉讼主体的"社会组织"的条件予以细化,进一步促进了环境民事公益诉讼制度的完善与发展。《行政诉讼法》更是分别于2014年和2017年进行了两次修正,其第25条确立了环境行政公益诉讼的合法地位。

在环境刑事法律方面,1997年《刑法》专章设立了"破坏环境资源保护罪"一节,将对土地、大气、水体、森林及其他自然资源的严重破坏行为确定为刑事犯罪,加大对其惩罚力度。而在此之前,环境刑事犯罪主要依据是1979年《刑法》,如苏州市中级人民法院于1979年10月27日审理的环境刑事"第一案"——张长林泄毒案,其参照适用的就是1979年已颁布但是尚未实施的《刑法》第115条。② 根据《中国环境年鉴》,1997年《刑法》颁布实施之后,因污染

① 参见张坤民主编:《中国环境执法大全》,中国政法大学出版社1993年版,第342页。

② 参见 http://ms. isheng. net/index. php? doc-view - 16150 - 刑事重点法规,最后访问日期:2021年9月28日。

环境而被追究刑事责任的并不多见。[①] 2001 年,《刑法修正案(二)》和《刑法修正案(三)》相继出台,前者对《刑法》第 342 条作了重大修改,自此,耕地、林地等农用地都被纳入刑法保护;后者将《刑法》第 114 条、第 115 条的投毒罪修改为投放危险物质罪,在第 125 条第 2 款犯罪对象基础上增加了毒害性、放射性、传染病病原体等危险物质,犯罪行为扩充至非法制造、买卖、运输、储存,在第 127 条增加了盗窃、抢夺危险物质罪和抢劫危险物质罪。2002 年,《刑法修正案(四)》出台,在《刑法》第 152 条新增一款,明确了以固体废物、液态废物和气态废物为犯罪对象的走私废物罪,通过扩充破坏森林罪的犯罪对象、犯罪行为及处罚范围加大打击毁坏森林资源的违法犯罪行为;2009 年,《刑法修正案(七)》出台,对《刑法》第 151 条第 3 款和第 337 条第 1 款进行修订,增强了对走私珍稀植物及其制品、引起重大动植物疫情或危险的行为的打击;2011 年,《刑法修正案(八)》出台,从犯罪对象、犯罪形态及犯罪条件等方面修改了《刑法》第 338 条重大环境污染事故罪;2020 年,《刑法修正案(十一)》出台,对《刑法》第 338 条污染环境罪作了重大修改,不仅列举了四类严重危害生态环境和人体健康的情形,降低了追究刑事责任的门槛,而且提高了最高法定刑;在第 341 条中增加一款作为第 3 款,不仅实现了对国家重点保护的珍贵、濒危野生动物以外的陆生野生动物的保护,而且一定程度上纠正了中国传统上食用野生动物的陋习;新增加了一条作为第 342 条,实现了对国家公园、国家级自然保护区的保护。

在环境民事法律方面,《民法通则》于 1986 年颁布、1987 年 1 月 1 日开始施行。该法第 124 条明确规定:“违反国家保护环境防止污染的规定,污染环境造成他人损害的,应当依法承担民事责任。”从民事司法审判领域推动了环境司法制度的发展。2017 年 10 月 1 日起实施的《民法总则》第 9 条强调“民事主体从事民事活动,应当有利于节约资源、保护生态环境”。该条款被称为“生态

① 在环境污染犯罪上,2001 年全国共发生 5 件,其中 4 件是重大环境污染事故罪,1 件是环境监管失职罪;2002 年全国共发生 4 件,其中,重大环境污染事故罪和环境监管失职罪各 2 件;2003 年全国共发生 1 件重大环境污染事故罪。《中国环境年鉴》编辑委员会编:《中国环境年鉴》,中国环境年鉴社 1991 ~ 2005 年版,第 235 页。

环境保护原则”，亦被誉为“绿色原则”。这是在生态文明建设过程中，民法应时而动对环境保护作出的积极回应。2021 年 1 月 1 日开始施行的《民法典》，不仅对民事主体涉生态环境的民事行为进行了规制，还专章规定了“环境污染和生态破坏责任”（见表 3）。

表 3 《民法典》涉环境保护的规定一览表

条款	具体内容	简析
第 9 条	民事主体从事民事活动，应当有利于节约资源、保护生态环境	与《民法总则》的规定相同，“绿色原则”入《民法典》，再次反映了在生态文明建设过程中，民法的绿色化。作为原则，该条将对民事主体的相关民事行为起着规范和调节作用
第 132 条	民事主体不得滥用民事权利损害国家利益、社会公共利益或者他人合法权益	这为保护环境公共利益提供了合法性基础
物权编		
第 244 条	国家对耕地实行特殊保护，严格限制农用地转为建设用地，控制建设用地总量。不得违反法律规定的权限和程序征收集体所有的土地	明确了对耕地资源的保护
第 247 条	矿藏、水流、海域属于国家所有	明确了自然资源的归属，更有利于我国生态环境损害赔偿的开展
第 249 条	城市的土地，属于国家所有。法律规定属于国家所有的农村和城市郊区的土地，属于国家所有	

续表

条款	具体内容	简析
第250条	森林、山岭、草原、荒地、滩涂等自然资源,属于国家所有,但是法律规定属于集体所有的除外	明确了自然资源的归属,更有利于我国生态环境损害赔偿的开展
第251条	法律规定属于国家所有的野生动植物资源,属于国家所有	
第274条	建筑区划内的道路,属于业主共有,但是属于城镇公共道路的除外。建筑区划内的绿地,属于业主共有,但是属于城镇公共绿地或者明示属于个人的除外。建筑区划内的其他公共场所、公用设施和物业服务用房,属于业主共有	明确了建筑区划内道路、绿地等的权利归属
第286条	业主应当遵守法律、法规以及管理规约,相关行为应当符合节约资源、保护生态环境的要求	从社区开始,出于节约资源、保护生态环境的目的,对业主的相关行为作出了规制,反映了在环境多元共治中的“社区自治”
第290条	不动产权利人应当为相邻权利人用水、排水提供必要的便利。对自然流水的利用,应当在不动产的相邻权利人之间合理分配。对自然流水的排放,应当尊重自然流向	对用水、排水、通风、采光、日照等相邻关系及相邻不动产之间的不可量物侵害作出了规制,体现了对生态环境生态价值的认可和重视
第293条	建造建筑物,不得违反国家有关工程建设标准,不得妨碍相邻建筑物的通风、采光和日照	
第294条	不动产权利人不得违反国家规定弃置固体废物,排放大气污染物、水污染物、土壤污染物、噪声、光辐射、电磁辐射等有害物质	

续表

条款	具体内容	简析
第 322 条	因加工、附合、混合而产生的物的归属,有约定的,按照约定;没有约定或者约定不明确的,依照法律规定;法律没有规定的,按照充分发挥物的效用以及保护无过错当事人的原则确定。因一方当事人的过错或者确定物的归属造成另一方当事人损害的,应当给予赔偿或者补偿	强调"充分发挥物的效用",言外之意就是要节约资源
第 325 条	国家实行自然资源有偿使用制度,但是法律另有规定的除外	"自然资源有偿使用"使人们在只关注自然资源经济价值的同时,开始认识到自然资源的生态价值
第 326 条	用益物权人行使权利,应当遵守法律有关保护和合理开发利用资源、保护生态环境的规定……	对民法三大基本原则之一"所有权绝对"原则的挑战
第 346 条	设立建设用地使用权,应当符合节约资源、保护生态环境的要求,遵守法律、行政法规关于土地用途的规定,不得损害已经设立的用益物权	对用益物权人行使权利作出了规制,须满足"节约资源、保护生态环境"的要求
第 350 条	建设用地使用权人应当合理利用土地,不得改变土地用途;需要改变土地用途的,应当依法经有关行政主管部门批准	"合理利用"的对立面是"过度利用"。其包含以下两层意思:一是禁止超过土地的地力来使用;二是禁止改变土地的用途来使用

续表

条款	具体内容	简析
合同编		
第 509 条	……当事人在履行合同过程中，应当避免浪费资源、污染环境和破坏生态	对民法三大基本原则之一“契约自由”原则的挑战，也是合同领域履行合同时保护生态环境的一般原则
第 558 条	债权债务终止后，当事人应当遵循诚信等原则，根据交易习惯履行通知、协助、保密、旧物回收等义务	在原《合同法》第 92 条的基础上增加了关于旧物回收的一般规定，扩展了后合同义务
第 619 条	出卖人应当按照约定的包装方式交付标的物。对包装方式没有约定或者约定不明确，依照本法第 510 条的规定仍不能确定的，应当按照通用的方式包装；没有通用方式的，应当采取足以保护标的物且有利于节约资源、保护生态环境的包装方式	该条对标的物的包装提出了要求，在原《合同法》第 156 条的基础上增加了适当包装义务
第 625 条	依照法律、行政法规的规定或者按照当事人的约定，标的物在有效使用年限届满后应予回收的，出卖人负有自行或者委托第三人对标的物予以回收的义务	该条明确了出卖人的旧物回收义务，是在《民法典》买卖合同规则中对第 558 条规定的旧物回收义务的具体化，属新增条款
第 655 条	用电人应当按照国家有关规定和当事人的约定安全、节约和计划用电。用电人未按照国家有关规定和当事人的约定用电，造成供电人损失的，应当承担赔偿责任	该条规定了用电人节约和计划用电的义务

续表

条款	具体内容	简析
第942条	物业服务人应当按照约定和物业的使用性质，妥善维修、养护、清洁、绿化和经营管理物业服务区域内的业主共有部分，维护物业服务区域内的基本秩序，采取合理措施保护业主的人身、财产安全。对物业服务区域内违反有关治安、环保、消防等法律法规的行为，物业服务人应当及时采取合理措施制止、向有关行政主管部门报告并协助处理	本条规定了物业服务人的环保义务
侵权责任编 第七章　环境污染和生态破坏责任		
第1229条	因污染环境、破坏生态造成他人损害的，侵权人应当承担侵权责任	增加了“破坏生态”，对生态价值予以认可，更加全面和科学地审视生态环境
第1230条	因污染环境、破坏生态发生纠纷，行为人应当就法律规定的不承担责任或者减轻责任的情形及其行为与损害之间不存在因果关系承担举证责任	反映了环境侵权案件中举证责任分配的特殊性
第1231条	两个以上侵权人污染环境、破坏生态的，承担责任的大小，根据污染物的种类、浓度、排放量，破坏生态的方式、范围、程度，以及行为对损害后果所起的作用等因素确定	对法官在审理环境侵权案件中的自由裁量行为予以规制，即以应考虑因素来确定侵权人的责任，以实现行责相当
第1232条	侵权人违反法律规定故意污染环境、破坏生态造成严重后果的，被侵权人有权请求相应的惩罚性赔偿	首次提出了在环境侵权领域适用惩罚性赔偿，明确了适用条件：(1)行为具有违法性；(2)主观上是故意的；(3)客观上造成严重后果；(4)有权主体是被侵权人；(5)赔偿款计算方式是“相应的”，即由法官自由裁量

续表

条款	具体内容	简析
第1233条	因第三人的过错污染环境、破坏生态的,被侵权人可以向侵权人请求赔偿,也可以向第三人请求赔偿。侵权人赔偿后,有权向第三人追偿	对因第三人的过错导致的环境污染和生态破坏,被侵权人可以选择的赔偿对象,以及侵权人的应对
第1234条	违反国家规定造成生态环境损害,生态环境能够修复的,国家规定的机关或者法律规定的组织有权请求侵权人在合理期限内承担修复责任。侵权人在期限内未修复的,国家规定的机关或者法律规定的组织可以自行或者委托他人进行修复,所需费用由侵权人负担	凸显了在生态环境损害案件中,生态修复这一责任承担方式的重要性
第1235条	违反国家规定造成生态环境损害的,国家规定的机关或者法律规定的组织有权请求侵权人赔偿下列损失和费用: (一)生态环境受到损害至修复完成期间服务功能丧失导致的损失; (二)生态环境功能永久性损害造成的损失; (三)生态环境损害调查、鉴定评估等费用; (四)清除污染、修复生态环境费用; (五)防止损害的发生和扩大所支出的合理费用	该条规定明确了以下内容: (1)侵权人损害生态环境的行为违反了国家规定; (2)有权请求侵权人赔偿的主体是国家规定的机关或者法律规定的组织; (3)侵权人对所造成的生态环境损害有5项需要赔偿; (4)后三项费用可以通过市场交易确定,前两项费用无法通过市场交易确定,需要借助特殊评估方式确定,这也充分反映了生态环境的非经济价值得到认可和受到重视

而随着社会的发展,环境纠纷多样化、复杂化程度不断提高,传统审判庭在处理环境案件上越来越显得力不从心,自20世纪90年代,环境司法专门化开始在我国局部地区兴起,主要表现为环境法庭、环境合议庭或环境巡回法庭

模式,多采“三审合一”或“四审合一”的模式,集中处理环境案件。2014 年 7 月 3 日,最高人民法院环境资源审判庭成立。根据《中国环境资源审判(2020)》(白皮书),截至 2020 年年底,全国共有环境资源专门审判机构 1993 个,其中环境资源审判庭 617 个(包括最高人民法院、27 家高级人民法院、新疆生产建设兵团、148 家中级人民法院及 440 家基层人民法院),合议庭 1167 个,人民法庭、巡回法庭 209 个。多个法院根据本地实际情况选择实行环境资源刑事、民事、行政案件“二合一”、①“三合一”②或“四合一”③归口审理模式。

(二)我国现代环境司法的发展特征

随着我国环境法律体系越来越健全和完善,我国的环境司法也日益规范化。民事、刑事、行政三大审判体系使得人民法院的审判职责清晰,设置科学合理,符合司法活动的基本规律,将继续发挥在处理环境案件中的作用。当前,为适应生态文明建设的需要,传统按照刑事、民事和行政划分的环境资源案件,进一步细分为环境污染防治案件、生态保护案件、资源开发利用案件、气候变化应对案件和生态环境治理与服务案件五大类。同时,不可否认,环境司法专门化俨然已经成为全球发展的一大趋势。在司法专门化现象上,莫诺·卡佩莱蒂曾明确指出:“要建立一个能真正实现个人权利的公共裁判机关,不是靠一般的仲裁或调解,而是在每个专门领域都需要有特定的解决方法。因此,接近正义改革的重要任务,是在保障正规法院功能的同时,建立专门法院制度。”④我国法学家苏力先生也说过:“从国内外的历史经验来看,随着社会分

---

① 根据《中国环境资源审判(2020)》(白皮书),广西、青海实行民事、行政“二合一”归口审理;天津中心生态城环资中心法庭实行刑事、民事“二合一”归口审理。

② 根据《中国环境资源审判(2020)》(白皮书),北京、河北、山西、内蒙古、辽宁、吉林、上海、江苏、浙江、河南、湖北、湖南、重庆、四川、贵州、陕西、甘肃、宁夏、新疆 19 个高级人民法院和新疆生产建设兵团实行刑事、民事、行政“三合一”归口审理。北京延庆法院,山西全省 11 个中级人民法院,安徽淮北、蚌埠、马鞍山、芜湖、宣城、铜陵 6 家中级人民法院以及祁门、金寨等 18 家基层人民法院等亦实行“三审合一”归口审理。

③ 根据《中国环境资源审判(2020)》(白皮书),福建、江西、云南高级人民法院和贵州清镇法院实行刑事、民事、行政和执行案件“四合一”归口审理;浙江南太湖法院、兰溪法院亦积极探索环境资源案件“四合一”归口审理。

④ [意]莫诺·卡佩莱蒂编:《福利国家与接近正义》,刘俊祥等译,法律出版社 2000 年版,中文版序言。

工,特别是市场经济条件下高度分工的发展,法律机构会发生一种趋势性的变化,即法律的专门化。法律专门化在此可以有三种并不必然分离的含义。首先是社会中从事法律事务的人员的专门化;其次,伴随着法律事务人员的专门化而有法律机构具体设置的专门化;第三表现为相对独立的法律机构运作。"① 显然,司法专门化是法律专门化中不可缺少的一环,不仅符合理性法律的基本要求,也是司法公正的价值追求之所在。于是,当今世界上的许多法治国家根据该国的法治理念、历史传统以及政治、经济、文化、社会等特色,构建了符合自身特点的比较完善的司法体系。其共有的一个特色就是在普通法院组织体系之外,设置了专门法院组织体系,两大体系融为一体,共同组成一国统一的司法体系,为定分止争,实现正义发挥着重要的作用。我国也顺势融入这一洪流,环境司法上普通审与专门审并存的现象也将长期存在,并行不悖地为解决环境纷争在各自管辖范围内发挥着应有效用。两者的适度融合,可以提高处理环境争议的速度和效率,加强裁决一体化,还能增加公众的参与度和信心,从而在一定程度上提高环境司法权威。

第三节 现代环境司法制度的构成

我国有学者认为"司法全然不仅仅是一个国人心目中的'打官司'概念,在现实性上它至少是由相关的价值、制度、组织、角色构成一个与社会互动着的结构"。② 现代环境司法制度的基本构成包括环境司法体制、环境法官和环境司法程序;同时,为了充分发挥一国环境司法制度的功能,环境司法制度辅助制度的作用也不容小觑。

一、环境司法体制

司法体制揭示的是司法系统内部的结构及其相互之间的关系和运作机理。一国的环境司法体制往往反映了该国的环境诉讼规则和程序的设置和运

① 苏力:《法律活动专门化的法律社会学思考》,载《中国社会科学》1994 年第 6 期。
② 程竹汝:《司法改革与政治发展》,中国社会科学出版社 2001 年版,第 9 页。

作,诉讼权力与责任、诉讼权利与义务等司法资源的配置。因此,在有限的环境司法资源前提下,具备合理的环境司法程序和科学配置环境司法资源的环境司法体制,才能实现环境司法资源的有效利用,最终实现环境司法制度的首要价值——环境正义。

(一)司法体制的基本含义

体制,是指国家机关、企业、事业单位等的组织制度。[①] 这样司法体制可以说是司法机关的组织制度,即一国司法机关的设置、职能划分,以及司法机关与其他机构之间的关系等。司法体制中存在的诸多问题与人们的观念、现行法律、社会环境、历史传统等诸多因素是分不开的。虽说司法制度的公正是司法公正的保证,制度不公正将无法保证实体和程序公正的实现,"司法体制是司法在制度意义上的整体表述,是对司法的制度性概括,是被国家的法律定型化了的司法结构体系与内在机制"。[②] "司法体制与司法制度之间的关系,应当是一种种属的关系,即司法制度是种概念,而司法体制是属概念,司法体制包括在司法制度之内,是司法制度的一个组成部分,当然是核心的也是最重要的组成部分。"[③]故,司法制度的公正就要求我们不断健全和完善司法机关的机构设置、职权划分以及管理机制,最终形成权责明确、协调配合、有序制约并能高效运行的司法体制。从我国的司法体制来看,一方面,我国司法机关由单一的部门设置,没有欧洲大陆的民事法院、刑事法院和行政法院等的差别,在受案范围上各种性质的案件均可在一套司法系统内解决。在解决问题的能力上,其对于新类型案件的处理能力要强于欧洲大陆国家的法院。实践证明,每次出现新形式的法律纠纷,我国的普通司法系统能比较快速地适应变化了的情况,很好地使用司法权。另一方面,我国司法系统内部并没有欧洲或美国联邦和州司法系统内部那样的复杂关系,我国单一制的国家结构体制也有助于促进司法系统内部自上而下的权威和谐,尤其从最高司法机关的作用来看,它对

---

① 参见中国社会科学院语言研究所词典编辑室编:《现代汉语词典》,商务印书馆1996年版,第1241页。

② 卓泽渊:《法政治学》,法律出版社2005年版,第316页。

③ 谭世贵:《中国司法体制若干问题研究》,载《法治研究》2011年第3期。

下级司法机关的监督,虽然理论上并不具备判例法传统中的约束力,但在实践中却很大程度上对下级法院产生了督促和规范的作用,在维护法制统一方面发挥着重要的作用。但是,无法否认的是,具有中国特色的司法体制也存在中国特色的困境和“瓶颈”。

(二)环境司法体制的基本含义

根据司法体制的含义,顾名思义,所谓环境司法体制就是指一国处理环境案件的司法机关的设置、职能划分,以及环境司法机关与其他机构之间的关系等。在专门化的环境审判机关出现以前,环境司法体制与普通的司法体制没有差别;而在专门化环境审判机构设立之后,一国往往通过宪法、法律、法院的判例或法院规则对环境司法体制作出明确的规定。例如,“瑞典在1998年颁布的《环境法典》中,规定了可以在环境法庭起诉的八种案件以及在环境法庭的诉讼程序,对环境法庭的设置、组成人员、司法系统、受案范围、管辖方式、审理方式、诉讼程序、审判效力、赔偿损失做了具体的规定,甚至对于审查、诉讼费的收取、监督方式、监督费用、罚款标准等都一一详尽”;①再如,2000年孟加拉国颁布了《环境法院法》,法案规定设立环境法院和附属环境法庭是适宜和必要的,以便为法院审判环境污染案件和其他有关环境纠纷提供保障。该法就环境法庭的权力、管辖范围以及程序性权利都作了详细的规定。

虽然环境要素属于典型的公共物品,管理环境事务本是一国政府的应有职责之义,市民社会的崛起和环境问题的多元化却使得在环境司法中强调公众参与具有必要性和重要性。因此,在现代环境司法理念下,各国的环境司法体制越来越趋向于方便国民接近司法正义之门,一般民众正在经历从司法作用客体的地位向主体转化,并积极动用司法来实现对环境事务的参与和管理。我们对司法的一般印象是法官结合具体的事实,寻找合适的法律规范,进而对当事人之间的权利义务作出判断。其实,这仅反映了司法功效的一个侧面。富勒说过:“使审判区别于其他秩序形成原理的内在特征在于承认审判所作决定将对之产生直接影响的人能够通过一种特殊的形式参加审判,即承认他们

---

① 周语:《论中国环保法庭的完善》,中山大学2010年硕士学位论文,第6页。

为了得到对自己的有利的决定而提出证据并进行理性的说服和辩论。”①艾森伯格则更直接地将其称为参加型的审判模式。无疑，现代环境司法体制的构建理应朝着参加型审判模式前进，“为了使公共诉讼的判决真正有效，当事者积极主动的活动是不可缺少的”。② 在环境诉讼中，当事人的努力正是由于有了环境司法制度从程序上给予的保证，从而最大限度地发挥自己在秩序形成和有效控制行政权力方面的重要作用。

（三）现代环境司法体制概览

一般来说，不管是英美法系国家还是大陆法系国家，在一国的司法体制中都无法摆脱传统三大审判组织，即民事审判机构、刑事审判机构和行政审判机构。当然，在大陆法系国家，有些国家设立专门的行政法院来处理行政案件。大部分的法院都有环境民事管辖权（个人起诉要求对违反环境法给他们造成实际损害或可能的利益损失的行为进行追究），也有环境行政管辖权（复核对环境有影响的政府决定或项目开发，包括规则的颁布、许可的发放、罚款的实施等）。许多国家的法律体系，如美国，对行政诉讼和民事纠纷同等对待，在司法系统中用同一个审判庭审理，没有本质性的出入。在美国联邦法院中，有的联邦法院辖区跨越几个州，而有的州则有多个联邦巡回法院。虽然州法院法官的任命、经费的来源也都是由州议会决定的，但是在实践中并没有产生地方保护主义，其关键就在于管辖权的划分。如果当事人分别是不同州的公民，除在合同中有明确约定外，一般可以在联邦法院起诉。而联邦地方法院、联邦上诉法院法官的任命和经费划拨均由中央政府一手操办，与地方政府无关，这就保证了联邦法院法官不会受控于地方行政机关。相对应地，如果当事人虽然属于同一州，但是不同市、县的公民，公民可以在州地方法院提起诉讼，州地方法院法官的任命和经费划拨又是由州议会决定，与各市、县无关。

总体来看，环境案件由普通司法机构进行审理是世界上很多国家采取的

---

① Lon Fuller, *The Forms and Limits of Adjudication*, Harvard Law Review 92, (1978) 353 –409, p. 364.

② Abram Chayes, *The Role of the Judge in Public Law Litigation*, Harvard Law Review 89, (1976) 1281 –1316, p. 260.

方式，即使在20世纪90年代以来，在世界范围内出现了环境司法专门化趋势的情况下，专门化的环境法院（庭）与普通法院并驾齐驱共同处理环境案件，仍然是一国内并不冲突的现象。在很多人看来，环境纠纷确实在认定因果关系、明晰责任大小、评估、鉴定环境损害等方面具有一定的专业性，对其审理需要较高的要求，但是普通法院在这一方面已经积累了丰富的经验，并将继续发挥其在审理环境案件方面的作用，环境法律与其他部门法之间的差异性并没有巨大到可以自立门户，仅以其专业性认为环境权益无法在普通法院得到实现和维护是不充分的。法官虽然审理的环境案件不像普通案件的数量那么多，但是在长期的工作生涯中，还是积累了一定的处理环境纠纷的经验。在普通法院中，永远不会出现环境案源不足导致法官闲置的现象。一般来说，环境民事案件由民事审判庭处理，环境刑事案件由刑事审判庭处理，环境行政案件由行政审判庭处理，这些环境案件和普通民事、刑事和行政案件交织在一起，法官在审理环境案件时，遵循着审理普通案件的程序、审限等要求。公众也习惯了环境案件交由普通法院处理的现状。

如在美国，环境保护法特别规定对环境保护局（Environmental Protection Agency，EPA）的行政行为不服所提起的诉讼专属于哥伦比亚特区的巡回上诉法院管辖。其他的公民诉讼则由污染者污染所在地或违法事实发生地的联邦地方法院管辖。瑞典《环境保护法》第34条规定，任何根据本法对有害环境的活动提出诉讼请求的，有权向该活动已经发生或即将发生地财产法院提起诉讼。①

但是，普通法院审理环境案件也有难以克服的弊端：从普通法院审理环境案件的现实情况来看，其受理范围已经基本定型，很多新型环境纠纷尚不能纳入其受理范围，如环境公益案件常常被拒之门外；另外，正如前文提及的，普通法院审理环境案件遵循的是审理普通案件的一套程序，法官更多积累和具备的是一般的法律理念和思维，难以体现环境纠纷的特殊性，无法彰显环境利益，很多环境案件都以获得经济利益取代环境利益。而随着人们法治意识的

① 参见赵国青主编：《外国环境法选编》（第1辑），中国政法大学出版社2000年版，第1144页。

觉醒和提高,许多纠纷涌进了法院,就连美国这种法治大国都惊呼"法官都被案件淹没了"。法院案件量庞大可见一斑,尤其是基层法院,更是长期饱受案件挤压的痛苦,当事人甚至要等上几年才能拿到一个审判结果。当然,拖延判案无论是对政府还是利益相关者,都要耗费大量的成本。"时间就是金钱"在司法系统也是一条至理名言。环境案件夹杂在众多普通案件中,很难体现环境预防原则的特殊性,得到及时、高效率的处理,等到最终判决结果出来,环境污染和破坏也已经无法逆转。

正是考虑到环境等案件的特殊性和普通法院在处理此类案件时存在的短板,在我国,中共中央提出破解当前司法困局的有效路径是探索设立跨行政区划人民法院,形成行政区划法院审理普通案件,跨行政区划法院审理特殊案件并行不悖的诉讼格局。①对此,在最高人民法院制定的《人民法院第四个五年改革纲要(2014—2018)》中,其给出了设计跨行政区划司法管辖的具体指导意见,从中可以推断出:第一,在审理环境保护案件上可以采用提级管辖和指定管辖;第二,铁路运输法院、林业法院、农垦法院等现有专门法院的司法资源已得到了关注,关键是如何通过改革充分发挥它们的效用;第三,环境资源审判机构在解决环境纠纷、维护环境权益上的作用受到肯定;第四,应对重大、疑难、复杂案件较多地方的举措是建立上级法院巡回法庭;第五,明确了可设立知识产权法院,但并不意味着排斥环境法院。环境资源审判庭和环境法院都属于环境资源审判机构。2016年5月26日最高人民法院发布《关于充分发挥审判职能作用,为推进生态文明建设与绿色发展提供司法服务和保障的意见》(法发〔2016〕12号)再次强调"对于环境公益诉讼以及跨行政区划的环境污染、生态破坏等案件,探索实行跨行政区划集中管辖"。上述政策文件为我国

---

① 习近平总书记在党的十八届四中全会决定起草说明中指出:"探索设立跨行政区划的人民法院和人民检察院……有利于构建普通案件在行政区划法院审理、特殊案件在跨行政区划法院审理的诉讼格局"。目的就是要"排除对审判工作和检察工作的干扰、保障法院和检察院依法独立行使审判权和检察权"。理由是"随着社会主义市场经济深入发展和行政诉讼出现,跨行政区划乃至跨境案件越来越多,涉案金额越来越大,导致法院所在地有关部门和领导越来越关注案件处理,造成相关诉讼出现'主客场'现象,不利于平等保护外地当事人合法权益、保障法院独立审判、监督政府依法行政、维护法律公正实施"。

环境司法在环境法治中找准定位，并进行相应的体制机制改革提供了契机和依据。经过数年的探索与发展，最终形成当前“区划管辖为主，跨区管辖为辅；地方管辖为主，专门管辖为辅”①的环境司法管辖特色。

二、环境法官制度②

古语云：“徒善不足以为政，徒法不足以自行。”再好的司法制度能否实现，关键在于执法之人。英国近代著名法官科克（Edward Coke）说过：“法官要处理的案件动辄涉及臣民的生命、继承、动产或不动产，只有自然理性是不可能处理好，更需要人工理性。法律是一门艺术，在一个人能够获得对它的认识之前，需要长期的学习和实践。”③法律借助法官而降临尘世。④ 现代社会，随着社会日趋复杂化，法律规范也变得越来越具有抽象性和普遍性，因为只有这样，它们才能协调组成社会的各种集团的利益与价值，由于同样的原因，解决纠纷或对其可能的解决方式提出建议的工作变得更为困难，更需要专门的训练。⑤作为环境法官，无论如何都要对法律的基本使命进行认真定位，将环境正义的保障、实现并获取社会财富的最大化纳入传统以经济效益为法律价值的衡量之中。因此，在处理环境纠纷的过程中，甚至有学者认为，环境法官所发挥的作用要远超过一国的环境司法体制，即使在传统环境司法制度模式下，只要一国拥有足够称职、合适的法官，该国的环境案件审理难、执行难等“瓶颈”问题都可以迎刃而解。

从实践来看，有助于实现环境司法正义的关键就在于拥有符合资质条件、有依法独立行使审判职权能力、熟知环境知识的法官。但是，挑选程序、最低的资格要求、持续的培训、任期和薪资水平全部都是会影响审理环境案件法官能力发挥的因素。所以，实现环境司法正义不仅仅是“起诉者能在法院立案”

① 钱文杰：《反思与探索：跨行政区划的司法管辖改革研究》，载《河北科技师范学院学报（社会科学版）》2015 年第 4 期。

② See George Pring and Catherine Pring, *Greening Justice: Creating and Improving Environmental Courts and Tribunals*.

③ ［美］罗斯科・庞德：《普通法的精神》，唐前红等译，法律出版社 2001 年版，第 41 ~ 42 页。

④ 参见白文漳：《法官的自治与自律》，载《月旦法学杂志》1995 年第 10 期。

⑤ 参见［美］埃尔曼：《比较法律文化》，贺卫方、高鸿钧译，三联书店 1990 年版，第 104 页。

和"构建专门化环境诉讼制度"，有能力的、相对独立的环境法官在其中扮演着重要的角色。正如苏力先生指出的那样："法官以及有关的司法人员，每天都直接面对大量、多变的现实，直接面对活生生的人和事，因此他（她）更容易发现立法的不当之处、空隙和盲点；由于法定的职能，他（她）又必须作出具体的决定。因而，无论我们在理论上如何论述或规定，实际上生活中的法官都必然要作出一些判断，调整有关法律，来争取他（她）认为比较好的结果（假定法官没有私心）。在法律没有规定的地方，一个理想的法官可能根据习惯的做法以及有关的政策性规定或原则以及多年的司法经验作出实践理性的决断，补充那些空白。"[①]这是实践对环境法官司法能力提出的要求。环境"法官的工作乃是在社会对自生自发秩序赖以形成的各种情势下不断进行调适的过程中展开的，换言之，法官的工作是这个过程的一部分。法官参与这个进化选择过程的方式，就是坚决采纳那些更有可能与人们的预期相吻合而不相冲突的规则。法官正是通过这种方式变成了这个秩序的一部分"。[②] 环境法官对生成与完善环境司法程序的重要性可见一斑。但是，要确保法官在环境案件中作出明智、公正、前后一致、信息量丰富的裁决，必须"将诉讼当事者和有利害关系的人从制度上隔离开来，制裁（刑罚、罢免处分等）、职业伦理、经济和社会地位的保障（高工资和身份保障等）都是维持隔离的手段"。[③] 这就需要在遴选、培训和保障方面有所作为，以增强法官在身份上的独立性，逐步提高其待遇和社会地位，从而防止司法机关沦为科层制的一个组成部分，甚至附庸。

（一）环境法官的遴选制度

马克斯·韦伯指出："为了防止不当的罢免、降职和转任而给以的法律保障，目的在于使法官这一特殊性质的职务不致因个人的考虑而被左右，使这一

---

① 苏力：《为什么研究中国基层司法制度——〈送法下乡〉导论》，载《法商研究（中南政法学院学报）》2000 年第 3 期。

② ［英］弗里德利希·冯·哈耶克：《法律、立法与自由》，邓正来等译，中国大百科全书出版社 2000 年版，第 185 页。

③ ［日］棚濑孝雄：《纠纷的解决与审判制度》，王亚新译，中国政法大学出版社 1994 年版，第 158 页。

职务能够以一种非人格的严格方式来行使。”①

1. 环境法官的选拔程序

关于环境法官的选拔,世界上不同的国家任命法官的方式可谓多种多样。但他们的通行做法是很少通过选举,几乎都以任命方式产生法官。如巴西,其所有的初审法官和上诉法官都是通过公务员资格考试并由公务员部门根据他们的考试成绩、教育经历和经验挑选出来。法官最初在小小的乡村基层法院工作,在他们获得足够的经验时,虽然仍在公务员系统内,但他们可以晋升到更大城市的法院。不过到了巴西最高法院,这里的法官由总统任命并由参议院批准。也有法官是由管辖区的统治者、总统、总理、司法部长、州长或司法部长来任命,通常是根据立法机关、特别司法委员会、两党小组、不同公民团体或一些选民联合体提交的推荐名单任命的。如奥地利,其通过法律授权总统从三大候选名单来任命环境法官:来自司法部长提名的 10 人;来自 9 个州提名的 18 人;代表 14 个不同联邦部门的 14 个被提名者。

我国司法人员的总体素质使我们深刻认识到“选择程序的改革将使我们真正集中到如何从合适的背景中寻找未来的法官这一点上,而他们应具有公认的能力”。②对此,《人民法院组织法》③和《法官法》④均对法官的选任工作作出了明确规定,其充分表明,经过多轮司法改革,我国开始逐步形成规范化的法官选拔制度,并呈现以下特点:第一,法官员额制彻底扭转了以往只要进入法院人人都可成为审判员、都可审案的局面。第二,分类管理界分了法官、审判辅助人员和司法行政人员各自的职责,后两者服务于审判工作,既有利于提高各类人员的职业尊荣感,也明晰了工作范围,减轻了法官的事务性工作,为有序推行审判工作提供了条件,能大大提高审判效率。第三,初任法官采取“考试 + 考核”的方法择优选择保证了法官既掌握法律专业知识,又具备法律

---

① [德]马克斯·韦伯:《支配的社会学》,世良晃志郎译,创文社 1960 年版,第 69 页。转引自[日]棚濑孝雄:《纠纷的解决与审判制度》,王亚新译,中国政法大学出版社 1994 年版,第 158 页。

② 谢鹏程等:《海外司法改革的走向》,中国方正出版社 2000 年版,第 134 页。

③ 参见《人民法院组织法》第 45 条、第 46 条、第 47 条。

④ 参见《法官法》第 14 条、第 15 条、第 16 条、第 17 条。

职业素养,达到德才兼备的标准。第四,法官遴选委员会的设立于省、自治区、直辖市及组成人员在一定程度上实现了遴选的客观、公正。第五,初任法官在基层人民法院任职的原则保证了法官在充裕的时间和类型多样、数量足够的案件中得到锻炼,并逐步积累起丰富的审判经验。

2. 环境法官的任职资格

由于环境侵权的间接性、潜伏性和长期性,以及致害原因的复合性和复杂性等不同于一般侵权的显著特点,因果关系的不确定性以及涉及人群的广泛性,使得生态环境案件中证据的收集和保全非常困难,大多数法官在处理这类案件时会在技术上遇到巨大困难,进而造成案件审理冗长拖沓的局面出现。同时,大多数法官对涉及环境问题的法律、法规或规章较为生僻,在日常司法实践中的运用相对较少,无法合理、合适地适用这些法律、法规和规章来解决生态环境案件。而法官本人对于环境法的认知、理解和熟练程度直接关系着裁判解释的效果,决定了"这个案件"的裁判是否公正,是否有助于环境法秩序的形成,更进一步,决定着司法的社会功能是否能够在环境保护中实现。这就对法官的环境法理论、环境法实践、环境司法能力、环境司法技术与技巧提出了严峻挑战。

一般来说,环境法官的任职资格条件比普通法院法官要高一些。如马拉维要求环境案件的主审者一定要受过适当的训练并合格结业,芬兰则要求有大学法律学位。特立尼达和多巴哥以及比利时要求环境法官至少有10年的律师经验,并需要进行专门训练,经验丰富,在任命之前就对环境法律表现出浓厚的兴趣。"新西兰环境法院组成人员中,环境专员和副环境专员的任职资格要求候选人必须具有与环境争议相关领域的专业知识和经历,具体包括经济、商业、地方事务、规划、资源管理、遗产保护、环境科学、建筑、工程、测量、矿产技术等。"①

我国现有司法体系下,在环境法官任职要求上,除了严格按照《法官法》中的遴选要求,必须通过国家统一的法律职业资格考试,真正做到上级法院法官

① 沈跃东:《可持续发展裁决机制的一体化——以新西兰环境法院为考察对象》,载《西北农林科技大学学报(社会科学版)》2008年第3期。

逐渐从下级法院优秀法官中选任，还可以考虑将本院有审理环境案件经验的法官，或者虽然没有处理过环境案件，但是对环境法有一定兴趣，具备一定环境法知识的法官集中起来重点培养，争取将他们打造成专业环境法官，今后凡是本院受理的环境案件，都交由这批法官集中处理。当然，在多方面考察的基础上，还可以考虑从优秀的大学环境法学教授、有过10年以上专职于环境案件的律师中选拔环境法官，这样一方面可以增加法官的荣誉感，另一方面可以大大提高法官的环境法专业水平。

（二）环境法官的培训制度

1. 环境法官的专业培训

环境法官的素养和能力在很大程度上影响着环境司法的有效运行。相较于普通民事、行政、刑事案件，环境案件技术性强，所涉及的知识横跨法律、生态、物理、化学、生物等多部门学科，往往需要依赖环境司法鉴定方能确定损害事实及认定因果关系；牵涉多方利益博弈，需要法官在其中进行权衡，尤其是刑民交叉、行刑交叉、行民交叉，甚至行刑民交叉的案件也屡见不鲜，千头万绪，更是纷繁复杂，这些客观现实都对环境法官提出了更高要求，决定了审理环境案件的法官不仅具有较高法律素养，还要有较强司法能力。但是，我国的法官培养模式和遴选机制都是按照“大众化”的标准进行的，他们在审理环境案件上并无特别优势，“他们的个体利益与环境公益的衡量技术、经济发展与环境保护的协调能力和对法律的理解能力等方面”[①]离满足解决环境纠纷的需要尚有一段距离。继续追根溯源，环境法官的专业能力有待提升也与环境法本身的发展有很大关系。环境法是一门新兴学科，也是一门边缘学科，不少高校并未开设环境法课程，接受环境法专业训练的人才有限，这种现象实际影响的是环境法官的储备库。对此，在吸收专业人才，从有环境法专业知识、专业经验的人士中选拔优秀者进入法官队伍，充实环境审判力量的同时，主要是大力加强对现有从事环境案件审理的法官的环境法专业知识与技能的培训，充分利用现有的审判资源。在要求法官掌握现有环境法律法规的基础上，及时

---

① 吴勇：《环境审判机制创新研究：以环境审判机构专门化为视角》，法律出版社2019年版，第25页。

举办环境新法律、法规业务培训班。明确业务培训的目标,将法官从知识型为主过渡到能力型为主,从普及型教育培育为主转变到专业化培训为主。

2. 环境法官的继续培训

"环境案件需要环境法官"。不管是国内环境法还是国际环境法,发展都非常快,也很复杂,所以对法官进行环境法、生态学等方面的初始和继续培训是至关重要和必须的。其实,不提追随日新月异的科技进步和新产生的各类型纠纷,仅仅是跟上环境法的发展,对环境法官来说就已经是一个巨大的任务,尤其有些法官只是在部分时间从事环境案件审理工作。许多国家和国际组织一直在资助环境法官的专门化培训和能力建构。最近 10 年,世界范围内支持法官、律师和其他与相关工作人员环境法培训的政府和非政府组织主要有联合国环境规划署(United Nations Environment Programme, UNEP)、美国国际开发署(United States Agency for International Development, USAID)、美国国家环境保护局(United States Environmental Protection Agency,USEPA)、欧盟环境法官论坛(European Union Forum of Judges for the Environment, EUFJE)、欧洲委员会(European Commission,EC)、欧洲环境行政法官协会(Association of Environmental Administrative Judges, AEAJ)、亚洲环境遵守与执行网(Asian Environmental Compliance and Enforcement Network,AECEN)、环境法世界联盟(Environmental Law Alliance Worldwide,E – LAW)、美国律师协会—法治计划(American Bar Association – Rule of Law Initiative,ABA – ROLI)、国际自然保护同盟(International Union for the Conservation of Nature,IUCN)等。在环境法领域,法官接受其他有经验法官的培训大有可为。连肯尼亚最高法院的首席法官都认为有必要接受深层次的培训,并在 2004 年与联合国环境规划署(UNEP)和内罗毕大学教授查尔斯·奥克迪(Charles Okidi)一起举办了第一次环境司法集中培训会议,与会的有肯尼亚、坦桑尼亚和乌干达的法官。自此以后,首席法官在肯尼亚最高法院建立了绿色合议庭,制定了规则,明确规定免除环境案件原告的立案费,同时支持对肯尼亚法官进行额外的培训。乌干达则认为相较于构建专门化的环境审判机构来说,对法官开展环境法方面的司法培训更好。欧盟环境法官论坛(EUFJE)就像欧洲环境行政法官协会

(AEAJ)所做的那样,为法官审理环境案件提供了会议研讨和培训机会。澳大利亚和新西兰的环境法官每年都召开年会,讨论他们在审判上的前沿性实务经验。在2008年至少有类似的三次国际性会议举行,目标直指法官处理环境案件的能力建构。培训和沟通交流机会的不断增加,反映了全球范围内在法官环境能力建构上的共同兴趣、决心和热情。随着环境案件的日益增多,对法官进行初始和继续培训的需求也在渐渐增多。

对此,要提高我国环境法官的整体水平与能力,除了要积极参加国际环境法官培训、国际环境司法研讨会,借助各种平台与域外环境法官展开业务沟通、交流,还需要在国内环境法官培训上整体布局,合理安排,多头推进。相较于其他类案件,环境案件的数量更少,所受到的关注度并不高,投入环境司法培训上的人力、物力、财力有待增加,并将这种培训作为众多司法培训的常态化内容和组成部分之一。具体到环境司法培训设计上,可考虑将环境法条的适用和环境法理论的研究与提高结合起来,加强法官环境法理论的积淀和指导,引导他们通过科学的法律分析来解决环境司法实践中出现的疑难问题。

(三)环境法官的保障制度

在美国,法官任期推行终身制。只要法官忠于职守,除非经过国会弹劾,否则任何机构和个人不能以任何方式和手段迫使其提前离职。至于法官薪酬,不仅普遍高于其他立法或行政官员,且在任期内收入只增不减。这由美国宪法明确规定。1789年的《美利坚合众国宪法》已经明确:"不管是最高法院,还是下级法院的法官,只要行为端正,就应继续任职,并在规定的时间内得到服务报酬,此项报酬在他们继续任职期间不得减少"。①

1. 环境法官的任期保障

法官的任期可从四个方面予以保障:第一个方面是法官有权拒绝任何单

① The Constitution of the United States of America (March. 4, 1789), Article Ⅲ　Section 1, "...The judges, both of the supreme and inferior courts, shall hold their offices during good behaviour, and shall, at stated times, receive for their services, a compensation, which shall not be diminished during their continuance in office."

位或个人所提出的超出法官法定职责范围的要求。第二个方面是非因法定事由,非经法定程序,法官依法履职行为不被追究。第三个方面是适当延长法官退休时间。法官的职业特点决定了其能力会随着经验的丰富不断增长,所作的裁决也能保持前后一致,只要法官的身体健康允许,可让其延后退休。第四个方面是法官的晋升。环境法官应该与普通的同等法官一样,有平等的晋升机会,不能因为他们所审理的环境案件少于审理普通案件的其他法官就限制了环境法官向更高级法院晋升的选择权。任期的保障可以提高法官的安全感,使他们能更好地专注于审判工作。

2. 环境法官的薪水保障

突出对环境法官的薪水报酬,对其作出一定补偿有几大原因。法院要吸引并留住那些有能力、优秀、有奉献精神的法官,薪水无疑是一个重要因素。汉密尔顿指出:“对某人的生活有控制权,等于对其意志有控制权。”①一般来说,薪水可以由审判委员会设定,也可以由立法机关设定,或者由公务员组织设定,并根据一国的经济发展水平和任命的级别进行灵活变动。在佛蒙特环境法院刚刚建立的时候,法官被认为是“二等法官”,相较于同等水平的普通法官来说,薪水低,运营预算少。这样,从对潜在起诉者的可信度、权威性和重要性方面来说,环境法官就被认为低于同级普通法官一个等级。然而随着时间的流逝,这个问题得以修正,现在,环境法官与同等级的其他国家一审法官一样,薪水无异,受到同等的信任。巴西的法官由行政机构挑选出来并支付报酬,行政机构付给法官和检察官的薪水是与他们的专业度紧密联系在一起的。

高薪未必能养廉,但是薪水长期固化显然影响法官工作的积极性。相较于普通公务员,法官的职业风险更大,有些不理性的败诉方往往迁怒于审理案件的法官。尤其是环境法官,对其任职条件要求更高,所要权衡的利益纷争更加复杂,受到的来自各方的压力更大,对此,理应与公务员工资同步调整,并高于同级公务员,这样才能吸引优秀的人才进入司法系统,也能提高法官的职业尊崇感。

---

① [美]汉密尔顿等:《联邦党人文集》,商务印书馆1982年版,第369页。

三、环境司法程序

日本著名法学家棚瀬孝雄在《纠纷与审判的法社会学》前言中指出:“能够填补法学领域中的‘审判’与现实的审判之间的沟壑的正是法社会学,特别是被称之为过程分析的方法可提供有力的工具。用一句话概括,过程分析就是把审判视为过程,即程序参加者的相互作用的过程。……”[①]棚瀬孝雄认为,仅仅从制度层面进行学术研究具有很大的片面性,司法活动是一个相互作用的过程,“判决既不是简单的强制性判定,也不是纯粹根据逻辑从法律推导出的具体结论”,[②]而“司法体制与司法程序都是司法制度的重要内容,同时也都是国家司法活动得以顺利进行的基础与保障”。[③] 因此,司法制度具有的局限性,需要通过司法程序的正当化机制对司法过程的分析才能进行弥补。从动态的诉讼过程着眼,能够更为全面科学地反映一国的环境司法制度。

(一)环境司法立案登记制度

尽管随着社会的发展,公民的法律意识有所提高,但他们还是无法全面把握其权利的司法状况。“我们的社会正变得日益复杂,部分是因为社会化进程。行政法、社会法和金融法变得越来越复杂,很多人不知道其到底处于一种什么位置。某些类型的公民(妇女、未成年人、季节劳动者、残疾人、老年人和其他少数群体)知道自己的具体权利,却不十分了解如何去行使。诉讼的缺乏透明度、复杂性和漫长性使这些问题更加恶化。为了获得正义,最重要的就是知道‘该敲哪一扇门’。”因此,重要的任务仍在于所谓的司法上的“与公众的联系”。[④] 环境纠纷的数量与当事人起诉到法院的案件数量之间的落差,在一定程度上,反映了当事人在接近环境正义的道路上出现了障碍,或者表明一国环境司法准入存在问题。在环境司法立案制度中,有三大要素横亘在当事人面前,增加了其接近法院,实现环境司法正义的难度。

---

① 季卫东:《当事人在法院内外的地位和作用》(代译序),载[日]棚濑孝雄:《纠纷的解决与审判制度》,王亚新译,中国政法大学出版社1994年版,第5页。

② [日]棚濑孝雄:《纠纷的解决与审判制度》,王亚新译,载季卫东:《当事人在法院内外的地位和作用》(代译序),中国政法大学出版社1994年版,第7页。

③ 谭世贵:《中国司法体制若干问题研究》,载《法治研究》2011年第3期。

④ [日]小岛武司等:《司法制度的历史与未来》,王祖兴译,法律出版社2000年版,第207页。

1. 诉讼资格①

诉讼资格亦即起诉资格，起诉资格是决定哪些主体具有提起诉讼的资格并有权参与到司法程序中的一整套法律规则，是在一国立法或通过司法实践逐步发展形成的，用以明确自然人、企业、政府机关和NGOs必须满足哪些条件才可以提起诉讼。起诉人符合诉讼资格要件意味着其可以作为原告向法院提出自己的主张，寻求司法救济。所以，诉讼资格问题是环境纠纷进入法院必须跨越的第一道门槛。通常，国家都会出于种种考虑，对起诉资格作出一定限制，尤其对于环境诉讼，施加于起诉者身上的诸多要件在一定程度上会影响环境司法正义的实现，是环境公益诉讼、公民诉讼和集团诉讼等新型诉讼的一大挑战。显然，如果连法院的大门都无法接近，又怎么可能实现司法正义。严格限制起诉资格的理由不外乎以下担忧：

第一，案件爆炸。主张缩小起诉资格的人认为，如果没有限制性规定，法院将被洪水一样的案件淹没。

第二，滥诉。无限制的起诉资格使得人人都可以到法院起诉，于是社会主体可能会提起一些毫无根据的申诉甚或利用法庭滥诉，侵犯其他主体的权利。

第三，法院角色的放大。过多的纠纷都提交到法院，其中难免有些根本不属于法院管辖，这些问题由行政部门等机构来处理更为妥当。

第四，限制经济发展。环境公益诉讼和其他某些种类的环境诉讼，有可能会损害、阻碍经济发展，至少会增加发展的成本。

从现状来看，起诉资格既有非常宽泛的，也有异常狭窄的。最宽泛的代表是菲律宾，它在最高法院的环境案件程序规则中甚至明确规定“未来一代”有权进行诉讼。其规则2表明：

第五款：谁有权提起诉讼——任何人、团体。除了自诉，他们可以委托代表，也可以代表其他人，包括未出生的一代在集团诉讼中对涉及违反或实施环境法的问题提起诉讼。这些主体包括：

(a)任何公民；

---

① See George Pring and Catherine Pring, *Greening Justice: Creating and Improving Environmental Courts and Tribunals*.

(b)在父母或监护人帮助下的未成年人；

(c)非政府组织及公益团体；

(d)土著居民和地方社区；

(e)其他类似地位的主体。

与此形成鲜明对比的是那些对起诉资格作出过多限制的国家,如孟加拉国。孟加拉国的环境司法有一道实实在在的“门槛”。任何人在没有先行向国家环境部提起申诉,由其进行审查并作出报告前,是无法提起环境诉讼的。因此,在国家环境部有大量经年累月的积案尚未被处理,这些案件也可能就此被打入“冷宫”,永无出头之日。

有些国家对 NGOs 的起诉资格进行了严格的限定。如直到 2009 年,瑞典仍只允许成员人数至少达到 2000 人的 NGOs 才有起诉资格。而当时全国上下只有两个 NGOs 满足这个条件。

针对限制诉讼主体资格的做法,澳大利亚法律改革委员会认为:

第一,起诉资格规则并不能作为“守门神”,使法院免于诉讼之累,以往的经历表明环境案件不会像泄闸的洪水一样淹没法院,即使有,起诉资格的限定并不是一个有效的方法。应对的措施是更好的案件管理和更完美的国家决策。

第二,司法机关完全有权自我解决滥诉。驳回起诉或驳回诉讼请求都是应对无聊和无根据诉讼的好举措。

第三,通过立法明确法院的管辖权范围可以解决对司法管辖过宽的担忧,在限制起诉资格上大做文章属于治标不治本的作为。

第四,环境诉讼对经济发展的影响确实是不可回避的,但是可以通过各种利益之间的平衡来解决。可持续发展要求在经济利益、环境利益、社会利益、文化、人权及其他严重的法律和社会事项之间进行平衡。实践证明,在起诉资格上设置障碍,导致诉讼不能,产生的是反效果,会造成社会的不安定。

实践证明,对起诉资格的限制不应过多,而应尽可能宽泛,尤其是不能限制环境公益诉讼。在立案阶段设置重重障碍作为“门禁”,并不足以解决上述“担忧”,起诉中的诸多问题单纯靠限制起诉资格无法解决。起诉资格的限制也阻碍了环境信息知情权和环境公众参与权的实现。综观全球,对起诉资格作出宽泛、自由规定的国家大多在发达国家，如澳大利亚的新南威尔士州。在一个成熟的法治国家，任何主体，如自然人、公民、社区团体、企业、NGOs，甚至未来一代都应该有权提起诉讼。美国法律规定："只要某人能够说明，他有权使用或享受某些自然资源或者他本人的生计依赖于这些资源，尽管资源的所有权不属于他，他也不是某一污染行为的直接受害人，但可以'保护公众利益'为由而向排污者起诉。"①

2. 诉讼成本②

在庞德看来，因为兑现正义的美国司法机关在当时行动缓慢、运行程序烦琐，且运作成本太高，所以大量"文本中的法"在实践中没有得到执行。③ 虽然在实践中，许多国家都在积极采取措施以减少诉讼成本，但是在法院提起诉讼需要支出高额费用成为阻碍当事人诉诸司法的一道障碍。一国的机制越能降低诉讼成本，这个国家就越有能力实现环境司法正义。

《奥胡斯公约》也承认在司法程序中出现的成本和财政风险与起诉资格一样，阻碍了环境司法正义的实现。所以，其要求政府要确保环境诉讼成本不能"高得惊人"（*Aarhus Convention* art. 9, para. 4），并"考虑设立恰当的援助机制"。社区团体、NGOs，甚至律师都认为，环境诉讼中高额的花费带来的财政风险是让他们到法院起诉时不寒而栗的一大因素，更遑论没有雄厚财政做支撑的个人了。

一般来说，原告的相关诉讼成本包括以下五类：

第一，案件受理费。

在法院起诉首当其冲的费用就是案件受理费。在我国，根据诉讼费用交纳标准，财产案件是根据诉讼标的额的大小按照一定百分比标准来收取案件受理费的。而环境问题造成的损害往往非常巨大，如此一来，案件受理费就会高得惊人，公民个人会因为负担不起不能起诉，其他团体则会因为"败诉者付

---

① 吕忠梅：《环境法新视野》，中国政法大学出版社2000年版，第288页。

② See George Pring and Catherine Pring, *Greening Justice: Creating and Improving Environmental Courts and Tribunals*.

③ See Roscoe Pound, *Law in Books and Law in Action*, American Law Review, 1910, p. 12 - 36.

费”的风险而对提起公益诉讼思虑再三,以致踌躇不前。

虽然许多法院在当事人确实无力支付,或者对那些保护不特定多数人利益或社区利益而不是私人利益的公益诉讼,可以免除一定费用,但是纷繁多样的各种费用在不断攀升,财产保全、申请鉴定等,都需要大量花费。

第二,专家费。

这里的专家包括律师和专家证人。相比诉讼费,律师费和专家证人费更是可怕,如果案情复杂,诉讼历时持久,还要上诉,这种支出往往不是百万美元,就是千万美元。如在美国,专于环境诉讼的律师收费不等,一般是每小时400~800美元,近年来,已经高至每小时1000美元。在其他国家,费用不会这么高,但是一件环境案件需要审理很长时间,需要支出的律师费也是惊人的。相当简单的环境案件需要支付的专家费用从1万美元到3万美元不等,复杂的案件就可想而知了。

第三,败诉者负担费用。

在某些司法体制中,由败诉者承担胜诉者的诉讼花费(包括案件受理费、律师费、专家费和其他五花八门的花费),而不考虑案件是否属于公益性质,对环境有多大价值。据悉尼环境辩护办公室(Environmental Defenders Office, EDO)报道,一个非营利社团组织因为输了一起公益诉讼,而被法院责令支付被告人(胜诉者)的花费,为了免除成千上万元的债务,该组织不得不宣布破产。

第四,禁止令担保费。

在环境纠纷中,很多时候,在对开发项目、许可和规划作出裁决前,如果不马上停止这些行为,将会对环境造成不可逆的严重后果。禁止令的好处在于不仅保护了环境,而且刺激开发者争取协商或者在花费一大笔钱用于诉讼和丧失机会成本之前寻求可替代性方案。古老的谚语“时间就是金钱”在这里绝对是真理,解决问题花费的时间越长,为此支付的代价就越高。可是,禁止令(如诉前禁止令、中止命令、停止命令)可能带来像土地闲置、工人失业、原材料成本上涨、资本借贷加息等非常严重的经济损失。因此,法院颁发禁止令时非常谨慎,申请者需要提供担保,担保费与受到禁止令约束行为的价值相当,高额的担保费和由此带来的风险使得诉前禁止令在环境诉讼中形同虚设。

第五,时间、收入和发展机会的投入。

对起诉者来说,除了直接的经济投入之外,另外的额外支出就是大量时间的耗费,工资收入受到影响,为此丧失工作机遇,甚至失去工作。环境纠纷不是短短几周就能解决的,往往是经年累月。收集信息、向律师咨询、准备起诉材料和立案、搜集证据、来回到法院参加庭审和坐在审判庭听审要花费当事人和其他诉讼参与人漫长的时间。尤其是那些代表公共利益的起诉者,他们并不能从胜诉中得到个人经济收入以补偿他们自愿贡献的时间、花费和其他损失。

许多国家为了与可持续发展的要求相适应,其诉讼法对诉讼费用预付方式作了改进。比如,美国为了减轻公众因提起公民诉讼而承担的费用,鼓励公众运用公民诉讼这一法律武器,在环境法规中,对于公民诉讼费用的分担作了有利于原告的规定。美国《清洁空气法》《清洁水法》《固体废物处理法》等均规定,法院如果认为合适,可将诉讼费用(包括合理数额的律师费和专家作证费)判给诉讼的任意一方,按照这项规定,依惯例由原告承担的那一部分律师费和专家作证费等诉讼费用可能由被告分担合理部分;加利福尼亚州《有关致癌化学物质的管制法》更是明确规定,公民提起诉讼,一旦经证实指控真实,有权获得罚款的25%。再如,在法国,当事人提起越权之诉时,事先不缴纳诉讼费用,败诉时再按规定标准收费,数额极为低廉。①

3. 可诉范围

可诉范围亦即法院受案范围,即社会主体可以就什么性质和类别的环境案件向法院提起诉讼,其本是行政诉讼中特有的概念,表明法院受理行政案件的类型等界限,涉及司法权和行政权之间的协调问题。"民事诉讼法以民法的调整对象概括式的界定民事案件,行政诉讼法以行政行为种类界定可诉范围,刑事诉讼法以刑法界定的犯罪行为为受案范围",②三大传统部门法均是以本

---

① 参见王名扬:《法国行政法》,中国政法大学出版社1988年版,第669页。

② 尹鸿翔、刘旭:《论环保审判庭实现环保审判职能的两个前提》,载《广西大学学报(哲学社会科学版)》2011年第5期。

部门的调整对象为依据来界定受案范围。在环境诉讼中强调可诉范围,主要是因为社会主体的环境行为常常构成对环境公共利益的损害,其中既有一般民事主体的行为,也有行政机关的行政行为。分析环境民事公益诉讼可知,其受案范围一般是民事主体损害环境公共利益的情形,这种损害行为理应是行政机关根据依法行政原则无法直接干预的损害环境公共利益的行为,即比较难追究该民事主体的行政责任。但是,也不乏监督管理环境事务的行政机关出现不履行,或者怠于履行其职责的失职情况。如果民事主体直接对污染或破坏环境的民事主体提起环境诉讼,由于双方在法律上是平等关系,其诉讼目的不是救济私益,而是整体社会公共利益,此时就是环境民事公益诉讼。如果民事主体认为是行政机关的失职导致环境损害,对其提起诉讼,要求其积极履行职责,就是环境行政公益诉讼。

在日本,随着国民环境意识的提高,公民针对政府行政行为提起的环境行政诉讼越来越普遍,公民会以日本行政厅对产生公害的事业活动控制不力,可能导致公害损害为由,而向法院起诉行政厅。当然,如果行政厅因为在环境管理中违法采取了措施损害了国民利益,受害人对其提起国家赔偿更是理所当然,也日趋增多。

根据俄罗斯2002年的《联邦环境保护法》,环保NGOs和其他非营利性团体有权利就经济活动和其他可能对环境产生不良影响的项目设计、布局、建设、改建和运营活动所作的决定向法院提出请求,要求限制、停止和禁止对环境产生不良影响的经济和其他活动,还可向法院提起环境损害赔偿之诉。

由此可见,扩大环境纠纷的可诉范围是世界环境司法的发展趋势。尤其是将抽象行政行为纳入司法审查的范围,这是现代法治国家的一种充分有效地协调国家权力和公民权利的工具。抽象行政行为作用的对象具有普遍性,针对的是一类人或事,而不是特定的对象;效力具有普遍性和持续性,对某类人或事具有普遍约束力,能够反复发生作用,其通常是以抽象行政行为→环境→不特定多数人的形式,对环境的影响更加直接,不需要特定行政相对人作为媒介,影响的范围更加宽泛。同时,抽象行政行为是行政机关作出具体行政行为的依据,如果追根溯源,抓住核心和本质性问题,纠正具体行政行为从源头——抽象行政行为开始更能取得事半功倍的效果。所以,为了防止行政主体对环境的作为或不作为,可能恣意侵犯和践踏公民环境权利,必须对其作出限制,而司法审查就是最为有效的一种手段。

（二）环境司法审判制度

司法审判过程首先是一个发现法律的过程。"判断者以未加工的案件事实为出发点,将可能可以选用的法条一一检视,排除详细审视之后认为不可能适用者,添加经此过程认为可能适用的其他条文。"①而"当经济生活的发展推出新的纠纷形式时,就要求有相应的诉讼形式与之配套"。② 不管是从域外环境司法的发展历程来看,还是从诉讼的目的和程序实现的角度来看,专门的环境诉讼制度是环境司法审判制度的基础,而适当的审判机构是环境诉讼得以良性运行的组织载体。如果仍然沿用传统的审判规则来处理新型环境案件,就是在继续以"人类中心主义"和"经济发展优先"的传统司法理念来审理环境纠纷,无法综合考虑私益与公益、私权与公权、权利与权力、个人与社会、社会与国家之间的关系,将导致案件处理的偏颇和不公,甚至有可能与环境效益南辕北辙,加剧了环境的不公平和不正义,而缺乏正义法治精神引导下的权利意识所应具有的制度轨迹和价值导向,更多的时候会引导主体的社会行动以游离于制度之外的方式进行,会直接误导维护环境行为走向无法预期的一端。现实中频发的环境污染、生态破坏与有限的环境案件之间的落差,以及业已采取的环境利益救济行动,导致的群体性事件的屡屡发生与体制、制度背离的情形就是例证。而"如果一个纠纷得不到解决,那么社会机体上就可能产生溃烂的伤口;如果纠纷是以不适当和不公正的方式解决的,那么社会机体上就会留下一个创伤,而且这种创伤的增多,又有可能严重危及人们对令人满意的社会秩序的维护"。③

我国台湾地区的有关机关正是考虑到传统民事诉讼程序在处理环境案件

① ［德］卡尔·拉伦茨:《法律方法论》,陈爱娥译,台北,五南图书出版公司1997年版,第165页。

② 江伟主编:《中国民事诉讼法专论》,中国政法大学出版社1998年版,第1页。

③ ［美］E. 博登海默:《法理学:法哲学与法律方法》(修订版),邓正来译,中国政法大学出版社2004年版,第530页。

时的局限性,已经无法应对环境纠纷的特殊需求,尤其是环境案件争议焦点往往具有科学上的不确定性,也要耗费大量的时间,继续适用传统诉讼程序将不利于救济受害人,因此制定了专门的“公害纠纷处理法”,为环境公害的解决提供了特别性规则。在日本,依靠法律手段处理公害问题及环境问题,是从公害的受害人根据民法的规定对加害企业要求损害赔偿开始的。可以说公害法是以民事上的救济为起点形成和发展起来的。[①] 但是由于过去的民事诉讼具有很强的个对个的纠纷处理技术的性质,而在公害诉讼等上,鉴于解决社会性集团纠纷的要求,无论是在审判技术方面,还是在诉讼法的法理方面,都有不少需要加以修改的地方。[②]

（三）环境司法执行制度

“现代国家之司法制度,于民事程序方面分为审判程序与强制程序。私权之纠纷,如不能由当事人以自治方法解决者,仅得诉请法院以审判方式强制解决。经解决之私权纠纷,若债务人不为履行者,自有强制其履行之必要。否则债权人之私权无法实现或确保。”[③]从此意义上讲,审判行为为执行行为提供了合法依据,执行行为则为审判行为提供了保障措施,促成设置司法权最终目的的实现。如果从降低诉讼成本,减轻诉累,提高司法效率来看,当事人当然愿意越过审判过程直接进入执行程序。但是合法的执行依据是现代法治的象征,审判行为由此成为现代司法制度的核心,而执行行为就顺理成章地成为其当然的、不可或缺的附属物。从这个角度讲,司法行为必然包括审判行为和执行行为两大部分。

棚濑孝雄从更深层次看待执行,其认为,法律的具体化意味着,需要根据具体情况将一般的规定适用于具体的、个别化的、特定化的纠纷上,这一过程首先有必要获取有关具体情况的信息和知识。但是这些信息和知识不一定通过系统的调查和资料的收集就能获得。由于管理环境事务是一国行政机关应有的职责,有关环境污染和破坏等方面的信息知识,往往总是会被其作为经验

---

① 参见[日]原田尚彦:《环境法》,于敏译,法律出版社1999年版,第21页。

② 参见[日]原田尚彦:《环境法》,于敏译,法律出版社1999年版,第35页。

③ 陈荣宗:《强制执行法》,台北,三民书局1999年版,第1页。

进行某种程度的存储。所以,在环境司法执行中,要保障执行活动的顺利展开,司法机关不能忽略环境行政机关掌握的信息知识,要充分加以利用,并学习对这些信息进行处理的技术,如此再以强制执行力为威慑后盾,方能促使被执行人积极主动履行义务。

很多法官认为,一些创新性的执行方式在纠正伤害、恢复环境和防止今后的违法上比传统方式要有效得多。最有创意的法官是巴西亚马逊环境法院的法官阿达尔韦托·卡瑞姆·安东尼奥(Adalberto Carim Antonio),他让那些被控有环境犯罪行为的被告,在罚金和监禁之间作出选择,或者参与法官专门针对环境犯罪行为开发的替代性刑罚:

1. 强制性的环境“夜校”,违法者只有从环境部获得学位才算毕业。

2. 直接针对环境过错行为的各种社区服务。比如命令污染工厂为对其的持续性监察和报告埋单,或要求那些危害濒危物种的社会主体为野生生物保护组织提供自愿工作以保护受到伤害的物种。

3. 一般的社区服务,如要求开发者为在公共汽车和布告板上刷印、宣传环境法、为保存公园、纪念物和修建环境学校埋单。

4. 印刷出版妙趣横生、通俗易懂的环境书籍发放给中、小学生。

5. 资助专门的环境活动,如教育、建立废物循环利用中心、负担政府起诉的费用以及创建环境信托基金。

6. 要求污染者为确保以后的合法行为提供财政担保。

7. 聘用公司“环境监察员”,这些人会将公司的违法行为向环境监察局和法院报告。

在我国,开始有环境法庭对一些诸如盗伐、滥伐林木等罪行较轻的环境案件,在对责任人判处自由刑的同时,采取了非刑罚处罚的创新性手段。例如,补种树苗。责任人既可以在案发地补种,也可以集中在一个需要绿化的地方补种;并将补种行为与缓刑考验期等刑罚结合起来,对在缓刑考验期内的罪犯,如果没有履行补种树苗的判决,将取消缓刑执行所判刑罚。这种做法突破了我国传统刑事责任的人身罚和财产罚,对罪犯的冲击力更强,在实践中也收到了比较好的社会效果。

四、环境司法辅助制度

在推进环境司法制度不断健全、完善,实现法治化进程中,虽然辅助性司法制度并不具有解决环境纠纷的功能,但是如果缺少环境司法制度的配套辅助性制度,仅有公正的程序,却无视或忽视了当事人诉讼能力的差异性等方面的缺陷和不足,仍然将导致环境司法不公,主体性环境司法制度将无法正常运行。其中,环境法律援助直接决定着公民能否接近司法正义;环境司法鉴定直接关系到能否查清事实,实现矫正正义结果;环境司法 ADR 制度则直接影响着能否提高环境司法效率,充分体现环境民主。

(一)环境法律援助制度

"法律援助是指国家为了保证法律赋予公民的各项权利在现实生活中切实得以实现,对需要采用法律救济手段捍卫自己法定权利不受非法侵害,但又因经济困难无力支付诉讼费用和法律服务费用的当事人提供免、减法律服务费用以保障其合法权益得以实现的一项法律制度。"①究其本质,法律援助制度针对的对象是那些在经济能力、生理上存在某些问题的贫弱残疾者,通过制度化形式对司法资源进行合理分配,使得这一特殊群体能平等的获得司法救济。"风暴雨雪、生老病死等也可能使人处于极不平等的位置,导致不正义的产生。对这种不正义,法就应该通过社会保障、社会救济的方式使正义得到恢复。社会对受害者的保障或救济,就可以使失去平衡的正义天平重新平衡,从而恢复正义。"②但是,法律援助属于法治社会的保障,而绝不是一般意义上的慈善福利,联合国大会通过的《公民权利和政治权利国际公约》第 14 条第 3 项中规定:"出席庭审并亲自替自己辩护或经由他自己所选择的法律援助进行辩护;如果他没有法律援助,要通知他享有这种权利;在司法利益有此需要的案件中,为他指定法律援助,而在他没有足够能力偿付法律援助的案件中,不要他自己付费。"③

---

① 严军兴:《法律援助制度理论与实务》,法律出版社 1999 年版,第 1 页。

② 卓泽渊:《法的价值论》,法律出版社 1999 年版,第 511 页。

③ 陈光中、[加]丹尼尔·普瑞方廷主编:《联合国刑事司法准则与中国刑事法制》,法律出版社 1998 年版,第 177 页。

正如法律援助的概念所反映的那样，国家是法律援助义务的永远承担者，国家除了对经济困难者以减、缓、免应当收取的法律服务费用的方式进行法律援助外，通过提供“志愿者律师”给予法律服务也是一种典型的法律援助行为。“正义的实现是从律师开始的，如果欠缺了法律服务，权利就会成为空洞的东西，社会正义也将不复存在，进而导致民主社会的破灭。”[①]环境司法救济的顺利实现，仅靠法官是不够的，律师在诉讼中的功能也不可忽视。

（二）环境司法鉴定制度

从法理学上看，司法鉴定是司法领域对社会分工逐渐细化明确、专业化程度日益加深的回应，体现了对法官有限理性的制约，其宗旨是为了实现法院依法独立审理案件中的司法中立。司法机关将传统的由法院掌控的对专业问题进行独断裁判的权力让渡给专业鉴定机构，虽弱化了法院的司法权力，但是在实体和程序上保障了当事人的合法权利，体现了司法机关断臂自律的决心，提高了司法裁决的公信力，是社会本位思想在司法领域的发展和浸润，反映了法治的进步，是社会发展的需要。司法鉴定指的是鉴定机构接受司法机关的委托，按照法定程序和要求，运用专门的知识和技能对诉讼所涉的某些专门性问题进行鉴别和判定。

在环境纠纷中，环境损害原因、损害程度、因果关系等都需要借助权威的科学依据，司法鉴定提供的正是法院在审理环境纠纷过程中所欠缺的专业知识，鉴定机构提供的专业知识、专家意见有助于法官查明案件的事实真相。这意味着鉴定结论的结果常常规定或左右整个诉讼活动，影响审判结果。[②] 故，所谓环境司法鉴定意指司法鉴定机构运用物理学、化学、生物学等知识，借助仪器等设备，对有关污染物质的构成进行定性、定量分析，鉴别和判定送检样品的类型、性质、状态或与嫌疑物质的同类性、同一性，从而为环境诉讼提供支持的技术性活动。

---

① ［日］小岛武司：《诉讼制度改革的法理与实证》，陈刚、郭美松等译，法律出版社 2001 年版，第 23 页。

② 参见［日］谷口安平：《程序的正义与诉讼》（增补本），王亚新、刘荣军译，中国政法大学出版社 2002 年版，第 314 页。

(三)环境司法ADR制度①

被法律认为适合于通过司法程序解决的纠纷,在现实中没有通过诉讼而得到解决的不计其数。在这些所谓适合通过司法制度解决的纠纷中,“通过当事者之间的交涉、第三者的斡旋以及调解、仲裁等‘准司法机关’而得到解决的”,②与诉讼解决的纠纷相比,越来越占压倒性的多数。田边公二指出:“……渐渐地,许多种类的案件都移到审判制度外去处理正是近代司法制度的趋势……对刑事案件,家事案件,或者行政案件的最终审查等直接关系到个人人权的案件,法院应该有固有的管辖权。但在现代社会中大量发生的商事纠纷还不如交给更为简易的程序来处理。”③环境纠纷何尝不是如此。自20世纪70年代以来,ADR成为全球范围内解决环境争议的一道风行工具。

相较于诉讼机制来说,ADR的优势有:提供更广泛的公众参与机会,减少起诉资格的限制;缩短时间、降低成本;容易得到当事人的支持,更好地满足当事人的需要,可以产生比较满意的结果,很多时候可以实现真正的“了结纠纷”“一片和谐”,并确保更顺利地执行当事人达成的协议;减少法院案件量。ADR建立在双方当事人合意的基础上,为当事人提供协商、调解、仲裁等多种纠纷解决方式,缓和了当事人之间的对立情绪,利于纠纷的最终解决措施易于接受和执行。日本著名学者棚濑孝雄指出:“审判解决纠纷的方式和诉讼外的纠纷解决方式相互之间是紧密联系的。不把诉讼外的纠纷纳入视野而仅仅研究审判,即使对以审判作为主要研究对象的法解释学来说,也未必是有成效的方法。”④

---

① 对于法院附设调解制度,我国台湾地区的学者倾向于将其定位于独立于审判权的非诉讼方式,而我国大陆学者却较一致地认为调解属于法院的诉讼程序,是法院行使审判权的方式之一。参见王甲乙、杨建华、郑健才:《民事诉讼法新论》,台北,三民书局1998年版,第496页。本书倾向于后者的观点。

② [日]棚濑孝雄:《纠纷的解决与审判制度》,王亚新译,中国政法大学出版社1994年版,第2页。

③ [日]田边公二:《美国劳资纠纷处理的实态——劳动问题与法院》,载《劳资纠纷与审判》,弘文堂1965年版,第225页。

④ [日]棚濑孝雄:《纠纷的解决与审判制度》,王亚新译,中国政法大学出版社1994年版,第3页。

ADR 作为诉讼的替代方式,常用以处理环境纠纷的方式有:①

第一,调解。调解者协助争议者总结问题、观点,并自愿提出解决办法,调解者虽然可以对解决方案提出建议,但并不是强制性的。

第二,调停。调停不同于调解,调停者具备专家知识并能给出实质性意见。调停者介入当事人的力度大于调解者。

第三,磋商。当事人之间讨价还价,从而达成协议。

第四,仲裁。仲裁裁决具有法律所赋予的终局性和权威性,相较于司法诉讼,仲裁程序更加灵活、经济,是一种准司法行为,有助于及时、公正地解决纠纷。

第五,调解、仲裁混用。当调解无法奏效时,下一步就要开始仲裁了。

从实践来看,法院大致有两种途径来适用 ADR。其一,ADR 是法院附属物,程序由法院的工作人员、法官掌控;其二,ADR 仅作为法院参照物,由当事人支付报酬的调解者或自愿调解者、政府监察员,或者参与进来以平衡社区、政府或法人利益的外部组织来启动。我国的人民调解制度与后者类似,本文介绍的是法院附设 ADR 程序,我们将其称为环境司法 ADR。司法机关虽然在这种程序中是主持机构,但是其与诉讼程序完全不同,一般也不适用审判程序,而是有专门程序,可是其又与司法审判程序有一定制度上的联系,通常作为司法审判程序的前置阶段而存在。

总之,环境司法 ADR 制度的目的是促进环境纠纷的解决,实现环境保护的责任,而不是单纯地在当事人双方之间分出输赢。事实证明,使用 ADR 模式,聆听各方的利益呼声,能进一步提高司法正义,并能通过创造比在法庭更平等的竞争环境来权衡当事人之间的利益之争。实际上很多起诉者不仅愿意,而且更希望能通过公平、公正的程序解决他们之间的争议,既不用花掉很多费用,同时也将法院从不堪重负的案件压力中解脱出来。

---

① See George Pring and Catherine Pring, *Greening Justice*: *Creating and Improving Environmental Courts and Tribunals*.

小 结

司法是一个可塑性很强的概念,有广义和狭义之说。广义的司法包括检察、审判、执行、侦查、司法行政等诸多活动;狭义的司法专指法院的审判行为。本文采司法之狭义。故,环境司法制度实际上就是环境审判制度。现代环境司法制度的产生与发展离不开环境司法这一活动的开展。由司法的发展历程可知,司法是国家审判机关根据法定职权和程序的要求来认定事实和适用法律,最终得出裁判结果以处理具体案件的专门活动,司法制度亦即审判制度。环境司法制度作为司法制度种概念下的属概念,属于国家提供的公共物品之一,指的是国家审判机构用以处理环境纠纷这一专门活动的制度,包括法院的设置、法官、审判组织和活动等方面的法律制度。不管是从现代国际环境司法的发展历程来看,还是从我国现代环境司法的发展历程来看,环境司法制度的产生与发展来源于"……由于生产力的不断发展和人类开发自然资源规模的不断扩大,严重的环境污染问题和资源危机日益威胁着地球生态系统的平衡、人类自身的安全和经济、社会的发展、环境权日益成为人类社会的迫切需要并逐步得到法律的确认和保障"的需要。要了解一国环境司法制度的具体情况,需要从其构成着手,一般来说,环境司法制度是机制、人和程序的组合,亦即由环境司法体制、环境法官和环境司法程序构成。而要充分发挥一国环境司法制度的功能,相关的辅助性制度如环境法律援助制度、环境司法鉴定制度和环境司法 ADR 制度也必不可少。从世界范围看,越来越多的国家在环境司法体制上表现为环境案件普通审和环境案件专门审并行的趋势。环境案件普通审有其自身的优势,环境案件专门审也有其出现的缘由。我们认为不能简单得出环境案件普通审和环境案件专门审孰优孰劣的结论,二者在各自的管辖范围内解决环境争议的现象将长期存在。布莱克斯通(Blackstone)说过,"法官是活着的法律宣誓者"。为了不使环境司法成为"一个按照逻辑力学的定律运转的法律自动售货机”,[1]需要从遴选、培训到保障全过程构建环境法官制度。环境司法程序具体表现在司法立案程序、司法审判程序和司法执行程序三大方面,能直接反映一国环境法治水平的高低。当然,为了更好地发挥环境司法制度的功能,相关的辅助制度是必需的。其中,环境法律援助直接决定着公民能否接近司法正义,环境司法鉴定关系到能否查清事实,实现矫正正义结果,环境司法 ADR 制度则直接影响着能否提高环境司法效率,充分体现环境民主。

---

① 张文显:《二十世纪西方法哲学思潮研究》,法律出版社 1996 年版,第 130 页。

第二章　我国环境司法制度的新发展

如前所述，在进入21世纪之前，我国的环境案件根据性质的不同，分属刑事审判庭、民事审判庭和行政审判庭进行处理，环境司法的独特性尚未显现出来。打破平静的首先是2007年11月20日，我国首家真正意义上的环保法庭——清镇市法院环保法庭①成立，拉开了我国环境案件专门审与集中审的序幕，我国开始进入环境司法专门化阶段。随后，环境公益诉讼和生态环境损害赔偿诉讼作为救济生态环境公益的新型诉讼，依次获得合法地位，在我国的生态环境保护中扮演着越来越重要的角色。

第一节　环境司法专门化制度

相较于成立于1979年的世界首家环境法院——澳大利亚新南威尔士州土地与环境法院，我国的环境司法专门

---

① 2013年，环保法庭更名为"生态保护法庭"，2017年8月，正式变更为"环境资源审判庭"。

化起步较晚,但发展速度却很快。尤其是2014年7月最高人民法院环境资源审判庭成立,标志着我国环境司法步入了自下而上和自上而下遥相呼应,共同为生态文明建设提供服务的新阶段。

一、我国环境司法专门化基本概况

我国第一部环境司法白皮书发布于2016年7月27日,迄今已是第6个年头。环境司法白皮书翔实记载了我国环境司法发展的基本概况。因此,可通过梳理我国连续5年发布的“环境资源审判”白皮书来了解我国环境司法专门化的基本概况。

我国首部环境司法白皮书对2014年1月至2016年6月,全国环境资源审判工作情况进行了概况总结。(见表4)

表4　我国第一部环境资源司法白皮书

环境司法理念	绿色发展①
环境案件审理	环境刑事审判:2014年1月至2016年6月,全国法院共受理各类环境资源一审刑事案件39,594件,审结37,216件,生效判决人数47,087人。自2013年6月以来,全国法院共审结污染环境犯罪案件3507件,生效判决人数5507人
	环境民事审判:2014年1月至2016年6月,全国法院共受理各类环境资源一审民事案件227,690件,审结195,141件,其中审结涉及大气、水、土壤等环境污染损害赔偿一审案件5589件
	环境行政审判:2014年1月至2016年6月,全国法院共受理各类环境资源一审行政案件68,489件,审结57,738件,其中审结涉及环境保护类一审行政案件2246件
	环境公益诉讼:2015年1月至2016年6月,全国法院共受理社会组织提起的环境民事公益诉讼一审案件93件,自2015年7月全国人大常委会授权试点以来,共受理检察院提起的环境民事、行政公益诉讼案件21件

① 2015年11月,第一次全国法院环境资源审判工作会议提出,要用绿色发展的现代环境司法理念引领环境资源审判工作。

续表

环境司法理念	绿色发展
环境审判机构建设	截至2016年6月,全国法院设立环境资源审判庭、合议庭或者巡回法庭共计558个,其中审判庭191个,有15个高级人民法院设立了专门环境资源审判庭,贵州、福建、海南、江苏、重庆等地建立三级环境资源审判组织体系
环境审判工作机制创新	部分法院积极探索建立与行政区划适当分离的环境资源案件管辖制度,贵州、江苏、湖北、广东、河北、青海、新疆等地法院确定辖区内部分中级人民法院或基层人民法院实行跨行政区划集中管辖环境资源案件以及环境公益诉讼案件。部分法院积极探索将涉及环境资源的民事、行政,乃至刑事案件统一归口一个审判庭审理的"二合一"或"三合一"工作模式。2016年4月,最高人民法院决定将以环境保护主管部门为被告的第二审、申请再审的行政案件及其业务监督指导工作,调整由环境资源审判庭负责,开始实施环境资源民事、行政案件"二合一"归口审理模式
环境法官培养	2014年以来,最高人民法院先后举办3期全国法院环境资源审判业务培训班。① 最高人民法院还积极开展国际交流合作,推动完善环境资源司法协作体制②

2017年7月13日,最高人民法院发布《中国环境资源审判(2016—2017)》(白皮书)及《中国环境司法发展报告(2015—2017)》(绿皮书),从4个方面对2016年6月至2017年6月全国环境资源审判工作情况进行了概况总结。(见表5)

① 培训班共对全国600余名法官进行了专业系统的培训。

② 最高人民法院先后举办了金砖国家大法官论坛、博鳌亚洲论坛环境司法分论坛以及气候变化司法应对国际研讨会,与韩国、法国、巴西等国召开了双边高层环境司法研讨会,不断拓展环境资源法官国际交流、培训渠道。2016年4月,最高人民法院派出中国法官代表团出席在巴西里约热内卢召开的第一届世界环境法大会。

表 5　我国环境资源审判(2016～2017)白皮书

环境案件审理	环境刑事审判:2016 年 7 月至 2017 年 6 月,各级法院共审理各类环境资源刑事案件 16,373 件,审结 13,895 件,给予刑事处罚 27,384 人
	环境民事审判:2016 年 6 月至 2017 年 6 月,各级法院共受理各类环境资源民事案件 187,753 件,审结 151,152 件
	环境行政审判:2016 年 7 月至 2017 年 6 月,各级法院共受理各类环境资源行政案件 39,746 件,审结 29,232 件
环境审判机构建设	截至 2017 年 4 月,各级法院共设立环境资源审判庭、合议庭和巡回法庭 956 个。其中,专门审判庭 296 个,合议庭 617 个,巡回法庭 43 个。环境资源审判机构数量较 2016 年同期增加 398 个。18 个高级人民法院、149 个中级人民法院和 128 个基层人民法院设立了专门环境资源审判庭
环境审判工作机制创新	上海、河南、甘肃、海南等高级人民法院探索实行辖区内环境资源案件跨区划、跨流域集中管辖。在案件归口审理方面,最高人民法院继 2026 年实行环境资源民事、行政案件“二合一”归口审理模式后,本年度开始在第三巡回法庭探索实行环境资源刑事、民事、行政案件由一个审判团队审理的“三合一”归口审理模式。目前,已有 11 家高级人民法院实行环境资源案件“二合一”或“三合一”归口审理工作模式
环境法官培养	最高人民法院分批派遣多名法官赴美国、英国、瑞典、德国等发达国家以及巴西、印度、菲律宾等具有鲜明环境司法特色的发展中国家开展环境司法国际交流

2020 年 5 月 8 日,最高人民法院发布《中国环境资源审判(2019)》(白皮书)和《中国环境司法发展报告(2019)》,从 5 个方面对 2019 年全国环境资源审判工作情况进行了概况总结。(见表 6)

表 6　我国环境资源审判(2019)白皮书和我国环境司法发展报告(2019)

环境司法理念	绿色发展理念不断得到完善,体现事前预防,实现多元价值的协调平衡,将惩治与修复相结合。推进环境资源司法协作区建设。① 加强重点区域环境司法保护②
环境案件审理	环境刑事审判:2019 年,全国法院共受理各类环境资源刑事一审案件 39,957 件,审结 36,733 件,判处罪犯 114,633 人,收结案数同比 2018 年分别上升 50.9%、43.4%
	环境民事审判:2019 年,全国法院共受理各类环境资源民事一审案件 202,671 件,审结 189,120 件,同比分别上升 5.6%、3.5%
	环境行政审判:2019 年全年共受理环境资源行政一审案件 47,588 件,审结 42,078 件,同比分别上升 12.7%、0.8%
	环境公益诉讼:2019 年,全国法院共受理社会组织提起的环境民事公益诉讼 179 件,审结 58 件,同比分别上升 175.4%、262.5%。受理检察机关提起的环境公益诉讼 2309 件,审结 1895 件,同比分别上升32.9%、51.4%。其中环境民事公益诉讼 312 件,审结 248 件;刑事附带民事公益诉讼 1642 件,审结 1370 件;行政公益诉讼 355 件,审结 277 件
	生态环境损害赔偿诉讼:2019 年,全国法院共受理生态环境损害赔偿案件 49 件,审结 36 件,同比分别上升 145%、350%。其中生态环境损害赔偿司法确认案件 28 件,审结 23 件;生态环境损害赔偿诉讼 21 件,审结 13 件
环境审判机构建设	截至 2019 年年底,全国共有环境资源专门审判机构 1353 个,其中环境资源审判庭 513 个[包括 26 家高级人民法院(全国共有 31 家高级人民法院),118 家中级人民法院以及 368 家基层人民法院],合议庭 749 个,人民法庭 91 个。江苏、甘肃、③福建、贵州、海南、重庆等省已基本建立三级法院环境资源审判组织体系④

① 如长江经济带司法协作、黄河流域司法协作。

② 如京津冀地区、大运河文化带、粤港澳大湾区和以国家公园为主体的自然保护地等重点区域环境司法保护。

③ 2019 年 1 月、5 月,最高人民法院作出批复,同意在江苏省南京市中级人民法院和甘肃矿区法院设立南京环境资源法庭和兰州环境资源法庭

④ 与 2018 年相比,环境资源专门审判机构数量增速放缓,增速为 6.45%,其中审判庭数量增长 31.2%,合议庭数量首次出现负增长,为 7.3%,巡回法庭数量增长 26.38%。2015 年至 2019 年环境资源审判机构同比增长率为 240.3%、22.59%、71.02%、32.95%、6.45%。比较 2014 年至 2019 年环境资源专门审判机构的设置情况,可以明显看到趋于平稳态势(数据来自《中国环境司法发展报告(2019)》)。

续表

环境审判工作机制创新	截至2019年年底,共有23家高级人民法院实行环境资源民事、行政、刑事案件“二合一”,①19家高级人民法院实行“三合一”②归口审理,部分法院实行“四合一”③归口管理。探索建立集中管辖法院与非集中管辖法院协同配合的审判执行协作机制,积极推进以流域等生态系统或者生态功能区为单位的跨行政区划集中管辖,探索跨省级行政区划集中管辖机制④
环境法官培养	从司法理念与业务能力等方面加强对环境法官的培养。一方面不断强化法官生态公平、预防为主、注重修复、系统治理、严格执法的理念;另一方面通过举办全国法院环境资源审判工作培训班、举办案例大讲坛等来提升环境法官的业务能力⑤

---

① 如广西、河南、浙江省高级人民法院就实行的是民事、行政案件“二合一”归口审理模式。

② 如福建、江苏、重庆等高级人民法院就实行的是民事、行政、刑事案件“三合一”归口审理模式。

③ 如云南省高级人民法院、浙江省湖州市中级人民法院以及贵州省清镇市等地法院探索包括执行职能在内的环境资源民事、行政、刑事、执行案件的“四合一”归口管理模式。

④ 具体细化为:以生态系统或者生态功能区为单位实行跨行政区划集中管辖。如江苏实行的“9+1”模式,其中“9”是指以江苏省政府确立的生态功能区规划为基础,以生态功能区为单位,在相关基层人民法院设立9个环境资源法庭,跨行政区划受理环境资源案件;“1”是指在南京市中级人民法院设立的南京环境资源法庭,其集中管辖江苏省中级人民法院管辖的一审环境资源案件以及不服9个生态功能区环境资源法庭审结案件的上诉案件。江苏已形成以江苏省高级人民法院环境资源审判庭为指导、南京环境资源法庭为核心、9个生态功能区法庭为依托的环境资源集中管辖审判体系。海南则将全省划分为4个区域,各指定一家法院集中管辖区域内环境资源案件。实行地域管辖和重点流域区域跨行政区划集中管辖相结合。江西在全省三级法院环境资源审判机构体系已经基本建立的基础上,着力推进建立重点流域区域管辖审判体系,在“五河一江一湖”流域和部分重点区域设立11个环境资源法庭,对涉流域、区域生态环境案件集中管辖,实现司法保护一体化。湖南在全省已设立湘江、洞庭湖、东江湖环境资源法庭的基础上,2019年又新设立资水、沅水、澧水和湘中环境资源法庭,7个专门环境资源法庭跨行政区划集中管辖流域内水污染、生物多样性保护和土壤污染等第一审环境资源案件。以地级市为单位实行集中管辖。浙江湖州市南太湖新区法院集中管辖湖州全市由基层人民法院管辖的环境资源一审案件。安徽省蚌埠市、河南省濮阳市等地环境资源一审案件确定由所在市的一到两家基层人民法院集中管辖。特定案件实行跨行政区划集中管辖。湖北、广东、河北、青海等高级人民法院及新疆维吾尔自治区高级人民法院生产建设兵团分院确定辖区内部分中级人民法院就环境民事公益诉讼案件实行跨行政区划集中管辖。天津市高级人民法院实行全市生态环境损害赔偿案件由一家中级人民法院集中管辖。云南省高级人民法院指导昆明市中级人民法院将昆明辖区内的重点环境资源案件指定到盘龙、安宁、寻甸法院集中管辖。跨省级行政区划集中管辖。自2017年10月26日起,北京市第四中级人民法院受理天津铁路运输法院审理的环境保护行政上诉案件,成为中国环境资源案件跨省级行政区划集中管辖制度改革的重要探索。

⑤ 全国法院培训班授课老师是中外资深法官、专家学者;案例大讲坛不仅研讨我国环境案例,也研讨域外案例。

2021 年 6 月 4 日，最高人民法院发布《中国环境资源审判(2020)》及《中国环境司法发展报告(2020)》，对 2020 年全国环境资源审判工作情况进行了概况总结。(见表 7)

表 7　我国环境资源审判(2020)和我国环境司法发展报告(2020)

环境司法理念	绿色原则；预防性司法和恢复性司法
环境案件审理	环境刑事审判：受理一审环境资源刑事案件 40,834 件，审结 37,783 件，同比分别上升 2.2%、2.9%
	环境民事审判：受理一审环境资源民事案件 172,574 件，审结 162,411 件，同比分别下降 14.9%、14.1%
	环境行政审判：受理一审环境资源行政案件 59,534 件，审结 53,092 件，同比分别上升 25.1%、26.2%
	环境公益诉讼：共受理社会组织提起的环境民事公益诉讼案件 266 件，审结 103 件，同比分别上升 48.6%、77.6%。受理检察机关提起的环境公益诉讼 4411 件，审结 3454 件，同比分别上升 91%、82.3%。其中受理环境民事公益诉讼案件 571 件，审结 386 件；受理环境刑事附带民事公益诉讼 3355 件，审结 2710 件；受理环境行政公益诉讼案件 485 件，审结 358 件
	生态环境损害赔偿诉讼：受理生态环境损害赔偿案件 91 件，审结 62 件，同比分别上升 85.7%、72.2%。其中受理生态环境损害赔偿司法确认案件 49 件，审结 41 件；受理生态环境损害赔偿诉讼案件 42 件，审结 21 件
环境审判机构建设	截至 2020 年年底，全国共有环境资源专门审判机构 1993 个，其中环境资源审判庭 617 个，①合议庭 1167 个，人民法庭、巡回法庭 209 个②

① 包括最高人民法院、27 家高级人民法院、新疆生产建设兵团、148 家中级人民法院及 440 家基层人民法院。

② 全国形成“高级法院普遍设立，中基层法院按需设立”的格局。浙江省建成省、市、县三级全覆盖的环境资源审判体系，江苏省建立以南京环境资源法庭为核心的“9＋1”环境资源审判体系，甘肃省建立“点、线、面”相结合的环境资源审判体系。

续表

环境审判工作机制创新	截至2020年年底，共有22家高级人民法院及新疆生产建设兵团分院实现了环境资源刑事、民事、行政、执行案件“三合一”或“四合一”归口管理。构建以生态系统或生态功能区为单位的跨行政区划集中管辖制度，促进集中管辖法院与非集中管辖法院协同配合。① 推进与检察机关、公安机关、行政执法部门的协调联动机制。② 充分发挥行政调解、行政裁决、人民调解、磋商等非诉讼纠纷解决方式的作用，加强与司法确认衔接配合，构建多元解纷机制
环境法官培养	与生态环境部共同举办“全国环境司法与环境行政执法培训班”联合培训，推进全国法院环境资源审判队伍革命化、正规化、专业化、职业化建设。深化理论研究，促进理论成果与司法实践相转化。推进国际交流合作。加强与联合国环境规划署等国际组织及有关国家沟通交流，主办国际研讨会，开展主题培训

二、对我国环境司法专门化的评析

第一，从环境司法理念看，司法理念越来越具体，指导性更强。虽然“绿色发展”理念自始至终贯穿环境审判始终，但其中蕴含的内容越发丰富、准确，由惩治为主转变为惩治与修复并重，由注重事后救济转变为事后救济与预防兼顾，由法院单兵作战转变为司法行政的积极联动，由有限当事人参与转变为多元共治。这将使得环境审判工作越来越专业化，也会进一步促进环境审判法律适用的统一性，审判结果更加明晰化，进而增强当事人选择多元化方式解决纠纷的意愿。（见表8）

① 上海市、青海省建立省（市）域内案件集中管辖新模式；贵州、四川、云南建立联合司法机制推进流域案件集中管辖；辽宁、山东积极推进“三审合一”审判方式全省覆盖，深圳市成立全省首家“三审合一”专门法庭。最高人民法院推动重庆、四川、贵州、云南四省（市）高级人民法院建立长江上游环境资源审判协作机制

② 青海、四川、甘肃省及有关市（州）法院和检察院建立协作机制。安徽省人民检察院与省生态环境厅建立环境公益保护协作机制。

表8　环境司法理念发展历程

年份	环境司法理念具体内容
2014	依法保护,保护优先,注重预防,损害担责①
2015	保护优先、维护环境权益、坚守法律底线、预防与惩治并重、公众参与②
2016	新发展③
2017	节约优先、保护优先、自然恢复为主的生态保护观;维护程序正义、兼顾实体正义的环境正义观④
2019	绿色发展理念:恢复性司法、生态预防等
2020	绿色原则;预防性司法和恢复性司法

第二,从审判机构的设立看,在数量上,不管是环境资源审判庭,还是环境合议庭,抑或人民法庭还是巡回法庭,环境资源专门审判机构逐年增多,既彰显了环境资源类型案件的特殊性,也满足了环境资源案件专门审理的需要。且全国各地法院多立基于本地实际情况,根据需要设立环境资源审判机构,既有上、中、下三级法院都设立环境资源审判机构的地方,也有仅在基层法院设立环境资源审判机构的地方。虽然说迄今为止,环境资源审判机构的名称尚未统一,不过不管是"环境资源审判庭"还是"环境资源法庭",不管是"环境资源保护法庭"还是"生态环境资源法庭",不可否认的是它们均是专门审理环境资源案件的审判机构,即便社会公众也不会出现认识偏差。(见表9)

① 详见最高人民法院于2014年6月23日发布的《关于全面加强环境资源审判工作为推进生态文明建设提供有力司法保障的意见》。

② 该理念是在2015年11月召开的第一次全国法院环境资源审判工作会议上明确提出的。

③ 2016年1月在云南举办的环境公益诉讼审判工作推进会上提出。会议上还要求把握保护与发展的关系,注重多元价值整合。

④ 2017年11月,在全国环境资源司法理论研究基地与实践基地第二届联席会暨贵阳环境司法专门化十周年论坛上提出。

表 9　环境资源专门审判机构发展状况一览表

年份	环境资源专门审判机构
2016	截至 2016 年 6 月,全国法院设立环境资源专门审判机构共计 558 个,其中审判庭 191 个。有 15 个高级人民法院设立了专门环境资源审判庭
2017	截至 2017 年 4 月,各级法院共设立环境资源专门审判机构 956 个。其中,专门审判庭 296 个,合议庭 617 个,巡回法庭 43 个。18 个高级人民法院、149 个中级人民法院和 128 个基层人民法院设立了专门环境资源审判庭
2019	截至 2019 年年底,全国共有环境资源专门审判机构 1353 个,其中环境资源审判庭 513 个,合议庭 749 个,人民法庭 91 个
2020	截至 2020 年年底,全国共设立环境资源专门审判机构 1993 个,包括环境资源审判庭 617 个,合议庭 1167 个,人民法庭、巡回法庭 209 个

第三,从案件审理看,在数量上,自 2015 年以来,全国法院审理的环境资源案件逐年提升,各级法院的审理经验越来越丰富。法院在审理环境资源刑事案件时,一方面坚持严惩重处,加强与公安机关、检察机关的协作,用最严格制度、最严密法治保护生态环境;另一方面注重生态修复,有条件适用缓刑,使责任人更深刻认识到生态环境的价值和自身应当担负的社会责任;在审理环境资源民事案件时,开始在《民法典》中绿色原则和绿色条款的指引下,既保护民事主体的环境私益,也保护社会公众的环境公益,实现了对民事活动的规范与制约;在审理环境资源行政案件时,始终坚持"监督与支持并重",在保障公众的知情权、监督权的同时,敦促行政机关依法履职。

第四,从案件审理机制看,本质上,环境司法专门化集中体现在环境案件审理机制的创新上。"三合一"与"四合一"是专门化审判机构对环境资源案件采取的常见管理形式。环境刑事、民事、行政案件,甚至环境执行都由环境资源审判机构来处理,能有效提高审判效率,尤其在交叉案件中,还能保证法律适用的统一,促进案件的公正审理。集中管辖成为环境资源案件专门审的普遍模式。在这种模式下,我国的环境案件审理突破了传统行政区划的限制,开始按照流域等生态系统或生态功能区来设置环境审判机构,这既是对自然规律的遵循,也能减少地方保护主义的干涉,还体现了“按需”设立环境资源审判机构的优化选择。

第五,从环境法官看,我国专职审理环境资源案件的法官越来越多,法院开始重视通过培训提升法官能力,不仅加强国内培训,还与国际上具有鲜明环境司法特色的国家开展交流,进一步强化了审判的专业化,还增强了我国在国际环境司法中的发言权。

第二节 环境公益诉讼制度

在2012年我国《民事诉讼法》以第55条确立环境民事公益诉讼制度,赋予其合法地位之前,早在2007年贵州省成立全国首个环保法庭以来,地方法院就已经开始探索审理环境民事公益诉讼案件。自《民事诉讼法》于2013年开始实施起,经过多年的发展,我国的环境公益诉讼制度日渐完善。在类型上,既有针对环境污染者、生态破坏者的环境民事公益诉讼,亦有针对环境行政机关的环境行政公益诉讼,还有针对污染环境罪被告人的环境刑事附带民事公益诉讼,以及在对行政机关提起环境行政公益诉讼的同时,对行为人提起环境民事公益诉讼的环境行政附带民事公益诉讼;在制度上,除了《民事诉讼法》(2012年)、《环境保护法》(2014年)及《行政诉讼法》(2017年)等法律对环境公益诉讼作出了规定,最高人民法院和最高人民检察院也颁布了司法解释。《民法典》颁行以后,最高人民法院和最高人民检察院根据《民法典》对司法解释予以修订。依据上述法律规范,各级法院审理的环境公益诉讼案件逐年增多,典型案例层出不穷,在维护环境公益方面发挥着重要的屏障作用。

一、我国环境公益诉讼制度的相关法律规定及其评析

不可否认,在环境公益诉讼制度的形成过程中,我国走的是一条“司法实践——制度形成”、边探索边总结的道路。但作为成文法国家,我国环境公益诉讼的实际运行最终离不开具体的法律规定。梳理这些“纸面上的法”,既能与其他国家(地区)的此种制度进行比较,找出异同,也能与司法实践展开“互

动”,查漏补缺。(见表 10)

表 10　环境公益诉讼法律规定一览表

法律名称	具体规定	评析
《民事诉讼法》(2012 年)	第 55 条　对污染环境、侵害众多消费者合法权益等损害社会公共利益的行为,法律规定的机关和有关组织可以向人民法院提起诉讼	1. 明确了民事公益诉讼针对的对象是损害社会公共利益的行为; 2. 明确了民事公益诉讼的诉讼主体是法律规定的机关和有关组织,主体有限
《环境保护法》(2014 年)	第 58 条　对污染环境、破坏生态,损害社会公共利益的行为,符合下列条件的社会组织可以向人民法院提起诉讼:(一)依法在设区的市级以上人民政府民政部门登记;(二)专门从事环境保护公益活动连续五年以上且无违法记录。符合前款规定的社会组织向人民法院提起诉讼,人民法院应当依法受理。提起诉讼的社会组织不得通过诉讼牟取经济利益	1. 进一步对《民事诉讼法》(2012 年)中的“法律规定的机关和有关组织”作了进一步细化,明确了有权提起诉讼的社会组织的条件; 2. 强调社会组织提起公益诉讼是为了保护社会公共利益,不能通过诉讼牟取经济利益
《行政诉讼法》(2017 年)	第 25 条第 4 款　人民检察院在履行职责中发现生态环境和资源保护、食品药品安全、国有财产保护、国有土地使用权出让等领域负有监督管理职责的行政机关违法行使职权或者不作为,致使国家利益或者社会公共利益受到侵害的,应当向行政机关提出检察建议,督促其依法履行职责。行政机关不依法履行职责的,人民检察院依法向人民法院提起诉讼	1. 起诉主体:有资格提起行政公益诉讼的机关只有人民检察院,具有唯一性; 2. 适用范围:生态环境和资源保护、食品药品安全、国有财产保护、国有土地使用权出让等领域; 3. 适用条件:第一,人民检察院在履职过程中;第二,负有监督管理职责的行政机关违法行使职权或不作为;第三,国家利益或社会公共利益受到侵害; 4. 适用程序:人民检察院提起行政公益诉讼的前置性程序是提出检察建议。即路径为:提出检察建议——行政机关不依法履职——提起诉讼

续表

法律名称	具体规定	评析
《民事诉讼法》（2023 年）	第 58 条第 2 款　人民检察院在履行职责过程中发现破坏生态环境和资源保护、食品药品安全领域侵害众多消费者合法权益等损害社会公共利益的行为，在没有前款规定的机关和组织或者前款规定的机关和组织不提起诉讼的情况下，可以向人民法院提起诉讼。前款规定的机关或者组织提起诉讼的，人民检察院可以支持起诉	在 2012 年《民事诉讼法》的基础上增加了一款，肯定了除法律规定的机关和有关组织可以提起民事公益诉讼外，人民检察院也是适格主体之一，但其提起诉讼的条件是：没有法律规定的机关和有关组织，或法律规定的机关和有关组织不提起诉讼。人民检察院除直接提起诉讼保护社会公共利益外，还可以参与诉讼支持起诉的方式保护社会公共利益

上述法律对环境公益诉讼的规定显然过于简单，主要解决了起诉主体的问题，无法有效指导各地法院对环境公益诉讼案件的审理。对此，最高人民法院和最高人民检察院制定了相关司法解释（见表 11、表 12），并在《民法典》颁布后予以了修订，以保证环境公益诉讼的有序运行。

表 11　最高人民法院关于环境民事公益诉讼的司法解释内容概括及其评析

最高人民法院《关于审理环境民事公益诉讼案件适用法律若干问题的解释》（2014 年 12 月 8 日最高人民法院审判委员会第 1631 次会议通过，根据 2020 年 12 月 23 日最高人民法院审判委员会第 1823 次会议通过的《最高人民法院关于修改〈最高人民法院关于人民法院民事调解工作若干问题的规定〉等十九件民事诉讼类司法解释的决定》修正）

续表

<table>
<tr><th colspan="2">条款</th><th>具体内容概括</th><th>评析</th></tr>
<tr><td rowspan="3">第 1 ~ 5 条：有关诉讼资格的规定</td><td>第 1 条</td><td>重申了《民事诉讼法》第 55 条、《环境保护法》第 58 条的规定</td><td>明确了该司法解释建立在相关法律规定基础上</td></tr>
<tr><td>第 2 条</td><td>进一步细化了什么是《环境保护法》第 58 条规定的社会组织：在设区的市级以上人民政府民政部门登记的社会团体、基金会以及社会服务机构等</td><td rowspan="2">对社会组织的起诉资格进行了细化。这是因为在司法实务中，社会组织会因被质疑是否具备起诉资格，引发被告上诉，或被法院驳回起诉。根据该司法解释的规定，判断社会组织是否具有起诉资格可从三个方面进行判断：一看宗旨和主要业务范围，即宗旨和业务范围主要是维护社会公共利益；二看实践活动，即所从事的活动是保护环境公益的活动；三看关联性，即所提起诉讼涉及的社会公共利益与宗旨和业务范围具有关联性</td></tr>
<tr><td>第 3 条</td><td>进一步细化了什么是《环境保护法》第 58 条规定的“设区的市级以上人民政府民政部门”：设区的市，自治州、盟、地区，不设区的地级市，直辖市的区以上人民政府民政部门</td></tr>
</table>

续表

条款		具体内容概括	评析
第1～5条：有关诉讼资格的规定	第4条	明确了什么是《环境保护法》第58条规定的“专门从事环境保护公益活动”：社会组织章程确定的宗旨和主要业务范围是维护社会公共利益，且从事环境保护公益活动的。而社会组织所提起诉讼涉及的社会公共利益应与其宗旨和业务范围具有“关联性”	对社会组织的起诉资格进行了细化。这是因为在司法实务中，社会组织会因被质疑是否具备起诉资格，引发被告上诉，或被法院驳回起诉。根据该司法解释的规定，判断社会组织是否具有起诉资格可从三个方面进行判断：一看宗旨和主要业务范围，即宗旨和业务范围主要是维护社会公共利益；二看实践活动，即所从事的活动是保护环境公益的活动；三看关联性，即所提起诉讼涉及的社会公共利益与宗旨和业务范围具有关联性
	第5条	明确了何为《环境保护法》第58条规定的“无违法记录”：社会组织在提起诉讼前5年内未因从事业务活动违反法律、法规的规定受过行政、刑事处罚的	
第6～7条：有关管辖权的规定	第6条	管辖级别：明确原则上第一审环境民事公益诉讼案件由中级以上人民法院管辖。例外是经过指定，可以交由基层人民法院审理。 管辖地：由污染环境、破坏生态行为发生地、损害结果地或者被告住所地的法院管辖。原则上由最先立案的人民法院管辖，必要时由共同上级人民法院指定管辖	实践中，环境刑事附带民事公益诉讼案件均是由一审法院审理，即附带公益诉讼随环境刑事案件的审级，这与环境民事公益诉讼案件的审级要求相悖。如何协调，才既能满足环境民事公益诉讼案件的特殊需要，还能实现环境刑事附带民事公益诉讼制度的功能值得深思
	第7条	管辖模式：集中管辖，即确定由辖区内部分中级人民法院受理	采取集中管辖模式既便于法院积累丰富的审判经验，不断提高审判效率，也在一定程度上弱化了地方保护主义，提高了司法独立性

续表

条款	具体内容概括	评析
第8条	提起诉讼时应提交的材料。其中,“(二)被告的行为已经损害社会公共利益或者具有损害社会公共利益重大风险的初步证明材料”表明: 1. 可以对已经发生的环境损害行为提起环境民事公益诉讼,此时被告的行为已经损害社会公共利益; 2. 可以对尚未发生但有损害之虞的环境损害行为提起环境民事公益诉讼,此时,被告的行为具有社会公共利益重大风险; 3. 只需是“初步证明材料”	从司法实践看,当前我国的环境民事公益诉讼几乎都是被告的行为已经损害社会公共利益的情形,鉴于环境污染与生态破坏发生容易修复难,如何提高预防性需要进一步探索;“初步证明材料”虽减轻了立案难度,但什么是“初步”,达到何种程度属于“初步”非常抽象,在现实中不易操作
第9条	突破了人民法院在其他普通案件中“不告不理”原则,显示了人民法院在环境民事公益诉讼中的职权主义,是人民法院参与环境治理的一种方式。即“认为原告提出的诉讼请求不足以保护社会公共利益的,可以向其释明变更或者增加停止侵害、修复生态环境等诉讼请求”	1.“可以向其释明变更或者增加停止侵害、修复生态环境等诉讼请求”中“等”,说明需释明要变更或者增加的诉讼请求在性质、程度上应与“停止侵害”“修复生态环境”相当; 2. 该条规定反映了公权力对社会公共利益的保护,但需警惕的是公权力的过度干预可能对私益的侵犯。试想,既然是法院主动释明要变更或增加的诉讼请求,法院在判决中大概率会支持该诉讼请求,公正与否值得深思

续表

条款	具体内容概括	评析
第10条	案件受理后审理前的有关事宜。明确一是要公告;二是从公告之日起30日内有权提起诉讼的其他机关和社会组织申请参加诉讼的,人民法院应将符合法定条件的列为共同原告;三是环境民事公益诉讼与环境私益(侵权)诉讼的分立,即"公民、法人和其他组织以人身、财产受到损害为由申请参加诉讼的,告知其另行起诉"	公告期间符合条件的其他机关和社会组织申请参加诉讼被列为共同原告在程序上没有什么问题,但会变相增加被告的诉讼成本,按照该司法解释,这些符合条件的其他机关和社会组织为诉讼支付的差旅费、律师费、调查费等费用是由败诉的被告支付的,因此,参加诉讼的原告越多,被告的负担越重。我们需要思考的是,有必要让这些符合条件的其他机关和社会组织参加诉讼吗?环境民事公益诉讼的目的是什么,是让被告破产,还是让其吸取教训,认识到行为的危害性,从而承担起环境保护的社会责任?法院该如何在环境公共利益与经济利益之间进行平衡
第11条	对支持社会组织起诉作出了规定,支持依据是《民事诉讼法》第15条,能提供支持的主体有:检察机关、负有环境资源保护监督管理职责的部门及其他机关、社会组织、企业事业单位。支持方式有:提供法律咨询、提交书面意见、协助调查取证等	反映了对保护社会公共利益的社会组织在法律政策上的倾斜

续表

条款	具体内容概括	评析
第12条	规定了人民法院受理案件后的义务,即"应当在十日内告知对被告行为负有环境资源保护监督管理职责的部门"	间接反映了环境保护与负有环境资源保护监督管理职责的部门的关系,或者说负有环境资源保护监督管理职责的部门对环境污染或生态破坏行为所负的职责。但对于告知后,负有环境资源保护监督管理职责的部门应该如何作为,不作为将产生什么样的法律后果,承担什么法律责任,该条并未作出进一步规定。美国的"公民诉讼"中有一个"诉前通知"制度,即在公民向法院提起诉讼前,会通知污染者和相关行政机关,如果污染者积极整改,或相关行政机关采取相应措施,能实现"公民诉讼"的目的,公民就不再提起诉讼;反之,公民可选择对污染者提起公民执行诉讼,或选择对相关行政机关提起强制义务诉讼。而我国"告知"的后移很可能造成资源浪费,既无法激发污染者保护环境的社会责任感,也起不到敦促行政机关依法履职的效果

续表

条款		具体内容概括	评析
第13～14条：有关举证责任的分配	第13条	法律、法规、规章规定被告应当持有或者有证据证明被告持有的如下证据：排放的主要污染物名称、排放方式、排放浓度和总量、超标排放情况以及防治污染设施的建设和运行情况等。原告请求被告提供，被告拒不提供的，如果原告主张相关事实不利于被告的，人民法院可以推定该主张成立	考虑到环境民事公益诉讼中原告起诉人与被告侵害者之间的信息不对称，以及起诉人是为了社会公共利益而提起的诉讼，实行了"证据推定"原则，适度减轻了原告起诉人的举证责任
	第14条	人民法院认为某一证据是审理环境民事公益诉讼需要的，应调查收集；对本应由原告承担的举证责任，若属于维护社会公共利益所必要的专门性问题，人民法院可以委托具备资格的鉴定人进行鉴定	反映了在保护社会公共利益方面人民法院的"职权主义"，不仅会在特殊情况下亲自调查收集，还会担负起本应由原告承担的举证责任
第15条		具有专门知识的人可以经申请并在人民法院准许下出庭，就鉴定人作出的鉴定意见或者就因果关系、生态环境修复方式、生态环境修复费用以及生态环境受到损害至修复完成期间服务功能丧失导致的损失等专门性问题提出意见	明确了具有专门知识的人在环境民事公益诉讼中的重要作用及专家意见的法律地位。专家意见相当于证据，经原、被告双方质证，可以作为认定事实的根据
第16条		人民法院认为原告在诉讼过程中承认的对己方不利的事实和认可的证据有损社会公共利益的，应不予确认	一方面反映了人民法院在保护环境公共利益方面的"职权主义"；另一方面反映了起诉人在出于维护社会公共利益提起诉讼时，其在诉讼中的处分权受到一定限制和制约

续表

<table>
<tr><th colspan="2">条款</th><th>具体内容概括</th><th>评析</th></tr>
<tr><td colspan="2">第 17 条</td><td>被告的反诉,人民法院不予受理</td><td>反映了环境民事公益诉讼案件的特殊性,原告本就是出于保护社会公共利益而非牟取私益而提起诉讼的,其与案件并无直接利害关系,没有理由成为反诉的被告</td></tr>
<tr><td colspan="2">第 18 条</td><td>被告可以承担的民事责任类型:停止侵害、排除妨碍、消除危险、修复生态环境、赔偿损失、赔礼道歉等</td><td>就性质而言,前三种责任承担方式属于预防性责任方式,后三种属于救济性责任方式。且在环境民事公益诉讼中,并未像在生态环境损害赔偿诉讼中那样,突出“修复生态环境”的优先性,但这并不妨碍在环境民事公益诉讼中,能进行修复的,首先进行修复,不能修复的,才考虑赔偿损失</td></tr>
<tr><td rowspan="2">第 19 ~ 22 条:有关可以获得人民法院支持的诉讼请求</td><td>第 19 条</td><td>原告为防止生态环境损害的发生和扩大向被告提出的“停止侵害、排除妨碍、消除危险”;
原告因停止侵害、排除妨碍、消除危险采取合理预防、处置措施而产生的费用</td><td>一是针对被告的,即被告需要在行为上采取的措施;
二是针对原告的,即原告支出的合理费用应得到补偿</td></tr>
<tr><td>第 20 条</td><td>修复生态环境,即将生态环境修复到损害发生之前的状态和功能;
支付生态环境修复费用,包括制定、实施修复方案的费用,修复期间的监测、监管费用,以及修复完成后的验收费用、修复效果后评估费用等</td><td>强调修复生态环境的重要性,表明除了责任人自己修复,还可以采取替代性修复方式。而生态修复费用的构成涵盖了从修复前期到修复期间,直至修复完成的全过程中产生的费用</td></tr>
</table>

续表

<table>
<tr><th colspan="2">条款</th><th>具体内容概括</th><th>评析</th></tr>
<tr><td rowspan="2">第 19 ~ 22 条：有关可以获得人民法院支持的诉讼请求</td><td>第 21 条</td><td>赔偿生态环境受到损害至修复完成期间服务功能丧失导致的损失，生态环境功能永久性损害造成的损失</td><td>生态环境的非经济性价值得到认可和重视</td></tr>
<tr><td>第 22 条</td><td>生态环境损害调查、鉴定评估费用，清除污染以及防止损害的发生和扩大所支出的合理费用，合理的律师费以及为诉讼支出的其他合理费用</td><td>强调原告为诉讼支出的费用必须是合理的</td></tr>
<tr><td colspan="2">第 23 条</td><td>人民法院在生态环境修复费用难以确定或者确定具体数额所需鉴定费用明显过高时，计算生态环境修复费用需考量的因素：污染环境、破坏生态的范围和程度，生态环境的稀缺性，生态环境恢复的难易程度，防治污染设备的运行成本，被告因侵害行为所获得的利益以及过错程度，还可以参考负有环境资源保护监督管理职责的部门的意见、专家意见等</td><td>变相减少了被告的诉讼成本，也对法院在确定生态环境修复费用时的自由裁量进行了限制</td></tr>
<tr><td colspan="2">第 24 条</td><td>生态环境修复费用专款应当用于修复被损害的生态环境，修复被损害的生态环境、生态环境受到损害至修复完成期间服务功能丧失导致的损失、生态环境功能永久性损害造成的损失等，也可酌情用于其他环境民事公益诉讼中败诉原告所需承担的调查取证、专家咨询、检验、鉴定等必要费用</td><td>明确生态环境修复费用的使用原则“专款专用”</td></tr>
</table>

续表

<table>
<tr><th colspan="2">条款</th><th>具体内容概括</th><th>评析</th></tr>
<tr><td colspan="2">第 25 条</td><td>当事人达成调解协议或者自行达成和解协议后，人民法院应对协议内容进行不少于 30 日的公告。公告期满，人民法院应对协议内容进行审核，以确定协议内容不损害社会公共利益，然后出具调解书，调解书应当公开</td><td>明确了调解协议或和解协议的公告程序，主要在于环境民事公益诉讼事关社会公共利益，当事人不可随意处分，他们之间达成的调解协议或和解协议的内容应予以公开，接受公众监督。法院确认后的调解书公开也是同样的道理</td></tr>
<tr><td rowspan="2">第 26～27 条：对原告申请撤诉的规制</td><td>第 26 条</td><td>原告的诉讼请求因负有环境资源保护监督管理职责的部门依法履职而全部实现的，人民法院应准予原告的撤诉申请</td><td>与第 12 条遥相呼应。但因为发生在诉讼中，还是增加了诉讼成本，并有将人民法院推到了保护环境的第一线之嫌</td></tr>
<tr><td>第 27 条</td><td>法庭辩论终结后，原则上人民法院不会准许原告的撤诉申请，除非是出现本司法解释第 26 条规定的情形</td><td>这是出于保护社会公共利益的目的，以免原告与被告“暗箱操作”，私下交易，引发道德风险</td></tr>
<tr><td colspan="2">第 28 条</td><td>在环境民事公益诉讼的裁判生效后，针对同一污染环境、破坏生态行为，有权提起诉讼的其他机关和社会组织另行起诉时，人民法院应予受理的三种情形：第一种，前案原告起诉，但被裁定驳回的。第二种，除前案进行中，负有环境资源保护监督管理职责的部门依法履职使原告起诉的目的得以实现外，原告申请撤诉被裁定准许的。第三种，前案裁判生效后，有证据证明有未被发现的损害</td><td>该条主要是为了避免重复起诉，浪费司法资源，也变相增加了被告的诉讼成本；同时证明环境民事公益诉讼的既判力不仅约束参加诉讼的当事人，也约束其他社会主体。可见，环境民事公益诉讼具有政策导向的作用</td></tr>
</table>

续表

<table>
<tr><th colspan="2">条款</th><th>具体内容概括</th><th>评析</th></tr>
<tr><td rowspan="2">第 29 ~ 30 条：环境民事公益诉讼与其他环境诉讼并行时的处理</td><td>第 29 条</td><td>环境民事公益诉讼的进行不影响就同一污染环境、破坏生态行为被侵权人提起环境侵权诉讼</td><td>亦即侵权人因为侵害公益承担责任并不排除其因侵害私益承担的责任，私益的救济与保护与公益同等重要</td></tr>
<tr><td>第 30 条</td><td>在环境侵权诉讼中，原、被告无需举证证明已为环境民事公益诉讼生效裁判认定的事实，除非原告有相反的证明来支持其异议。对原告主张适用已被环境民事公益诉讼生效裁判认定的被告是否存在法律规定的不承担责任或减轻责任的情形、行为与损害之间是否存在因果关系、被告承担责任的大小等，除非被告有相反的证明足以推翻，人民法院应予指出。对于被告方，其若主张直接适用环境民事公益诉讼生效裁判中对其有利的认定的，人民法院不予支持，被告需举证证明</td><td>这是出于对环境侵权诉讼中处于弱势地位的原告的保护。相较于被告，原告的举证能力弱，参加诉讼的人力、物力、财力都无法与被告相抗衡，再加上环境侵权的路径是侵害人污染环境或破坏生态的行为→水、大气、土壤等环境要素（造成生态环境的损害）→作用于某个或某些个人的人身或财产上（造成人身或财产的损害），也就是说，当侵害人污染环境或破坏生态的行为造成具体个人人身或财产的损害，被提起环境侵权诉讼的时候，基于同一事实，生态环境也受到损害，侵害人还会成为环境民事公益诉讼的被告。这种关联性使得环境民事公益诉讼中某些已被认定的事实和证据可以适用于环境侵权诉讼中</td></tr>
<tr><td colspan="2">第 31 条</td><td>在环境侵权诉讼和环境公益诉讼中，当被告方的财产不足以履行全部义务时，环境侵权诉讼优先于环境公益诉讼</td><td>这实际上考虑到受到侵害的环境私益只有让侵害人赔偿一种方式得以救济，而受到损害的生态环境除了让侵害人直接承担责任外，还可以由公权力予以救济，也从侧面证明了国家对公民私益的高度重视</td></tr>
</table>

续表

条款	具体内容概括	评析
第 32 条	对环境民事公益诉讼生效裁判需要采取强制执行措施的,应移送执行	为避免裁决书成为一纸空文,专门对执行进行了规定。但环境民事公益诉讼生效裁判的执行是一项系统工程,还需要得到相关行政机关的辅助与支持
第 33 条	有关诉讼费的规定:第一,原告交纳诉讼费用确有困难,依法申请缓交的,人民法院应准许原告依法缓交的申请;第二,对败诉或部分败诉的原告的诉讼费用,人民法院应依照《诉讼费用交纳办法》的规定,视原告的经济状况和案件的审理情况决定是否准许原告减交或免交诉讼费用的申请	原告出于保护社会公共利益提起诉讼,如果让诉讼费成为拦在法院门前的一道天堑,这显然不利于环境保护。但对于环境民事公益诉讼这类案件,到底是根据诉讼标的额按比例收费还是按件收费值得考虑。鉴于我国环境民事公益诉讼中被告败诉的比例远高于原告,如何对原告的诉讼费提供保障更为合理
第 34 条	社会组织不得从诉讼中牟取经济利益,否则人民法院可以采取三种措施:第一,依法收缴非法所得,予以罚款;第二,涉嫌犯罪的,依法移送有关机关处理;第三,向通过诉讼牟取经济利益的社会组织的登记管理机关或者有关机关发送司法建议	这与美国在公民诉讼中采取的奖励措施不同。在公民诉讼中,提起诉讼的公民可以获得赔偿款的10% ~15% 作为奖励。这种做法一方面激发了公民提起诉讼保护公益的积极性,另一方面也为原告与被告进行私下谈判提供了筹码,可谓是一把“双刃剑”。我国的社会组织无法从环境民事公益诉讼中获得任何经济利益

表 12　最高人民法院、最高人民检察院关于检察公益诉讼案件的司法解释内容概括及其评析

最高人民法院、最高人民检察院《关于检察公益诉讼案件适用法律若干问题的解释》(2018 年 2 月 23 日最高人民法院审判委员会第 1734 次会议、2018 年 2 月 11 日最高人民检察院第十二届检查委员会第 73 次会议通过,根据 2020 年 12 月 23 日最高人民法院审判委员会第 1823 次会议、2020 年 12 月 28 日最高人民检察院第十三届检察委员会第 58 次会议修正)		
条款	具体内容概括	评析
第 2 条	人民检察院办理环境公益诉讼案件的主要任务	明确了人民检察院办理环境公益诉讼案件是在充分发挥法律监督职能作用。一是维护国家利益和社会公共利益;二是督促适格主体依法行使公益诉权;三是促进依法行政、严格执法
第 3 条	人民检察院办理公益诉讼案件应遵循检察权运行规律	言外之意,人民检察院不管是办理民事公益诉讼案件,还是行政公益诉讼案件,都不可违背检察院运行规律:根据《宪法》规定,检察院是司法机关,发挥的是法律监督职能。这就要求必须在其履职过程中发现有侵害国家利益和社会公共利益的行为,才能行使公益诉讼权
第 4 条	人民检察院是以公益诉讼起诉人的身份提起公益诉讼的	明确了人民检察院在公益诉讼中的特殊身份,不是普通诉讼中的原告,而是公益诉讼起诉人,所享有的权利和承担的义务也与普通诉讼中的原告不同
第 5 条	检察民事公益诉讼和检察行政公益诉讼的对应管辖权。即市(分、州)人民检察院提起的第一审民事公益诉讼案件对应的管辖法院为侵权行为地或被告住所地中级人民法院;基层人民检察院提起的第一审行政公益诉讼案件对应的管辖法院为被诉行政机关所在地基层人民法院	第一审民事公益诉讼案件由中级以上人民法院管辖,第一审行政公益诉讼案件则由基层人民法院管辖,作出这种区别是从是否便于查清案件事实来进行考虑的

续表

条款		具体内容概括	评析
第 6 ~ 12 条：有关检察机关提起公益诉讼的一般程序	第 6 条	证据材料的调查收集。即有关行政机关及其他组织、公民在检察机关向其调查收集公益诉讼案件的证据材料时，应当配合	鉴于检察机关提起公益诉讼是为了维护国家利益和社会公共利益，明确了有关行政机关及其他组织、公民在检察机关调查收集证据时的配合义务
	第 7 条	对人民检察院提起的第一审公益诉案件适用人民陪审制	强调了公众参与在公益诉讼中的重要作用，在一定程度上起到了稀释公权力过于集中的弊端，降低了侵犯私人利益的概率
	第 8 条	开庭前的准备工作	
	第 9 条	庭审时检察人员需履行的职责	
	第 10 条	人民检察院在公益诉讼案件中的上诉	明确了检察机关在公益诉讼中享有上诉权，这与检察机关的抗诉权有何区别值得深思
	第 11 条	人民检察院参加检察公益诉讼案件二审	
	第 12 条	检察公益诉讼案件发生法律效力裁判的执行	明确了被告不履行时，不需检察机关提出申请，人民法院应当移送执行。体现了公益诉讼中法院一定程度的“职权主义”
第 13 ~ 20 条：有关检察民事公益诉讼	第 13 条	人民检察院提起民事公益诉讼的前置性程序——公告，公告期间为 30 日	进行“公告”的目的在于“通知”符合起诉条件的法律规定的机关和有关组织及时提起民事公益诉讼，在一定程度上反映了民事公益诉讼更强调公众参与，为公众参与公益诉讼提供了更多机会。但是，在环境刑事附带民事公益诉讼中，对同一污染环境和破坏生态的行为，检察机关作为公诉机关在提起环境刑事诉讼的同时，并未进行公告，就径行提起附带民事公益诉讼，这在一定程度上满足了诉讼效率的要求，是否会对诉讼公正造成影响值得思考

续表

条款		具体内容概括	评析
第13～20条：有关检察民事公益诉讼	第14条	人民检察院提起民事公益诉讼应提交的材料。其中，“（二）被告的行为已经损害社会公共利益的初步证明材料；（三）已经履行公告程序……的证明材料”	第2项与社会组织提起环境民事公益诉讼时所需提交的材料没有区别，但对社会组织而言，这是考虑到相较于责任人，作为草根的社会组织在举证能力上比较弱，出于平衡，将更多举证责任分配给责任人。而人民检察院是公权力机关，在调查收集资料上有较多便利，如本司法解释第6条就对其调查收集证据材料时相关主体的配合义务作了明确规定，其举证能力至少不会弱于责任人，在举证责任分配上还向其倾斜是否会造成不公正值得深思。第3项再次凸显和强调了在提起民事公益诉讼的顺位上，社会组织优先于检察院，充分彰显了在维护社会公共利益上，国家为公众参与社会治理畅通渠道，提供便利
	第15条	人民法院对人民检察院提起民事公益诉讼案件的立案登记	强调了人民法院对符合起诉条件的检察民事公益诉讼案件的受理义务，避免因门槛过高，将公益诉讼案件拦在门外，影响了对社会公共利益的保护
	第16条	对人民检察院提起民事公益诉讼案件中被告反诉的不受理	反映了民事公益诉讼的特殊性，起诉人提起诉讼并非出于直接利益，而是为了维护社会公共利益，让其成为被告不合理，尤其是作为法律监督机关的检察机关

续表

条款		具体内容概括	评析
第13～20条：有关检察民事公益诉讼	第17条	公告事宜。包括人民检察院的诉前公告和人民法院立案后的公告。明确人民检察院已履行诉前公告程序的，人民法院立案后不再进行公告	不管是何种形式的公告，其都属于对公众知情权的尊重，都是对公众参与社会治理提供保障。但是人民检察院的诉前公告是敦促符合条件的适格主体提起诉讼，人民法院立案后的公告则是表明人民法院受理了检察民事公益诉讼案件，该案即将进入庭审阶段。两次公告的目的、意义并不相同，做过诉前公告是否就不需要再立案后公告值得思考
	第18条	人民法院对检察民事公益诉讼案件诉讼请求的释明	反映了在维护社会公共利益方面，人民法院的"职权主义"，对社会组织如此，对人民检察院也不例外。可以从两个层面理解：第一，只有在检察民事公益诉讼案件的诉讼请求不足以保护社会公共利益时，人民法院才能进行释明予以变更或增加；第二，释明变更或增加的诉讼请求是与停止侵害、恢复原状等性质类同、程度相似的诉讼请求
	第19条	检察民事公益诉讼的撤诉	人民检察院申请检察民事公益诉讼案件撤诉的条件是：第一，发生在案件审理过程中；第二，所提出的诉讼请求全部实现，亦即诉讼目的已经实现
	第20条	刑事附带民事公益诉讼的规定	明确了四个方面的内容：(1)适用领域：破坏生态环境和资源保护、食品药品安全领域侵害众多消费者合法权益等损害社会公共利益的犯罪行为。(2)诉讼顺序：在提起刑事公诉时，可以向人民法院一并提起附带民事公益诉讼。(3)审判组织：由审理刑事公诉的同一审判组织审理。(4)管辖法院：由审理刑事案件的人民法院管辖刑事附带民事公益诉讼案件

续表

条款		具体内容概括	评析
第21～25条：有关行政公益诉讼	第21条	提起行政公益诉讼的条件	1. 起诉主体：人民检察院，且是在履职过程中发现损害行为。 2. 适用领域：生态环境和资源保护、食品药品安全、国有财产保护、国有土地使用权出让等领域。 3. 适用对象：对上述领域负有监督管理职责的行政机关，在其违法行使职权或者不作为，致使国家利益或者社会公共利益受到侵害（既需要有行为表现，还要产生结果）。 4. 适用程序：先提出检察建议，要求行政机关在收到检察建议之日起两个月内（紧急情况下是15日）依法履职，并将履职情况书面回复人民检察院。在行政机关不依法履职时，人民检察院方可提起诉讼。在一定程度上反映了对行政机关的尊重，肯定了行政执法的优先性，通过检察建议敦促行政机关依法履职，既保护了政府的公信力，也节约了司法资源，还提高了治理效率。也明确了检察行政公益诉讼并不是要追究行政机关的责任，引起人民检察院与行政机关之间的对立，而是要敦促行政机关依法履职，以解决实际问题为归旨

续表

条款		具体内容概括	评析
第21～25条：有关行政公益诉讼	第22条	提起行政公益诉讼时应提交的材料	其中，第2项被告违法行使职权或者不作为，致使国家利益或者社会公共利益受到侵害的证明材料；第3项检察机关已经履行诉前程序，行政机关仍不依法履行职责或者纠正违法行为的证明材料。充分彰显了提起行政公益诉讼的严格条件，也再次暗示了行政执法的优先性
	第23条	人民法院对检察行政公益诉讼案件的立案登记	强调对符合起诉条件的检察行政公益诉讼案件，人民法院应当立案登记，予以受理，以免为其设立较高门槛，不利于国家利益和社会公共利益的保护
	第24条	被告在案件审理过程中，因为纠正违法行为或者依法履职，使得人民检察院的诉讼请求不需要通过诉讼就能全部实现有两种处理方法：一是人民检察院直接提出撤诉的申请，法院应裁定准许；二是人民检察院将诉讼请求变更为请求确认原行政行为违法，人民法院应判决确认违法	在此体现和强调了两种理念：一是行政执法优先理念，即如果行政机关能依法履职，就不需要借助诉讼这种手段了，毕竟诉讼是保障权利的最后一道屏障；二是敦促行政机关履职而非追究责任理念。即检察行政公益诉讼并非是置行政机关于对立地位，其目的是敦促其积极履职，解决问题

续表

条款		具体内容概括	评析
第21～25条：有关行政公益诉讼	第25条	检察行政公益诉讼的判决类型，具体有五类： 1.判决确认被诉行政行为违法或确认被诉行政行为无效，并可以同时判决责令行政机关采取补救措施。适用条件是被诉行政行为具有《行政诉讼法》第74条、①第75条②规定情形之一的。 2.判决撤销或者部分撤销被诉行政行为，并可以判决被诉行政机关重新作出行政行为。适用条件是被诉行政行为具有《行政诉讼法》第70条③规定情形之一的。 3.判决被诉行政机关在一定期限内履行法定职责。适用条件是被诉行政机关不履行法定职责。 4.判决被诉行政机关变更原行政行为。适用条件是被诉行政机关作出的行政处罚明显不当，或者其他行政行为涉及对款额的确定、认定确实有错误。	

① 《行政诉讼法》(2017年)第74条规定："行政行为有下列情形之一的，人民法院判决确认违法，但不撤销行政行为：(一)行政行为依法应当撤销，但撤销会给国家利益、社会公共利益造成重大损害的；(二)行政行为程序轻微违法，但对原告权利不产生实际影响的。行政行为有下列情形之一的，不需要撤销或者判决履行的，人民法院判决确认违法：(一)行政行为违法，但不具有可撤销内容的；(二)被告改变原违法行政行为，原告仍要求确认原行政行为违法的；(三)被告不履行或者拖延履行法定职责，判决履行没有意义的。"

② 《行政诉讼法》(2017年)第75条规定："行政行为有实施主体不具有行政主体资格或者没有依据等重大且明显违法情形，原告申请确认行政行为无效的，人民法院判决确认无效。"

③ 《行政诉讼法》(2017年)第70条规定："行政行为有下列情形之一的，人民法院判决撤销或者部分撤销，并可以判决被告重新作出行政行为：(一)主要证据不足的；(二)适用法律、法规错误的；(三)违反法定程序的；(四)超越职权的；(五)滥用职权的；(六)明显不当的。"

续表

条款		具体内容概括	评析
第 21 ~ 25 条：有关行政公益诉讼	第 25 条	5. 判决驳回诉讼请求。适用条件是被诉行政行为证据确凿，适用法律、法规正确，符合法定程序，未超越职权，未滥用职权，无明显不当，或者人民检察院诉请被诉行政机关履行法定职责理由不成立	

从案件类型看，环境公益诉讼分为环境民事公益诉讼和环境行政公益诉讼两大类。其中，前者主要针对的是污染环境或破坏生态的责任人，通过诉讼改变当前“责任人污染或破坏，社会公众受苦，政府埋单”的恶性循环，将责任人行为过程中产生的负外部性内部化，使其承担起保护环境的社会责任；后者主要针对的是违法或怠于履职的行政机关，通过诉讼敦促行政机关积极行使环境保护职责。众所周知，保护环境历来是政府主要职责之一，因此，必须明确环境公益诉讼只是环境行政执法的辅助手段。这意味着，首先，在环境民事公益诉讼和环境行政公益诉讼顺位上，后者应处于优先序列；其次，诉讼始终是维护环境公益的最后一道屏障，环境行政执法具有其优先性。一是因为其具有专业性，正好应对生态修复的技术性、复杂性；二是程序的简便性，能及时修复受损的生态环境。是故，在提起环境行政公益诉讼前，检察机关必须按照法律规定向行政机关发出检察建议。如果行政机关积极履职，并达到提起环境行政公益诉讼的效果，检察机关就不应针对同一件事提起环境行政公益诉讼，以免影响行政机关正常执法，架空行政执法。

从环境民事公益诉讼的目的看，其一是事后救济型目的，即对已经造成环境损害的行为人提起环境公益诉讼。当前的环境公益诉讼案件主要是此种类型。其二是事前预防型目的。即对具有损害之虞的行为提起环境公益诉讼。所谓损害之虞，是指实质性损害尚未发生，但具有危险性。能够生动诠释环境公益诉讼具有预防性的最为典型的案件，是北京市朝阳区自然之友环境研究所（以下简称自然之友）诉中国水电顾问集团新平开发有限公司（以下简称水电集团新平公司)、中国电建集团昆明勘测设计研究院有限公司(以下简称昆明勘察设计公司)环境污染责任纠纷案。这是全国首例濒危野生动物保护预防性公益诉讼,案件的争议焦点即为红河干流戛洒江一级水电站项目的大坝建设、清库砍伐、蓄水淹没等行为是否会对生态产生破坏,是否会对淹没区的生态构成重大风险。自然之友的诉讼请求是:(1)水电集团新平公司和昆明勘察设计公司共同消除云南省红河(元江)干流戛洒江一级水电站建设对绿孔雀、苏铁等珍稀濒危野生动植物,以及热带季雨林和热带雨林侵害的危险,立即停止该水电站建设,不得截流蓄水,不得对该水电站淹没区域植被进行砍伐等;(2)水电集团新平公司和昆明勘察设计公司共同支付自然之友因本案所产生的维护社会公共利益的合理费用,包括差旅费、调查费、律师费、专家咨询费等;(3)本案诉讼费由水电集团新平公司和昆明勘察设计公司共同负担。昆明市中级人民法院作出一审判决:被告水电集团新平公司立即停止基于现有环境影响评价下的戛洒江一级水电站建设项目,不得截流蓄水,不得对该水电站淹没区内植被进行砍伐。对戛洒江一级水电站的后续处理,待被告水电集团新平公司按生态环境部要求完成环境影响评价后,采取改进措施并报生态环境部备案后,由相关行政主管部门视具体情况依法作出决定。

从诉讼资格看,当前在我国能提起环境民事公益诉讼的主体有两大类:一类是社会组织;另一类是检察院。① 但是,关于社会组织的起诉资格却常常由于对“条件”的理解不一,而成为社会组织提起环境民事公益诉讼的“拦路虎”,

① 《关于授权最高人民检察院在部分地区开展公益诉讼试点工作的决定》由全国人大常委会于2015年7月通过。按照该决定的要求,在北京、内蒙古、吉林、江苏、安徽、福建、山东、湖北、广东、贵州、云南、陕西、甘肃13个省、自治区、直辖市开展包括环境公益诉讼在内的检察公益诉讼试点。两年后,修订的《民事诉讼法》第55条、《行政诉讼法》第25条,正式确立了检察公益诉讼制度。2018年7月6日,在习近平总书记主持下,中央全面深化改革委员会第三次会议召开。会上,总书记提出要设立最高人民检察院公益诉讼检察厅。2018年12月,中共中央批准最高人民检察院内设机构改革方案。2019年1月,正式成立最高人民检察院第八检察厅。职责包括办理法律规定由最高人民检察院办理的破坏生态环境和资源保护等民事公益诉讼案件,生态环境和资源保护等领域的行政公益诉讼案件以及其他案件;办理最高人民检察院管辖的公益诉讼申诉案件等。同时,最高人民检察院发布《关于推进省以下人民检察院内设机构改革工作的通知》,要求地方人民检察院设立公益诉讼专门机构。截至2019年9月,已有25个省级检察院单设了公益诉讼检察机构,在市、县两级检察院组建了专门机构或专门办案组。

这点可在中国生物多样性保护与绿色发展基金会(以下简称绿发会)诉宁夏华御化工有限公司等多家企业环境污染公益诉讼系列案中得到体现,该案证明了社会组织提起公益诉讼的不易,仅在诉讼资格问题上就历经了一审、二审、再审。虽然最终绿发会的诉讼资格得到认可,但在漫长的诉讼过程中,环境污染和生态破坏仍在继续,得不到及时修复。一审发生在绿发会向宁夏回族自治区中卫市中级人民法院起诉时,中卫市中级人民法院认为绿发会的章程不能证明其“从事环境保护公益活动”,裁定对绿发会的起诉不予受理。绿发会上诉至宁夏回族自治区高级人民法院,宁夏回族自治区高级人民法院的看法与中卫市中级人民法院相同,裁定驳回绿发会的上诉,维持一审裁定。绿发会只好向最高人民法院申请再审。最高人民法院通过裁定撤销一审、二审裁定,并由中卫市中级人民法院立案受理“旗帜鲜明”地认可了绿发会的诉讼资格。在这份裁定中,最高人民法院对何为“从事环境保护公益活动”作了进一步阐释,简单来说就是静态上要求“宗旨和主要业务范围是维护社会公共利益”,动态上要求“从事环境保护公益活动”,关系上要求“所提起诉讼涉及的社会公共利益与其宗旨和业务范围具有关联性”。(见表13)

表13 《环境保护法》(2014年)第58条“专门从事环境保护公益活动”的解释

条件	判断标准	具体内容	解释方法
静态要求	宗旨和主要业务范围是维护社会公共利益	应根据其内涵而非简单依据文字表述作出判断。社会组织章程即使未写明维护环境公共利益,但若其工作内容属于对各种环境要素及其生态系统的保护,应认定宗旨和业务范围包含维护环境公共利益	扩大解释论
动态要求	从事环境保护公益活动	不仅包括植树造林、濒危物种保护、节能减排、环境修复等直接改善生态环境的行为,还包括与环境保护有关的宣传教育、研究培训、学术交流、法律援助、公益诉讼等有利于完善环境治理体系,提高环境治理能力,促进全社会形成环境保护广泛共识的活动	实质解释论

续表

条件	判断标准	具体内容	解释方法
关系	所提起诉讼涉及的社会公共利益与其宗旨和业务范围具有关联性	即使社会组织起诉事项与其宗旨和业务范围不具有对应关系,但若与其所保护的环境要素或者生态系统具有一定的联系,亦应基于关联性标准确认其主体资格	联系说

二、我国环境公益诉讼的司法运行概况及其评析

自 2015 年 1 月新《环境保护法》施行至 2016 年 6 月,全国法院共受理社会组织提起的环境民事公益诉讼一审案件 93 件;自 2015 年 7 月全国人大常委会授权试点至 2016 年 6 月以来,全国法院共受理人民检察院提起的环境民事、行政公益诉讼案件 21 件。[①]（见表 14）

表 14　2015 年 1 月至 2016 年 6 月全国法院受理的环境公益诉讼案件一览表

单位:件

原告	环境民事公益诉讼	环境行政公益诉讼	环境刑事附带民事公益诉讼
	受理		
检察机关	21		—
社会组织	93	—	—

2016 年 7 月至 2017 年 6 月,各级法院共受理社会组织提起的环境民事公益诉讼案件 57 件,审结 13 件,共受理检察机关提起环境民事公益诉讼案件 791 件,审结 381 件。[②]（见表 15）

① 数据来自《中国环境资源审判(2014—2016)》(白皮书)。
② 数据来自《中国环境资源审判(2016—2017)》(白皮书)。

表15　2016年7月至2017年6月全国法院受理的环境公益诉讼案件一览表

单位:件

原告	环境民事公益诉讼		环境行政公益诉讼		环境刑事附带民事公益诉讼	
	收案	结案	收案	结案	收案	结案
检察机关	791	381	—	—	—	—
社会组织	57	13	—	—	—	—
合计	848	394	—	—	—	—

2018年,全国法院共受理社会组织提起的环境民事公益诉讼案件65件,审结16件。同比2017年,受理数增加7件,上升12.07%;审结数减少22件,下降57.89%。截至2018年12月,全国已有29个省、自治区、直辖市发生了社会组织提起公益诉讼案件。案件类型越来越多样化,不再仅局限于大气、水、土壤等环境要素,还出现在鸟类、濒危植物、湿地、自然保护区、文物、自然遗迹等领域。同年,全国法院共受理检察机关提起的环境公益诉讼案件1737件,审结1252件。同比2017年,受理数增加433件,上升33.2%;审结数增加277件,上升28.41%。其中,受理检察民事公益诉讼案件113件,审结72件;受理检察行政公益诉讼案件376件,审结231件;受理检察刑事附带民事公益诉讼案件1248件,审结949件。[①](见表16)

表16　2018年全国法院受理的环境公益诉讼案件一览表

单位:件

原告	环境民事公益诉讼		环境行政公益诉讼		环境刑事附带民事公益诉讼	
	收案	结案	收案	结案	收案	结案
检察机关	113	72	376	231	1248	949
社会组织	65	16	—	—	—	—
合计	178	88	376	231	1248	949

① 数据来自《中国环境资源审判(2017—2018)》(白皮书)。

2019 年,全国法院共受理社会组织提起的环境民事公益诉讼案件 179 件,审结 58 件,同比分别上升 175.4%、262.5%,出现大幅上升。其中,有 1/3 以上的案件是由中华环保联合会、中华环境保护基金会、自然之友基金会以及绿发会四家环保公益组织提起的。受理检察机关提起的环境公益诉讼 2309 件,审结 1895 件,同比分别上升 32.9%、51.4%。其中环境民事公益诉讼案件 312 件,审结 248 件;环境刑事附带民事公益诉讼 1642 件,审结 1370 件;环境行政公益诉讼案件 355 件,审结 277 件。① (见表 17)

表 17　2019 年全国法院受理的环境公益诉讼案件一览表

单位:件

原告	环境民事公益诉讼		环境行政公益诉讼		环境刑事附带民事公益诉讼	
	收案	结案	收案	结案	收案	结案
检察机关	312	248	355	277	1642	1370
社会组织	179	58	—	—	—	—
合计	491	306	355	277	1642	1370

2020 年,全国法院共受理社会组织提起的环境民事公益诉讼案件 266 件,审结 103 件,同比分别上升 48.6%、77.6%。受理检察机关提起的环境公益诉讼 4411 件,审结 3454 件,同比分别上升 91%、82.3%。其中受理环境民事公益诉讼案件 571 件,审结 386 件;受理环境刑事附带民事公益诉讼 3355 件,审结 2710 件;受理环境行政公益诉讼案件 485 件,审结 358 件。②(见表 18)

① 数据来自《中国环境资源审判(2019)》(白皮书)。
② 数据来自《中国环境资源审判(2020)》(白皮书)。

表 18　2020 年全国法院受理的环境公益诉讼案件一览表

单位:件

原告	环境民事公益诉讼		环境行政公益诉讼		环境刑事附带民事公益诉讼	
	收案	结案	收案	结案	收案	结案
检察机关	571	386	485	358	3355	2710
社会组织	266	103	—	—	—	—
合计	837	489	485	358	3355	2710

从案件数量看,全国法院 2015～2016 年、2017 年、2018 年、2019 年审理的环境公益诉讼案件依次为收案数 189 件,结案数 73 件;收案数 202 件,结案数 114 件;收案数 1802 件,结案数 1252 件;收案数 2488 件,结案数 1947 件。一审收案同比增长率分别为 6.88%、792.08%、38.063812%,结案同比增长率分别为 56.16%、998.25%、55.51%。不管是收案还是结案,2018 年的增长都是爆发式的,2019 年以后趋于平缓,但仍在增长。①

从提起诉讼的主体看,相较于社会组织,检察机关提起的诉讼占绝对优势,尤其是环境刑事附带民事公益诉讼案件。自 2015～2017 年试点工作以来,环境刑事附带民事公益诉讼就因为具具有"节约司法资源、提高诉讼效率、统一裁判尺度"等特色而发展迅速,所占比率在检察机关提起的环境公益诉讼中持续攀升,2019 年这一比率更是达到 71.13%,进一步凸显了检察机关在我国环境公益诉讼中的重要作用。②

① 数据来自《中国环境司法发展报告(2019)》。

② 2015 年 7 月全国人大常委会作出决定,授权在 13 个省、自治区、直辖市开展为期两年的试点;试点结束后,在全国展开。从试点开始,最高人民法院和最高人民检察院先后出台了《人民检察院提起公益诉讼试点工作实施办法》(高检发释字〔2015〕6 号)、《人民法院审理人民检察院提起公益诉讼案件试点工作实施办法》、《关于深入开展公益诉讼试点工作有关问题的意见》(高检发民字〔2016〕60 号)、最高人民法院《关于进一步做好检察机关提起公益诉讼案件登记立案工作的通知》、《关于检察公益诉讼案件适用法律若干问题的解释》等司法解释或司法文件。2018 年 7 月 6 日由习近平总书记主持召开的中央全面深化改革委员会第三次会议决定设立公益诉讼检察厅。2018 年 8 月,最高人民检察院党组落实中央全面深化改革委员会的要求,成立公益诉讼检察厅筹备组,并在内设机构的改革过程中正式组建了第八检察厅作为承办公益诉讼检察业务的专门机构。2018 年 12 月下旬,按照《最高人民检察院职能配置、内设机构和人员编制规定》的要求,第八检察厅专门履行公益诉讼检察职责,第九检察厅履行未成年人保护方面的公益诉讼检察职责。随后,地方检察机关也结合内设机构改革开始同步落实专门履行公益诉讼检察职责的部门。

从案件类型看,环境刑事附带民事公益诉讼成为检察公益诉讼的“重头戏”可从对“中国裁判文书网”“北大法宝”“无讼网”上的环境刑事附带民事公益诉讼案件的检索予以证明(见表19)。除环境刑事附带民事公益诉讼外,2017年修订的《行政诉讼法》在第25条明确了检察机关提起行政公益诉讼的权力,成为检察机关提起环境行政公益诉讼的法律依据。最高人民法院发布的第八批指导性案例中,检例第29号为吉林省白山市人民检察院诉白山市江源区卫计局及江源区中医院的案件,该案是公益诉讼试点后检察机关提起的首例环境行政公益附带民事公益诉讼案件。

表19　检察机关2017～2019年提起的环境刑事附带民事公益诉讼案件一览表

单位:件

案例网	2017年	2018年	2019年
中国裁判文书网	40	956	1751
北大法宝	39	864	868
无讼网	30	670	947

从裁判方式看,呈现多样性。法院审理的环境公益诉讼案件多以判决结案,但其中也不乏调解结案的。最为典型的案件就是绿发会诉刘诗昆万象新天幼儿园环境污染责任纠纷案,该案由北京市第四中级人民法院审理,被评为“2017年推动法治进程十大案件”之一。作为全国第一例“毒跑道”案件,法院以调解形式处理此起公益诉讼,产生了“涟漪”效应,其他多家有类似情况的幼儿园及时对塑胶跑道予以拆除,直接节约了司法资源,环境也得到了有效保护。

从案件受理费看,既有按照标的额来收费的,也有按件收费的。前者如绿发会与山东金诚重油化工有限公司等侵权责任纠纷案,①法院判决案件受理费100元,由山东金诚重油化工有限公司、山东万达有机硅新材料有限公司、山东弘聚新能源有限公司、山东麟丰化工科技有限公司、山东利丰达生物科技有限公司五被告各负担20元。后者如江苏省环保联合会等诉德司达(南京)染料

① 参见山东省济南市中级人民法院(2016)鲁01民初78号民事裁定书。

有限公司环境污染民事公益诉讼案,①法院判决被告德司达(南京)染料有限公司负担案件受理费164,065元。

从责任承担类型看,责任人承担了刑事责任、行政责任,并不影响其承担民事责任。如在绿发会与山东金诚重油化工有限公司等侵权责任纠纷案中,2016年3月14日山东省济南市中级人民法院立案。在此之前,五被告所在地的环保部门对他们的环境违法行为进行了行政处罚。② 同时,弘聚等公司因污染环境罪被判处罚金。③ 同时,因损害环境公益,法院判决被告承担相应损失,如生态环境损害赔偿费,生态环境修复期间服务功能的损失等。④ 该案中,从行政处罚、罚金与环境损害赔偿责任的总和责任看,比较适度合理。与此形成鲜明对比的是德司达(南京)染料有限公司偷排废酸案。该案中,法院在追究德司达(南京)染料有限公司污染环境罪时,判处其罚金2000万元。⑤ 同时,法院在审理江苏省环保联合会等诉德司达(南京)染料有限公司环境污染民事公益诉讼案时,判决被告德司达(南京)染料有限公司赔偿环境修复费用2428.29

---

① 参见江苏省南京市中级人民法院(2016)苏01民初1203号民事判决书。

② 其中,淄博市环境保护局于2015年12月18日作出行政处罚决定书(淄环罚字[2015]76－1号),给予金诚公司罚款20万元。参见山东省济南市中级人民法院(2017)鲁01民初1467号民事判决书。

③ 山东省济南市章丘区人民法院判决:被告单位山东弘聚新能源有限公司犯污染环境罪,判处罚金人民币100万元(罚金于判决生效之日起10日内缴纳);被告单位山东麟丰化工科技有限公司犯污染环境罪,判处罚金人民币20万元(罚金于判决生效之日起10日内缴纳),参见山东省济南市章丘区人民法院(2016)鲁0181刑初364号刑事判决书。二审维持山东省济南市章丘区人民法院(2016)鲁0181刑初364号刑事判决第一项对山东弘聚新能源有限公司、山东麟丰化工科技有限公司的定罪量刑。参见山东省济南市中级人民法院(2018)鲁01刑终54号刑事判决书。

④ 山东省济南市中级人民法院判决被告山东弘聚新能源有限公司于判决生效之日起30日内赔偿原告山东省生态环境厅生态环境修复期间服务功能的损失1401.208万元、生态环境损害赔偿费15,912万元,被告山东金诚重油化工有限公司于判决生效之日起30日内赔偿原告山东省生态环境厅生态环境修复期间服务功能的损失350.302万元、生态环境损害赔偿费3978万元。该案虽是生态环境损害赔偿诉讼案,但在2017年8月,山东省济南市中级人民法院受理山东省生态环境厅诉金诚公司、弘聚公司生态环境损害赔偿纠纷一案之前,绿发会对该污染行为已经提起环境民事公益诉讼。只是按照司法解释的规定,因生态环境损害赔偿诉讼的提起,法院中止了对相关环境民事公益诉讼案件的审理。后因绿发会的诉讼目的经由生态环境损害赔偿诉讼案件得以实现,该环境民事公益诉讼案件中关于生态环境损害赔偿的诉讼请求就被驳回。参见山东省济南市中级人民法院(2017)鲁01民初1467号民事判决书。

⑤ 参见江苏省高邮市人民法院(2015)邮环刑初字第00003号刑事判决书和江苏省扬州市中级人民法院(2016)苏10刑终185号刑事裁定书。

万元。[①] 罚金的设置目的、性质、流向、使用确实均与环境民事公益或生态环境损害赔偿诉讼中的损害赔偿金不同。但当事人所承担的责任往往并不是孤立存在的,而是一个体系,如何做到总和责任相称,既能起到惩治责任人的效果,亦能保证正常的经济发展,是我们必须予以重视的课题。[②]

从责任承担具体形式看,在赔偿损失、修复生态等法律责任基础上灵活"变形",既有分期支付、抵扣支付的,如在泰州市环保联合会与江苏常隆农化有限公司、泰兴锦汇化工有限公司等环境污染责任纠纷案中,[③]江苏省高级人民法院判决常隆公司、锦汇公司、施美康公司、申龙公司、富安公司和臻庆公司赔偿环境修复费用合计160,666,745.11元,但在判决生效之日起一年内,若6家公司能够在循环利用副产酸上进行资金投入,实施技术改造,降低其对环境造成的风险,且在一年内没有被行政机关追究环境违法行政责任的,"凭环保行政主管部门出具的企业环境守法情况证明、项目竣工环保验收意见和具有法定资质的中介机构出具的技术改造投入资金审计报告",对这笔技术改造费

---

① 参见江苏省南京市中级人民法院(2016)苏01民初1203号民事判决书。

② 美国的禁止双重危险原则可对我们有所启发。美国联邦最高法院在面对刑事责任、行政责任和民事责任等多重责任时,认为公权力实施惩罚原则,行政机关遵循一事不再罚原则,那么在民事制裁时,从其性质和实际效果看,如果该民事制裁已经不再局限于"损责相当",不再仅仅是填补性赔偿,而是带有惩戒与威慑的目的与作用,那么此时这就不再是单纯的民事制裁,而是"双重危险"条款所禁止的惩罚。此是从责任体系化角度,针对民事制裁行为所作的规定。其本质上强调的是让刑事的归刑事,行政的归行政,民事的归民事,以免对责任人过度惩罚,有失公正。即便仅从我国本土具体情况看,重复处罚的情况也大概率存在。《环境保护法》第六章法律责任第59条规定:"企业事业单位和其他生产经营者违法排放污染物,受到罚款处罚,被责令改正,拒不改正的,依法作出处罚决定的行政机关可以自责令改正之日的次日起,按照原处罚数额按日连续处罚。前款规定的罚款处罚,依照有关法律法规按照防治污染设施的运行成本、违法行为造成的直接损失或者违法所得等因素确定的规定执行。地方性法规可以根据环境保护的实际需要,增加第一款规定的按日连续处罚的违法行为的种类。"最高人民法院《关于审理环境民事公益诉讼案件适用法律若干问题的解释》第23条规定:"生态环境修复费用难以确定或者确定具体数额所需鉴定费用明显过高的,人民法院可以结合污染环境、破坏生态的范围和程度、生态环境的稀缺性、生态环境恢复的难易程度、防治污染设备的运行成本、被告因侵害行为所获得的利益以及过错程度等因素,并可以参考负有环境资源保护监督管理职责的部门的意见、专家意见等,予以合理确定。"其中的共通裁量因素有:①防治污染设备的运行成本;②违法行为造成的直接损失——污染环境破坏生态的范围和程度;③违法所得——被告因侵害行为所获得的利益。可见,行政处罚(款)与环境民事公益诉讼中的生态环境修复费用之间有交叉与重叠部分。此外,发生重叠的领域还会出现应急处置和调查、鉴定评估等环节。

③ 参见江苏省泰州市中级人民法院(2014)泰中环公民初字第00001号民事判决书与江苏省高级人民法院(2014)苏环公民终字第00001号民事判决书。

用,6家公司可向泰州市中级人民法院申请在延期支付的40%额度内抵扣。也有要求当事人提供环境公益劳动的,如在连云港市赣榆区环境保护协会诉王升杰环境污染损害赔偿公益诉讼案中,①综合考虑被告对生态环境造成的损害、被告的经济能力等因素,法院判决王升杰在本判决生效后2年内提供总计960小时的环境公益劳动(每月至少6次,每次不低于6小时),并明确该项劳务执行的监督者为连云港市赣榆区环境保护局。还有替代修复的,如在中华环保联合会诉无锡市蠡湖惠山景区管理委员会生态环境侵权案中,②江苏省无锡市滨湖区人民法院考虑如果拆除已经建成的消防水池和观光电梯,既可能造成二次污染,亦是对资源的浪费。既然无法原地修复,可以异地修复。

第三节　生态环境损害赔偿诉讼制度

一、我国生态环境损害赔偿制度的相关规定及其评析

(一)我国生态环境损害赔偿制度相关规定的概述及其评析

党的十八大和十八届三中全会、四中全会在生态文明建设上作出了顶层设计和总体部署,生态环境损害赔偿成为生态文明制度体系建设的重要组成部分,并要求实行最严格的损害赔偿制度,环境损害被纳入经济社会发展评价体系。从2015年《生态环境损害赔偿制度改革试点方案》(以下简称《试点方案》)、③2017年《生态环境损害赔偿制度改革方案》(以下简称《改革方案》)到2019年最高人民法院《关于审理生态环境损害赔偿案件的若干规定(试行)》(以下简称《若干规定(试行)》)的颁行,生态环境损害赔偿诉讼制度建立(见表20、表21)。在中央积极推进、地方灵活探索的双重作用下,我国生态环境损害赔偿制度在诉讼规则、技术保障、资金管理等方面逐渐规范化。

---

① 参见《最高人民法院公报》2016年第8期。

② 参见江苏省无锡市滨湖区人民法院(2012)锡滨环民初字第0002号民事判决书。该案亦属于2014年3月19日最高人民法院公布的保障民生第二批典型案例之一。

③ 按照规定,在全国7个省、市进行试点,即吉林、江苏、山东、湖南、重庆、贵州、云南。

表 20 《试点方案》与《改革方案》对照一览表

	总体要求和目标	原则	适用范围	内容	保障措施
《试点方案》	通过试点逐步明确生态环境损害赔偿范围、责任主体、索赔主体和损害赔偿解决途径等,形成相应的鉴定评估管理与技术体系、资金保障及运行机制。到2020年,力争在全国范围内初步构建责任明确、途径畅通、技术规范、保障有力、赔偿到位、修复有效的生态环境损害赔偿制度	——依法推进,鼓励创新。强调立足国情与地方实际,对法律未作规定的具体问题,根据需要提出政策和立法建议。 ——环境有价,损害担责。明确修复为先,且因同一生态环境损害行为产生的行政责任、刑事责任与生态环境损害赔偿责任并行不悖。 ——主动磋商,司法保障。指出未经磋商或磋商未达成一致,赔偿权利人可依法提起诉讼。 ——信息共享,公众监督	生态环境损害,是指因污染环境、破坏生态造成大气、地表水、地下水、土壤等环境要素和植物、动物、微生物等生物要素的不利改变,及上述要素构成的生态系统功能的退化。 (一)适用范围 1. 发生较大及以上突发环境事件的; 2. 在国家和省级主体功能区规划中划定的重点生态功能区、禁止开发区发生环境污染、生态破坏事件的; 3. 发生其他严重影响生态环境事件的。	(一)赔偿范围。生态环境损害赔偿范围 = 清除污染的费用 + 生态环境修复费用 + 生态环境修复期间服务功能的损失 + 生态环境功能永久性损害造成的损失 + 生态环境损害赔偿调查、鉴定评估等合理费用。提出"开展环境健康损害赔偿探索性研究与实践"。 (二)赔偿义务人。违反法律法规,造成生态环境损害的单位或个人。 (三)赔偿权利人。国务院授权的省级政府是本行政区域内生态环境损害赔偿权利人,其还有权指定相关部门或机构负责生态环境损害赔偿具体工作。 (四)赔偿磋商。磋商问题包括损害事实与程度、修复启动时间与期限、赔偿的责任承担方式与期限。达成赔偿协议需要考虑的因素有:修复方案技术可行性、成本效益最优化、赔偿义务人赔偿能力、第三方治理可行性。磋商不成的,赔偿权利人应当及时提起生态环境损	(一)加强组织领导。 (二)加强业务指导。环境保护部会同相关部门负责指导有关生态环境损害调查、鉴定评估、修复方案编制、修复效果后评估等业务工作。最高人民法院负责指导有关生态环境损害赔偿的审判工作。最高人民检察院负责指导有关生态环境损害赔偿的检察工作。财政部负责指导有关生态环境损害赔偿资金管理工作。国家卫生计生委、环境保护部对试点地方环境健康问题开展或指导地方开展调查研究。 (三)加快技术体系建设。国家建立统一的生态环境损害鉴定评估技术标准体系。

续表

	总体要求和目标	原则	适用范围	内容	保障措施
《试点方案》			(二)不适用范围 1. 涉及人身伤害、个人和集体财产损失要求赔偿的,适用侵权责任法等法律规定; 2. 涉及海洋生态环境损害赔偿的,适用海洋环境保护法等法律规定	害赔偿民事诉讼,也可不经过磋商直接诉讼。 (五)赔偿诉讼规则。指出由专门审判组织审理,可探索多元化责任承担方式,试行分期赔付。鼓励符合条件的社会组织依法开展生态环境损害赔偿诉讼。 (六)执行监督。为及时修复生态环境,赔偿权利人对磋商或诉讼后的生态环境修复效果进行评估。应向社会公开生态环境损害赔偿款项使用情况、生态环境修复效果等,接受公众监督。 (七)鉴定评估。推进建设生态环境损害鉴定评估专业机构,组建符合条件的专业评估队伍,研究制定鉴定评估管理制度和工作程序。 (八)资金管理。生态环境无法修复的,赔偿义务人担负的赔偿金作为政府非税收入,全额上缴地方国库,纳入地方预算管理	(四)加大经费和政策保障。所需经费由同级财政予以安排。 (五)鼓励公众参与。邀请专家和利益相关的公民、法人和其他组织参加生态环境修复或赔偿磋商工作。依法公开生态环境损害调查、鉴定评估、赔偿、诉讼裁判文书和生态环境修复效果报告等信息,保障公众知情权

续表

	总体要求和目标	原则	适用范围	内容	保障措施
《改革方案》	通过在全国范围内的试行，进一步明确生态环境损害赔偿范围、责任主体、索赔主体和损害赔偿解决途径等，形成相应的鉴定评估管理与技术体系、资金保障及运行机制。到2020年，力争在全国范围内初步构建责任明确、途径畅通、技术规范、保障有力、赔偿到位、修复有效的生态环境损害赔偿制度	——依法推进，鼓励创新。强调立足国情与地方实际，对法律未作规定的具体问题，根据需要提出政策和立法建议。 ——环境有价，损害担责。明确修复为先，且因同一生态环境损害行为产生的行政责任、刑事责任与生态环境损害赔偿责任并行不悖。 ——主动磋商，司法保障。指出磋商未达成一致，赔偿权利人可依法提起诉讼。 ——信息共享，公众监督	生态环境损害的概念中，在环境要素一项增加了“森林”。 （一）适用范围 1. 同上《试点方案》第1项； 2. 同上《试点方案》第2项； 3. 发生其他严重影响生态环境后果的。各地区应根据实际情况，综合考虑造成的环境污染、生态破坏程度以及社会影响等因素，明确具体情形。 （二）不适用范围 同上《试点方案》	赔偿范围。同《试点方案》。 赔偿义务人。同《试点方案》。 赔偿权利人。国务院授权省级、市地级政府（包括直辖市所辖的区县级政府）作为本行政区域内生态环境损害赔偿权利人，省级、市地级政府指定的部门或机构均有权提起诉讼。 赔偿磋商。磋商问题与达成协议需考虑的因素同《试点方案》。同时，指出可向人民法院申请对磋商达成的赔偿协议进行司法确认，若赔偿义务人不履行或不完全履行经司法确认的赔偿协议，赔偿权利人及其指定的部门或机构可向人民法院申请强制执行。磋商不成，赔偿权利人及其指定的部门或机构应及时提起生态环境损害赔偿民事诉讼。 诉讼规则。除了与《试点方案》的规定相同外，增加了“鼓励法定的机关和符合条件的社会组织依法开展生态环境损害赔偿诉讼”，及明确生态环境损害赔偿制度与环境公益诉讼之间的衔接	（一）落实改革责任。 （二）加强业务指导。同《试点方案》。 （三）加快技术体系建设。同《试点方案》。 （四）做好经费保障。同《试点方案》。 （五）鼓励公众参与。同《试点方案》

续表

	总体要求和目标	原则	适用范围	内容	保障措施
《改革方案》				执行和监督。同《试点方案》。 鉴定评估。同《试点方案》。 资金管理。明确生态环境无法修复的，赔偿义务人担负的赔偿资金作为政府非税收入，全额上缴同级国库，纳入预算管理	
评析	生态环境损害赔偿制度的建立走的是一条部分试点——全面推开、实践操作——经验总结——制度形成的道路	1. 强调责任人对因统一生态环境损害行为产生的行政责任、刑事责任与生态环境损害赔偿责任均要承担； 2. 明确了磋商是生态环境损害发生后的必经程序，是赔偿权利人依法提起诉讼的前置程序	1. 采正向列举适用范围与反向列举不适用范围的模式，使得适用范围更加明确，且将生态环境损害与类似损害区别开来； 2. 从生态环境损害的定义看，既强调对单个环境要素的损害，也强调对要素所构成生态系统的损害，既“见到树木”，也“见到森林”；	1. 明确成立生态环境损害的要件之一是行为的违法性，将其与环境民事公益诉讼区别开来； 2.《试点方案》中磋商并不是提起生态环境损害赔偿诉讼的前置性程序，而《改革方案》明确磋商是提起生态环境损害赔偿诉讼的必经程序，即赔偿权利人及其指定的部门或机构不可不经过磋商，直接提起诉讼； 3.《试点方案》中仅仅鼓励符合条件的社会组织提起生态环境损害赔偿诉讼，《改革方案》则将范围扩大至法定的机关和符合条件的社会组织；	1. 从业务指导可知生态环境损害赔偿是一项系统工程，需要多个部门各司其职、相互协作参与其中。 2. 凸显了公众参与在生态环境损害赔偿中的重要作用，公众参与的路径包括但不限于参加生态环境修复、参加赔偿磋商工作，且为了保证公众参与，强调对公众知情权的保障

续表

	总体要求和目标	原则	适用范围	内容	保障措施
评析			3. 从适用范围第1项和第2项看，重在此类损害行为对国家生态环境管理秩序的破坏； 4. 从适用范围看，《试点方案》采行为论，《改革方案》采结果论，对生态环境损害行为的认定更加严格	4.《改革方案》对达成的赔偿协议作了进一步规范，即可向人民法院申请司法确认，赔偿权利人及其指定的部门或机构还可向人民法院申请强制执行赔偿协议； 5.《试点方案》与《改革方案》均突出了在生态环境损害赔偿诉讼的责任承担方式中生态修复为先； 6. 在资金管理上，由《试点方案》中的“全额上缴地方国库”到《改革方案》中的“全额上缴同级国库”，进一步明确了资金的流向； 7.《试点方案》与《改革方案》关于赔偿义务人的范围没有本质性区别，但后者强调应赔尽赔，贯彻损害赔偿“全部赔偿”原则； 8.《改革方案》对赔偿权利人作了进一步细化； 9.《试点方案》与《改革方案》虽都对磋商作出了规定，但磋商应以几次为限，磋商不成应在多长时间提起生态环境损害赔偿诉讼才称得上“及时”等，影响案件处理效果的重要问题都未有规定，影响了实践活动的开展	

《试点方案》与《改革方案》仅对推行生态环境损害赔偿制度提供了框架，可以为政府展开磋商提供依据，但不能成为法院审理生态环境损害赔偿诉讼案件的审判规则。经过探索，最高人民法院最终于2019年6月5日施行《若干规定（试行）》。《民法典》制定后，最高人民法院依据《民法典》，对《若干规定（试行）》予以修订。

表21　《若干规定（试行）》内容概括及其评析

最高人民法院《关于审理生态环境损害赔偿案件的若干规定（试行）》（法释〔2019〕8号）（2019年5月20日最高人民法院审判委员会第1769次会议通过，根据2020年12月23日最高人民法院审判委员会第1823次会议通过的《最高人民法院关于修改〈最高人民法院关于在民事审判工作中适用《中华人民共和国工会法》若干问题的解释〉等二十七件民事类司法解释的决定》修正）		
条款	具体内容概括	评析
第1条	生态环境损害赔偿诉讼的适格主体、适用情形及前置程序。 适格主体：省级、市地级人民政府及其指定的相关部门、机构或者受国务院委托行使全民所有自然资源资产所有权的部门。 适用情形：（1）发生较大、重大、特别重大突发环境事件的；（2）在国家和省级主体功能区规划中划定的重点生态功能区、禁止开发区发生环境污染、生态破坏事件的；（3）发生其他严重影响生态环境后果的。 前置程序：磋商。即经磋商未达成一致或者无法进行磋商的	适格主体：从这个意义上讲，这些主体之所以具有提起诉讼的权利，在于一切自然资源属国家所有，而这些主体是国家的公权力代表。如此看来，称为自然资源损害赔偿更为贴切，也将其与环境民事公益诉讼清晰地区别开来。 适用情形：第3项作为兜底条款说明适用生态环境损害赔偿的情形必须产生严重影响生态环境后果。可见，生态环境损害赔偿并非“行为论”，而是“结果论”。 前置性程序“磋商”的设置，强调了行政机关在保护环境资源方面的职责和重要作用

续表

条款		具体内容概括	评析
第2条		不适用本规定的两种情形：(1)因污染环境、破坏生态造成人身损害、个人和集体财产损失要求赔偿的。此时可适用《民法典》由侵权人提起环境侵权之诉获得赔偿。(2)因海洋生态环境损害要求赔偿的，此时可适用《海洋环境保护法》①追究侵害者的法律责任	该条规定明确了两点：一是环境污染或生态破坏的行为经由环境要素作用于特定个人，由这些特定个人，即被侵权人提起的诉讼救济仍是传统的人身权和财产权，属于私益诉讼，由《民法典》进行规范；二是海洋生态环境损害②由《海洋环境保护法》这一特别法予以调整，不再适用本规定
第3～4条：有关第一审生态环境损害赔偿诉讼案件的管辖与审判组织	第3条	就管辖级别而言，原则上由生态环境损害行为实施地、损害结果发生地或被告住所地的中级以上人民法院管辖，例外情形是交由具备审理条件的基层人民法院审理。就管辖模式而言，可将第一审生态环境损害赔偿诉讼案件交由辖区内部分中级人民法院集中管理	由中级以上人民法院审理主要考虑的是案件的复杂性，由行为实施地、损害结果地或被告住所地的法院审理考虑的是便于调查事实；而集中管辖既是对自然规律的遵循，也在一定程度上打破了地方保护主义

---

① 《海洋环境保护法》(2023年)第114条第2款规定："对破坏海洋生态、海洋水产资源、海洋保护区，给国家造成重大损失的，由依照本法规定行使海洋环境监督管理权的部门代表国家对责任者提出损害赔偿要求。"

② 除了《海洋环境保护法》(2023年)对海洋生态环境损害作了规定。《关于审理海洋自然资源与生态环境损害赔偿纠纷案件若干问题的规定》(法释〔2017〕23号)也对海洋生态环境损害赔偿诉讼的管辖权、起诉主体、适用情形、赔偿范围等作了详细规定。

续表

条款		具体内容概括	评析
第3～4条:有关第一审生态环境损害赔偿诉讼案件的管辖与审判组织	第4条	就审判组织而言,由人民法院环境资源审判庭或者指定的专门法庭,且由法官和人民陪审员①组成合议庭审理第一审生态环境损害赔偿诉讼案件	专门机构在审理环境案件上已积累了丰富的经验,由其处理生态环境损害赔偿案件可以提高审判效率,更好贯彻绿色发展司法理念;人民陪审员的合议庭组成既满足了生态环境损害赔偿案件技术性强的特点,也体现了公众参与环境治理的环境民主原则
第5条		向法院提起生态环境损害赔偿诉讼需提交的材料	起诉人需要提交虽与被告进行磋商,但未达成一致意见,或因客观原因无法与被告进行磋商的证明材料。这一规定虽可充分发挥政府机关环境治理的专业特长,提高环境治理效率,降低成本,节约司法资源,并在一定程度上弱化被告的抵触情绪,但存在以下缺陷:第一,并未明确在生态环境损害发生之后多长时间内,政府机关应与被告展开磋商;第二,对磋商没有作出时间限制,即在多长时间内,双方未达成一致意见,或因客观原因无法与被告进行磋商,有关行政机关就应该及时向人民法院提起诉讼;第三,无法确定磋商的性质是什么,磋商属于民事行为,还是行政行为

① 《人民陪审员法》第15条明确"涉及群体利益、公共利益的"由人民陪审员和法官组成合议庭进行。"人民法院审判第一审刑事、民事、行政案件,有下列情形之一的,由人民陪审员和法官组成合议庭进行:(一)涉及群体利益、公共利益的;(二)人民群众广泛关注或者其他社会影响较大的;(三)案情复杂或者其他情形,需要由人民陪审员参加审判的。"第16条进一步指出"涉及征地拆迁、生态环境保护、食品药品安全,社会影响重大的案件"应由人民陪审员和法官组成七人合议庭进行。"人民法院审判下列第一审案件,由人民陪审员和法官组成七人合议庭进行:(一)可能判处十年以上有期徒刑、无期徒刑、死刑,社会影响重大的刑事案件;(二)根据民事诉讼法、行政诉讼法提起的公益诉讼案件;(三)涉及征地拆迁、生态环境保护、食品药品安全,社会影响重大的案件;(四)其他社会影响重大的案件。"

续表

条款		具体内容概括	评析
第6～10条：关于举证责任的分配及证据等内容	第6条	原告的举证责任	从规定看，既要有行为，也要有结果，还要求行为与结果之间具有关联性。“行为”中强调不管是污染环境行为，还是破坏生态行为，抑或两种行为类似的行为，都要符合“依法承担责任”的条件。“结果”中要求原告明确“生态环境受到损害所需修复费用、损害赔偿等具体数额”，这并未加重原告的举证责任。因为在损害行为发生后，在磋商阶段，原告就需要通过司法鉴定等方式掌握损害的具体情况，从而与被告就生态修复、损害赔偿等达成协议。“关联性”表明了原告只需证明被告行为与损害结果之间具有高度盖然性即可，而不要证明二者之间具有百分之百的必然性
	第7条	明确了被告的举证责任	其中，一方面是针对原告的，另一方面是针对法律规定的情形。对于前者，被告予以反驳原告主张所承担的举证责任，间接反映了原告所要承担的举证责任
	第8条	指出已为生效刑事裁判所确认事实的证明力	相较于民事案件，刑事案件奉行严格责任，其所要求的证明标准远高于民事案件，因此，除非有相反的证据，否则已为生效刑事裁判所确认的事实无须再举证证明。反之则不行

续表

条款		具体内容概括	评析
第 6 ~ 10 条：关于举证责任的分配及证据等内容	第 9 条	行政执法过程中形成的事件调查报告、检验报告、检测报告、评估报告、监测数据的性质	这些均属于证据，需要由当事人进行质证，在满足证据的“合法性、真实性、关联性”的“三性”条件时才可能被法院采信，用以认定事实
	第 10 条	鉴定意见、检验报告、检测报告、评估报告、监测数据的性质	同行政机关在执法过程中所形成的各种材料的性质一样，只是证据，不具有当然的证明力，需经当事人的质证
第 11 ~ 15 条：有关生态环境损害赔偿责任	第 11 条	被告的责任承担方式包括 6 种：修复生态环境、赔偿损失、停止侵害、排除妨碍、消除危险、赔礼道歉	对该条规定应注意： (1)“违反国家规定”。明确了侵害人承担法律责任的要件之一是违反国家规定，而不仅仅是如环境民事公益诉讼或环境侵权诉讼那样，只要造成损害后果，就要承担法律责任。 (2)“根据原告的诉讼请求以及具体案情”。一方面强调对民事诉讼基本原则“不告不理”的遵循，要围绕原告的诉讼请求进行裁判；另一方面凸显了生态环境损害赔偿诉讼的特殊性，它救济的是生态公益，为避免原告的诉讼请求出现缺漏，无法实现对生态公益全面、充足的保障，还要求人民法院考虑具体案情，适度发挥自由裁量权，这点与最高人民法院《关于审理环境民事公益诉讼案件适用法律若干问题的解释》第 9 条的精神如出一辙。 (3)“合理”表明：第一，坚持“损责一致”原则，既不能使侵害人过度赔偿，也不让侵害人赔偿不足，起不到威慑作用；第二，强调在经济利益与生态利益之间进行利益衡平，裁判侵害人承担法律责任时，要考虑责任方式的适当性：是否具有可行性、符不符合经济原则等

续表

条款		具体内容概括	评析
第 11 ~ 15 条：有关生态环境损害赔偿责任	第 12 条	强调生态环境修复的优先性，明确了生态环境修复费用的组成 = 制定、实施修复方案的费用 + 修复期间的监测、监管费用 + 修复完成后的验收费用 + 修复效果后评估费用	“服务功能损失”既肯定了生态环境的非经济功能，也明确反映了对生态环境的科学认识。例如，一棵树市价多少属树木的经济价值，除此之外，该树木还具备无形价值，如美学价值、生存价值等。“服务功能”正是生态环境无形价值的综合体现；生态环境修复费用的组成考虑到了修复前、修复中和修复后的整个过程，所要实现的目标是使受损生态环境获得全面到位的修复
	第 13 条	对生态环境功能永久性损害造成损失的赔偿	同样反映了生态环境的无形价值、非经济价值的重要性
	第 14 条	明确了原告可以请求法院予以支持的费用	该条三次出现“合理”一词：“实施应急方案、清除污染以及为防止损害的发生和扩大所支出的合理费用”“合理的律师费”“以及其他为诉讼支出的合理费用”，强调有关主体的花费应是必要的，而不能变相加重侵害人的负担，否则，额外的费用不会获得法院的支持
	第 15 条	明确生态环境损害赔偿费用(包括生态环境服务功能损失赔偿资金、生态环境功能永久性损害造成的损失赔偿资金，以及被告不履行生态环境修复义务时所应承担的修复费用)的缴纳、管理和使用	这里需要依照的是 2020 年 3 月 11 日财政部印发的《生态环境损害赔偿资金管理办法(试行)》(财资环〔2020〕6 号)(见表 24)

续表

条款		具体内容概括	评析
第16～18条：环境民事公益诉讼与生态环境损害赔偿诉讼的衔接	第16条	因同一损害生态环境行为，既提起生态环境损害赔偿诉讼，又提起环境民事公益诉讼，符合起诉条件的，由受理生态环境损害赔偿诉讼的人民法院受理并由同一审判组织审理	这是因为生态环境损害赔偿诉讼与环境民事公益诉讼在诉讼目的和法律责任承担上具有重合性，由同一审判组织审理，便于全面审视案件，避免重复审理，既浪费司法资源，也可能造成责任人过度赔偿
	第17条	对上述两种诉讼并存的情况，应先中止审理环境民事公益诉讼案件，待生态环境损害赔偿诉讼案件审理完毕后，对民事公益诉讼案件未被涵盖的诉讼请求依法作出裁判	反映了在两种诉讼并存时，生态环境损害赔偿诉讼在顺位上优先于环境民事公益诉讼，但为了对污染环境或破坏生态的行为所造成的生态环境损害进行全面到位的赔偿，需要对环境民事公益诉讼案件中未被生态环境损害赔偿诉讼案件所涵盖的诉讼请求作出裁判
	第18条	在生态环境损害赔偿诉讼案件裁判生效后，对同一损害生态环境行为，有权提起民事公益诉讼主体有证据证明存在前案审理时未发现的损害，并提起民事公益诉讼的，人民法院应予受理。反之亦然	该条反映了两种诉讼制度之间具有一定的重合性，具在诉讼目的及法律责任承担上具有一致性，因此，可在其中一种诉讼案件裁判生效后，若适格主体有证据证明存在前案审理时未被发现的损害，可向人民法院提起另一种类型的诉讼，人民法院应予受理。但，对于"未发现的损害"是什么性质或什么程度的损害，该条并未作出详细解释，需由人民法院结合前案审理情况、该损害对生态环境的影响、是否符合效益原则等具体情形作出判断

续表

条款	具体内容概括	评析
第19条	应急处置费用的处理	明确了应急处置费用可以单独主张,并由因同一损害生态环境行为提起的生态环境损害赔偿诉讼的同一审判组织审理
第20条	经磋商达成的赔偿协议的司法确认	该条表明:第一,赔偿权利人与赔偿义务人达成的赔偿协议可以向人民法院申请司法确认,这将使得赔偿协议由具有约束效力转变为具有强制效力;第二,申请司法确认的磋商协议的内容应公告的时间不少于30日;第三,公告期满后,人民法院在作出司法确认前,需要对协议内容进行审查,审查标准是该协议是否违反法律法规强制性规定和损害国家利益、社会公共利益;第四,最终的司法确认裁定书要向社会公开。可见,不管是磋商协议的内容,还是司法确认裁定书的内容,都需要向社会公开,以保障公众知情权,行使监督权。只是赔偿权利人也是公权力机关,是国家的代表,不会在采取行政强制措施时违反法律法规强制性规定和损害国家利益、社会公共利益,也不会在与赔偿义务人磋商时违反法律法规强制性规定和损害国家利益、社会公共利益,由另一公权力机关人民法院对赔偿权利人与赔偿义务人达成的磋商协议的内容是否违反法律法规强制性规定和损害国家利益、社会公共利益进行审核令人不解,人民法院的审核行为是否有必要因此令人质疑

续表

条款	具体内容概括	评析
第21条	关于执行的有关规定	该条规定表明:第一,生态环境损害赔偿诉讼案件裁判或经司法确认的生态环境损害赔偿协议可以向人民法院申请强制执行;第二,生态环境修复应由专业机构组织实施,即省级、市地级人民政府及其指定的相关部门、机构组织实施

(二)我国生态环境损害赔偿范围的相关规定及其评析

在生态环境损害赔偿制度中,损害赔偿范围是基础性问题。对该基础性问题,既有国家层面的规定,亦有地方层面的约束。

1. 国家层面关于生态环境损害赔偿范围之规定

国家层面关于生态环境损害赔偿范围的法律规定主要体现在《民法典》第1235条、①《若干规定(试行)》、②《改革方案》、③《关于环境污染刑事案件适用

① 该条的主要内容是明确造成生态环境损害的,侵权人需要赔偿的损失和费用,共计有5项损失和费用需要赔偿。

② 该规定的第11条、第12条、第13条及第15条都涉及生态环境损害赔偿范围。这些条款明确被告损害生态环境应承担的法律责任类型,指出以生态修复为主,不能修复的,承担修复生态的费用,修复生态的费用包括修复前、修复中以及修复后的所有费用。原告既可以对生态环境受到损害至修复完成期间服务功能的损失提出赔偿请求,也可以对生态环境功能永久性损害造成的损失提出赔偿请求。被告承担的赔偿费用包括:(1)生态环境服务功能损失赔偿资金;(2)生态环境功能永久性损害造成的损失赔偿资金;(3)被告不履行生态环境修复义务时所应承担的修复费用。

③ 《改革方案》在第4条"工作内容"中列举了生态环境损害赔偿范围:(1)清除污染费用;(2)生态环境修复费用;(3)生态环境修复期间服务功能的损失;(4)生态环境功能永久性损害造成的损失;(5)生态环境损害赔偿调查、鉴定评估等合理费用。

法律的解释》,①以及《环境民事公益诉讼解释》。②（见表22）

表22　国家层面关于生态环境损害赔偿范围的观点梳理

法律规定名称	观点简称	具体观点
《民法典》	五项说	生态环境修复期间服务功能丧失导致的损失＋生态环境功能永久性损害造成的损失＋生态环境损害调查、鉴定评估等费用＋清除污染、修复生态环境费用＋防止损害的发生和扩大所支出的合理费用
《若干规定（试行）》	六项说	被告不履行生态环境修复义务时所应承担的修复费用(包括制定、实施修复方案的费用,修复期间的监测、监管费用,以及修复完成后的验收费用,修复效果后评估费用等)＋生态环境服务功能损失赔偿资金＋生态环境功能永久性损害造成的损失赔偿资金实施应急方案、清除污染以及防止损害的发生和扩大所支出的合理费用＋为生态环境损害赔偿磋商和诉讼支出的调查、检验、鉴定、评估等费用＋合理的律师费及其他为诉讼支出的合理费用
《改革方案》	五项说	清除污染费用＋生态环境修复费用＋生态环境修复期间服务功能的损失＋生态环境功能永久性损害造成的损失＋生态环境损害赔偿调查、鉴定评估等合理费用

---

①　全称是最高人民法院、最高人民检察院《关于办理环境污染刑事案件适用法律若干问题的解释》。该司法解释第17条明确生态环境损害由四部分组成,即生态环境修复费用、生态环境修复期间服务功能的损失和生态环境功能永久性损害造成的损失,以及其他必要合理费用。

②　全称是最高人民法院《关于审理环境民事公益诉讼案件适用法律若干问题的解释》。该司法解释第19条、第20条、第21条、第22条、第24条均与生态环境损害赔偿范围有关。其中,第19条明确了原告可以提起防止损害进一步扩大的诉请,由此产生的费用由被告承担。第20条指出生态环境修复费用包括制定、实施修复方案的费用和监测、监管以及修复完成后的验收费用,修复效果后评估费用等费用,将修复生态环境整个过程中产生的费用均归属于生态环境修复费用。第21条肯定了原告可以要求生态环境受到损害至修复完成期间服务功能丧失导致的损失、生态环境功能永久性损害造成的损失。第22条对其他合理费用作了说明,即生态环境损害调查、鉴定评估等费用、清除污染以及防止损害的发生和扩大所支出的合理费用、合理的律师费以及为诉讼支出的其他合理费用。第24条规定了生态环境修复费用、生态环境受到损害至修复完成期间服务功能损失等款项的使用。

续表

法律规定名称	观点简称	具体观点
《关于环境污染刑事案件适用法律的解释》	四项说	生态环境修复费用＋生态环境修复期间服务功能的损失＋生态环境功能永久性损害造成的损失＋其他必要合理费用
《环境民事公益诉讼解释》	七项说	生态环境修复费用(包括制定、实施修复方案的费用,修复期间的监测、监管等费用以及修复完成后的验收费用,修复效果后评估费用等)＋生态环境受到损害至恢复原状期间服务功能丧失导致的损失＋生态环境功能永久性损害造成的损失＋为停止侵害、排除妨碍、消除危险采取合理预防、处置措施而发生的费用＋调查、鉴定评估费用＋清除污染以及防止损害的发生和扩大所支出的合理费用＋合理的律师费以及为诉讼支出的其他合理费用

上述法律规定有共通的三项内容:生态环境修复费用、生态环境修复期间服务功能的损失,以及生态环境功能永久性损害造成的损失。虽然《若干规定(试行)》与《环境民事公益诉讼解释》对“生态环境修复费用”进行了细化,考虑到修复前、修复中、修复后各个阶段,体现了修复工作的系统性、复杂性,但人们仍然不是很清楚污染或破坏行为到底造成了生态环境哪些方面的损害,其中又有哪些生态环境损害能够请求并获得赔偿。正因如此,在不同理解下,实践中出现了纷繁殊异的操作,削减了生态环境损害赔偿制度维护生态法益的功效。

2. 地方层面关于生态环境损害赔偿范围之规定

以管窥豹,可见一斑。本部分选取了部分地方政府与地方法院关于生态环境损害赔偿范围的规定,简单的梳理已能充分说明差异性之大。

（1）地方政府关于生态环境损害赔偿范围之规定。（见表23）

表23　部分地方关于生态环境损害赔偿范围的观点梳理

地方政府	观点简称	具体观点
天津市	五项说	清除污染费用（包括清洗被污染的动植物和公共建筑、集中处理和处置污染物、回收废物、应急物质产生的费用）+生态环境修复费用+生态环境修复期间服务功能损失费用+生态环境功能永久性损害造成的损失费用+事务性费用（包括现场调查、勘验勘查、环境监测、鉴定评估、专家咨询、信息公开、第三方审计、验收、诉讼、律师代理等必要费用）
江苏省	七项说	清除污染费用+应急处置费用+监测检测费用+生态环境修复费用+生态环境修复期间服务功能的损失+生态环境功能永久性损害造成的损失+生态环境损害赔偿调查、鉴定评估等合理费用
四川省	六项说	应急处置费用+清除污染费用+生态环境修复费用+生态环境修复期间服务功能的损失+生态环境功能永久性损害造成的损失+生态环境损害赔偿调查、鉴定评估等合理费用
河北省	五项说	清除污染费用+生态环境修复费用+生态环境修复期间服务功能的损失+生态环境功能永久性损害造成的损失+生态环境损害赔偿调查、鉴定和评估以及控制和减轻损害、修复方案制定、修复效果后评估、律师代理、诉讼、第三方监理等合理费用
山东省	五项说	清除污染费用+生态环境修复费用+生态环境修复期间服务功能的损失+生态环境功能永久性损害造成的损失+生态环境损害赔偿调查、鉴定评估、生态环境修复后评估等合理费用
海南省	五项说	清除污染费用+生态环境修复费用+生态环境修复期间服务功能的损失+生态环境功能永久性损害造成的损失+生态环境损害赔偿调查、鉴定评估等合理费用

其中,山东省①的规定与河北省②更为接近,而海南省③的规定则与《改革方案》没有任何区别。不管是五项说,还是六项说,抑或七项说,它们都包括"老四项",即清除污染费用、生态修复费用、生态环境修复期间服务功能的损失、生态环境功能永久性损害造成的损失,这点亦与《改革方案》保持一致。但在细节上,如在应急处置费用上,有的将其单列出来作为一项,如江苏省、④四川省,⑤有的则将其视为清除污染费用的组成部分之一,如天津市。⑥ 再如,在监测费用上,有的将其单列出来作为一项,如江苏省,有的则将其视为事务性费用的组成部分之一,如天津市。这显然会影响生态环境损害赔偿范围的

---

① 《山东省生态环境损害赔偿制度改革实施方案》(2018 年 6 月 20 日)规定生态环境损害赔偿范围包括:(1)清除污染费用;(2)生态环境修复费用;(3)生态环境修复期间服务功能的损失;(4)生态环境功能永久性损害造成的损失;(5)生态环境损害赔偿调查、鉴定评估、生态环境修复后评估等合理费用。

② 《河北省生态环境损害赔偿制度改革实施方案》(2018 年 7 月)规定生态环境损害赔偿范围包括:(1)清除污染费用;(2)生态环境修复费用;(3)生态环境修复期间服务功能的损失;(4)生态环境功能永久性损害造成的损失;(5)生态环境损害赔偿调查、鉴定和评估以及控制和减轻损害、修复方案制定、修复效果后评估、律师代理、诉讼、第三方监理等合理费用。

③ 《海南省生态环境损害赔偿制度改革实施方案》(2018 年 3 月 11 日)规定生态环境损害赔偿范围包括:(1)清除污染费用;(2)生态环境修复费用;(3)生态环境修复期间服务功能的损失;(4)生态环境功能永久性损害造成的损失;(5)生态环境损害赔偿调查、鉴定评估等合理费用。

④ 《江苏省生态环境损害赔偿制度改革实施方案》(2018 年 9 月 13 日)规定生态环境损害赔偿范围包括:(1)清除污染费用;(2)应急处置费用;(3)监测检测费用;(4)生态环境修复费用;(5)生态环境修复期间服务功能的损失;(6)生态环境功能永久性损害造成的损失;(7)生态环境损害赔偿调查、鉴定评估等合理费用。

⑤ 《四川省生态环境损害赔偿制度改革实施方案》(2018 年 9 月 6 日)规定生态环境损害赔偿范围包括:(1)应急处置费用;(2)清除污染费用;(3)生态环境修复费用;(4)生态环境修复期间服务功能的损失;(5)生态环境功能永久性损害造成的损失;(6)生态环境损害赔偿调查、鉴定评估等合理费用。

⑥ 《天津市生态环境损害赔偿制度改革实施方案》(2018 年 12 月 20 日)规定生态环境损害赔偿范围可以包括以下一项或多项内容:(1)清除污染费用(清洗被污染的动植物和公共建筑、集中处理和处置污染物、回收废物、应急物质产生的费用);(2)生态环境修复费用(生态环境损害发生后,为防止污染物扩散转移、降低环境中污染物浓度,将环境污染导致的人体健康风险或生态风险降至可接受风险水平而开展的必要的、合理的行动或措施而产生的费用);(3)生态环境修复期间服务功能损失费用(受损生态环境从损害发生到其恢复至原始状态期间提供生态系统服务的损失补偿);(4)生态环境功能永久性损害造成的损失费用(受损生态环境及其服务难以恢复向公众或其他生态系统提供服务功能完全丧失的损失补偿);(5)事务性费用(赔偿权利人及其指定的部门开展现场调查、勘验勘查、环境监测、鉴定评估、专家咨询、信息公开、第三方审计、验收、诉讼、律师代理等必要费用)。

大小。

(2)地方法院关于生态环境损害赔偿范围之规定。(见表24)

地方法院在最高人民法院颁布《若干规定(试行)》之前,为了处理生态环境损害赔偿案件,以"审判委员会纪要""若干意见""审理指南"等形式出台规定,指导生态环境损害赔偿案件的审判工作。

表24 部分地方法院关于生态环境损害赔偿范围的观点梳理

地方法院	观点简称	具体观点
天津市	四项说	生态环境修复费用(包括制定、实施修复方案的费用,以及修复期间的监测、监管等费用)+生态环境修复期间服务功能的损失+生态环境功能永久性损害造成的损失+其他费用(包括为停止侵害、排除妨碍、消除危险而采取合理预防、处置措施发生的应急处置费用,生态环境损害赔偿调查勘验、鉴定评估等必要费用,以及律师代理等为诉讼支出的合理费用)
上海市	六项说	清除污染费用(包括为停止侵害、排除妨碍、消除危险采取合理预防、处置措施而发生的费用)+生态环境修复费用(包括制定、实施修复方案的费用和监测、监管费用)+生态环境受到损害至恢复原状期间服务功能损失+生态环境功能永久性损害造成的损失+执行效果评估费用+检验、鉴定费用,合理的律师费以及为诉讼支出的其他合理费用
江苏省	五项说	应急性费用(包括应急方案编制费用,应急处置实施费用,为停止侵害、排除妨碍、消除危险采取的其他合理预防、处置措施而发生的费用)+恢复性费用(包括修复费用、替代性修复费用、修复方案编制费用、监测费用、监管费用、验收费用)+功能性损失费用(包括生态环境修复期间服务功能的损失、生态环境功能永久性损害造成的损失、环境健康造成的损失)+辅助性费用(包括调查、勘查、检验、鉴定、评估等费用)+其他合理费用
山东省	六项说	清除污染的费用+生态环境修复费用+生态环境修复期间服务功能的损失+生态环境功能永久性损害造成的损失+调查、鉴定评估等合理费用+合理的律师费以及为诉讼支出的其他合理费用

相较于各个地方政府,地方法院的规定更为翔实,在相关单列名目下列举了所包括的具体款项,但山东省法院①的规定与《改革方案》没有任何区别。综合来看,生态修复费用、生态环境修复期间服务功能的损失、生态环境功能永久性损害造成的损失是地方法院规定中的"老三项"。除此之外,差异性就比较大。有的高级人民法院将"为停止侵害、排除妨碍、消除危险采取合理预防、处置措施而发生的费用"视为"清除污染费用"的组成部分之一,如上海市,②有的则将其视为应急性费用的组成部分之一,如江苏省,③还有的将其归为"其他费用",如天津市。④ 即便是"老三项"之一的"生态环境修复费用",其所包含的款项也各有千秋,如天津市和上海市高级人民法院认为,其包含的款项有"制定、实施修复方案,以及修复期间的监测、监管等费用",江苏省高级人民法院则认为包含的款项是"修复费用、替代性修复费用、修复方案编制费用、监测费用、监管费用、验收费用"。

(三)生态环境损害赔偿金的管理及使用

在生态环境损害赔偿制度中,如何对损害赔偿金进行使用和管理,直接关系到生态修复的程度,也是评价生态环境损害赔偿制度功效的重要指标之一。对此,财政部专门印发《生态环境损害赔偿资金管理办法(试行)》(以下简称《资金管理办法(试行)》),以实现对生态环境损害赔偿资金进行规范化管理与使用。(见表25)

---

① 《山东省高级人民法院关于审理山东省人民政府提起生态环境损害赔偿案件若干问题的意见》(2017年4月20日)第9条明确了法院可以判决义务人承担的责任范围、方式。

② 《上海市高级人民法院关于审理政府提起生态环境损害赔偿民事案件的若干意见(试行)》(2019年2月21日)第17条将清除污染的费用计算在停止侵害、排除妨碍、消除危险的责任承担方式中;第18条对生态修复费用作了细化,包括制定、实施修复方案的费用和监测、监管费用;第20条有关生态功能损失,肯定了生态环境服务功能损失的可救济性;第21条有关执行效果评估费用;第22条有关合理费用,包括检验、鉴定费用,合理的律师费以及为诉讼支出的其他合理费用。

③ 《江苏省高级人民法院关于生态环境损害赔偿诉讼案件的审理指南(一)》(2018年6月26日)第20条明确了生态环境损害赔偿费用包括已经发生和必然发生的费用。

④ 《天津市高级人民法院关于审理生态损害赔偿案件若干问题的审判委员会纪要》(2019年5月10日)第15条明确了生态环境修复费,肯定了损害造成的生态服务功能损失。第16条规定了被告应承担的其他赔偿责任,将因为生态环境损害赔偿而产生的其他费用,包括应急处置费用、必要费用,以及为诉讼支出的合理费用归于其他责任,与生态环境损害区别开来。

表 25 《资金管理办法(试行)》内容概括及其评析

《资金管理办法(试行)》(财资环〔2020〕6 号)		
条款	具体内容	评析
第 2 条	本办法所称生态环境损害赔偿资金,是指生态环境损害事件发生后,在生态环境损害无法修复或者无法完全修复以及赔偿义务人不履行义务或者不完全履行义务的情况下,由造成损害的赔偿义务人主动缴纳或者按照磋商达成的协议、法院生效判决缴纳的资金。 经生态环境损害赔偿磋商协议确定或者人民法院生效法律文书确定,由赔偿义务人修复或者由其委托具备修复能力的社会第三方机构进行修复的,发生的生态环境损害修复费用不纳入本办法管理	产生赔偿资金有两种情形:一种是因客观原因产生,即受到损害的生态环境无法修复或无法完全修复;另一种是因主观原因产生,即赔偿义务人不履行义务或不完全履行义务。 赔偿金确定有两种方式:一种是赔偿权利人与赔偿义务人之间经过磋商达成的协议;另一种是赔偿权利人提起生态环境损害赔偿诉讼,法院作出的生效裁决。 不纳入本办法管理的两种情况:一种是赔偿义务人按照生态环境损害赔偿磋商协议或人民法院生效法律文书,自行进行生态环境修复;另一种是赔偿义务人按照生态环境损害赔偿磋商协议或人民法院生效法律文书,自行委托具备修复能力的社会第三方机构进行修复。这两种情况都是赔偿义务人主观上愿意采取措施修复受损害生态环境的反映
第 3 条	本办法所称赔偿义务人,是指违反法律、法规和国家有关规定,造成生态环境损害的单位和个人	与《若干规定》第 11 条“被告违反国家规定造成生态环境损害的……”并不一致。一般而言,国家规定是指全国人民代表大会及其常务委员会制定的法律和决定,国务院制定的行政法规、规定的行政措施、发布的决定和命令,不包括部门规章和地方性法规及地方政府规章。可见,“国家规定”已经包括法律、法规,不需要再专门列举出来,完全可以直接表述为“本办法所称赔偿义务人,是指违反国家规定,造成生态环境损害的单位和个人”,这样就可以与环境法律体系保持一致,以免引起歧义

续表

条款	具体内容	评析
第6条	赔偿权利人负责生态环境损害赔偿资金使用和管理。赔偿权利人指定的相关部门、机构负责执收生态环境损害赔偿协议确定的生态环境损害赔偿资金;人民法院负责执收由人民法院生效判决确定的生态环境损害赔偿资金。 生态环境损害赔偿资金作为政府非税收入,实行国库集中收缴,全额上缴赔偿权利人指定部门、机构的本级国库,纳入一般公共预算管理	按照本办法的规定,赔偿协议确定的生态环境损害赔偿资金由赔偿权利人指定的相关部门、机构负责执收;生效判决确定的生态环境损害赔偿资金由作出裁判的人民法院负责执收。那么,经磋商达成的赔偿协议,当事人向人民法院申请司法确认所形成的司法确认书中确定的生态环境损害赔偿资金是由哪一方主体负责执收呢?是由作出司法确认的人民法院负责执收,还是由组织磋商达成赔偿协议的政府部门呢?由于法院所作的司法确认仅仅是对达成的赔偿协议进行确认,而赔偿协议主要是在政府部门的组织和推动下才达成,政府部门为此搜集证据、进行损害鉴定等,付出了大量劳动。此时,由政府部门负责执收更为合理
第8条	生态环境损害赔偿资金统筹用于在损害结果发生地开展的生态环境修复相关工作	司法实践中还存在异地修复的情形,即在原地修复不能,包括客观上无法修复或在经济、技术上不具有可行性时,采取异地修复。如果从生态系统整体性上看,原地修复可以使用生态环境损害赔偿金,异地修复也不例外。但是,实践中人为的行政区划划分造成了使用的障碍。如何进行统筹使用尚需探索
第9条	生态环境修复相关支出纳入本级一般公共预算,按照预算管理有关规定执行。赔偿权利人指定的相关部门、机构负责编制生态修复及工作经费支出预算草案、绩效目标,提出使用申请,并对提供材料的真实性负责,经本级财政部门审核后按照规定支出	申领生态环境修复费用的流程:编制生态修复及工作经费支出预算草案、预算目标——提出使用申请——本级财政部门审核——支出得到批准。可见,程序比较烦琐,在一定程度上不利于生态修复工作的尽快开展

续表

条款	具体内容	评析
第 11 条	生态环境修复相关资金实施全过程预算绩效管理。赔偿权利人指定的部门、机构应当加强事前绩效评估和绩效监控，在预算年度结束及时开展绩效自评并将结果报送本级财政部门	由本级财政部门对生态环境修复资金实施绩效进行监控，会不会产生道德风险？又有哪个主体有权对赔偿权利人及其指定的部门、机构进行监督呢？这些问题不加以解决将影响生态环境修复资金的使用效能
第 15 条	环境民事公益诉讼中，经人民法院生效法律文书确定的生态环境无法修复或者无法完全修复的损害赔偿资金，以及赔偿义务人未履行义务或者未完全履行义务时应当支付的生态环境修复费用，可参照本办法规定管理；需要修复生态环境的，人民法院应当及时移送省级、市地级人民政府及其指定的相关部门、机构组织实施	即环境民事公益诉讼中裁决的生态环境修复费用也是上缴本级国库。但人民法院的移送如果得不到相关主体的回应该如何救济呢？相关主体应该在多长的合理时间内组织生态环境修复呢？如果未在合理期限内组织生态环境修复该承担什么责任呢？这些都是在具体实施操作过程中需要考虑和解决的问题
第 16 条	生态环境损害赔偿资金使用情况应当由赔偿权利人或者其指定的部门、机构以适当的形式及时向社会公开	该条规定体现了公众参与在生态环境治理中的作用，由公众对生态环境损害赔偿资金使用情况进行监督

二、我国生态环境损害赔偿诉讼的司法运行概况及其评析

从案件数量上看，自 2015 年以来，各试点地区法院按照《试点方案》以及《关于在部分省份开展生态环境损害赔偿制度改革试点的报告》的要求，依法受理案件，积极探索审判规则。截至 2017 年 6 月，各试点地区法院共受理省级政府提起的生态环境损害赔偿案件 3 件，审结 1 件。[①] 到 2018 年年底，全国法院共受理省、市级政府提起的生态环境损害赔偿诉讼案件 20 件，审结 8 件。[②]

---

① 数据来自《中国环境资源审判(2016—2017)》(白皮书)。

② 数据来自《中国环境资源审判(2017—2018)》(白皮书)。

2019 年，全国法院受理生态环境损害赔偿案件 49 件，审结 36 件，同比分别上升 145%、350%。其中生态环境损害赔偿司法确认案件 28 件，审结 23 件；生态环境损害赔偿诉讼案件 21 件，审结 13 件。[①] 2020 年，全国法院共受理生态环境损害赔偿案件 91 件，审结 62 件，同比分别上升 85.7%、72.2%。其中受理生态环境损害赔偿司法确认案件 49 件，审结 41 件；受理生态环境损害赔偿诉讼案件 42 件，审结 21 件（见表 26）。法院受理和审结的生态环境损害赔偿案件逐年增长。生态环境损害赔偿制度在保护生态环境方面发挥着越来越重要的作用。

表 26　2015～2020 年我国生态环境损害赔偿案件审理情况一览表

单位：件

2015 年 12 月～2017 年 6 月		2017 年 6 月～2018 年		2019 年		2020 年	
受理	审结	受理	审结	受理	审结	受理	审结
3	1	20	8	49	36	91	62

从必经程序看，磋商是相关主体提起生态环境损害赔偿诉讼的前置程序。按照规定，只有在磋商不能时方可提起诉讼。可见，一方面，诉讼在生态环境保护中处于最后一道屏障的位置，在生态环境损害发生后，行政机关首先应该与责任人进行磋商；另一方面，行政机关与责任人达成的磋商协议是否损害生态公益，需要第三方加以评价，司法确认案件在生态环境损害赔偿案件中占有相当比例。

从赔偿范围看，大部分案例在确定生态环境修复费用外，并未对生态服务功能损失进行核算。对生态服务功能视而不见或忽略不计的一大原因在于，作为生态学中的概念，生态服务功能概念过于抽象、原则，目前既无核算方法，也无参照标准，很难将生态服务功能损失具体化。这应该是当前起诉人不愿提起生态服务功能损害赔偿诉讼请求的原因之一，而作为最终裁决者，法院忽略此种疏漏，主要是免于在核算环节陷入“困境”。就生态环境修复费用来说，

① 数据来自《中国环境资源审判（2019）》（白皮书）。

判决中多是笼统以“生态环境修复费用”“一言以带之”，并未详细说明上百万元甚至上千万元的生态环境修复费用由哪些部分组成，每一部分的判赔依据是什么。

从程序衔接看，在环境民事公益诉讼与生态环境损害赔偿诉讼的衔接上，在司法实践中，各地法院出现了四种模式（见表27）。一是合并审理。最为典型的案例是重庆市人民政府等诉重庆藏金阁物业管理有限公司等环境污染责任纠纷案。[①] 该案原告是重庆市人民政府（指定代表人重庆市环境保护局）和重庆两江志愿服务发展中心。合并审理的过程是：原告重庆市人民政府与被告重庆藏金阁物业管理有限公司等环境污染责任纠纷一案立案后，重庆市第一中级人民法院另行受理原告重庆两江志愿服务发展中心与被告藏金阁公司、被告首旭公司环境污染责任纠纷一案。经各方当事人同意，重庆市第一中级人民法院决定依法将两案进行合并审理。二是选择型诉讼。该模式主要体现在《湖南省生态环境损害赔偿磋商管理办法（试行）》中，该办法第17条在肯定磋商在生态环境损害赔偿中的前置性地位时，明确磋商程序终止后，既可由赔偿权利人依法提起生态环境损害赔偿诉讼，也可由赔偿权利人与检察机关、法律规定的组织进行协商，由后者提起生态环境和资源损害公益诉讼。三是检察机关支持起诉。该模式发生在江苏省。《江苏省生态环境损害赔偿起诉规则（试行）》第18条明确，赔偿权利人在提起诉讼前，可以选择书面通报同级人民检察院。若认为有必要，人民检察院将以支持诉讼的身份参加诉讼。有类似规定的还有山东和浙江两省。四是检察机关提起环境民事公益诉讼。这一模式体现在《广西壮族自治区生态环境损害赔偿制度改革实施方案》中，该方案第5条第7项指出，若行政机关对应该提起生态环境损害赔偿诉讼的案件不提起诉讼的，检察机关可以依法向法院提起民事公益诉讼，要求赔偿义务人承担相应的法律责任。

---

① 参见重庆市第一中级人民法院（2017）渝01民初773号民事判决书。

表 27　环境民事公益诉讼与生态环境损害赔偿诉讼衔接司法探索一览表

	合并审理	选择型诉讼	检察机关支持起诉	检察机关提起环境民事公益诉讼
基本含义	将生态环境损害赔偿诉讼案件与环境民事公益诉讼案件合并审理	既可以由赔偿权利人提起生态环境损害赔偿诉讼,也可由检察机关、法律规定的组织提起环境民事公益诉讼	人民检察院以支持起诉的身份参加生态环境损害赔偿诉讼	行政机关应该提起生态环境损害赔偿诉讼而没有提起的,检察机关可以提起环境民事公益诉讼

从损害赔偿金的管理及使用看,司法实践中,各地在管理使用生态环境损害赔偿金时主要有以下 10 种尝试:[①](1)(专设)公益基金账户。如徐州市、[②]烟台市、[③]常州市[④]设立的是环境保护公益金专项资金账户。(2)赔偿金流入财政局账户。如湖北省郧西县财政局非税账户、[⑤]重庆市财政局专用账户。[⑥](3)赔偿金流入环保局账户。如江苏省扬中市环境保护局账户。[⑦] (4)赔偿金流入林业局账户。如福建省连城县林业局恢复补偿专户。[⑧] (5)环保厅。如江苏省环境保护厅账户。[⑨] (6)赔偿金流入检察院账户。如南京市人民检察院暂扣案款专户、[⑩]吉林市人民检察院账户。[⑪] (7)赔偿金流入省级账户。如山东

---

① 该 10 种模式参见李树训:《生态环境损害赔偿责任的实践困境》,载《商丘师范学院学报》2019 年第 4 期。

② 参见江苏省徐州市中级人民法院(2015)徐环公民初字第 5 号民事判决书。

③ 参见山东省烟台市中级人民法院(2017)鲁 06 民初 8 号民事判决书。

④ 参见江苏省常州市中级人民法院(2014)常环公民初字第 2 号民事判决书。

⑤ 参见湖北省郧西县人民法院(2018)鄂 03 民初 6 号民事判决书。

⑥ 参见重庆市第一中级人民法院(2017)渝 01 民初 773 号民事判决书。

⑦ 参见江苏省扬中市中级人民法院(2015)镇民公初字第 00002 号民事判决书。

⑧ 参见福建省连城县人民法院(2014)连民初字第 1806 号民事判决书。

⑨ 参见江苏省南京市中级人民法院(2016)苏 01 民初 1203 号民事判决书。

⑩ 参见江苏省南京市中级人民法院(2016)苏 01 民初 1313 号民事判决书。

⑪ 参见吉林省吉林市中级人民法院(2018)吉 02 民初 13 号民事判决书。

省生态环境损害赔偿资金账户、[①]山东省省级国库。[②]（8）赔偿金流入执行款账户。如浙江省开化县人民法院执行款专用专款账户。[③]（9）赔偿金上缴国库。如广州市中级人民法院、[④]安徽省阜阳市颍泉区人民法院。[⑤]（10）赔偿金流入法院指定账户。如福建省南平市中级人民法院、[⑥]湖南省郴州市中级人民法院。[⑦]损害赔偿金的管理与使用呈现多样化特征。

小　结

2007 年，第一家现代意义上的专门化环境资源审判机构在贵州清镇法院设立；2014 年 7 月，最高人民法院环境资源审判庭成立，结束了单一性自下而上的环境司法专门化探索之路，形成了独具特色的中国环境司法专门化制度。虽然迄今为止，我国尚未统一专门化环境审判机构的称谓，但全国各地法院根据本地实际情况设立的环境审判机构各具特色，如省域内的跨区划审理，指定由某家或某几家法院集中审理环境案件，实施“二合一”、“三合一”或“四合一”模式。专门化环境资源审判机构成立伊始，已经开始尝试审理环境公益诉讼案件，并颁布了各自的审判指导规则。但直至 2012 年《民事诉讼法》第 55 条的明确规定，才在法律上正式承认了环境民事公益诉讼的合法地位；2017 年《行政诉讼法》第 25 条则赋予了环境行政公益诉讼合法地位。环境公益诉讼制度的确立使司法在救济传统环境私益的同时，在保护环境公益上发挥着越来越重要的作用。2019 年，《若干规定（试行）》颁布，生态环境损害赔偿诉讼作为另一新型制度，开始在保护生态环境上崭露头角。相较而言，生态环境损

① 参见山东省淄博市中级人民法院（2017）鲁 03 民初 56 号民事判决书。

② 参见山东省聊城市中级人民法院（2016）鲁 15 民初 351 号民事判决书。

③ 参见浙江省衢州市开化县人民法院（2017）浙 0824 民初 3843 号民事判决书。

④ 参见广东省广州市中级人民法院（2016）粤 01 民初 107 号民事判决书。

⑤ 参见安徽省阜阳市颍泉区人民法院（2016）皖 1204 民初 2959 号民事判决书。

⑥ 参见福建省南平市中级人民法院（2015）南民初字第 38 号民事判决书（北京自然之友、福建绿家园与谢知锦等 4 人侵权责任纠纷案）。

⑦ 参见湖南省郴州市中级人民法院（2018）湘 10 民初 3 号民事判决书。

害赔偿诉讼制度侧重于保护纯生态环境,环境民事公益诉讼制度侧重于保护不特定多数人的环境公益,二者在适用范围上有一定重合。如何明晰两种诉讼制度的边界,实现制度协力,产生“1 + 1 > 2”的合力效果,是我们今后要加强探索的重要议题。

第三章　我国环境司法制度存在的问题及原因分析

100 年前美国著名法学家罗斯科·庞德(Roscoe Pound)深刻指出,行政失效和司法失效是导致美国"行动中的法"(law in action)脱离"文本中的法"(law in books)的主要原因。[①] 行政失效和司法失效也是导致当前中国"行动中的环境法"脱离"文本中的环境法"的两个主要原因。[②] 澳大利亚法官马丁则从另外一个角度指出:"在一个秩序良好的社会中,司法部门应得到人民的信任和支持。从这个意义出发,公信力的丧失就意味着司法权的丧失。"在环境司法中,"由于法院未能发挥功能,使'公信力'危机充斥在各个公害纠纷案件中,当事人面临损害赔偿不愿自行到法院诉讼"。[③] 法院作为救济权利的最后一道屏障,是国家公权力的代表,理应通过行使司法权以矫正环境保护

---

① See Roscoe Pound, *Law in Books and Law in Action*, American Law Review, 1910(44), p. 12 – 36.

② 参见王小钢:《论法院在我国环保事业中的法律地位和作用》,载《上海交通大学学报(哲学社会科学版)》2012 年第 1 期。

③ 叶俊荣:《环境政策与法律》,中国政法大学出版社 2003 年版,第 292 页。

中的失效行为，维护公众环境权益。“法治的真谛与本质在于民治，一切不能还原为民治的制度设计都是伪法治。”①所以，反思我国环境司法制度，找出其存在的困境并追根溯源可谓势在必行。

第一节　我国环境司法现状及其反思

一、我国环境司法现状

（一）我国环境私益司法现状

随着社会和经济的发展，我国社会开始出现质的变化。一方面，环境问题日渐增多，并开始威胁到国家和民族的生存和发展；另一方面，人们在物质生活水平提高的同时，对环境的关注度越来越高，对环境质量的要求也越来越高，普遍希望在清洁、舒适的环境中生存，于是，环境纠纷近年来与日俱增。根据原国家环境保护总局的统计，从20世纪80年代中期到90年代中后期，我国的环境纠纷数量一直保持在每年10万件左右，而自1998年以后，环境纠纷数量以每年超过20%的速度增长，其中2003年达到了50万件，在6年中增加了约4倍。但是令人不解的是高达87%的群众遇到环境纠纷，宁愿选择举报投诉等行政途径寻求解决，而不愿、不敢或不能选择司法途径。从原环境保护部收到的信访数量来看，仅2005年，全国的来信数量已经超过60万封，为“八五”期间的2倍多和1995年的10倍以上，环境上访数量也从1995年的5万余批次增加到2001年以后的每年8万～9万余批次。2019年，全国各级环保系统接到群众电话举报1,334,712件、微信举报195,950件、网上举报62,239件，承办人大建议7486件、政协提案7827件。② 而在举报投诉的过程中，环境纠纷很容易转化为群体性环境事件。据统计，自1996年（数据至2006年），全国因环境

---

① 孙承爱：《美国环境公民诉讼制度的研究》，中国海洋大学国际法学2006年硕士学位论文，第2页。

② 数据来自《2019年中国生态环境统计年报》，载http://mee.gov.cn/hjzl/sthjzk/sthjtjnb/，最后访问日期：2021年9月20日。

问题引发的群体性事件上升11.6倍,年均递增28.8%。全社会高度关注,如果处置不当,将产生难以估量的后果。相较而言,早期的环境群体性事件,如2009年发生在陕西凤翔、湖南武冈、云南东川等地的重金属、类金属污染事件,民众之所以爆发群体性维权运动,在于环境污染已造成血铅超标、镉超标等严重后果,属于典型的事后救济型事件。近年来,随着民众对环境质量的感受力越来越强,他们对周围正在规划或筹建的项目更加敏感,担心垃圾填埋场或核电站出现在"家门口",往往对虽尚未产生损害但具有损害危险性的项目采取抵制措施,2012年的启东事件、2014年的余杭中泰垃圾焚烧厂事件和2016年的浙江海盐垃圾焚烧厂事件都是这类群体性事件,属于典型的事前预防型事件,也有学者称之为风险型环境群体性事件。

这些数量庞大的环境纠纷只有相当少的一部分是通过行政手段获得了解决,更少的进入了司法程序,三者之间的比例大约为255∶38∶1。① 根据最高人民法院的统计,2003年至2008年,我国的环境民事案件仅占同期民事案件的0.04%,环境行政案件占同期行政案件的20.69%,环境刑事案件占同期刑事案件的1.09%。至2018年,我国的环境资源民事案件占同期民事案件比为1.4%,环境行政案件占同期行政案件的16.6%,环境资源刑事案件占同期刑事案件的2.1%。历经10年,占比并未有很大变化。②

(二)我国环境公益诉讼现状

环境民事公益诉讼在我国获得合法地位始于2012年的《民事诉讼法》,该法第55条明确了"法律规定的机关"和"有关组织"有权对污染环境这一损害社会公共利益的行为提起诉讼。环境行政公益诉讼在我国获得合法地位始于2017年的《行政诉讼法》,该法第25条明确了"人民检察院"提起环境行政公益

---

① 引用的数据来自中南财经政法大学环境与资源法研究所为了完成《中国环境侵害司法救济机制研究》的课题所作的调研。

② 2018年,全国法院共审结182,691件环境资源民事一审案件,当年共审结民事一审案件12,434,826件,共审结41,725件环境行政一审案件,当年共审结行政一审案件251,355件,共审结25,623件环境资源刑事一审案件,当年共审结刑事一审案件1,198,383件。数据来自《2018年全国法院司法统计公报》和《中国环境资源审判(2017—2018)》(白皮书)。之所以选择2018年的数据进行对比,而不是2019年或2020年,是因为在中华人民共和国最高人民法院官网上能查到的司法统计最近的就是2018年的数据。

诉讼的主体资格。但实际上,在此之前,我国已经存在环境公益诉讼。2000 年至 2010 年的 10 年间,我国先后审理了 10 起环境民事公益诉讼。自 2013 年伊始,最高人民法院的工作报告中开始出现环境公益诉讼的身影,2013 年的表述为"推进环境公益诉讼";2014 年的表述为"江苏省高级人民法院审结泰州市环保联合会提起的环境民事公益诉讼案,判处 6 家企业赔偿环境修复费用 1.6 亿元";2015 年的表述为"发布审理检察机关提起公益诉讼案件实施办法","加强环境公益诉讼工作,福建法院审结新环保法施行后首例环境民事公益诉讼案件";2016 年的表述为"依法审理检察机关、公益组织提起的公益诉讼案件。山东德州法院审结全国首例大气污染公益诉讼案件,判令被告赔偿 2198 万余元用于环境修复";2017 年的表述为(党的十八大以来的五年)"依法审理……检察机关提起的环境公益诉讼案件 1383 件、社会组织提起的环境公益诉讼案件 252 件";2018 年的表述为"依法审理公益诉讼案件。审结检察机关和社会组织提起的公益诉讼案件 1919 件";2019 年的表述为"审结检察机关和社会组织提起的环境公益诉讼案件 1953 件";2020 年的表述为"审结环境公益诉讼案件 3557 件,同比增长 82.1%";2021 年的表述为"审理绿孔雀预防性保护公益诉讼案,贯彻'保护优先、预防为主'原则";2022 年的表述为(党的十九大以来的五年)"审结检察机关和社会组织提起的环境公益诉讼案件 1.7 万件。……云南法院审理绿孔雀预防性保护公益诉讼案,加强生物多样性司法保护"。

从我国环境公益诉讼制度的发展可知:

第一,我国环境公益诉讼的出现是社会发展的需要,走的是一条先实践、后立法的确立路线。从此意义上,可以说环境公益诉讼制度是回应社会的需要的产物。

第二,环境公益诉讼自 2012 年获得合法地位之后,开始出现在最高人民法院每年的工作报告中,不仅强调当年所审理的环境公益诉讼案件数量,还特别提出具有典型意义的案件,结合最高人民法院专门针对环境公益诉讼发布的指导性案例和典型案例,都充分证明人民法院越发重视和肯定环境公益诉讼在维护环境公益、促进人与自然和谐共生中的地位和作用。

第三,公民个人作为诉讼主体提起环境民事公益诉讼,监督环保行政机关的环境管理行为，在我国环境司法中尚属空白。

第四，在环境民事公益诉讼中，检察机关、环保组织具备诉讼资格得到确认，且并无其他诸如“存在事实上的利害关系”等条件限制，从此角度上看，诉讼主体比较宽泛。

第五，在环境行政公益诉讼中，公民作为诉讼主体不被认可，探索阶段环保组织还可以对行政机关的行政行为提起公益诉讼，法律规定在赋予环境行政公益诉讼合法地位的同时，剥夺了社会组织提起诉讼的机会，人民检察院成为环境行政公益诉讼的唯一适格主体。

第六，不管是普通审判组织，还是专门的环境审判机构，均对环境公益诉讼敞开了大门，但由于环境公益诉讼案件中涉及的利益之争千头万绪，错综复杂，不仅是法律问题，亦是政治问题、社会问题、经济问题。因此，法院在处理此类案件时更为谨慎。

第七，随着生态文明建设的推进，适格主体提起的环境公益诉讼案件数量开始逐年递增，生态环境修复理念越来越深入人心，生态环境的非经济价值得以凸显。

第八，风险社会中，环境公益诉讼的预防性功受到重视，公益诉讼开始由事后救济走向事后救济 + 预防救济，这进一步强化了环境公益诉讼在保护生态环境中的作用。

第九，指导法院审理环境公益诉讼案件的规则越来越健全和完善，由最初《民事诉讼法》和《环境保护法》的单独一条，发展为更加具体、更有可操作性的司法解释，但随着环境公益诉讼的推进与发展，司法解释的不足开始逐渐显现，制定环境公益诉讼法被提上日程。

（三）我国生态环境损害赔偿诉讼现状

在 2015 年开展生态环境损害赔偿试点之前，对生态环境公益进行保护的诉讼制度是环境民事公益诉讼制度。生态环境损害赔偿制度产生之后，全国法院处理的生态环境损害赔偿案件逐年增加。作为新生制度，生态环境损害赔偿诉讼制度在运行中有以下几种现象需要特别注意：

第一，磋商性质。磋商是生态环境损害赔偿诉讼的前置性程序，这意味着在生态环境损害发生后,赔偿权利主体在进行磋商前,不能向法院提起生态环境损害赔偿诉讼。磋商是赔偿权利主体提起生态环境损害赔偿诉讼的必经程序。但磋商的性质比较模糊,这在一定程度上影响了赔偿权利主体在磋商中的职能定位,进而直接影响了磋商效果。实践中,多次磋商未果或无法进行磋商,或多或少都与此相关。

第二,赔偿范围。赔偿范围通俗来讲就是对所造成的生态环境损害,侵害人应赔多少,即对多大范围内的生态环境损害进行赔偿。如果生态环境损害赔偿的范围过宽,将造成侵害人支付超额的赔偿款,导致磋商不易或诉讼不断,消耗大量社会成本;如果生态环境损害赔偿的范围过窄,则受到损害的生态环境将无法得到有效修复,也达不到警醒包括侵害人在内的社会主体的目的,起不到预防生态环境损害的功效。生态环境损害赔偿的范围不明确,实质上变相增加了赔偿权利人和司法机关的裁量权,降低了生态环境损害赔偿的可预期性,将难以实现生态环境损害赔偿制度维护生态法益的目的。

第三,损害赔偿金的管理与使用。损害赔偿金的管理与使用直接关系到受损害的生态环境能否得到有效修复。有效修复体现在两个方面,一是生态环境能否尽快得到修复。这牵涉资金申请的程序,程序过于烦琐,将会影响获得资金的进度,进而影响生态修复工作的及时开展。二是生态环境能否获得充分修复。这牵涉资金的使用,因此规范损害赔偿金的管理与使用大有必要。

第四,环境民事公益诉讼与生态环境损害赔偿诉讼之间的衔接。如前所述,环境民事公益诉讼制度与生态环境损害赔偿制度都旨在维护生态公益,两种诉讼制度交叉与重合的地方并不少。只有做好两种诉讼制度的流畅衔接,才能减少制度间的内耗,提升保护公益的效力。

二、对我国环境司法现状的反思

那些没进入司法程序的环境纠纷是不是意味着其对环境的污染程度或对资源的破坏程度比较轻微,达不到起诉的程度,或者是这些纠纷都得到了妥善处理呢?“这些纠纷,有的通过行政机关协调处理了,然而很大一部分在行政机关没有得到解决,污染受害者也没有到法院起诉”,[①]许多环境纠纷仍然造成了非常严重的后果。

那么,究竟是什么原因使得现实中大量环境受害者没有向司法机构提出环境诉讼请求呢?是现行的环境司法制度无法满足公众的正义价值期待,还是确实存在救济公民环境权利的其他有效途径或手段?据统计,公民在遭遇环境侵权受到损害后,在选择的制度救济中,行政救济机制占据明显的优势,选择向政府投诉的人数最多,其次则是向媒体反映,选择信访的也不在少数。在调查受访者选择环境权益救济途径的决定因素时,高达52.6%的受访者表示考虑的是救济途径的有效性,21.8%的受访者考虑的则是救济成本的大小。而在回答选择诉讼途径救济环境侵权会遭遇哪些问题时,36.2%的受访者表示诉讼费用太高,30.3%认为是地方保护主义严重,29.1%归咎于立案太难,28%反映举证困难,26.7%苦于执行难,15.95%则对审判不公表示担忧。[②] 可见,社会主体“信访不信法”的路径选择是建立在对救济途径的有效性、经济性等诸多因素综合理性考量的基础上。这虽是社会主体权衡再三、自行选择的结果,但在一定程度上反映了环境司法中确实尚存在某些问题,它们增加了社会主体的诉讼难度,提高了诉讼成本,最终使得当事人转而寻求其他救济路径。

而根据法学家的看法,对于什么是法治社会,通说认为,评价一个社会的法治水平或社会秩序不在于社会冲突发生的频度和烈度,而在于纠纷发生之后,诉讼在冲突排解过程中发挥的作用、效果和能力。司法是社会正义的最后一道屏障,也是社会纠纷解决最具权威性的途径。其具备两大功能——“定分”和“止争”,主要就是通过对当事人之间的是非曲直进行判断、分配损失。环境纠纷引发的冲突与矛盾,甚至酿成群体性事件并不足以证明我国环境法治水平不高,但是也给我们敲响了警钟,为保障环境权益、维护生态秩序,我们必须适时驻足,梳理我国环境司法的缺陷,及时予以修正与填补。

---

① 王灿发主编:《环境纠纷处理的理论与实践——环境纠纷处理中日国际研讨会论文集》,中国政法大学出版社2002年版,第17页。

② 数据来自赵立新:《环境侵害司法救济的缺口分析》,载《江汉大学学报(社会科学版)》2011年第2期。

三、我国环境司法现状对环境纠纷解决路径的影响

很多环境纠纷可以诉至司法机关却在诉讼外得以解决有种种理由，既有当事人双方希望通过好好商量从而达成与裁决内容基本一致的合意，免得伤了和气，也有当事人因为对诉讼方式存在一种莫名的畏惧或抵触而唯恐避之不及，更有因某种原因当事人进行诉讼存在困难。诉讼是保障权利的最后一道屏障，我们并不鼓励社会主体间发生任何纷争，第一时间都涌向法院。但是司法机关理应在社会主体需要的时候，为他们畅通救济的渠道。①

（一）私力救济②及其引发的问题

徐昕教授认为私力救济指的是"当事人认定权利遭受侵害，在没有第三者以中立名义介入纠纷解决的情形下，不通过国家机关和法定程序，而依靠自身或私人力量，实现权利，解决纠纷"。③ 环境私力救济是公民在环境污染超过自己的忍受限度，在没有第三人介入的情况下，以暴力或非暴力手段不得已而采取的一种救济方式。相较于其他救济方式而言，环境私力救济一般不需要支付费用，不经由复杂的程序，具有经济、高效的优势；同时，私力救济除了弥补已经造成的环境损害外，还能在一定程度上体现环境预防原则，对环境损害之虞采取措施，避免环境损失的进一步扩大。

但是，在没有制度加以规范的情况下，公民很容易受非理性思维的驱使，游离于法律边缘之外。近年来，环境私力救济事件频繁发生，围堵厂房、破坏机器等引起财产损害，乃至造成严重人身伤亡的事件也屡屡上演，给社会的和谐稳定带来了很大的冲击。对于公民的私力救济，一旦超过一定的度，不仅环境纠纷得不到缓解，受害人得不到补偿，还有可能被公安机关冠以"聚众扰乱社会秩序罪""破坏生产经营罪"等罪名予以拘留，甚至被追究刑事责任，无法

---

① 当然，环境纠纷的处理除了司法途径之外，并不仅有私力救济和行政处理，还有人民调解、仲裁等方式。只是人民调解在我国缺乏法律的规范性引导，无法在解决环境纠纷中发挥其应有的功效；至于仲裁，其并不是解决环境纠纷的普遍性途径，仅应用在海洋环境污染损害赔偿案件中。故，笔者选取了比较常见，可以与司法手段相提并论的两种环境纠纷解决方式。

② 私力救济分为法内私力救济和法外私力救济，参见王彬辉：《环境污染纠纷的法外私力救济及其解决之道》，载《河北法学》2004 年第 1 期。此处探讨的正是法外私力救济，现实中，受害人很难掌握其中的度，很容易产生法律问题。

③ 徐昕：《论私力救济》，中国政法大学出版社 2005 年版，第 102 页。

获得环境司法救济的受害人反而被司法机关追究责任，长此以往，社会主体将会逐渐降低对司法解决环境纠纷的信任度。以公众参与等形式体现的环境民主需要有合理的制度引导，提供公众一种正当的疏发渠道，避免公众参与与法律秩序之间的剧烈冲突，从而发挥其应有的效果。实践证明，环境权益受到损害后之所以无法得到及时救济，不仅在于环境司法程序本身是否公正、完善，更要考量当事人接近司法正义获得司法救助的途径是否方便、多样和畅通。我国台湾学者叶俊荣先生的一席话值得深思："引进此种籍民众对环保关切而参与法律执行的制度（著者注：指的是美国公民诉讼），足以减少国内许多导因于执行不力所造成的自力救济事件，更可将民众对环保的关心，导向制度内的参与，共谋公益的推进。"①

（二）行政处理及问题

对于解决环境纠纷的途径，在现代法治国家呈现出多元化趋势。其中，如果从习惯和效率上讲，行政机关无疑是解决环境纠纷途径的佼佼者。相较于环境诉讼，行政处理能使环境争议得到比较快速的处理，大大减少当事人的成本，而且行政机关作为环境事务的管理者，具有环境专业性和技术性人才，其在处理环境争议中牵涉的利益时更具有优势，能在预见环境纠纷将产生何种结果的基础上，及时采取有效的措施妥善化解环境争议。在我国实践中，许多环境纠纷正是通过行政机关得以解决的。根据《全国生态环境统计公报》可知，在1999年至2008年的10年中，全国共作出环境行政处罚739, 393件，行政机关平均每天对200起环境污染与破坏行为进行处罚。而2015年至2019年，仅仅5年间，全国各级环保系统作出的环境行政处罚就高达800, 000件，②行政机关平均每天对440多起生态环境损害行为进行处罚。另外，在很多情况下环境侵权并不存在明显直接实际的受害者，仅仅是生态环境遭到了破坏，如污染大气、捕杀野生动物等。因为这些环境要素属于公共物品，公民个人不享有排

① 陈亮、卢伟：《环境公益诉讼功能再造》，载《人民法院报》2012年11月21日，第7版。

② 其中，2015年全国办理环境行政处罚案件10.2万件，2016年为12.47万件，2017年为23.32万件，2018年为18.63万件，2019年为16.28万件。数据来自中华人民共和国生态环境部官网《2015年环境统计年报》与《2016—2019年全国生态环境统计公报》。

他的所有权和专属的使用权,也就无法借助于司法手段提出救济请求,在法律规定的机关和组织没有提起环境公益诉讼时,行政机关作为环境管理者,理所当然要行使其管理环境的职责。但是,这并不意味着环境诉讼就没有必要。综观环境行政处理,其存在以下问题:

第一,当行政机关在管理环境事务上出现政府失灵,甚至越权违法等行为时,如果没有足够的力量与其进行抗衡,社会主体的环境权益将无法获得充分的救济。例如,发生在2010年7月5日紫金矿业集团股份有限公司紫金山金铜矿铜酸水泄漏污染汀江河的案件,最终,该公司被判处罚金人民币3000万元,当地环境行政机关的责任人也以环境监管失职罪等罪名受到应有的惩罚。但是在事故发生前,当地的环境行政机关其实已经多次接到群众举报,却一直不作为,直至事故发生。

第二,我国法律赋予了行政机关在处理环境事务上的广泛性权力,但是行政机关的处理出现了"民事责任行政化"倾向,环境行政处罚等手段并不能使受害人得到充分、及时的救济,甚至很多时候出现以罚代刑,对致害人起不到应有的威慑作用。

第三,我国尚未形成环境纠纷行政处理程序。而"在实体的正义被相对化、纠纷所涉及的关系越来越复杂的当代社会中,以利害关系者的参加和程序保障为中心的程序正义的观念在其固有的重要意义基础上获得了前所未有的重要性"。[①] 现实中,缺乏程序规范的行政机关在处理环境纠纷时,随意性和不确定性比较大,当事人很难对行政机关的处理后果形成预期;同时,由于没有明确纠纷处理的期限、范围等内容,行政机关互相推诿的事件时常发生,也无法对受害人作出及时的救济。而在世界上其他国家,如日本,《公害纠纷处理法》(1970年制定,1972年修订)、《公害等调整委员会设置法》(1972年制定)及《公害健康受害补偿法》(1973年制定)等构成了其公害纠纷行政处理制度;在韩国,《环境污染受害纠纷调整法》和《环境纠纷解决法》(1997年制定)等法律和相关辅助机制组成了该国的环境纠纷行政处理制度。

---

① [日]谷口安平:《程序的正义与诉讼》(增补本),王亚新、刘荣军译,中国政法大学出版社2002年版,第21页。

深刻剖析我国环境事件，不难发现，行政失效之后的司法失效也是造成环境事件频发的原因。有学者指出："公害纠纷的存在本身并不是问题，有问题的是既有的纠纷处理体系是否有化解纠纷的能力。"①正是由于我们缺乏合理的制度来引导环境公共事件，没有为公众提供一种正当的疏发渠道，才迫使其选择非理性手段，从而引发了与法律秩序之间的剧烈冲突。虽然回顾日本的环境保护史，"环境运动与诉讼如车子上的两个轮子，共同推动环境保护事业的发展，而且公害诉讼、审判更多是作为环境运动的一项被提起的。"②但是诉诸群众运动来解决环境问题，显然不是长久之计，首先，不可能每一起环境事件都能引起公众的广泛关注和参与；其次，运动带有极大的不确定性，控制不到位很容易导致社会震荡，走向异化的边缘。这与现代法治社会理念是格格不入的。最佳路径则是在"多元共治"理念下，建立起合法兼顾多元主体的维权新机制——环境公益诉讼，壮大公众参与和环境司法的力量，规范和约束政府行为，强化政府责任，对环境成本与收益之间的不公平分配作出救济，通过这种体制内通道缓和各种日渐高涨的环保关切，以防环境事件发生。因此，如何健全与完善我国环境公益诉讼成为解决行政失效的重要议题。

第二节　我国环境司法制度存在的问题及其成因

一、传统司法体制难以回应环境案件的特殊性

2015 年，最高人民法院召开第一次全国环境审判工作会议，核心要义是全面部署环境司法专门化。最高人民法院副院长江必新提出建立"审判机构、审判机制、审判程序、审判理论以及审判团队'五位一体'专门化机制"。2018 年 11 月 22 日，第二次全国法院环境资源审判工作会议召开，时任最高人民法院院长周强强调"进一步完善环境资源审判体制机制……推进区域司法协作、全流域协同治理"。2021 年 12 月 10 日，最高人民法院召开第三次全国环境资源

---

① 叶俊荣：《环境政策与法律》，台北，月旦出版公司 1993 年版，第 305 页。

② 王树义：《环境法系列专题研究》（第 2 辑），科学出版社 2006 年版，第 78 页。

审判工作会议，最高人民法院副院长杨临萍要求“以推进审判专业化建设为抓手”，“推动机构运转实质化、集中管辖协同化、环境司法智慧化、司法协作常态化、纠纷解决多元化”，这些无一不再彰显环境案件的特别，即环境资源的整体性特色与自然规律决定了其并不严格依循人为的行政划分。与此同时，在“互联网＋”的时代里，出现了利用网络犯罪的新型环境犯罪，在这个虚拟的世界，跨市、跨省，甚至跨境都不再是“事”儿，跨地域性尤为明显。网络贩卖野生动物就在这样的背景下发生了。曾轰动全国的一起最大网络贩卖野生动物案是在江苏省徐州市鼓楼区人民法院审理的。该案横跨10个省级行政区23个地市，共有15名被告人，他们彼此之间就是利用QQ、微信等网络平台将26只国家一级、二级重点保护珍贵、濒危野生动物，包括金雕、猕猴、网纹蟒等，通过快递方式进行非法收购、运输、出售等活动。正是这种特别与新类型案件的不断涌现使得传统司法体制在遭遇环境案件时会显得“捉襟见肘”，亟须作出改变。

(一)传统司法体制回应环境案件特殊性的尝试

一直以来，我国的环境案件都是根据具体案由由普通法院的三大传统审判庭予以分别处理，由于其与普通的民事、行政、刑事案件没有任何分别，不妨称之为环境案件的“普通审”。这在人们的环境意识不高、环境案件数量不多的情况下尚能应对现实的需要。随着社会经济的发展，人类的生产和生活活动消耗着越来越多的自然资源，造成的环境污染和生态破坏日益加剧，可持续发展理念开始深入人心。而松花江、沙尘暴等环境事件更让人们深刻体会到环境污染和生态破坏不会因为人为的行政划分就“老老实实”地限定在一定区域内，跨行政区划的环境事件时有发生，污染行为地在一个地区，污染结果地发生在另一个地区的情况屡见不鲜。同时环境纠纷在认定因果关系、明晰责任大小、评估、鉴定环境损害等方面具有一定的专业性。于是，专门化的环境审判机构开始在我国部分省市设立。自此，“普通审”＋“专门审”成为我国处理环境纠纷并行不悖的一种模式。而在设立专门化环境审判机构的地区，指定管辖和集中管辖成为跨行政区划环境司法管辖的主要尝试。总体来看，我国的环境司法管辖适用的仍是传统诉讼规则，原则上遵循着地域管辖、级别管辖来处理环境案件，特殊情况下也会出现指定管辖、移送管辖和专属管辖。在同一级别的法院之间，根据行政区划确定其各自的管辖范围，不可越界是地域管辖的要旨，级别管辖则需根据案件的标的额多少、影响范围大小、性质的严重程度等来确定具体案件究竟是由基层人民法院处理，还是由中级人民法院审理，抑或交由高级人民法院。如前所述，这种常规性管辖在环境纠纷上容易产生如下问题：在损害结果地或受害人处于多个区域时，几个法院同时拥有管辖权，或互相争抢或互相推诿；基于同一法律事实多个受害人分别起诉到不同地域的法院，形成多头诉讼。于是就出现了指定管辖、移送管辖与专属管辖，但前二者是以地域管辖、级别管辖为基础和前提的，需要根据具体案件的情形予以适用；仅有在法律作出明确的规定下，我们才可以适用专属管辖。试想一下，如果在环境案件中，指定管辖和移送管辖成了常态化制度，不仅由于自由裁量权过大、司法标准不统一导致法律的不可预测性，也必然带来司法效率低下。为了解决这一非常态性问题，从实践来看，当前我国在环境司法管辖模式上主要探索出专门管辖、集中管辖、巡回法庭和指定管辖四种模式。

1. 专门管辖型环境司法管辖模式的探索及其存在的问题

在我国，在海事法院纷繁复杂的管辖对象中就包含着与海洋有关的环境问题。海事法院收案范围在近些年的变化深刻揭示了国家对环境问题的重视，海事法院也因此在维护海洋生态环境上发挥着越来越重要的作用（见表28）。

表28 海事法院受理案件范围变化一览表

时间	法律法规名称	收案范围规定
2001年9月11日	最高人民法院《关于海事法院受理安件范围的若干规定》（法释〔2001〕27号）	包括：（一）海事侵权纠纷案件；（二）海商合同纠纷案件；（三）其他海事海商纠纷案件；（四）海事执行。共计四大方面63项。其中，与环境有关的有4项（分别是4、5、6及36）
2016年3月1日	最高人民法院《关于海事诉讼管辖问题的规定》（法释〔2016〕2号）	对大连、武汉海事法院的管辖区域作出了调整，明确相关海事行政案件纳入海事法院管辖范围

续表

时间	法律法规名称	收案范围规定
2016年3月1日	最高人民法院《关于海事法院受理案件范围的规定》(法释〔2016〕4号)	包括:(一)海事侵权纠纷案件;(二)海商合同纠纷案件;(三)海洋及通海可航水域开发利用与环境保护相关纠纷案件;(四)其他海事海商纠纷案件;(五)海事行政案件;(六)海事特别程序案件。共计六大方面108项。将原规定的"其他海事海商纠纷案件"部分单列出"(三)海洋及通海可航水域开发利用与环境保护相关纠纷案件",从第53~67项共计15项中,有9项是关于污染海洋环境、破坏海洋生态责任纠纷案件
2017年2月		最高人民法院指定宁波海事法院试点管辖海事刑事案件

根据我国法院组织法,军事法院、海事法院、铁路运输法院均属于专门法院,[①]"将铁路运输法院改造为跨行政区划法院,主要审理跨行政区划的、重大的行政案件、环境资源保护等易受地方因素影响的案件"是最高人民法院在"四五改革"中提出的一个探索,目前正处于试验摸索阶段,其成效有待验证。[②]相较之下,海事法院历经多年的运行已形成较为完备的制度,其以流域的特点来划分各个海事法院的管辖范围对突破传统司法管辖区以回应环境案件的特殊性不无借鉴。首先,海事法院是审理海事海商案件的专门法院,法官长期处理某一类型的案件有助于积累经验,业务水平稳定提高;其次,其管理范围越来越宽泛,跨行政区划性更加明显,尤其是对"海洋及通海可航水域开发利用与环境保护相关纠纷案件"的处理为解决跨行政区划环境资源案件积累了丰富的经验和素材。

但其案件受理与管辖上存在的问题也值得我们警醒。第一,海事法院与地方法院的管辖权界限区分并不十分明显。收案范围不断扩展在加大海事法

① 2018年新修订的《人民法院组织法》第15条第1款规定:"专门人民法院包括军事法院和海事法院、知识产权法院、金融法院等。"此处虽没有明确提出铁路运输法院,但"等"也为铁路运输法院预留了解释空间。

② 例如,上海铁路运输法院自2016年7月1日起成为上海市首家行政案件集中管辖试点基层法院,管辖对象包括除崇明、青浦、金山区以外的全市其他区的一审环资行政案件,成为保护环境资源中不可忽略的一股司法力量。

院审判权的同时,也产生了相应的后果,那就是审理的案件性质和类型与其他普通法院越来越接近,特殊性进一步降低,甚至在部分地方出现了普通法院受理海事法院案件的情况。第二,虽然设立派出法庭是各个海事法院通常的做法,但过于宽泛的管辖区域还是为当事人参加诉讼增加了负担。第三,海事法院在审级上与中级人民法院并无二致,这就意味着海事法院审理的案件也必须符合中级人民法院审理案件的标准和条件。《民事诉讼法》第 19 条明确了中级人民法院审理的案件规格就是“重大”,什么是“重大”呢?司法实务告诉我们,所谓“重大”无外乎或者在本地产生大的反响,或者法律关系复杂,或者诉讼标的额高等。但实践中,海事法院处理的部分案件案情简单,标的额也不大,完全可由基层人民法院来审理。此类案件再按照“两审终审”制原则,上诉到高级人民法院,也与高级人民法院的规格不符。

2. 集中管辖型环境司法管辖模式的探索及其存在的问题

集中管辖型是将原本分散在各个法院三大传统审判庭审理的环境案件交由某几个专门设立有环境资源审判机构的法院审理。此种形式目前主要有“贵阳模式”①、“昆明模式”②和“无锡模式”③。在设立环境资源审判机构的

---

① 贵阳模式中,贵州省内的环境资源审判庭是根据流域特点来进行设置的。最终形成了“145”模式,“1”指的是贵州省高级人民法院生态保护审判庭;“4”指的是贵阳市中级人民法院生态环境保护审判庭、遵义市中级人民法院生态环境保护审判庭、黔南州中级人民法院生态环境保护审判庭、黔西南州中级人民法院生态环境保护审判庭;“5”指的是清镇法院生态保护审判庭、仁怀法院生态保护审判庭、遵义(县)法院生态保护审判庭、福泉法院生态保护审判庭、普安法院生态保护审判庭。

② 自 2008 年以来,云南先后有昆明、玉溪、曲靖、大理 4 家中级人民法院,以及 11 家基层人民法院成立环境资源审判庭,部分法院设置了环保合议庭。2016 年 6 月 2 日云南省高级人民法院成立环境资源审判庭。

③ 在江苏,南京、无锡、常州、徐州、宿迁、淮安 6 家中级人民法院,常熟、溧阳等 4 家基层人民法院相继成立环境资源审判庭;7 家中级人民法院和 27 家基层人民法院行政庭设立专门合议庭;指定全省 31 家基层人民法院跨行政区划集中管辖本辖区及指定辖区环境资源案件。无锡市中级人民法院在 2008 年 5 月设立环境法庭的同时,在下属 9 个市、区基层人民法院均设立了环保合议庭,但是实际运行效果并不理想。于是,自 2014 年伊始,无锡地区就采取了环保资源类案件的集中管辖,确定滨湖区法院、江阴市法院、宜兴市法院和锡山区法院 4 家基层人民法院的环保合议庭分别管辖无锡地区 9 个市、区的环境资源类案件,在无锡地区一定程度上打破了行政区划的限制。2014 年 12 月,江苏省高级人民法院成立环境资源审判庭,负责依法审理土地和环境资源保护类案件。无锡模式中,环境案件的管辖基本是以传统属地管辖和级别管辖为主,指定管辖为辅,即中级人民法院主要审理以区、县级以上政府为被告,或在本地区影响较大的案件,各基层人民法院主要审理本行政区域内的环境案件。

地区之所以多采用集中管辖这种管辖模式,主要在于该管辖模式存在以下特点:第一,突破了人为的行政区划,遵循流域等自然规律,避免分段治理,各自为政,有利于全面保护生态环境。第二,既在一定程度上克服了指定管辖裁量权过大,管辖口径不统一问题,也在一定程度上缓和了因各地发展不平衡、审判力量不一致导致的法律适用差异性大的问题。第三,在目前各地法院普遍存在"案多人少"情况下,可实现有限司法资源的利用最大化,还可在长期处理各类型环境案件过程中培养出中国特色的环境法官,审理环境案件的业务水平逐渐提高。

环境审判机构集中处理环境案件越来越受到推崇,但其背后也掩盖着诸多问题:随着时间的推移,"试行效应"逐渐递减,一方面是其他普通审判庭快要被案件淹没了,另一方面则是部分环境资源审判机构却出现"无案可审""少案可审"的尴尬局面;现实中,这些设立了环境资源审判机构的法院采取的应对方法是将其他审判庭的普通案件分给环境资源审判庭的法官来审理,也就是说身为环境资源审判庭的法官,有环境类案件他们理所当然要进行审理,但同时他们还可能审理劳动争议案件、房地产纠纷案件等。原本希望经由设立专门化环境审判机构所实现的专业化、效率化等目的在众多纷繁复杂的各类案件掩盖下也就很难达到了。总之,在局部地区试行对环境案件的集中处理,是当前审判模式下环境案件的特殊性需要,是在长期处于"立案难,审理难,胜诉难,执行难"的高压下催生的。环境审判机构的集中管辖模式确实一定程度上缓解了这些困扰,但由于尚处在试点阶段,在统一裁判尺度等方面不尽如人意,而这长久以来并没有得到重视,我们的目光被鲜艳的收、结案数,执结数所吸引。黎巴嫩诗人纪伯伦说过:"我们已经走得太远,以至于忘了为什么而出发。"环境司法改革的终极目标并非仅为解决司法实践中存在的"老四难",而是确保法院能依法独立公正审理环境案件。此外,我们虽注意到了环境问题的专业化,但"老四难"现象的绝对"优势"掩盖了这一问题的重要性。现代技术的发展和社会分工的精细化使得专业知识越来越具有不可或缺性。而在人类殷切地希望以生态绿色文明取代工业黑色文明之际,环境问题的专业化体现在司法领域就需要有同样高度专业化的环境审判组织才可实现对环境资源问题的有效处理。

3. 巡回法庭型环境司法管辖模式的探索及其存在的问题

巡回法庭是指由法院根据本地的实际需要，安排法官在固定的时间到固定的地点去处理各类社会纷争，其在性质上是所属法院的派出机构，因此所作裁决的效力与本部法院一致。如2008年3月，南京市建邺区人民法院成立了“环保巡回法庭”（设在建邺区环保局内）；2008年8月，常州市首家环保巡回法庭在新北区法院和常州市环保局的共同推动促进下成立（设在常州市环境监测支队内）；2015年6月5日，全国首个中级人民法院生态巡回法庭在福建省云霄县挂牌成立。巡回法庭的优势在于：一是作为跨行政区划管辖环境案件的一种模式，形式灵活，适应性强；二是摆脱了因地域管辖带来的司法地方化弊端；三是于法有据，尺度统一，不容易产生管辖纷争。

但我们也要注意巡回法庭的职能定位，如设立在南京建邺区的“环保巡回法庭”，名为法庭，但其审理环境案件的时间有限，固定在每周二，更多的时间和精力则花在对辖区内的环保行政案件的审理和执行上，在环境保护行政争议的解决上起着参与化解、组织协调作用。之所以认为此种巡回法庭不像是审判机构，更像是环境行政机关的辅助机关，主要在于其所从事的工作本应属于辖区内环境行政机关职责范围内的事项，如宣传环保法律、法规知识，对社区民众的咨询进行解答等。因此，必须明确的是巡回法庭是法院的派出机构，属于司法裁决机关，应以定分止争、化解矛盾为己任，切忌沦为化解执法部门的协助机关。

4. 指定管辖型环境司法管辖模式的探索及其存在的问题

指定管辖常发生在两种情形下，一种是管辖不明，另一种是虽管辖权明确由某个法院行使，但因某种法定事由的存在，该法院不便行使管辖权，根据法律的规定，将由上级法院以裁定的方式指定由其他法院来行使管辖权，而原本该法院并无这一管辖权。其往往是针对个案而言，属非常态化制度，且适用程序烦琐，故不宜大规模、经常性适用，否则既增加了上级法院的负担，也降低了审判效率。

(二)传统司法体制回应环境案件特殊性所做尝试的评析

1. 宏观视角的评析

从宏观上看,现行的环境诉讼管辖在制度设计、实际操作以及诉讼程序衔接方面出现了诸多问题,这些问题与环境诉讼其他问题相互交织,导致环境审判资源利用不合理,加剧了环境诉讼发展的不平衡,对环境审判工作和环境诉讼制度的健康发展产生严重制约和限制。具体表现之一是“跨”得不够,只局限在一个省内;表现之二是“管”得不清。如采取刑事、民事、行政“三审合一”的模式对环境案件进行统一管辖是当前环境资源审判庭普遍推行的管辖模式,且对于到底哪些环境资源类案件归属环境资源审判庭审理,法院进行了逐项列举,但比较之下不难发现,它们很多只是将原本分散在三个传统审判庭的环境资源类案件集中起来而已,并未跳脱现有法律的规定和传统的做法。这样,对于那些既包含行政管理这一公共领域,又夹杂着公民私人纠纷的案件,到底是作为普通案件由传统民事审判庭审理,还是归属于环境资源类案件交由环境资源审判庭审理呢?而环境权益的双重属性使得这种牵扯不清的情况时有发生。

2. 中观视角的评析

从中观上看,通过指定管辖、提级管辖当然可以在一定程度上实现特定行政区域范围内的跨行政区划司法管辖。但是,指定管辖、提级管辖毕竟不是一种常态制度设计,而是一种个案式的处理方式,必然存在不确定性。更重要的是,采用这些管辖模式需要提出申请,通过审批,且此种耗费时间的烦琐手续不能简化,否则就是程序的不正当,显然既增加了法院工作,也不利于环境案件的及时解决。尤其是像大气污染这类污染面广,跨度动辄达数个省的环境案件,理论上需要由最高人民法院指定管辖,但无论指定哪一个省的法院来管辖,其他省都会有想法,这就是指定管辖等非常态化制度的弊端。而作为最高人民法院近年力推、专门化环境审判机构普遍采用的集中管辖,相较于异地管辖和提级管辖,在一定程度上吸取了后两者的经验教训,迈出的步伐更大,效果更为明显,但其仍然未能跳脱当地的格局之外。

3. 微观视角的评析

从微观上看，已设立专门环境审判机构的法院中，贵州模式、云南模式基本上也是一种“提级管辖+集中管辖+跨地域管辖”的管辖模式，再加上通行的“三合一”，其带来的弊端逐渐显现出来。例如，审判机制过于简单化，人员编制上没有体现环境案件的特点，也未对异地公检法及异地行政机关的配合等作出规定与设计，是“新瓶装旧酒”的做法；有些地方本身环境案件并不多，但还是成立了环境审判机构，结果该审判庭法官一年里处理的环境案件屈指可数，远远少于房地产纠纷、劳动争议等其他类型的案件，既没能让法官成长为专门型环境法官，还让法官无所适从。此外，虽说“贵州模式”“云南模式”“江苏模式”各有特色，都打造出了本地的环境司法品牌，但法律适用毕竟是一个全国范围内的事情，有必要统一口径和标准，否则会让社会公众无所适从，这就亟须一个自上而下的顶层设计和统一规定。地方上的探索绝不仅是创地方司法品牌，而当是以实践反哺立法，增强立法的科学性与可行性，形成解决举证、因果关系、责任承担等反映环境案件特色、程序灵活的审判规则。从知识产权案件的发展轨迹我们有理由认为，环境审判可能走得是一条“三大传统审判庭‘三审分立’的形式→环境资源审判机构‘三合一’的集中管辖形式→环境法院”的路径。此时，环境资源审判机构作为一种过渡模式，它影响着未来环境法院的成熟度和完善度。

二、环境法官专业性需进一步强化

（一）法官司法理念有待更新

理念是行动的先导，环境司法理念影响着环境审判工作的走向。生态文明建设中，绿色发展理念逐渐深入人心，但在践行和贯彻过程中还是出现了一些偏差。

第一，相较于环境要素的经济功能，环境要素的生态功能未受到应有的重视。这点从法官在环境公益诉讼和生态环境损害赔偿诉讼案件中所作的裁判就可见一斑。虽然当前不管是中央文件，还是司法政策，都强调绿色发展，要求在生态环境受到损害时，生态环境修复优先，生态环境的非经济价值开始受到关注和认可。但从中国裁判文书网、北大法宝上检索到的裁判文书可知，很多时候法院所作的判决尽管明确了侵害人的行为在实际上造成了生态环境的损害,但损害赔偿金并未将生态服务功能的损失计算进去,这与环境案件的技术性、复杂性有一定关系,但更多折射出的是法官的司法理念。不能绝对地说他们认识不到生态环境自身的存在价值,只能说在他们的观念里,生态服务功能并非那么重要。

第二,相较于事后救济,预防救济尚未受到应有的重视。《环境民事公益诉讼解释》第1条"对已经损害社会公共利益或者具有损害社会公共利益重大风险的污染环境、破坏生态的行为"提起诉讼的规定明确了环境民事公益诉讼的预防功能,但目前法院审理的此类案件不仅屈指可数,且这些屈指可数的案件在审理过程中也是波折重重。如全国首例濒危野生动物保护预防性公益诉讼案"绿孔雀案",从案件发生始末看,2017年7月12日,自然之友向云南省楚雄彝族自治州中级人民法院提起公益诉讼;2017年8月,云南省高级人民法院裁定由昆明市中级人民法院环境资源审判庭审理此案;2017年11月6日,昆明市中级人民法院正式受理此案;2020年3月20日,昆明市中级人民法院作出判决。历经两年之久,绿孔雀案终于尘埃落定,庆幸的是法院最终支持了自然之友的诉求。而自然之友诉中石油云南石化有限公司环境污染责任纠纷案①更加命运多舛。昆明市中级人民法院一审裁定不予受理,自然之友上诉至云南省高级人民法院,高级人民法院维持原裁定,理由有二:一是原告提交的证据材料不能说明"有社会公共利益受到损害"或"被告的行为已经损害社会公共利益或者具有损害社会公共利益重大风险";二是原告主张的"禁止补办环境影响评价文件报批并责令撤回"的诉讼请求,属于行政机关行政管理权限调整范围,不属于受理民事公益诉讼的范围。其实,比较上述两个案例,它们的共性都在于与建设项目的环境影响评价有关,绿孔雀案中判项"对于今后是否继续建设的问题,应在新平公司按要求完成环境影响后评价之后,由相关行政部门视情况作出决定",表明了项目的最终决定权在行政机关手中,言外之意,此事项属于行政机关行政管理权限调整范围,但法院还是受理此案并支持了原告的诉求。法官在类似案件上的不同态度恰恰反映了他们对待预防性环

---

① 参见云南省高级人民法院(2017)云民终417号民事裁定书。

境公益救济的矛盾心理，这造成了案件审理的不确定性。

第三，生态环境修复优先原则未得到切实贯彻。从受到损害的生态资源看，有些能够参与市场交易的资源可以借助价格机制通过经济方法计算出来，有些无法参与市场交易的资源，如禁止买卖的野生珍贵、濒危动物，以及因生态环境受到损害，影响到其内含的审美、娱乐、文化等价值所产生的无形损失，目前很难以有效的方法准确计算得出。所以，我们要求侵害人承担的生态环境损害赔偿金涵盖的仅是生态环境所受损失的一部分，所谓的“足额赔偿”难以做到真正“足额”。鉴于此，面对生态环境损害，要求侵害人将其修复至“受损前的基线水平或者生态环境风险可接受水平”，显然更有益于对生态公益的救济和维护。因此，不管是《民法典》，还是根据《民法典》作出修订的《环境民事公益诉讼解释》，以及《若干规定（试行）》都将修复生态环境作为侵害人承担生态环境损害责任的首要责任承担方式。但由于生态环境损害往往涉及范围广，常常出现跨区域、跨流域的情形，后果较为严重，修复生态环境是一项巨大、长期工程，甚至需要数年，分阶段进行修复是常态。同时，修复对技术要求高，需要修复者具备一定的资质、能力。作为一项系统工程，修复不仅作用于单一的环境要素，还要考虑环境要素与周边其他环境要素之间的关系、所修复环境要素所在区域与相连区域之间的关系。而在整个修复过程中，既有修复前的修复方案制定，又有修复中的监管、监测，还有修复后的验收、评估，这些都增加了修复的难度。因此，很多侵害人宁愿支付生态环境修复费用，也不愿进行直接修复。虽说法律规定生态环境修复费用专款专用于生态环境修复，但从性质上讲，这种金钱赔偿在一定程度上类似于损害赔偿金，对侵害人所起的威慑力不如直接修复。且法官在要求侵害人支付生态环境修复费用时，往往笼统提出该笔费用“用于修复生态环境”，修复哪里的生态环境，如何进行修复，何时开展修复，修复要达到何种标准等都未作规定，流于形式的可能性极高，①由此可能造成名

① 例如，江苏省高级人民法院（2014）苏环公民终字第00001号民事判决书；山东省德州市中级人民法院（2015）德中环公民初字第1号民事判决书；江苏省常州市中级人民法院（2014）常环公民初字第2号民事判决书；云南省昆明市中级人民法院（2012）昆环保民初字第6号民事判决书。

为生态环境修复，实为损害赔偿。①生态环境修复中的不足还体现在，当前的修复工作具有片面性，没有考虑到修复的系统性、整体性。

（二）法官司法能力有待提升

环境法官普遍认为审理环境资源案件难度大，“确定诉讼主体资格难、保全证据难、认定因果关系难、分配举证责任难、鉴定评估损害难、认定诉讼时效难”，环境资源案件的复杂性、强技术性及高专业性都对法官的司法能力提出挑战。

第一，复杂性对法官司法能力的挑战。司法的一个突出特点就是它所作的裁决是严格依照法律规定，“非此即彼”的，很少会出现行政处理中的“折中”“裁量”现象，这就要求法官具备比行政者更高的专业能力。但矛盾的是，相较于环境行政工作人员，法官具备的相关环境知识显然是匮乏的。法官不愿审理或者不敢轻易对环境案件下判决，其深层次原因在于，一般而言，法官擅长的是基本法学知识，在审理普通案件中，能够通过逻辑推理和各类型法律责任的构成要件理论找到合适的法律规定，从而作出裁判。由于环境侵权的间接性、潜伏性和长期性以及致害原因的复合性和复杂性等不同于一般侵权的显著特点，因果关系的不确定性以及涉及人群的广泛性，使得生态环境案件中证据的收集和保全非常困难，大多数法官在处理这类案件时会在技术上遇到巨

① 例如，在江苏省徐州市人民检察院诉徐州市鸿顺造纸有限公司水污染公益诉讼案[见江苏省徐州市中级人民法院（2015）徐环公民初字第6号民事判决书]中，法院确认被告违法排放污水2600吨，按照“虚拟治理成本法”计算，生态环境修复费用为26.455万元。最终，法院综合考虑各种情节（这些情节包括已查明的具体污染环境情节、被告违法程度及主观过错程度、防治污染设备的运行成本、被告生产经营情况及因侵害行为所获得的利益、污染环境的范围和程度、生态环境恢复的难易程度、生态环境的服务功能等），酌定被告应承担的生态环境修复费用及生态环境受到损害至恢复原状期间服务功能损失共计105.82万元。理由是，苏北堤河水质虽经过自净已达标，但这并不意味着地区水生态环境已修复或好转，污染物已随河水流动向下游扩散，因此，仍需要用替代修复方式对地区生态环境进行修复。既然替代性修复也是修复的一种形式，那么根据法律规定（《环境民事公益诉讼解释》第20条第3款。——笔者注），所计算出来的生态环境修复费用包括修复前制定修复方案的费用，也包括具体实施修复的费用，既包括修复中的监测、监管费用，也包括修复后的验收、评估费用。修复期间服务功能的损失则另外计算（《环境民事公益诉讼解释》第21条。——笔者注）。而该案中，105.82万元实际上是按照“虚拟治理成本法”，以26.455万元为基数，乘以4倍计算得出的，既没有考虑到修复这一系统工程在前、中、后期中的各种费用，亦没有考虑修复期间的服务功能损失，在实质上是对生态环境损害的赔偿，而非为进行替代性修复所计算出的生态环境修复费用。

大困难,进而造成案件审理冗长拖沓的局面出现。

第二,强技术性对法官司法能力的挑战。从环境污染或生态破坏行为的作用机理看,在环境侵权案件中,环境污染或生态破坏行为→水、大气等环境介质→人身或财产受到侵害;在生态环境损害案件中,环境污染或生态破坏行为→生态环境受到损害,不管是哪一种,都不是单纯的法律问题,涉及水文、物理、化学、生物等科学,要清楚污染物的成分、浓度、所排放的数量、受损害的程度、行为与损害之间是否具有关联性等决定审判结果的事项离不开鉴定评估。但过分依赖鉴定评估难免会被鉴定机构牵着鼻子走,且2012年修订的《民事诉讼法》与《刑事诉讼法》、2014年修订的《行政诉讼法》均将“鉴定结论”改为“鉴定意见”,意味着自此以后鉴定评估报告只是证据的一种形式而已,法官必须对其进行审查。而为了保证裁决的公平公正,法官的审查也不能仅局限于鉴定机构是否具有鉴定资质、鉴定人是否在鉴定书上签名、鉴定过程是否得到说明、鉴定程序是否合法、取样是否符合标准等形式审查,还需要对鉴定内容作出一定判断,如鉴定结论是否符合常识、鉴定方法是否合理等,这是对环境法官实质审查提出的要求,打破了“迷信”鉴定的“惰性思维”,让法官在审查的基础上自行作出判断是部分采信还是全部否定它。

第三,高专业性法对官司法能力的挑战。环境资源案件往往涉及物理、化学、生物、水文、土壤、病理等多门学科,非法官一人所能掌控的。专业性是我国乃至世界其他国家要成立专门环境审判机构呼声最高的主要理由。今日之中国,环境在人们从“摇篮到坟墓”的一生中无不与之发生联系,更是对人们的日常生活产生深刻影响,而随着社会、经济突飞猛进的发展和文化、科技的日新月异,环境问题牵涉的技术性问题越来越复杂,不断刷新着环境问题的专业度。法官审理的环境案件首先属于诉讼问题,需要法官行使中立裁决权,而这是对审判权最基本的要求;要达到公正高效科学审理环境案件的效果,则需要法官发挥其主观能动性,当调查则调查,了解环境案件涉及的技术性问题,在此基础上,考量具体案件的发生背景,在各种利益之间作出综合权衡。这样,要求法官在环境案件上的专业程度越来越高自然就在所难免了。

三、环境司法程序不健全

马克思曾经精辟地阐述了实体法和程序法之间的关系:“审判程序和法律

二者之间的联系如此亲密,就像植物的外形和植物的联系,动物的外形和动物的联系一样。审判程序和法律应当是具有同样精神,因为审判程序只是法律的生命形式,因而诉讼有利于实体权利的实现,否则只会形同虚设。”[①]环境司法制度理所当然应当将环境法律规范与环境司法联系在一起,静态的环境法律规范只有通过环境司法这一动态的过程才能成为具有现实意义的、有生命和活力的实体法。然而,从现实看,我国环境法律体系虽已形成,但质量有待进一步提升,概念的泛化、相互间的冲突与矛盾使得法律的适用陷入困境,专门化环境诉讼制度的缺位更加重了这一现象,导致通过诉讼这一路径维护环境权益并非易事。

(一)环境司法立案登记制度存在的问题

1. 诉讼资格的有限性

我国在司法领域一直强调“司法便民”。所谓“便民”,“一方面是指便利公民接近司法,即赋予和保障公民的诉讼权,使其首先能够快速、有效的进入司法轨道;另一方面则是指便利公民参与司法,这就要使公民在司法程序中能低投入、高效率地行使权利”。[②]

但是,实践中,按照我国传统诉权理论,诉权与实体权利必须一一对应,是后者的请求权,被视为实体权利在程序法上的延伸,无法获得独立的位置。这样,实体权利将是诉权的前提。只有在享有某种实体权利的基础上,社会主体才享有诉权,有权向司法机关提起诉讼,启动司法审判程序。正是在这种理论的指导下,形成了诉权与实体权利一一对应的机械关系。我国《民事诉讼法》(2023 年)第 122 条在规定原告的起诉条件时要求“原告是与本案有直接利害关系的公民、法人和其他组织”。“直接利害关系”意味着原告必须是被侵害的实体性权利的享有者,且这种权利必须是原告“专属性”或“排他性”的享有。[③]

---

① 马克思:《第六届莱茵省议会的辩论》(第三篇论文),载《马克思恩格斯全集》(第 1 卷),人民出版社 2001 年版,第 178 页。

② 左卫民:《在权利话语与权力技术之间——中国司法的新思考》,法律出版社 2002 年版,第 4～5 页。

③ 参见柴发邦主编:《民事诉讼法学》,北京大学出版社 1992 年版,第 236 页。

我国《行政诉讼法》第 2 条[①]及第 25 条第 1 款[②]的规定意味着，“即使是该行政行为明显侵犯了他人、社会或国家利益，无关人员或组织也不具有行政诉讼的原告资格”。[③] 虽然，行政诉讼法司法解释第 12 条[④]对什么是“与行政行为有利害关系”进行了列举式解释，但是，列举式的解释何尝不是一种限定性规定。很明显，只要行政机关“只是对公共利益做了错事，而没有对任何具体个人做了错事”，[⑤]那些即使与行政行为具有利害关系的当事人也无法提起行政诉讼。

为解决这种诉讼困境，使那些任何人都无法享有专属和排他性权利的环境要素在受到损害后可以获得司法救济，《民事诉讼法》(2012 年)和《行政诉讼法》(2017 年)通过特别授权的方式，赋予了特殊主体起诉资格。即有权提起环境民事公益诉讼的主体是法律规定的机关和组织，主要是检察机关和社会组织；有权提起环境行政公益诉讼的主体是检察机关。这些规定确实使得环境公益的保护不再处于空白地带，但也正因如此，公民就被阻隔在环境公益诉讼的大门之外。公民仅能对与自己有直接利害关系或利害关系的环境侵害行为提起诉讼，却无法出于保护环境公益提起诉讼。考虑到公民并不具备提起环境公益诉讼的优势，当前将其排除在外尚可理解，将检察机关定为环境行政公益诉讼的唯一适格主体，而没有赋予作为公意代表的社会组织在此类诉讼中的资格则让人疑惑不解。这样，在行政机关出现失职甚至越权的“失灵”现

---

① 参见《行政诉讼法》第 2 条规定：“公民、法人或者其他组织认为行政机关和行政机关工作人员的行政行为侵犯其合法权益，有权依照本法向人民法院提起诉讼。”

② 参见《行政诉讼法》第 25 条第 1 款规定：“行政行为的相对人以及其他与行政行为有利害关系的公民、法人或者其他组织，有权提起诉讼。”

③ 姜明安：《行政诉讼法学》，北京大学出版社 1993 年版，第 90 页。

④ 参见最高人民法院《关于适用〈中华人民共和国行政诉讼法〉的解释》(法释〔2018〕1 号)第 12 条规定：“有下列情形之一的，属于行政诉讼法第二十五条第一款规定的‘与行政行为有利害关系’：(一)被诉的行政行为涉及其相邻权或者公平竞争权的；(二)在行政复议等行政程序中被追加为第三人的；(三)要求行政机关依法追究加害人法律责任的；(四)撤销或者变更行政行为涉及其合法权益的；(五)为维护自身合法权益向行政机关投诉，具有处理投诉职责的行政机关作出或者未作出处理的；(六)其他与行政行为有利害关系的情形。”

⑤ [英]威廉·韦德：《行政法》，徐炳等译，中国大百科全书出版社 1997 年版，第 364～365 页。

象，检察机关又未能及时发现并提起环境行政公益诉讼时，就有可能出现保护环境利益的“真空”地带。

2. 诉讼成本高昂

诉讼中占据最大份额的费用包括缴纳给法院的案件受理费、付给鉴定机构的鉴定费，以及流向律师事务所的律师费，这些费用加在一起足以打消不少人提起诉讼的勇气。尤其是环境公益诉讼案件，首先就案件性质来说，作为公益性质的案件，与案件事实没有直接利害关系的适格主体提起诉讼本就是出于公益，而非牟利，让其担负数目繁多、数额高昂的诉讼费用并不利于公益诉讼的发展。如2015年的常州“毒地案”，本案中两个环保公益诉讼最后被判被诉，它们不仅要承担高达189.18万元的案件受理费，还要自行担负律师费、差旅费以及其他合理费用共计52万余元。同样的情况也发生在2021年北京市丰台区源头爱好者环境研究所提起的一起环境公益诉讼案件中，败诉的环境研究所被法院判决承担案件受理费5万元，并被强制执行。① 考虑到在我国财产性质的案件中，案件受理费的收取是按照诉讼标的额的一定比例来计算，而生态环境损害往往巨大，因此核算出来的案件受理费也颇高，有法院尝试采取按件收取受理费。还是上述常州“毒地案”，一审败诉后，两原告向江苏省高级人民法院提起上诉，江苏省高级人民法院终审裁决按件计算案件受理费，由被上诉企业承担一审、二审案件案件受理费各100元。② 其虽实现了实质正义，但却与当前的诉讼费用交纳办法不符，法院的两难恰恰反映了诉讼费用高是案件“进入法院大门”的“拦路虎”。

诉讼保全是普通诉讼中常有的行径，一般分为财产保全、行为保全和证据保全，主要是为了保证诉讼的顺利进行和诉讼结果能够顺利得以执行而从事的行为。其中，根据保全申请发生的时间不同，财产保全又分为诉前财产保全和诉讼财产保全。鉴于环境案件的特殊性，为了减少损害，诉讼保全的采用就非常有必要。但是按照现行法律的规定，③当事人申请诉讼保全，需要提供担

---

① 参见广东省广州市中级人民法院(2020)粤01民初1869号民事判决书。

② 参见江苏省高级人民法院(2017)苏民终232号民事判决书。

③ 参见《民事诉讼法》(2023年)第九章保全和先予执行。

保，最高人民法院《关于适用〈中华人民共和国民事诉讼法〉的解释》第152条第2款明确规定：“利害关系人申请诉前保全的，应当提供担保。申请诉前财产保全的，应当提供相当于请求保全数额的担保。”第3款进一步要求：“在诉讼中，人民法院依申请或者依职权采取保全措施的，应当根据案件的具体情况，决定当事人是否应当提供担保以及担保的数额。”“相应的”及由人民法院决定申请人是否应当提供担保和担保的数额是多少，显然是将裁量权交由法院手中，但从实践来看，法院对自由裁量权的行使非常审慎，这与保全的性质有莫大关系。保全带有预判性质。当事人申请保全要么在诉讼前，要么在诉讼中，都发生在法院全面审理案件、明晰双方权责之前，很可能给被申请人造成损害。作为中立裁判机构，法院为了平衡双方当事人之间的利益之争，最佳的路径就是在裁定进行保全的同时，要求申请人提供相应的担保。而按照规定，申请人所提供的担保与被申请保全的财产价值相当。在环境资源类案件中，环境污染或生态破坏行为往往影响范围广泛，如不加以及时制止或清除污染物，造成的损害会进一步扩大，因此，最高人民法院专门出台《关于生态环境侵权案件适用禁止令保全措施的若干规定》（法释〔2021〕22号），明确对被申请人“正在实施或者即将实施，如不及时制止将使申请人合法权益或者生态环境受到难以弥补损害”的污染环境、破坏生态行为，申请人可以向人民法院申请采取禁止令保全措施，责令被申请人立即停止一定行为。但同时规定对申请人的诉前或诉中禁止令，人民法院“可以”责令其提供担保，不提供的，裁定驳回申请。尤其是诉前禁止令，人民法院“应当”责令申请人提供担保。而生态环境损害通常涉案标的比较大，动辄上百万元、上千万元，甚至上亿元，这不管是对于环境侵权诉讼中的被侵权人，还是对于环境公益诉讼中的社会组织，都是一笔不可想象的巨款。预防性的环境诉讼在实践中并不多见与此也有一定关系。同样的情况也发生在先予执行上，先予执行主要是考虑到法院受理案件以后，到作出裁判并生效需要很长一段时间，再加上上诉、再审等程序，有些环境案件多则十多年，少则四五年才最终尘埃落定。在这段时间里，如果毫无作为，环境污染或破坏继续发生，等到作出生效裁决时，根本无法想象已经造成了多么严重的后果。因此，申请人本可在法院作出终审裁决前，要求法院命令被申请人给付一定数额的金钱或实施、停止某种行为，以避免申请人的合法权益遭受进一步扩大。但是，同样地，《民事诉讼法》①、最高人民法院《关于适用〈中华人民共和国行政诉讼法〉的解释》②等中，也有类似的担保规定，让申请人望而却步，这也是造成我国环境案件执行难的原因之一。

3.受案范围狭窄

受案范围本质上涉及的是环境案件的可诉性。亦即在发生生态环境损害时，受到侵犯的权益是否属于司法管辖对象，能够获得司法救济。受案范围的宽窄在一定程度上反映了一国环境法治水平的高低。受案范围过窄，将本是环境问题的案件作为普通案件进行处理，或者认为不应由法院管辖，驳回起诉，将使环境公益处于被保护的空白地带。一国法院的受案范围不是一成不变的，随着社会的发展，原来不受司法保护的案件也开始具备可诉性。因此，国家应该根据实际需要，及时对受案范围作出调整。

环境要素的多样性预示着环境司法所要保护对象的多样性。从目前的法律规定来看，其所要保护的对象大致有三类："一是自然环境要素，比如空气、水、土地等；二是人为环境要素，比如生活居住区、公园、人文遗址等；三是整个地球的生物圈，比如臭氧层、海洋、热带雨林以及其他生命物种等。"③而从最高人民法院2020年5月8日发布的《中国环境资源审判(2019)》(白皮书)来看，环境资源案件被划分为环境污染防治案件、生态保护案件、资源开发利用案件、气候变化应对案件和生态环境治理与服务案件五大类型，保护的对象已经有所扩大，但随着经济、社会、科技的发展，现实中还在不断涌现的新型纷争，例如，那些没有直接受害人和产生即时后果，但是在生产生活过程中，对于生态系统施加外部影响的范围和强度超过生态系统的自净能力、环境容量和承载限度，破坏了生态系统机构功能的协调稳定的环境行为，很多都不具备可诉性，无法纳入司法规制范围之内。

---

① 参见《民事诉讼法》第109条、第110条。其表明：第一，如果符合"情况紧急"的条件，是可以对侵害人的环境污染或生态破坏行为申请先予执行的；第二，申请先予执行也需要提供一定担保。

② 参见最高人民法院《关于适用〈中华人民共和国行政诉讼法〉的解释》第76条、第77条。

③ 陈泉生、林哲森：《论我国环境资源审判机构的设立》，载《东南学术》2010年第5期。

（二）环境司法审判制度存在的问题

环境司法审判过程就是国家司法机关——法院适用环境法律规范处理环境纠纷的活动。目前，我国已经初步形成了环境法律体系，但是尚未有专门的环境程序法规范。从我国司法发展历程可知，《民事诉讼法》、《刑事诉讼法》和《行政诉讼法》分别确立了民事诉讼、刑事诉讼和行政诉讼，我国法院审判庭的设置又对应了这三大诉讼机制，在现行司法体制中形成了民事审判庭、刑事审判庭和行政审判庭三大类型业务庭格局，分别解决的是私权利的实现、国家追诉和行政行为的合法性问题。同时，传统诉讼目的在于解决纠纷和维护权利，随着环境权等新型权利的出现，在社会主体的环境实体权利受到侵害的情况下，司法机关在实践中只能依据传统三大诉讼法寻找诉讼依据。我们甚至可以说，现行的环境司法审判规则与传统的民事诉讼、行政诉讼并无本质性的差别，或者仅仅是传统诉讼的特例而已。“以往的环境民事诉讼就是民事诉讼或者涉及环境因素的民事诉讼；以往环境行政诉讼就是行政诉讼或者涉及环境因素的行政诉讼。它们不是与环境法相对应的程序性制度，它们无法完成环境法的实施任务，更不可能实现环境保护的目的和任务。所以，目前我国就不存在环境法意义上的环境诉讼制度。”①例如，在环境私益侵权诉讼中，广泛适用的程序性法律多为最高人民法院《关于审理环境侵权责任纠纷案件适用法律若干问题的解释》及《民事诉讼法》；在环境民事公益诉讼中，广泛适用的程序性法律多为最高人民法院《关于审理生态环境侵权责任纠纷案件适用法律若干问题的解释》、最高人民法院《关于审理生态环境民事公益诉讼案件适用法律若干问题的解释》及《民事诉讼法》；在生态环境损害赔偿诉讼中，广泛适用的程序性法律多为最高人民法院《关于审理生态环境损害赔偿案件的若干规定（试行）》及《民事诉讼法》。法院审理环境案件时对传统诉讼法的依赖与专门环境诉讼法的缺位由此可见一斑。具体来看，我国目前的环境司法审判制度存在以下几方面的突出问题：

首先，司法机关在处理环境纠纷，适用传统民事诉讼程序和行政诉讼程序

---

①　邓一峰：《环境诉讼制度研究》，中国海洋大学2007年博士学位论文，第87页。

救济环境权益时,会发现环境纠纷往往并不是单纯的民事诉讼,或仅仅是行政诉讼,环境民事纷争与环境行政矛盾交织在一起,互相联系,互相影响。在普通案件中,民事诉讼和行政诉讼各有其独立的特点,但是适用于环境纠纷的诉讼则既具有民事诉讼的特点,也具有行政诉讼的特点,将二者截然分开,根本无法做到案结事了,甚至让法官在实践操作中无所适从。

其次,从环境民事案件审理情况来看,以2020年全年(2020年1月1日至12月31日)的审判数据看,环境侵权案件并不多,根据审级之间的关系①,只有211件②。从案件双方当事人看,由自然人作为原告起诉的一审案件有54件,在一审案件中占比达84%,被告为企业或公司的一审案件为48件,在一审案件中占比达70.59%。可见,环境污染的受害者主要还是自然人,他们往往因生活、生产环境环境受到污染,人身、财产权益遭到损失而提起诉讼。环境污染的加害人还是以企业或公司为主,它们获得了经济利润,却把环境污染这一负外部性转嫁给周围居民。可见,环境侵权纠纷的处理关系到处于弱势地位的自然人的生活质量,关系到他们对环境公平的最直观感受。这也就意味着,一旦环境侵权纠纷得不到妥善处理,自然人可能转而寻找非理性救济途径,由“受害者”转变为“加害人”。从污染类型看,除了常见的水污染、大气污染、土壤污染外,还出现了交叉污染③和新型污染④。从责任承担方式看,赔偿损失仍是原告的首选。从案件的争议焦点看,被告是否存在污染行为、被告的污染行为与原告受到的损害之间是否具有因果关系、举证责任的分配是双方当事人争议最大的地方,与此同时,案件应该以一般侵权案件,如人格权、健康权案件或者产品质量案件,还是以环境侵权特殊案件来处理也出现在争议中。从案件审理结果看,败诉和部分胜诉是环境侵权案件的常态,出现此种情况的症结

---

① 只有经历了一审,才可能出现二审,因此一审的案件数量就反映了法院所受理的实际案件数量。

② 包括一审判决68件,一审裁定143件,这是根据案件审理结果类型作出的划分。

③ 如拌合站在生产过程中产生的废水、扬尘使得同时产生水污染、大气污染和土壤污染。参见福建省泉州市中级人民法院(2020)闽05民终1173号民事判决书。

④ 如光污染。在原告熊某伟与被告重庆医科大学附属第三医院、重庆重报传媒有限公司环境污染责任纠纷一案中,原告诉请法院对被告设置、运营电子显示屏播放固定画面广告发出的亮光造成的光污染进行制止。参见重庆市渝北区人民法院(2018)渝0112民初11588号民事判决书。

仍在“举证难”[①]“因果关系证明难”[②]，而一旦法院认为案件当以一般侵权案件来处理，将不再遵循“举证责任倒置”原则，原告的举证负担将大大增加，败诉的风险也会随即提高。[③] 总体来看，“环境侵权案件数量与环境污染纠纷现状呈正相关性”，[④]这说明经过多年的发展与完善，我国环境侵权制度设计较好满足了实践需要，在解决环境私益纠纷中发挥着越来越重要的作用，受害人更倾向于选择较为理性的方式来解纷。但也不得不承认，尽管《民法典》专章对生态环境侵权作出了规定，最高人民法院也对此颁布了不少司法解释，可由于“初步证据的模糊性”“环境法律概念的抽象性”“案件的复杂性”等方面的问题，还是增加了环境侵权案件的审理难度，使得受害人依凭环境侵权诉讼保护个人权益的成本大大提高。从环境行政案件审理情况来看，因行政处罚引发争议提起诉讼的案件数远高于因行政许可、行政命令所引发的争议，这在一定程度上反映了当前我国的环境行政管理仍以事后管理为主，事前和事中管理还未得到足够重视；多数案件都是经过二审方能结案，且往往是原告提起的上诉，可见，此类案件中原告很难做到服判息诉；不管是一审还是二审结案，原告的胜诉率并不高，但“在程序合法性争议案件中，原告胜诉的比例明显高于整体上原告的胜诉比例”。[⑤] 这一方面说明我国环境行政管理的规范化还有提升空间，另一方面也揭示了原告提起环境行政诉讼的不易。而从最高人民法院发布的《人民法院第四个五年改革纲要（2014—2018）》《人民法院第五个五年改革纲要（2019—2023）》，及颁行的政策性文件看，国家已经认识到行政案件和环境资源保护类案件都是易受地方因素影响的案件，那么，环境行政案件作为集大成者，地方因素对其的浸润尤甚。推行跨行政区划环境司法管辖是解决这一问题的路径，这既符合环境案件常常突破人为行政区划，呈现出明显的

---

① 如证明被告存在污染行为，证明原告受到的具体损害。

② 即证明污染行为与损害结果之间存在因果关系。

③ 例如，在刘某安诉胜利油田石油开发中心胜裕有限公司财产损害赔偿纠纷一案中，一审法院是以环境污染责任纠纷来处理本案的，胜裕有限公司上诉后，二审法院认为本案属于物权纠纷，因此予以改判。参见山东省东营市中级人民法院（2019）鲁05民终2383号民事判决书。

④ 吕忠梅等：《中国环境司法发展报告（2020年）》，法律出版社2021年版，第93页。

⑤ 刘长兴：《环境行政案件司法审查的多维审视——以典型案例为对象》，载《南京工业大学学报（社会科学版）》2020年第3期。

流域性、区域性、整体性等特征，也能弱化行政案件地方因素的影响。从环境刑事案件审理情况来看，据统计，2017～2021年，法院审结的刑事案件数依次为22,637件、25,623件、36,733件、24,193件、7076件。① 之所以出现从2020年24,193件到2021年7076件的断崖式下降，与新冠疫情的影响有莫大关系。② 疫情抑制了居民的生产、生活活跃度，客观上降低了环境犯罪的发生。但总体来看，不管是污染环境类犯罪，还是生态破坏类犯罪，都以自然人犯罪为主，主要罪名涉及污染环境罪、滥伐林木罪、非法捕捞水产品罪、非法占用农用地罪、非法采矿罪等。追寻发案原因，犯罪人往往出于改善生活或谋取经济利益而非法开发利用生态资源，再深究下去，反映的是犯罪嫌疑人环境法律意识淡薄，他们有时甚至根本没有意识到所从事的是违法犯罪活动，或者存在侥幸心理，认为所进行的非法行为比较隐蔽，不易为外人所发觉。从此层面上讲，环境犯罪与其他普通犯罪相比，主观恶性不大，社会危害性更小，再加上对于受损的生态环境而言，限制被告人的自由进行惩罚只是硬币的一个方面，更为核心的问题是如何实现修复生态环境。生态文明建设中，环境刑事诉讼必须对"少捕慎诉慎押"刑事司法政策和恢复性司法理念作出回应，将惩罚与修复结合起来，方能适应新时代的司法需求。此外，行刑衔接不畅也是造成环境犯罪数量少的原因。从生态环境部所发布的2021年数据可知，本年度全国生态环境部门共查处13.28万件环境行政违法案件，已送到公安机关的数量则不足案件总数量的3%，只有3397件。

总之，传统三大诉讼法民归民，行归行，刑归刑，界限比较分明，其在面对环境领域的交叉性案件，如环境侵权案件与环境公益案件，环境侵权案件与环境行政案件，环境行政案件与环境刑事案件，环境刑事附带民事公益诉讼，环境行政附带民事公益诉讼等有些力不从心，借"壳"审理的弊端越发明显，通过健全司法程序来完善我国环境审判制度大有必要。

---

① 焦艳鹏：《基于司法大数据的生态环境犯罪刑法惩治分析》，载《重庆大学学报（社会科学版）》2022年第5期。

② 参见焦艳鹏：《基于司法大数据的生态环境犯罪刑法惩治分析》，载《重庆大学学报（社会科学版）》2022年第5期。

(三)环境司法执行制度存在的问题

环境资源案件审理难,后续执行更难,究其原因,主要表现在以下几个方面:

第一,环境资源案件牵涉的利益多样,要在众多利益中做出权衡实属不易。环境资源案件通常面临比一般案件更复杂的社会关系,需要执行人员考虑到如何处理好环境保护与经济发展的关系;如何处理好受污染人群的生存与排污企业有效治污的关系;如何处理好近期有效防治与远期治理规划的关系。同时,环境案件波及的人群广泛,当事人本身、污染企业职工、当地政府、上级管理部门等,利益交错,稍有不慎,就会引发群体性问题,牵涉稳定、生存、发展等深层次问题。因此,此类案件的执行单靠法院一己之力很难完成,工作难度非常大。①

第二,赔偿损失数额巨大。随着人们对生态环境价值的全面认识,当前,在核算环境污染或生态破坏行为所造成的损失数额时,将生态环境修复费用、清除污染费用、生态修复期间服务功能损失、生态环境功能永久性损失等全部计算在内,上百万元的赔偿费用已经比较常见,上千万元的赔偿也不再鲜见,2014 年泰州 1.6 亿元的天价公益诉讼案早就被取而代之。可想而知,即便是大型企业,面对如此巨额的赔偿,要顺利执行到位也不是一件容易的事情。例如,在泰州天价公益案中,判决生效后,臻庆公司和富安公司赔偿款数额较少,很快上缴了全部款项,常隆公司、锦汇公司、施美康公司、申龙公司却没有按时缴款。该案进入执行程序。有记者 2016 年 8 月 19 日从江苏省泰州市中级人民法院获悉,被申请单位锦汇公司近日上缴了最后一笔赔偿款。历时近一年半该案从审理到执行才算终结。既然倾倒污染地环境已经自净,至于这笔款项最终何去何从,那些受到污染的沿岸、下游等区域是否得到修复则不得而知。实践中,各级法院探索"技改抵扣"、分期支付、劳务代偿等多种责任承担方式也从侧面反映了判决执行难,以至于法院只能"另辟蹊径"。

① 参见中南财经政法大学环境资源研究所的调研报告。

第三,部分案件执行难是审判阶段遗留的问题。以生态环境修复责任来说,当前在环境污染与生态破坏上已经形成几种较为成熟的生态环境修复方式。例如,在滥伐、盗伐林木、破坏植被的案件中,法院往往判令责任人补植复绿;在非法过度捕捞水产品案件中,法院往往要求责任人增殖放流。这些修复措施体现了经验理性,可为众多同类型案件提供参考和借鉴。但是,由于修复时间跨度长、专业性技术性强,修复效果参差不齐。从司法案例看,关于水污染修复标准的表述有:污染损害发生之前的状态和功能;达到保护生态环境社会公共利益标准;恢复原状。关于土壤污染标准的表述有:符合环保要求;恢复土壤的种植功能;按照环保部门制定的相关标准执行;恢复原状;达到保护生态环境社会公共利益标准。关于林地修复标准的表述有:符合当地林业行政部门人工造林技术要求;恢复原状。这些表述看似为生态环境修复设定了标准,但与法律要求的"将生态环境修复到损害发生之前的状态和功能"一样,看似有标准,实际上很空泛,过于理想化,执行起来让人无所适从。还有的法院仅在判决书中表明生态环境修复费用"待论证后拟用于生态环境修复",后续有无修复、在哪里修复、修复的效果如何等均未可知。

此外,近年来,在法院执行的环保案件中,环保非诉执行案件数量也在不断增长。而法院不同的审查方式造成涉环保非诉执行案件的处理结果更是难以预期,带有一定的不确定性。这也与被申请执行案件本身有很大关系。比如,有的案件需要多个部门联动,但由于缺少协作平台,信息无法有效共享,加大了执行的难度;再如,有的被执行人属集体福利企业,如果按照申请直接对其"关停",将导致被安置的残疾人下岗失业,在没有相应的后续配套救助措施下,执行也无法推进。种种掣制使得环保类非诉执行案件与其他普通案件相比,执行难度不差上下。

第三节　我国环境司法制度存在的问题及其成因的再思考

一、环境公益诉讼制度对环境司法制度的影响

当前,我国环境公益诉讼制度对环境司法制度的影响主要体现为环境公益诉讼规则供给不足,这一不足表现在两个方面,一个是当前尚缺乏统一的环境公益诉讼规则;另一个是现有的法律规范尚未体现环境公益诉讼的特点。

就第一个方面而言,当前规范环境公益诉讼的法律规范分散在多部法律中,且在这些法律中关涉环境公益诉讼的规定只有寥寥一条。如《民事诉讼法》第58条、《环境保护法》第58条、《行政诉讼法》第25条;再就是"两高"颁发的司法解释,如最高人民法院发布的《关于审理环境民事公益诉讼案件适用法律若干问题的解释》、最高人民检察院发布的《人民检察院公益诉讼办案规则》、最高人民法院与最高人民检察院联合发布的《关于检察公益诉讼案件适用法律若干问题的解释》,这些法律规定虽可在一定程度上解决司法审判中的起诉主体、举证责任分配、因果关系认定、法律责任承担等问题,但彼此分立,并未形成统一的体系,相互之间甚至存在矛盾与冲突,由此对制度功能的发挥反而起到了损耗的消极效果。例如,当一起损害生态环境的事实发生时,其也意味着背后存在一个未能依法履职的环境行政管理机关,此时,适格主体既可以选择提起环境民事公益诉讼,也可以选择提起环境行政公益诉讼,而对于它们之间的顺位,现有法律并未作出明确;再如,司法解释要求人民法院应在受理环境民事公益诉讼10日内将该情况告知对被告负有环境资源保护监督管理职责的部门,但对告知后,负有环境资源保护监督管理职责的部门应作出什么反应,应在多长时间内作出反应,提起该环境民事公益诉讼的适格主体与负有环境资源保护监督管理职责的部门之间应有哪些互动,等等,均未作出进一步规定,使得"公告"的意义与目的无法得以彰显。

就第二个方面而言,虽然法律已经承认环境公益诉讼是一种新型诉讼,对

其诉讼资格作出专门规定，但不可否认，其本质上仍在借壳于传统民事侵权法、诉讼法，不管是相关司法解释中要求起诉主体提交“被告的行为已经损害社会公共利益或者具有损害社会公共利益重大风险的初步证明材料”这一体现举证责任分配原则的规定，还是虽已占检察机关所提起公益诉讼70%之多的刑事附带民事公益诉讼依据的仅仅是一条规定，都没有反映出环境公益诉讼与环境侵权诉讼、环境刑事附带民事公益诉讼与刑事附带民事诉讼之间的显著区别；环境行政公益诉讼在当前司法解释未作出规定的情况下遵循的也是《行政诉讼法》，而仅从目的来看，行政诉讼法以约束行政权力，保护个人合法权益为目的，这与环境行政公益诉讼敦促行政机关积极履行职责的目的大相径庭，也就决定了将行政诉讼法机械套用在环境行政公益诉讼中，可能起到的是相反的作用。

二、生态环境损害赔偿制度对环境司法制度的影响

于2018年1月1日起实施的《改革方案》明确工作内容之一是“完善赔偿诉讼规则”；最高人民法院于2019年6月5日施行《若干规定（试行）》，以指导生态环境损害赔偿案件的审理。但其中，磋商性质不明、赔偿范围无法统一、赔偿金的管理和使用无序、环境民事公益诉讼与生态环境损害赔偿诉讼衔接不畅等问题都成为制约该制度功能有效发挥的重要因素。

（一）磋商性质不明

作为生态环境损害赔偿诉讼的必经前置性程序，在生态环境损害发生后，由赔偿权利人首先与赔偿义务人进行磋商很有必要，但法律并未对磋商性质予以明确。对磋商的性质，学界主要有三种观点：（1）民事行为说。即双方不再是行政管理者与被管理者的身份，而是平等的民事主体。① （2）行政行为说。即认为磋商主要是借助行政机关的公权管理职能和公益保护使命，磋商的主体、客体、过程及目的都体现了行政机关公权力行使的主导地位。② （3）协商行

① 参见别涛等：《生态环境损害赔偿磋商与司法衔接关键问题探析》，载《法律适用》2020年第7期。

② 参见郭海蓝、陈德敏：《生态环境损害赔偿磋商的法律性质思辨及展开》，载《重庆大学学报（社会科学版）》2018年第4期。

政解释论。即行政机关为实现维护环境公共利益之公法目标,而运用平等协商之私法手段的行政权行使之新样态。[①] 这足可见主体不同,对磋商性质的理解也各异。而磋商性质不明将直接影响赔偿权利人与赔偿义务人各自的定位,进而影响磋商的顺利开展。

(二)赔偿范围无法统一

当前,不管是从中央层面,还是从地方层面,不管是从政府机关的实施方案看,还是从司法机关的诉讼规程看,在生态环境损害赔偿范围上,我国并未达成一个统一明确的共识,这在生态环境损害赔偿制度探索阶段尚且可行,但如果继续任意下去,终将影响生态环境损害赔偿制度功能的发挥。生态环境损害赔偿范围的大小、宽窄,从表面上看是侵害人赔偿多少的问题,实质上反映了环境公益与经济私益、环境保护与经济发展之间的平衡。如果生态环境损害赔偿的范围过宽,将会造成侵害人支付超额的赔偿款,导致磋商不易或诉讼不断,消耗大量社会成本;如果生态环境损害赔偿的范围过窄,则受到损害的生态环境将无法得到有效修复,也达不到警醒包括侵害人在内的社会主体的目的,起不到预防生态环境损害的功效。生态环境损害赔偿的范围不明确,实质上变相增加了赔偿权利人和司法机关的裁量权,降低了生态环境损害赔偿的可预期性,难以实现生态环境损害赔偿制度维护生态法益的目的。

(三)赔偿金的管理和使用无序

《若干规定(试行)》仅在第15条提出了对损失赔偿金、修复费用等“应当依照法律、法规、规章予以缴纳、管理和使用”,《资金管理办法(试行)》对此也未进行详细规定,造成实践中对赔偿金的管理和使用出现无序化。如果申请赔偿金的程序烦琐,使用赔偿金的过程不够透明化,使用后的效果不能得到科学评估,最终引起的后果就是无法实现对生态环境的有效修复。

(四)环境民事公益诉讼与生态环境损害赔偿诉讼衔接不畅

按照《若干规定(试行)》,因同一损害环境公益的事实,既出现环境民事公

---

① 参见彭中遥:《生态损害赔偿磋商制度的法律性质及发展方向》,载《中国人口·资源与环境》2020年第10期。

益诉讼,也出现生态环境损害赔偿诉讼的,原则上生态环境损害赔偿诉讼优先于环境民事公益诉讼,即先行审理生态环境损害赔偿诉讼案件,环境民事公益诉讼案件的审理中止。这种审理模式的弊端是:第一,增加了被告负担。[①] 被告需要支付双份律师费,双份鉴定费,双份差旅费等费用。第二,出现环境民事公益诉讼原告的重复劳动。环境民事公益诉讼的原告在提起诉讼时,需要提交证明被告实施了环境污染或生态破坏的行为,被告行为造成了生态环境公益的损害,及损害的具体数额等证据,要获得这些证据,原告显然需要付出大量劳动,消耗一定资金。单单从上述两个方面看,若不能理顺环境民事公益诉讼与生态环境损害赔偿诉讼的程序衔接问题,将挫伤环境民事公益诉讼原告的积极性,还会造成资源浪费。

三、环境司法制度功能对环境司法制度的影响

(一)环境司法基本功能发挥不足

马丁·夏皮罗认为:"任何社会法院的基本概念都在于冲突双方在发生不能自行解决之冲突时,由第三者出面解决之。"[②]而罗杰·科特威尔则进一步指出:"认为法院的主要功能是处理诉讼,几乎是普遍的观点。"[③]审判是法院的专职。从设置的目的看,司法制度的设计者将解决纠纷作为设立法院的直接目的;从设置的内容看,以各类案件为工作对象加以处理成为法院的日常工作。所以,日本法学家棚濑孝雄认为,审判制度的首要任务就是解决纠

---

① 如在重庆市人民政府等诉重庆藏金阁物业管理有限公司等环境污染责任纠纷案[参见重庆市第一中级人民法院(2017)渝01民初773号民事判决书]中,该案原告是重庆市人民政府(指定代表人重庆市环境保护局)和重庆两江志愿服务发展中心。原告重庆市人民政府与被告重庆藏金阁物业管理有限公司等环境污染责任纠纷一案立案后,重庆市第一中级人民法院另行受理原告重庆两江志愿服务发展中心与被告藏金阁公司、被告首旭公司环境污染责任纠纷一案。经各方当事人同意,重庆市第一中级人民法院决定依法将两案进行合并审理。重庆市人民政府和重庆两江志愿服务发展中心的诉讼请求之一即为"判令二被告承担本案诉讼费及重庆市人民政府、重庆两江志愿服务发展中心分别支出的律师服务费19.8万元和8万元"。

② [美]弗里德曼·L.格林斯汀、纳尔逊·W.波斯比主编:《政府制度与程序》,台北,幼狮文化事业公司1983年版,第434页。

③ [英]罗杰·科特威尔:《法律社会学导论》,潘大松等译,华夏出版社1989年版,第238页。

纷，[①]卢埃林指出，解决争端是法院最为重要的职能，并始终为其他功能的实施创造条件。[②] 显然，解决纠纷成为司法制度构成的基础、运作的主要内容，也是其直接任务，其他功能只能在此基础上发挥作用。而制度设计更是赋予了法院以广泛的活动领域，与此相对应，在实务操作中，人们对现代法院的利用亦相当频繁。

解决纷争、维护正义作为司法制度的基本职责，一旦社会发生不正义的事情，通过相关途径无法化解消释时，诉至法院，由司法机构动用国家公权力定分止争，平衡权益，提供司法救济，这是法院裁判职责的应有之义。因此，法院不能以所谓“没有法律依据”或“属于政治问题”等理由拒绝受理案件，此行为相当于其拒绝履行自己在维护社会正义、解决纠纷的国家职责。托克维尔在论及美国法官处境时这样描述：“美国的法院是不由自主地被拉上政治舞台的。他们所以要审理法律，是因为有要审理的案件，而他们又不能拒不审理。需由他们定案的政治问题，都与当事人的利益有关，只要他们不否认正义，他们就不能拒不审理。”[③]《法国民法典》第 4 条也明确规定了禁止审判的原则。

从我国的环境司法实践看，如果说 2005 年的松花江污染事件发生在环境民事公益诉讼在我国被法律确认前，因此，在北京大学法学院三位教授和三位学生以鲟鳇鱼、松花江和太阳岛等自然物为原告向黑龙江省高级人民法院提起环境民事公益诉讼，黑龙江省高级人民法院以“本案与你们无关，目前本案不属于人民法院的受案范围以及一切听从国务院决定”的理由并未受理尚情有可原，那么腾格里沙漠污染案的一波三折则不得不引人深思。腾格里沙漠被工业园区内企业所排污水污染的事件在 2010 年就被媒体曝光，此后也有多家媒体接踵对此作出报道，尽管有生态学专家表示：“沙漠地下水一旦被污染后，修复几乎是不可能的”，如同秦岭违建别墅事件一样，腾格里沙漠的污染并

① 参见［日］棚濑孝雄：《纠纷的解决与审判制度》，王亚新译，中国政法大学出版社 1994 年版，第 1 页。

② 参见［英］罗杰·科特威尔：《法律社会学导论》，潘大松等译，华夏出版社 1989 年版，第 89～91 页。

③ ［法］托克维尔：《论美国的民主》（上卷），董果良译，商务印书馆 1988 年版，第 114 页。

未受到当地政府重视，直至2014年9月底，党中央开始关注此事。2015年8月13日，中国生物多样性保护与绿色发展基金会（以下简称绿发会）以涉嫌污染腾格里沙漠的8家企业为被告向宁夏回族自治区中卫市中级人民法院提起环境民事公益诉讼，却被驳回起诉，理由是绿发会不是"专门从事环境保护公益活动"的社会组织，不具有起诉资格。绿发会不服，上诉至宁夏回族自治区高级人民法院，结果以同样的理由被驳回上诉。绿发会选择向最高人民法院提出再审申请，最高人民法院于2016年1月28日作出裁定，肯定了绿发会的起诉资格。腾格里沙漠在立案上的一波三折，可见环境案件，尤其是环境民事公益诉讼案件的立案之难。而这在本质上反映了公众获得环境诉权的不易。

但是，诉权本身就是公民的一项基本权利。固然"无救济就无权利"，在公民连正义之门——法院的门槛都无法迈入的时候，何谈救济，又何来权利。法国学者认为诉权是"基本自由的表现"，诉权就是"享有司法救济之权利"，更直白一些，就是任何人"都有权诉诸司法，以主张其权利。"法国学者让·文森等人则认为："在法国国内法中，'诉讼权利'是得到最高行政法院保障，受到宪法委员会保护的权利。这种权利现在已经得到法律和法院判例的确认。"法国宪法委员会在1996年4月9日的裁决中宣告："原则上，不得对当事人在法院行使诉讼救济的权利实行根本性伤害。"他们还指出，诉讼权利作为基本权利也得到国际社会的承认，联合国《公民权利和政治权利国际公约》第2条第3项和《欧洲人权公约》第13条都确认了任何人都享有"诉诸法院的权利。"①美国"公民诉讼""此一制度的设立，提供给民众一条体制内的参与管道，以免诉求无门而动辄走上街头。"②

当公民的诉权受到限制，在环境矛盾无法获得有效司法途径解决的情况下，往往只能转而采取其他方式，如自力救济。自力救济中群体性事件成为常见的方式，但是自力救济不仅有可能滋生一种不信任的结构，而且在此过程中

① ［法］让·文森、塞尔日·金沙尔：《法国民事诉讼法要义》，罗结珍译，中国法制出版社2001年版，第100～112页。

② 叶俊荣：《环境政策与法律》，中国政法大学出版社2003年版，第223页。

公民会认为“不闹不解决,小闹小解决,大闹大解决”,这一行为带来的社会负面效应会不断扩大,陷入恶性循环;而且从实践来看,环境纠纷的自力救济常常游走在法律边缘。公民采取的自力救济随意性大,没有规范性,很容易超越一定的“度”,采取极端行径,结果反而从“受害者”沦为“侵权人”,“侵权人”则摇身变为“受害者”,不仅要追究其法律责任,甚至可能课以刑罚,导致现实中双方之间对立情绪升级。自力救济一旦扩大蔓延成群体性事件,政府与环保部门会出面积极解决,常陷入“企业污染—百姓受害—政府埋单”的境地,只是暂时平息了事端。

(二)环境司法延伸功能微弱

司法机关的基本功能或者说一般功能是解决纷争,定分止争,但是其绝不止于此。法学家达维德指出:“现代社会有一种以法为手段来组织和改革社会的新趋势,法已不再被看作单纯解决纠纷的手段,而逐渐被公民们甚至法学家们视为可用以创造新型社会的工具。”现代环境司法制度的基本功能固然要求法官以中立裁决者的身份处理案件,但是在社会转型、环境纠纷频发的时期,社会需求在促使司法机关承担更多职能的同时,并没有使其获得应有的声望和地位。社会主体对诉讼是一种矛盾的心理,既对其盲目崇拜,又对裁决有不信任感,这样造成的直接后果就是很多环境案件并不能真正做到案结事了。因此,在司法机关的基本功能之外,司法机关只有通过延伸自身的功能来满足社会主体的各种诉求,从而处理好法与情的关系。“现代法院的功能确实已经从原来的解决纠纷日益转向通过具体的纠纷解决而建立一套旨在影响当下案件当事人和其他人的未来的行为规则。……而规则之形成与个别纠纷之解决相比,前者具有巨大的正处在性:大约也正是这个意义上,法院才更可以说是提供公共产品而不是私人产品的一个机构。”①对此,福柯站在刑事司法审判制度上提出了深刻的见解:“无论是有罪还是无罪的判决都不再仅仅是一项针对罪行的判决和实施刑罚的决定,它还包含着对正常状态的评定和对可能正常化前景的技术性预测。今天的审判者,无论是法官还是陪审员,当然就不只是

① 苏力:《农村基层法院的纠纷解决与规则之治》,载《北大法律评论》(第2卷第1辑),法律出版社1999年版,第80~81页。

在'判案'了。"[1]

1. 社会管理力量薄弱

一直以来,我们在论证司法制度的延伸功能中,一直认为社会控制功能是其中一项。庞德认为,作为社会控制的手段或方法之法律,通过对每个人所施加的压力迫使他自己维护文明社会,并阻止他从事反社会行为。[2] 但是,"控制是民主主义时代以前被贯彻的基本理念,无论是利益集团之间,还是民族之间、国家之间,都希望用征服、控制的方式实现自身的利益最大化。民主主义时代治理方式完全以服务替代了控制"。[3] 因此,控制功能用现在的话语来说就是司法参与社会管理功能。

虽然司法已经发展成为我国定分止争的一种最为重要的方式,但法的可诉性在一定程度上限制了司法参与社会管理的范围和能力。自1979年《环境保护法(试行)》颁布以来,历经40多年的发展,我国已经建立起比较完备的环境法律体系。尤其是2014年的《环境保护法》,更是被誉为"史上最严环境保护法",但迄今为止,环境权的阙如、宣言性立法的存在,以及司法对某些本应具备可诉性的行为无管辖权等降低了环境法的可诉性,弱化了司法机关在环境保护领域的保障功能。其实,根据现实需要,在某些权益保护上,走一条由诉讼反推立法的路径,在我国并非没有先例。这既是从可诉性一端促进法治发展,不失为司法与立法展开良性互动的典范,也有助于增强司法机关以自己的方式更好参与社会管理。[4]

2. 权力制约能力受限

在环境管理上,政府失灵的现象一直存在。"如存在市场失灵一样,也存在政府失灵,当政府行动不能改善经济效率或者当政府不公正地进行收入再

---

① Michael Foucault, *Discipline and Punish*: *The Birth of the Prison*, Trans By Alan Sheridan, Vintage Books, 1979, p. 22.

② 参见[美]罗斯科·庞德:《通过法律的社会控制法律的任务》,沈宗灵、董世忠译,商务印书馆1984年版,第8~9页。

③ 程杞国:《从管理到治理:观念、逻辑、方法》,载《新华文摘》2001年第12期。

④ 参见谢晖:《独立的司法与可诉的法》,载《法律科学》1999年第1期。

分配时,政府失灵就会发生。”[①]我国政府在管理环境事务的过程中,对我国自然资源和环境的整体认识存在一定偏差,在中华人民共和国成立后相当长一段时间内,一直认为是“地大物博”,这直接影响了我国政府在有关环境和资源的决策和立法。“‘资源无价,资源产品低价,工业制成品高价’的局面逐渐形成。”[②]由于司法机关和行政机关性质不同,各司其职,司法机关缺乏对行政机关必要的监督。有些环境违法行为已经触犯刑法,行政机关却以罚代刑;有的环境污染行为已经严重损害生态环境,行政机关却未能及时采取有效行政措施予以纠正;等等。这些政府失灵的表现都充分说明保护环境仅依靠行政机关已经远远不够,必须借助司法威慑力量的介入,加大对行政机关环境执法行为的监督,约束政府失灵的广度和强度。

我国《行政诉讼法》[③](2017 年)第 12 条规定了 12 种可以提起诉讼的行政行为,其中第 12 条第 2 款规定:“除前款规定外,人民法院受理法律、法规规定可以提起诉讼的其他行政案件。”该规定看似是开放性条款,我国公民、法人或其他组织可以根据其他法律的特别规定提起诉讼,但是实际上由于至今尚无任何一部法律对此作出细化和补充规定,使得这一条款形同虚设。而《行政诉讼法》第 13 条明确规定:“人民法院不受理公民、法人或者其他组织对下列事项提起的诉讼:……(二)行政法规、规章或者行政机关制定、发布的具有普遍约束力的决定、命令。”我国《环境影响评价法》(2018 年)、《规划环境影响评价条例》虽然已经将政府规划纳入环境影响评价的范围,明确要求对政府的规划进行环境审查。但是,政府的大量抽象行政行为,如有关区域开发、资源开发规划的战略决策等各种规章制度及规范性文件,虽然对环境产生了更为广泛和严重的影响,但是尚未被纳入环境影响评价范畴,更是司法权无法触及的“绝缘地带”。这就表明,在我国是不允许对抽象行政行为进行司法审查的,即使该抽象行政行为会对环境产生重大影响。可见,我国司法机关可以审查的

---

① [美]保罗·A. 萨缪尔森、威廉·D. 诺德豪斯:《经济学》(第 14 版)(上),北京经济学院出版社 1996 年版,第 567 页。

② 张璐:《我国环境司法的障碍及其克服》,载《中州学刊》2010 年第 3 期。

③ 该法自 1989 年颁行以来,分别于 2014 年和 2017 年进行了两次修订。

行政行为范围有限,且只能针对某一具体案件作出裁判,案件的裁决力往往也只限于案件本身。

在众多环境纠纷中,跨区域导致的环境冲突历来频率高、影响大、后果重,1994 年有淮河水污染事件,2004 年有沱江水污染事件,2005 年有松花江污染事件……而沱江污染事故、湘江污染事故和黄浦江污染事故等一系列污染事件的处理,证明了仅靠行政力量处理跨区域环境污染事件,污染受害人的合法权益无法得到有效维护,污染者不能得到有力惩罚,极易引发利益和秩序的失衡。可见,在跨区域环境事故处理中,政府协商或协调机制也存在缺位或失灵现象,在此领域,排斥司法介入导致对政府行为的监督严重不足。其实,即使行政处理制度设计本身已经很完备,没有任何缺陷,作为执法主体,执法者的不作为或怠于作为应该受到法律的制裁,这些单靠行政机关自身是无法完成的,其执行行为的合法性理应通过司法审查的方式得到监督和保证。

3. 公共政策功能不畅

公共决策,在本质上是政府用于解决或处理社会、政治或经济问题的行为。传统观念中,在整个国家权力体系中,司法机构的职责是定分止争、维护社会秩序,公共决策权则专属于特定政治实体中的最高权威。社会发展到今天,司法机构的公共决策功能主要体现在司法权包含有一定的自由裁量权。

随着现代社会的发展,许多新型纠纷不断涌现,有学者称之为现代型纠纷,由此引发的诉讼就是现代型诉讼。所谓现代型诉讼,是指其宗旨是实现公共利益的诉讼。环境诉讼是典型的现代型诉讼,其利益日益复杂化、多元化。政府在环境管理决策过程中,往往也涉及多重利益的冲突和博弈,如环境利益和经济利益、环境公益与社会利益、短期利益与长期利益、地区利益与国家利益等,行政机关根据各种利益的轻重缓急对其进行衡量。司法作为保障环境正义的最后一道屏障,理应将审理环境案件中积累的经验和收集的信息提供给行政机关作为决策参考,避免其顾此失彼,片面强调某种利益,危害环境正义。但是当法院的绩效考核重在强调高结案率、低发改率时,普遍处于“案多人少”状态的法院只能被动追着案件跑,疲于结案的直接后果就是环境司法救济多是个案救济,没有在环境司法机关与行政机关之间形成有效衔接和联动链条。

从司法实践看,根据环境案件涉及的利益性质,可将环境案件分为两大类:一类是环境私益诉讼,另一类是环境公益诉讼。传统环境私益诉讼救济的是受害人的人身权或财产权,且以事后救济为主。《若干规定(试行)》第2条第1项[①]的规定表明我国环境私益诉讼与环境公益诉讼属“花开两朵,各表一枝”的平行诉讼模式,即在环境私益诉讼中不可提出保护环境公益的诉讼请求,而在环境公益诉讼中也不可能同时进行环境私益救济。但实际上,虽说环境侵权最终侵害的仍是传统人身权或财产权,但与传统人身权或财产权不同的是,这种侵犯不是直接侵犯,而是借由水、大气、土壤等环境要素作为介质,间接作用于受害人。这就意味着在环境侵权中,首当其冲受到损害的是环境要素。实践中,可能会发生这样的案件,坐落于甲村的乙化工厂排放出来的废气虽然没有超过国家标准,但是造成村民丙种植的樱桃少挂果甚至不挂果,丙在证明樱桃叶中含有的成分与乙厂排放出来的废气成分具有同一性,且乙厂排场的废气能抵达自家樱桃园,而乙厂并无相反证据予以反驳时,要求乙厂赔偿因大气污染导致樱桃减产的损失是可以获得法院支持的。该赔偿归属丙个人所有毫无疑义。但如果丙认为正是因为乙化工厂的进村,导致本村的空气不再那么清新,总是有着若有若无的异味,同时提出要求乙厂在村子大量植树,以减轻污染造成的甲村环境质量的下降,法院很可能会根据现有法律的规定,驳回丙这一诉讼请求。反之,如果法院在审理此类环境侵权案件中,能对“有限度范围内、以‘美好’为取向、借助私人诉讼提起的生态利益诉求”予以识别并作出回应,既能弱化公众“各人自扫门前雪,休管他人瓦上霜”的偏狭认识,还能形成具有超前性的判例规范,发挥环境司法的公共政策形成功能。

---

① 下列情形不适用本规定:(一)因污染环境、破坏生态造成人身损害、个人和集体财产损失要求赔偿的……

与此同时,我们还应警惕在“人人都有麦克风”“人人都是发言人”的新媒体时代,法院有可能被舆论裹挟着前行。即法院在新闻媒体的过度关注和炒作下,在专家教授如火如荼的谈论和争议中,受理了某个环境案件,并作出了受到高度肯定、社会效果与法律效果兼具的裁决,看似是一种反传统的创新,促成了环境公共政策的形成。不过,这种正义实现方式有一个非常明显的缺陷,那就是它并非一种理性的科学决策过程,更不应成为法治社会的常有态势。但个案的成功往往模糊了人们的双眼,使他们看不到这种方式与法治之间的差距甚至相悖。最后的结局大多是因为缺乏制度化程序,在短暂的喧嚣之后归于沉寂,司法机关并没有在推动环境公共政策形成方面发挥出应有的作用。

四、环境司法辅助制度对环境司法制度的影响

在推进环境司法制度不断健全、完善,实现法治化进程中,虽然辅助性司法制度在解决环境纠纷方面发挥的作用有限,但若缺少这些制度对环境司法的辅助作用,即便有公正的程序,当事人诉讼能力的差异性等方面的缺陷和不足被无视或忽视,仍然可能导致环境司法不公,主体性环境司法制度的顺利运行也将受到一定阻滞。其中,环境法律援助直接决定着公民能否接近司法正义,环境司法鉴定直接关系到能否查清事实,实现矫正正义结果,环境司法 ADR 制度则直接影响着能否提高环境司法效率,充分体现环境民主。

(一)环境法律援助制度之力

“法律援助制度是人类法制文明和法律文化发展到一定阶段的必然产物,是否拥有完善的法律援助制度是现代国际社会衡量一个国家的民主和法制以及文明进步程度的重要标志。”①正是认识到法律援助的重要性,2021 年 8 月 20 日,第十三届全国人民代表大会常务委员会第三十次会议通过了《中华人民共和国法律援助法》(以下简称《法律援助法》),依次对法律援助机构和人员、形式和范围、程序和实施、保障和监督、法律责任进行了规定。但是法律援助

---

① 国务院法制办政法司等编著:《法律援助条例通释》,中国法制出版社 2003 年版,第 78 页。

制度在我国发展的时间并不长,其存在的不足导致了在实践中对环境权益维护的乏力感。

首先,《法律援助法》第 31 条明确“请求环境污染、生态破坏损害赔偿”的当事人若经济困难没有委托代理人的,可以向法律援助机构申请法律援助。但由于我国各地经济发展水平不同,各个地方在确定法律援助的对象、提供法律援助的原则和标准等方面存在较大差异。有的地方依据公民的户口所在地和经常居住地的“属人原则”来确定法律援助的对象,有的地方则以诉讼或非诉讼事务发生地的“属地原则”来确定法律援助对象。而何种程度才属于法律援助中要求的“经济困难”,并没有明确的标准。在这些问题没有解决之前,我国的法律援助操作随意性比较大,无法做到规范统一。

其次,在缺乏法律援助实施细则的情况下,已有的环境法律援助实例大多针对的是反应比较强烈、引起社会关注的个案,即停留在实现个体环境正义的层面上。但是,“一个社会的贫弱者,法律问题仅仅是他所遇到的广泛的社会、情感、教育、健康和其他问题中的一个方面而已,如果法律援助为他提供了一个案件的帮助,在个案结束后,他的经济状况和生活状态并未改变,还会面临其他问题,也就是说,就个案进行的法律援助并未从根本上解决问题”。①

再次,根据《法律援助法》第 12 条的规定,法律援助机构是由县级以上人民政府司法行政部门设立,显然属于司法行政机关的职能部门。但现有实践中,既有代表各级政府的法律援助管理型机构,也有法律援助的管理和实施机构,还存在各地律师协会成立的法律援助管理机构,如若不能理顺这些机构之间的关系,将无法充分发挥现有法律援助资源的作用,也会使法律援助制度的功能大大受限。

又次,《法律援助法》第 16 条指出,提供法律援助是律师事务所、基层法律服务所、律师、基层法律服务工作者的义务。法律还对无正当理由拒绝提供法律援助应当承担的法律责任予以明确。但在现实中,很容易发生律师事务所、

---

① 高贞:《论法律援助机构的设置及职能作用》,载《中国法律援助》2003 年第 4 期。

基层法律服务所将法律援助任务指派给固定的某几个人。[①] 同时,根据《法律援助法》第18条的规定,国家仅仅是“鼓励和支持律师事务所、律师、法律援助志愿者等”为“法律服务资源相对短缺地区提供法律援助”,这种方式还是难以对有限的法律援助主体资源作有效配置,以满足公众对法律援助的迫切需要。法律援助主体的有限性及其资源配置方面的不均衡性在一定程度上制约着法律援助工作的开展。

最后,由于我国的法律援助制度刚刚起步,国家的财政能力有限,难以真正做到保障每一位经济困难的当事人均能“平等”地获得法律援助,这样,那些确实因为经济困难而无法在公开市场上“购买”法律服务的弱势群体,或者无法接近司法大门,或者因为无法决定被免费指派的法律服务质量,自身并不具备专业的环境法律知识,败诉的概率大大提高。因为多数情况下,受害人和致害者之间的信息力量对比严重失衡,很多致害人除了在信息拥有上占据优势,也有能力支付高昂的诉讼费用,委托专业律师为其辩护,这些都将大大影响诉讼结果。

（二）环境司法鉴定制度不健全

鉴定以其科学性、客观性、公正性帮助审判机关辨明证据的真伪,起着其他手段所不可替代的特殊作用。具体到环境侵权案件,其处理要涉及非常专业的、复杂的科学技术问题,[②]没有专门的人员和机构进行鉴定,在很多情况下是无法厘清各种主体之间的利益关系的。截至2021年年底,经司法行政机关登记的环境损害司法鉴定机构220家,环境损害司法鉴定人3800余名[③],为生态环境损害赔偿工作提供了有力支撑。但面对逐年增长的环境案件,日益复杂的案情,层出不穷的新情况,仍然显得力不从心。从环境司法实践看,不管是作为受害者的私人,还是被赋予起诉资格、代表公共利益的“法律规定的机关和有关组织”,他们作为原告提起诉讼,必须提交证明损害的初步证据,这就

---

① 通常为进入律师界的“小白”,法律援助案件被他们拿来“练手”。

② 科学技术对于环境法具体内容影响的分析,参见刘超:《论环境法律的科技内因性》,载《山东科技大学学报(社会科学版)》2008年第4期。

③ 参见司法部公共法律服务管理局:《2021年度环境损害司法鉴定工作综述》,载《中国司法鉴定》2022年第6期。

意味着很多时候他们需要在诉讼前单方申请鉴定，而这往往成为诉讼中被告集中火力“攻击”的一点，被告往往会从鉴定资质、鉴定程序或者鉴定内容等方面对鉴定报告予以质疑，因而影响了庭审工作的顺利进行。① 我国台湾地区学者叶俊荣先生深刻指出：“公害纠纷案件因样本的流失，已难以进行鉴定；因鉴定费用过高，当事人（不论是抗议人或被抗议人）难以负担，甚至鉴定费用已超过求偿额；因费时过长，而缓不济急；因事涉高度争议，鉴定地位或机构欠缺进行鉴定的意愿等等。”②

从实践来看，我国既有的环境鉴定存在的问题有：③

第一，环境鉴定机构少、鉴定费用居高不下。220 家环境损害司法鉴定机构、3800 余名环境损害司法鉴定人的环境损害司法鉴定全年业务量高达 2.06 万件。④ 在此情况下，一方面由于可选择的环境损害鉴定机构有限，另一方面由于国家对鉴定费的收取并未规定统一标准，导致鉴定费用过高。实践中甚至出现过判赔的费用还低于鉴定费用的情况，这既与过错和责任相当原则不符，也很难获得被告的认可，并成为庭审中争论不休的一个事项。例如，云南兰坪铅锌案鉴定评估费为 365.8 万元，广西恭城海洋山非法采矿污染案为 192 万元，云南曲靖铬渣案为 70 万元，甚至在云南曲靖铬渣案调查早期，国内有鉴定资质的鉴定机构曾经报出 600 万元的价格。⑤

---

① 以 2010 年 12 月 13 日，全国首例由环保部门提起的环境公益民事侵权诉讼案——大龙潭水污染环境民事公益诉讼案为例，该案在昆明市中级人民法院开庭审理。本案认定污染事实需要环境监测报告。原告出具的是由昆明市环境监测中心所作的监测报告，而被告提供的则是云南省产品质量监督检验研究院、云南省疾控中心作出的两份水质监测报告。云南省产品质量监督检验研究院于 2010 年 10 月出具的水质监测报告表明，“龙潭水的水质优于周边未受污染水源的水质。公益诉讼人的治污方案既没有可行性，也没有必要性，索赔没有依据”。两组鉴定报告的结论如此大相径庭，充分反映了我国环境司法鉴定的无序。而被告认为，昆明市环境监测中心与原告存在上下级利害关系，且监测采样时被告并未在场，因此昆明市环境监测中心所作的监测报告没有合法性，理应无效。

② 叶俊荣：《环境政策与法律》，中国政法大学出版社 2003 年版，第 292 页。

③ 参见陈学敏：《设立环境法庭的冷思考》，载曾晓东、周珂主编：《中国环境法治》（2011 年卷）（上），法律出版社 2011 年版，第 59 页。

④ 参见司法部公共法律服务管理局：《2021 年度环境损害司法鉴定工作综述》，载《中国司法鉴定》2022 年第 6 期。

⑤ 参见刘佳：《高昂环境损害鉴定费，如何不“绊住”公益诉讼？》，载腾讯网，https://new.qq.com/omn/20190923/20190923A0QNOU00.html，最后访问日期：2023 年 4 月 2 日。

第二,管理混乱。简单来说就是出现了“册中册”。在司法部官网上可以检索到生态环境损害司法鉴定机构;生态环境部有环境损害鉴定评估推荐机构;最高人民法院官网上也有专门的环境污染损害鉴定机构,三者官网中有部分同时出现的鉴定机构,但更多各不相同。这不免令人生疑:到底哪个主体推荐的鉴定机构更权威,或者说选择哪个主体推荐的鉴定机构才不会被认为不具备资质。这种多头管理因为各有偏倚势必对鉴定机构采取不同的评判机制,并不利于鉴定机构的长远发展。

第三,诉讼当事人缺乏证据意识。诉讼当事人没有意识到保存物证或及时申请监测部门采样对于办案的重要性,致使证据缺失而无法开展鉴定。①

第四,某些环境司法鉴定条件难以满足。如苏嘉杭高速公路噪声污染鉴定,为了能测算两条平行道路对原告的噪声贡献量,须分别测定苏嘉杭高速公路及东环路两条道路对原告的噪声影响,这就要求其中一条道路一天中有 3 个时段须停止车辆通行,这一要求实际上很难做到。②

第五,环境问题复杂性的制约。造成环境污染的因子可以来自生产生活的各个方面、各个领域,即污染可能是“一果多因”;同时,诸多的污染源产生的污染物质种类繁多,性质各异,并且这些污染物常常是经过迁移、转化、互相作用,再经生物体的富集、代谢后才产生危害,危害原因难以“追根溯源”。由于环境问题的复杂性,导致环境司法鉴定难度大,很难确定因果关系。

(三)环境司法 ADR 制度不成熟

我国一直非常重视非诉解决方式,③将调解制度贯穿民事纠纷处理的全过程,既可以根据案件性质在立案阶段进行诉前调解,将纠纷消化在非诉阶段,也可以在整个审理过程中随时启动调解机制,“调判结合,调解优先”成为处理民事纠纷的黄金指导原则;即使在执行阶段,也可以达成执行和解。调解制度在适用过程中,体现了其优越性:大大提高了纠纷解决的效率,节约了诉讼资

① 参见周杰:《环境司法鉴定案例分析与思考》,载《环境监测管理与技术》2010 年第 3 期。

② 参见周杰:《环境司法鉴定案例分析与思考》,载《环境监测管理与技术》2010 年第 3 期。

③ 最高人民法院于 2016 年 6 月 28 日发布《关于人民法院进一步深化多元化纠纷解决机制改革的意见》(法发〔2016〕14 号),明确了要完善和解、调解、仲裁、公证、行政裁决、行政复议与诉讼有机衔接、相互协调的多元化纠纷解决机制。

源和诉讼成本;在一定程度上体现了当事人的意愿,自动履行的概率大大提高;缓和了当事人的对立情绪,有助于社会的和谐、安定等。因此,有学者指出,“调解的适用,使诉讼双方摆脱了烦琐复杂的诉讼程序,将时间和精力集中到环境污染案件的争议点,避免了在程序和无关紧要案件细节浪费过多资源,避免了损害的进一步扩大化,具有经济合理性。”①

而《环境民事公益诉讼解释》第 25 条的规定②进一步深化了我们对调解的认识。国家规定的机关和法律规定的组织可以与被告进行调解或和解,要求是:在内容上,调解协议或和解协议不得损害社会公共利益;在程序上,调解协议需公开接受公众监督,公众无异议后,再由人民法院进行审查,符合条件的,由人民法院出具调解书,调解书应公开,这是与普通民事调解具有显著区别的一点,原因就在于环境公益调解书涉及的并非私人利益,不是仅由双方当事人就能处分的,必须受公众评价,以免出现公益范畴的事项由寥寥数个主体来决定,以致公益得不到充分保障甚至二次受损的情形。实践中,既有人民检察院与被告达成调解协议的案件,如肇庆市人民检察院诉肇庆市广宁县联合长汇金属制品厂环境污染民事公益诉讼案,由于被告自愿承担了环境污染赔偿责任,检察机关与其签订了调解协议,经过 30 天公告,肇庆市中级人民法院审查后,作出民事调解书。也有社会组织与被告达成调解协议的案件,如中华环保联合会诉江苏宁沪高速公路股份有限公司噪声污染公益诉讼案,在法院的主持下,双方当事人达成调解协议,以调解的方式结案。还有刑事附带环境民事公益诉讼中,就附带环境民事公益诉讼部分,检察机关与被告人达成调解协议,如湖北省襄阳市襄城区人民检察院诉饶某等 3 人非法捕捞水产品案,3 名被告与检察机关达成生态修复协议,购买鱼苗增殖放流,并在襄阳市级媒体公开赔礼道歉。环境民事公益诉讼中的调解需要

① 胡洁人:《当前新型社会纠纷解决机制研究》,载《当代法学》2012 年第 2 期。

② 《环境民事公益诉讼解释》第 25 条规定,环境民事公益诉讼当事人达成调解协议或者自行达成和解协议后,人民法院应当将协议内容公告,公告期间不少于 30 日。公告期满后,人民法院审查认为调解协议或者和解协议的内容不损害社会公共利益的,应当出具调解书。当事人以达成和解协议为由申请撤诉的,不予准许。调解书应当写明诉讼请求、案件的基本事实和协议内容,并应当公开。

在两个方面作出细化：一是公告阶段——调解协议公告的方式与时间？司法解释仅规定了公告30日，那么是在达成调解协议后的几天内予以公告？以什么方式公告呢？对公众的异议应如何处理，或者说公众的异议是否会影响调解协议？二是审查阶段——如何认定“不损害社会公共利益”？毕竟“环境问题具有复杂性、长期性、间接性和潜在性等特征，如果没有查清案件事实，轻率进行调解，当事人之间很难就责任主体、损害机理及程度、因果关系、修复方案等达成一致，从而导致调解程序的虚置。”①这些都是优化环境司法ADR制度需要深度思考、解决的问题。

小　结

从环境私益司法和环境公益司法②两个角度来看我国环境司法现状，我们会发现环境纠纷与环境诉讼在数量上存在较大的差异性，其多多少少反映了我国环境司法制度中存在某些问题，使当事人宁愿弃而选择其他救济途径，如私力救济和行政处理。正如有学者指出：“公害纠纷的存在本身并不是问题，有问题的是既有的纠纷处理体系是否有化解纠纷的能力。”③故，深究我国环境司法制度存在的问题，并追根溯源其成因势在必行。依托于环境司法制度的构成，从环境司法体制、环境法官和环境司法程序角度着眼，能深刻揭示我国环境司法制度存在的问题及其成因。其主要表现在以下方面：传统司法体制无法回应环境案件的特殊性；司法理念和司法能力反映了法官的专业性需进一步强化；环境司法立案登记制度、环境司法审判制度和环境司法执行制度的缺陷，造成环境司法程序的不健全；环境公益诉讼制度、生态环境损害赔偿制度、环境司法制度的功能及辅助性制度等相关机制的不到位，等等。一位伟大

---

① 吴勇、王聪：《环境民事公益诉讼的调解适用辨析》，载《湘潭大学学报》2018年第3期。

② 为救济环境公益向法院提起诉讼所形成的司法被称为环境公益司法，包括环境公益诉讼和生态环境损害赔偿诉讼两种类型诉讼。

③ 叶俊荣：《环境政策与法律》，中国政法大学出版社2003年版，第305页。

的哲学家曾说过:“实践的需要将比十所大学更能推动社会的发展。”当前,我国生态文明建设的实施要求环境司法制度对此作出回应,这就需要我们借鉴国外相关环境法律制度的有益经验,并结合我国实际国情,有针对性地解决环境司法制度中存在的问题。

第四章　国外环境司法制度及其对我国的启示

第一节　国外环境司法专门化制度及其对我国的启示

一、国外环境司法专门化概况

为了适应保护环境的特殊需要，从司法诉讼方面对环境权益进行救济，及时处理日益增多的环境纠纷、提高处理环境案件的效率，新西兰、南非、巴基斯坦、孟加拉国、科威特、美国和澳大利亚等国家纷纷建立了环境法院（庭），如土地法院（庭）、水法院（庭）、生态法院（庭）、森林法院（庭）、矿业法院（庭）。这些环境法院（庭）负责专门处理涉及环境污染和环境保护方面的案件。截至2010年，全球41个国家已经建立了350多个环境法院（庭）。其中过半的环境法院（庭）是在2004年之后如雨后春笋般建立起来的。全球范围内七大洲的国家，如澳大利亚、孟加拉国、比利时、巴西、日本、肯尼亚、泰国、特立尼达和多巴哥以及美国纷纷建立了形式迥异的环境法院（庭）。而印度和坦桑尼亚已经制定了法律，解决了建立环境法院（庭）的合法性问题,只是尚未实施该法律。其他正在考虑建立环境法院(庭)的国家和地区有阿布达比酋长国、萨尔瓦多共和国、英国、苏格兰、夏威夷、加勒比海诸国。众多国家(地区)都在考虑选择适合自己国情的某种环境司法专门化模式,以能高效和富有成效的解决环境纠纷。其中,西班牙的巴伦西亚水法庭成立于100多年前并至今仍在发挥作用。[①] 芬兰的"水域权利法院"主要解决涉及水域权的纠纷,以保护水资源。而澳大利亚新南威尔士州的土地与环境法院更是名扬海外,在环境审理方面采取了许多新举措。新西兰和美国佛蒙特州的环境法院成立于1969年,在审理环境案件和处理环境纠纷方面也取得了较好的成果。菲律宾则在法院内部设立环境法庭,其在全国法院系统内设立了117个环境法庭,并配备了环境法官。印度最高法院环境合议庭(Green Bench of the Supreme Court of India)直接受理由公民提起的环境公益诉讼案件。[②]

可见,环境司法专门化已经成为全球环境司法的发展趋势,且形式多样。有的是环境法院,有的是环境法庭,有的以环境合议庭的形式出现,有的则以环境派出法庭的形式审理环境案件。[③] 环境行政裁处所也在实现环境正义中发挥着不可忽视的作用。

(一)环境法院[④]

环境法院拥有独立的主体地位,与传统普通法院平分秋色,是整个法院体系的一个组成部分。环境法院是专门法院,并且是最为彻底和完全的环境司法专门化。"我们这里所讲的专门法院是与普通法院相对而言的,其设立的目的是减轻一般管辖权法院的工作量并满足某些案件对于程序的特殊要求,提高在专业性较强领域工作的法官的专业知识水平。"[⑤]

---

① 参见[西]毕森特·席涅尔·波依拉:《巴伦西亚水法庭》,载水利部政策法规司编:《水管理理论与实践——国内外资料选编》2001年版,第12页。

② See George Pring and Catherine Pring, *Greening Justice: Creating and Improving Environmental Courts and Tribunals*.

③ 为了研究方便,本书把环境法庭、环境合议庭和环境派出法庭统称为环境审判庭。

④ See George Pring and Catherine Pring, *Greening Justice: Creating and Improving Environmental Courts and Tribunals*.

⑤ [美]彼得·G. 伦斯特洛姆编:《美国法律辞典》,贺卫方等译,中国政法大学出版社1998年版,第52页。

在审判权上,环境法院不受行政机关、立法机关的干涉。独立性对环境法院来说是至关重要的,法院超脱一国的政治程序和行政压力越彻底,作出的裁决就越公正、平等和无偏见,也就越能受到社会公众的认可和接受。

就经费而言,环境法院拥有单独的财政预算,而不用担心受制于传统司法体制的制约。

就法官而言,环境法院中配备的是经过培训的专家型法官。在环境法院,法官的任职安全系数高,能保障法官们衣食无忧,终身在法院服务直至一定年纪或达到一定工作年限,而且这些法官只需要接触环境纠纷,不用处理其他传统案件。环境法院根据需要挑选相应技能的法官,并对他们进行环境法培训,这些法官首先必须具有成为一名普通法官的资格。

澳大利亚新南威尔士州土地与环境法院、新西兰环境法院、巴西亚马逊以及美国佛蒙特州环境法院都具备以上特征。

要保证环境法院像普通法院那样长兴不衰,有条不紊地运行下去,需要对审判范围作出谨慎、明确的规定,法官和参与人都能清楚知道可以适用哪些法律,哪些执行手段是可行的。除此之外,还应对公众进行宣传教育,使他们知晓环境法院的职责范围,明确起诉条件和诉讼程序的庐山真面目是什么。

这种完全独立且对起诉资格不做过多限制的环境法院,虽然更能保证环境司法正义,透明度高,对环境纠纷承担更多的职责,但是它的运行成本高昂,司法程序比较复杂。

澳大利亚昆士兰的规划和环境法院(Planning and Enviroment Court, PEC)的运营模式可以引起很多思考。它有完整的司法权,所以绝对是一个独立的实体。但是矛盾的是,该法院位于州普通一审地区法院内,与该地区法院共用内部行政人员。PEC 的法官由区法院的首席法官从区法院全部法官名册中筛选并任命。所以,这些法官既有能力审理环境案件,也能在适当的时候处理非环境民事和刑事案件。这样,就能保证他们有灵活的时间安排表以应对到院外巡回审理案件。全院唯一专职的工作人员是登记员。登记员既是受过训练的调解员,本身也是环境法律师。这种运行模式让昆士兰付出较少的成本,还使环境法官有机会与普通法官加强沟通,交流经验,讨论案件,提出指导性意见,甚至联合办案,并针对本院的案件量和案件的复杂程度适时作出调整。环境法官也有更宽阔的发展前景,同时比较容易发展出审判规则和判例。

(二)环境审判庭

1. 环境法庭

环境法庭是普通司法系统的组成部分之一,集中处理环境案件,与传统的民事庭、行政庭和刑事庭平分秋色,不受行政机关和立法机关的干涉。从实践来看,既有"二合一"形式,即将环境民事案件和环境行政案件划归环境法庭,环境刑事案件和环境执行案件仍由普通刑事庭和执行局管辖;也有"三合一"形式,即将环境民事案件、环境行政案件和环境刑事案件划归环境法庭;还有"四合一"形式,即将环境民事案件、环境行政案件、环境刑事案件和环境执行案件悉数划归环境法庭。从国际上看,大部分的环境法庭对行政决定有实质审查权,所以对政府的决策有重大影响。为了充分发挥环境法庭在处理环境案件上的重要作用,最为合意、理想的做法就是环境法庭的法官能够集中精力审理环境纠纷,不需要分出一部分精力去应对其他普通案件。

如瑞典的环境法庭设置在普通法院体系中,实行的是三级审判制,地区环境法庭有 5 个,分别设在纳卡(Nacka)、墨奥(Umea)、维克舍(Växjö)、维纳斯堡(Vänersborg)和厄斯特松德(Östersunds)地区法院内;环境上诉法庭和终审环境法庭都只有一个。环境案件实施专属管辖,其司法管辖区域由政府来划分。

2. 环境合议庭①

为了解决普通法院传统法庭在处理环境纠纷时的力不从心,在一国不具备设立独立环境法院和环境法庭的情况下,在普通法院内部设立专门审理环境案件的合议庭是最合适的选择。这种合议庭可以通过正式指令或分派自动请缨要求处理环境案件的法官来解决人员的问题,所以基本上不需要专门立法以规定独立的人事编制和财政预算等事项,也不苛求必须具有既懂审判技术又对环境法颇感兴趣的法官。肯尼亚高级法院、泰国最高级法院和行政法

---

① See George Pring and Catherine Pring, *Greening Justice: Creating and Improving Environmental Courts and Tribunals.*

院、瑞典、爱尔兰、芬兰、比利时和希腊等国家，是此类环境司法专门化模式的代表。

各国鉴于环境合议庭的地位，在立案时就会对案件严把筛选关，会对所有有关案件事先进行评估，而后再进行妥善分配。这个工作是由法院的登记员来做的，当然也可以指派一个法官专门从事这份工作。这种做法让法院可以灵活机动的控制案件量，保证环境案件在数量上和复杂度上不会出现大波动，所受理的环境案件能够比较平均地在相关法官中进行合理分配。环境合议庭的一个明显好处是它不需要当事人到一个独立的环境法院起诉，因为当事人可能距离环境法院遥遥千里，也不需要对社会大众进行专门的社区式教育以使他们明白哪些纠纷属于环境案件。一般来说，一国并不会强制性规定环境合议庭必须由受过环境法专门培训或对环境法感兴趣的法官来组成。在实践中，一些环境合议庭采取的是“风水轮流转”的形式，根据各个普通法官受理案件量的多少，轮流审理环境案件。但是不可忽略的一个令人沮丧的现象，就是环境合议庭置身于普通法院内部，很难使用与其不同的规则、程序来处理环境案件，环境案件诉讼费上也无法摆脱普通法院的桎梏。所以，一方面环境合议庭具有专门审判技能、案源充足和不造成额外成本的优势；另一方面则丧失了一定的灵活性。独立的环境法院为了更有效实现司法正义却可以进行诸多创新。

印度最高法院的环境合议庭是典型代表。它位于一个普通法庭内，除了处理所有其他案件外，依据国家宪法要求保障公民“生存权”的规定，承担起了环境保护者的使命。印度宪法像许多其他现代性宪法一样，认可生存权是公民的基本权利。这种规定始于20世纪90年代，最高法院对“生存权”的解释是“公民有权在清洁的环境中生存，有权享用清洁、卫生的水和空气”。最高法院为此制定了一套特别程序，允许任何公民在不事先向更低一级法院起诉或者首先要求举行行政听证会的情况下，只要认为其“生存权”受到侵犯，都可以直接向最高法院起诉。最直接的表现就是最高法院将政府部门、法律执行机构和地方法院不行使保护公民基本权利和环境的行为尽收囊中。20世纪整个90年代，环境公益诉讼成为最高法院的生命线和最活跃的司法行动。最高法院的这种积极主动性使得许多著名的环境公益诉讼案件以胜诉告结。但是,最高法院为此也饱受积案之苦,同时由于“手伸的过长”招致政府、非政府组织、媒体和律师协会的诟病。最高法院近年对其激进的行为有所收敛,但是仍然在与长期以来形成的累累积案作斗争,它所形成的政策、指导性意见和宪法性救济措施的实施效果也甚微。为了解决这些问题,印度现在也在考虑设立国家环境行政裁处所。

3. 环境巡回法庭①

环境巡回法庭是指将环境法院(庭)及其法官都搬到当事人、纠纷或环境问题现场,进行现场勘验、调查、发现事实并当场审理、裁决。如果一国环境法院(庭)的审判权涵盖广大的区域,且当地交通设施不便,人民生活贫穷,就很有必要采用巡回法庭。澳大利亚有“飞翔中的法官”,他们能在远离环境法院(庭)的社区审理各种案件。巴西亚马逊环境法院特地配备了一辆公共汽车到偏僻的地方进行现场庭审。而像佛蒙特州,它借用其他区法院的法庭进行地方庭审。更奇的是爱尔兰,它竟在地方旅馆会议室租用一块地方进行现场简易庭审。巡回法庭的好处多多:裁决者在现场更易于查清事实,能更好理解纠纷;当事人和证人不必担负到遥远的法院参加庭审的交通费;不会影响当事人工作;案件的利害关系人更容易参加庭审;即时庭审相较于正式的法庭来说,是当事人熟悉的场景,程序简单,当事人的恐惧与不安将大大减少。佛蒙特巡回法庭的做法值得借鉴,其在全州范围内分区,根据案件所在区域进行针对性分配。这种做法有助于那些居住在不同区域的法官,减少了耗费在路途上的时间,降低成本,更易推行。

(三)环境行政裁处所②

在实现环境正义的道路上,除了普通法院和专门环境法院之外,我们不能忽略的另外一股力量,就是那些授权在环境问题上作出有约束力决定的专门

---

① See George Pring and Catherine Pring, *Greening Justice: Creating and Improving Environmental Courts and Tribunals*.

② See George Pring and Catherine Pring, *Greening Justice: Creating and Improving Environmental Courts and Tribunals*.

性主体,国际上通称为环境行政裁处所。环境纠纷的特性决定了要真正解决此类矛盾,不仅需要环境法律专业知识,更需要了解环境政策、环境标准、环境技术知识,并具备相当的行政经验,这是普通法官难以胜任的。环境行政裁处所设在行政系统内,属于行政机构,根据立法设立,按照法律的规定获得年度财政预算,在处理程序和对待证据方面可能更加灵活,可能有也可能没有强制执行权。它与司法系统相辅相成,是解决环境纠纷的重要手段。

环境行政裁处所的组成成员多样。担任主席的是律师,也可能是法官,往往是法官、律师、科技专家、环境规划者、非政府组织代表,甚至非专业人士的综合体。爱尔兰就是全部由非专业人士组成。有些环境行政裁处所规定,主席必须是最高法院的主审法官或者是最高法院的退休法官。总体来说,一国对环境行政裁处所的组成人员没有太多限制性规定,可以有任期保障,也可以不保障;可以具备与所服务的环境行政裁处所相关的技能,也可以不具备,完全是“门外汉”。不过,一般来讲,环境行政裁处所的组成人员多是国家出于政治利益考量来任命的,也不排除在偶尔的情况下国家会出于政治和民间社会利益的双重考虑来安排人员。环境行政裁处所的明显优势,是可以较多的采用非正式程序,这样易于缓解当事人的紧张情绪;还可以在处理环境纠纷过程中灵活应对案件量的多少,以迎合各方的需要。通常来说,环境行政裁处所受理的纠纷范围非常明确,但是免不了有时缩小范围,集中受理某一类案件,例如肯尼亚的环境行政裁处所仅处理关于环境影响评价的申诉纠纷。“尺有所长,寸有所短”,相较于环境法院(庭),环境行政裁处所机制牺牲了其独立性、法律专业性、审理的一致性和持续性。综观国际,环境行政裁处所有三种形式:第一种是完全独立的环境行政裁处所,与其他行政机构或部门相分离;第二种是准独立环境行政裁处所,会受到某机构的监督,但是该机构的决议不需要环境行政裁处所审核,与环境行政裁处所的利益冲突不大;第三种是依附性环境行政裁处所,受到某机构的控制,而且该机构的决策是由环境行政裁处所审核的,其审核的有效性与价值性就可想而知了。

日本的公害调整委员会在性质上属于环境行政裁处所,是典型的行政机关,但是其所作的裁定则是根据当事人的申请,依照司法程序对环境纠纷作出裁决,又具有准司法性。如其受理的一类特殊环境行政诉讼——居民诉讼,即在地方公共团体为有关环境问题支出了居民看来不必要支出的费用时,①当地居民可以对此提出诉讼,请求环境行政裁处所予以确认该笔支出是否合理恰当,以矫正行政机关在环境行政行为中的违法行为。

韩国的环境行政裁处所是环境纠纷解决委员会,其具有准司法主体的性质,有单方作出裁决以解决环境纠纷的权力,在实践中发挥着补充和支持韩国环境司法制度的作用。

总体来看,环境司法专门化具有以下优势:在专门化的环境审判组织中,由于其集中受理和审理环境案件,这种纯粹方式使得裁决者必须拥有丰富的国家和国际环境法律知识,并在单一处理环境案件的过程中很快积累足够的经验,以应对复杂的环境法和妥善处理专业技术性的证言证词,并能平衡潜在的环境损害和经济利益;同时集中处理环境案件无疑摆脱了普通法院中排队挂号的等候情形,有助于提高案件的处理效率,尤其对那些需要提前处理的紧急案件,经过筛选,可以优先处理,能够避免迟延审理对环境造成的直接损害;专门化的环境审判组织拥有直接的权力,有权适时简化程序,这将大幅降低当事人的支出,而这在普通法院是不太可能实现的;从当事人角度来看,环境法院和环境审判庭扩大了环境案件的受理范围,放宽了诉讼资格,使公众接近环境正义的途径更加简便,增强了公众的参与力度;从环境法官角度来看,受过专门培训、学识渊博的裁决者因为熟知环境领域的法律和判例,其所作的裁决更能保证前后一致性,这无疑增强了当事人对案件的预测度;同时,为了更好地处理环境纠纷,专门化的审判机构在实践中采取了更灵活的程序,引进了许多创新性的裁决举措,如构建环境诉讼信息库、采信专家证言、打造专业律师等,这在普通法院实施起来是很困难的。

从设立专门性环境审判机构的现状来看,由于一个特定的区域往往只有一个环境审判机构,环境案件普通审和专门审的相互衔接就非常重要。通常其采取的措施有:

---

①　如工厂排污造成污染,居民会认为行政机关支出费用治理污染是对排污企业的纵容和放任,治理污染的责任在于排污企业,行政机关无权擅自处置纳税人的钱。居民诉讼由此产生。

其一是先合后分。环境案件在基层法院由环境法院(庭)初审,在上诉阶段又回到普通法院审理。如佛蒙特州环境法院受理的案件属于初审案件,对于该院判决不服而上诉的案件都归入州的最高法院。

其二是先分后合。环境案件在基层法院由不同的法院(庭)初审,上诉到中级法院甚至高级法院时再由环境法庭审理。①

二、国外环境司法专门化对我国的启示

(一)依据一国国情逐步推进环境司法专门化

1. 根据现实需要开展环境司法专门化

这些国家都是依据各自的国情,出于减轻普通法院负担和解决环境司法专业度高、技术性强等特殊问题,经过详细考察和论证才开展环境司法专门化的。

如新南威尔士州是澳大利亚人口最多、经济最发达的地区,20 世纪 70 年代以来,随着经济的快速发展,新南威尔士州的环境问题也越来越突出,环境、土地、规划等纠纷频发。而当时环境、土地、规划有不同的机制、程序、处罚措施、救济途径,并且分散在不同的法院进行管辖,这些法院相互之间的管辖权在许多方面都存在交叉和重复,引发了实践中案件管理混乱、审判效率低下、成本高昂等一系列问题。正是为了解决这一现象,新南威尔士州才开始进行系统的环境立法和司法体制改革。土地与环境法院就是这次改革的丰硕成果。

再看美国佛蒙特州环境法院。众所周知,世界范围内环境民主运动的发祥地在美国,可见社会公众的环境法律意识非常高。20 世纪 70 年代以来,佛蒙特州为迎合环境保护的激进现状,颁布了许多环境法律。但是这些环境法律尚未形成有机统一的体系,各个环境资源立法都有自己的执行程序和机制,违法处罚的手段和力度也各不相同,有的立法仅规定了民事处罚措施,有的立法则重在刑事处罚;在救济手段上,有的立法明确规定可以向法院起诉,有的立法则要求只能向环境委员会申诉。这些各行其是,甚至相互矛盾冲突的规定,导致对环境纠纷的处理结果大相径庭,无法体现法律的一致性和统一性,

---

① 参见李挚萍:《外国环境司法专门化的经验及挑战》,载《首届环境司法论坛论文集》(2011 年),第 78 页。

司法权威性也因此受到质疑。在此严峻的形势下,议会认为有必要开创环境纠纷解决新机制,随后就通过立法建立了环境法院。

而美国的另外一个城市孟菲斯城100多年来一直积极运用环境法典和普通法院的处罚来保护环境,但是,效果并不理想。主要是因为法官对此类环境案件没有进行连贯性审理,致使很多诉讼延期。该市几经研究,最终选择以印第安纳波利斯环境法庭为模式建立了孟菲斯环境法庭。"专门法庭的建立使得法官有足够的精力和时间去研究环境法典,以针对不同的环境诉讼,作出恰当的判决""当事人也不用再等待很长的时间,因为如此这般,案件很快就能进入到诉讼程序。"美国律师协会也逐渐认识到环境法庭的特殊性,并任命拉里·E.波特(Larry E. Potter)和佛蒙特玛丽德斯·怀特(Judge Meredith Wright of Vermont)法官掌管该部门。[①]

可见,尽管环境司法专门化在许多国家以不同的形式展现出来,这种建立仍然是局部性的、选择性的,绝对不是普遍开花,其决定性因素就是一国的现实需要。美国的佛蒙特州环境法院如今是名声在外,但是在20世纪70年代以前,美国政府考虑再三,还是决定不设立国家环境法院(庭);[②]南非则解散了在南开普敦的环境法院(庭)。

2. 环境司法组织设置的非行政区划化

决定专门化环境司法组织的原则是方便诉讼等,并适时根据经济社会发展情况进行调整。环境司法组织并不是完全按照既有的行政区划和司法层级来设立的。其表现为:

第一,环境法庭并不是普遍设立的,所以管辖范围往往覆盖一个特定的地理区域。如瑞典的区域环境法庭是在原水法庭的基础上建立的,其管辖范围也以此为基础,之后根据人口、发展区域和城市规划等因素进行了再调整。

第二,环境法院的管辖范围覆盖一个指定的行政区域,通常被授予跨行政区域的管辖权,如美国的佛蒙特州环境法院被授权管辖全州的环境案件,澳大

---

① 参见周伯煌:《环境法庭的设立问题探讨》,载《企业家天地下半月刊(理论)》2008年第3期。

② 参见《美国司法会议纪要》。

利亚新南威尔士州的土地与环境法院也被授权管辖全州的土地和环境案件。①

(二)实现环境司法专门化的法治化

1. 完备的法律规定

任何专门法院的设置,其根本目的仍然是为实现法治的目标。环境司法专门化不能够摆脱法治的要求,人为操作,为了推进环境司法专门化而破坏法治的基本原则。从全球范围看,规范环境司法专门化的法律源头有:

第一,宪法。宪法作为一国的根本大法,一旦承认环境权属于人权,人人有权生活在清洁、舒适、健康的环境中,将会为环境诉讼提供坚实的法律基础,这种宪法性权利是至高无上和神圣不可侵犯的。印度的宪法是其中的代表。

第二,法律。一国立法机关在制定法律时,可以通过明确的规定来阐明一旦出现违反该部环境法律的时候,如何提起环境诉讼。南非是其中的代表。

第三,法院的判例。这种情况多发生在普通法系国家,法官有权通过裁决宣布诉讼规则(法官造法不需要依据一国的宪法或立法机关的立法,主要考虑的是其合理性和公正性)。英国是一个明显的例证。

第四,法院规则。在法院行使审判权过程中,其可以通过运行守则对环境诉讼提出要求。菲律宾起草的规则可以证明这一点。

具体来看,澳大利亚新南威尔士州土地与环境法院在解决环境纠纷的专业性上享誉全球是有原因的,它是根据超过20部不同的环境法律来行使对业已形成的环境争端,裁决享有排外管辖权,对其管辖范围作了明确的规定。

瑞典在1998年颁布的《环境法典》从实体法和程序法双重角度有效保障了环境诉讼的顺利进行。

新西兰议会于1991年8月通过了《资源管理法》,同时废除了78部其他法律法规,并对许多法律法规进行了修正。《资源管理法》是一部统一管理全国土地、水和大气的法律。其后,该法先后在1993年、1994年、1996年、1997年、2003年、2005年进行了修订。《资源管理法》正是新西兰环境法院的基石。虽然在这部法律中,新西兰还是继续沿用规划裁判所的名称,但是法律对裁判所

① 参见李挚萍:《外国环境司法专门化的经验及挑战》,载《首届环境司法论坛论文集》(2011年),第78页。

的结构组成、职权、运作程序都作了明确规定。环境法院是在 1996 年才由《资源管理法》修正法正式命名，但是与依据 1991 年《资源管理法》设立的环境规划裁判所相比，仅是名称上的变化，其他地方没有实质性的改变。

2000 年孟加拉国颁布了《环境法院法》，该法规定设立环境法院和审理附属环境问题是适宜性和必要的，以便为法院审判环境污染案件和其他有关环境纠纷提供保障。该法就环境法院的权力、管辖范围以及程序性权力都作了详细的规定。

2. 理性对待政治影响

环境司法专门化不管采用哪一种形式，都必须理性对待政治对其的影响，有完善的条例以保障公平、公正，这样的环境法院(庭)才能受人尊敬、享有权威。

“在美国，几乎所有政治问题迟早都要变成司法问题。”①托克维尔敏锐地指出：“美国的法官跟其他国家的司法官员完全一样，但他们被赋予巨大的政治权力。其原因只在于：美国认为法官之有权对公民进行判决是根据宪法，而不是根据法律。换句话说，美国人允许法官可以不应用在他看来是违宪的法律。”②因此，在现代行政国家兴起的背景下，美国法院能对行政权发挥平衡制约的功能，并保持自己通过审理案件、形成判例，影响政策导向与社会进程的独特地位。

与之形成鲜明对比的就是孟加拉国。该国的达卡环境法庭案件量不足的最大原因，就是没能摆正自己的位置，理性面对来自政治上的影响。该环境法庭成立于 2002 年，位于达卡区法院内，被授权审理环境犯罪案件和管辖处于国家环保部(Department of Environment, DOE)权力下的事项。但是，让人称奇的是，环境法庭法律规定，一件没有在 DOE 先行申诉的案件是不能起诉到法庭的。亦即诉诸环境司法的前提要件是 DOE 进行审查并作出完整的报告，该报告是申诉者起诉的依据。指着堆满房间的文件，DOE 主任直言不讳地承认这里是上千份申诉，都是经年累月拖延下去的，而 DOE 不会对其作出审核并形成

---

① [美]托克维尔：《论美国的民主》(上册)，董果良译，商务印书馆 1988 年版，第 310 页。
② [美]托克维尔：《论美国的民主》(上册)，董果良译，商务印书馆 1988 年版，第 111 页。

报告,从而决定了这些环境争议无法在环境法庭进行诉讼。造成的结果是,在成立的最初 6 年里,环境法庭仅审理过 93 件环境案件,其中 2007 年只有 17 件。可谓是一种资源浪费,因为指派到环境法庭的法官有良好的环境法专业背景,并致力于环境法的实施。但是就是因为案件量严重缺乏,他得不到宽敞的办公地点、现代化的计算机设备和其他工作人员。他的职业前景也大受限制,因为法官的晋升是以其每年的结案率为基础的。于是环境法庭中年轻的法官审理非环境的普通案件以保证案件量,让自己的工作量充实起来。显然,在该国,国家环境保护部充当着环境争议进入环境法庭的"守门人"角色。如果环境法庭能在明晰自身定位的基础上,做好与国家环境保护部之间的衔接与协作,最大化申诉这一前置性程序的积极作用,受到良好培训的法官与完善的法律都可以成为其高效提供环境司法正义的助力器。

(三)高度重视环境司法专门化配套机制的构建

1. 逐步放开对起诉资格的限制

南非在其环境法中,除了没有规定未来一代的环境诉讼权外,对起诉资格的限定比较宽泛:

第 32 条:实施环境法律的法律资格:

第 1 款:对违反或可能违反该法案,包括第 1 章中规定的原则的行为,及对违反或可能违反与环境保护或自然资源利用相关的法定条款的行为,任何人或团体有权获得合理适当的救济:

(a)为了该自然人或团体组成成员的利益;

(b)代表客观不能诉讼的公民提起环境诉讼;

(c)代表利益受到影响的团体提起诉讼;

(d)为了公共利益;

(e)出于保护环境利益。①

更为自由的起诉资格实例有:

苏丹规定在环境受到损害时,任何主体都可以申诉,而无须证明其与这种

① South Africa National Environmental Management Act 107 of 1998.

损害有直接的利害关系。

肯尼亚和巴西明确规定了公民享有高质量环境的宪法性权利,因此在他们的环境权受到侵犯时,包括公益团体和 NGOs 在内的任何主体都有权提起诉讼。

综合来看,在这些环境法院(庭)中,公诉人理所当然应对环境犯罪行为提起诉讼,在很少的情况下,也可以依据民事环境法提起环境民事公益诉讼。公诉人受到专业的、良好的环境法培训并致力于公益,可以解决个人起诉中面临的各种风险,如高昂的花费、起诉不能等问题。

另一个好的诉讼主体就是环境监察机构。奥地利、哥斯达黎加、希腊、匈牙利和肯尼亚都有这种独立的环境监察机构,或者某一监察机构内设的专门环境申诉部门。监察机构受理并审查社会主体的申诉,在符合条件的情况下会提起诉讼,其花费都由政府埋单。

其他可以实现自然人或团体诉讼权的主体有:(1)有合法成员和必要资金的 NGOs,如孟加拉国的环境律师协会(Bangladesh Environmertal Lawyers Association, BELA),还有些是国际性的 NGOs;(2)政府或 NGOs 资助的组织;(3)私人或 NGOs 律师可以提起集团诉讼。

总之,各国倾向于逐步放开对起诉资格的限制,尤其是不对环境公益诉讼的起诉主体作出过多限制。

2. 管辖范围趋向广泛化

国外设立的专门环境审判机构不管是环境法院还是环境审判庭,其管辖范围都较为广泛。

最初,瑞典的环境法院(庭)是在旧有的水法庭管辖区域和流域地理区域基础上来确定管辖地域。发展至今,其地理边界得到重新界定,除了原有的流域管辖,人口和开发区域以及使用规划问题也划归管辖范围内。麦肯齐河谷环境法院(庭)则根据流域和土著居民居住位置来确定其区域管辖权。为了实现保护环境,提高麦肯齐河谷居民的社会、经济和文化效益,该环境法院(庭)对环境评价和开发项目的环境影响审核享有管辖权。

2008 年,菲律宾最高法院指定 117 个对森林纠纷有管辖权的市、区法庭来处理所有环境案件。与此同时,这些法庭还保留它们在普通案件上的审理权和管辖区域。

澳大利亚新南威尔士州土地与环境法院受案范围有七类:第一,环境规划的上诉;第二,地方政府及其他各种不同性质的上诉;第三,强制征用土地的评估及补偿;第四,环境规划和保护、民事执行、对行政决定的诉讼审查、对有关法律、强制令的实施;第五,对轻微环境刑事案件的简易管辖;第六,地方法院已经定罪的刑事上诉案件;第七,由包括原告、检察长或其他对公诉负责的人员提起的对地方法官的定罪、颁布的命令及作出的判决的上诉。①

新西兰环境法院在行使民事管辖权时,环境法院和环境法官具有与地区法院相同的权力。包括:第一,与区域政策声明、区域规划以及地区规划内容有关的上诉。第二,与资源许可有关的上诉(资源许可主要包括五类:土地使用许可、细分许可、沿海许可、水资源许可、排污许可)。第三,与设计有关的上诉。所谓设计就是为公共工程或其他涉及公共利益的项目预留土地。一份设计就是地区规划中的公共工程或项目条款。第四,与削减通知有关的上诉。削减通知就是由强制执行官员发出的通知,要求人们采取行动或抑制自己的行为,以遵守《资源管理法》或资源许可的条件。第五,执行令的申请。执行令就是由环境法院发出的命令,强制人们遵守《资源管理法》的规范,区域地区规划中的规则或资源许可的条件。第六,声明的申请。声明是环境法院为澄清《资源管理法》问题而作出的决定。②

科威特审理国内破坏环境案件的一个法庭拥有广泛权力,其于2000年10月开始审理涉及石油泄漏、工业污染及该国200公里海岸线沿线发生的环境违法案件。③

昆士兰和安大略的环境法院对规划和环境问题拥有广泛的管辖权;哥斯达黎加的环境法院至少在规定上有最为宽泛的管辖权,既有民事和刑事管辖

① 参见董燕:《从澳大利亚土地环境法院制度看我国环境司法机制的创新》,载《华东政法学院学报》2007年第1期。

② 参见沈跃东:《可持续发展裁决机制的一体化——以新西兰环境法院为考察对象》,载《西北农林科技大学学报(社会科学版)》2008年第3期。

③ 参见《环境污染逼出环境法庭》,载《中国青年报》2000年8月29日,第4版。

权,还有权处理《环境组织法》中列举的诸多问题,如野生动物、生物多样性、森林、土壤保护、海岸线保护、健康、水、基础设施和城市规划。与此形成鲜明对比的是爱尔兰环境法院,它只能处理土地规划和建筑许可,而无缘环境法中的诸多事项。如今,在爱尔兰,一些政治家和民间社团呼吁要扩大环境法院的权力范围,使其可以应对环境污染、自然资源保护和其他更多的传统环境领域。瑞士的环境上诉法院当前受理的涉及水资源的环境案件,原本是分配给水法院的管辖权,其规定散见在16个不同的环境法案中。瑞士正在考虑通过立法整合土地和建筑法案,将其纳入环境法院管辖范围。

3. 加强案件管理工作①

具体的措施包括:

(1)选任案件管理员。

案件管理员属于环境法院(庭)的专业工作人员,决定案件的进度。担任此职务的可以是书记员、登记员、律师,也可以是行政管理人员。当然法官自己也能担此职责。案件管理通常与环境法院(庭)的“进门”功能联系在一起,包括在案件首次立案或当事人考虑提起诉讼时对案件进行审查。堪称成功的案件管理有两大关键要素,其一是具体“个案”具体对待,其二是灵活性。这里没有放之四海而皆准的方法可言,均是根据每一个案件独特的问题和当事人进行管理。一般来说,当事人众多和更复杂的案件需要的案件管理时间也越长,对那些自诉的起诉者而言案件管理尤为必要。

佛蒙特州环境法院认识到案件管理功能的重要性,专门聘请了一位擅长环境法的律师担任案件管理员。她和法官、书记员一同工作,其职责范围包括:向起诉者提供法庭程序信息;根据形式和问题对案件进行分类;审查立案并向主审此案的法官提出建议;帮助法官准备预审;与当事人会面,商讨调解、告知截止期限和预测法庭审理结果;与当事人进行情况会商。案件管理员通过计算机程序监控案件,调整当事人即将到来的截止期限,防止案件“湮没”在体系之中或受控于合法的拖延策略和没必要的诉讼延期。但是案件管理员不

① See George Pring and Catherine Pring, *Greening Justice: Creating and Improving Environmental Courts and Tribunals*.

能开展调解或指令审理程序。

坦桑尼亚的登记员在案件管理职责上有其独特的范畴,能够对适当的案件在当事人之间进行调解。登记员在对案件审查之后可以为审理做准备,全程跟进案件,调整当事人的截止期限,在法院已经设定的日期上协商变通。

新南威尔士州土地与环境法院的登记员有其他任何法院案件管理员所没有的最广泛的权力。通过新的实践指南,登记员的职责得到极大的扩张,根据案件的类型,其甚至有权从事传统的审判权。除了其他环境法院(庭)案件管理员所承担的职责之外,在特定的案件中,他可以实施调解或仲裁,进行预审和指令审理程序,中止程序,授权延期,为诉讼提供多种选择包括撤诉,对预计花费少于30,000美元的一审案件作出提前减免费用的决定,决定调解或适用院外调解。

(2)提供咨询。

咨询虽然通常与案件管理紧密联系在一起,但是可以说是相对独立的一项活动,主要在当事人立案之前、之后,以及在整个案件中提供帮助,对环境法院(庭)程序、规则、形式、成本和可能的审理结果给出一定的建议。但是提供咨询的顾问不可以解释实体法或提供指导,也不能详细审查事实。咨询涵盖诸多方面,包括对不必要的案件不予立案,解释程序步骤,甚至帮忙填写表格。咨询不需要律师,很多时候都是由书记员或环境法院(庭)的其他工作人员担此职责。

(3)审查案件。

环境法院(庭)工作人员对案件进行前期和继续审查,以确保根据每个案件为其量身选择合适的解决途径、处理措施、时机、符合审限并使审案需要的文件完整。

(4)指令审理程序。

担此职责的人员也称为排期员,其与法官、登记员、书记员和其他专业人员会见、商讨,从而为案件立案、信息交换、ADR、专家报告和期间动议安排期限,并设定最终的庭审。一个成功的环境法院(庭),指令审理程序处于其实务和程序的核心位置。在该程序中,法官与当事人为案件设置提供选择,在案件的每一个阶段都有严格的时间表,并对当事人的预期提供建议。它推动了案件的进程,使审理程序对法院和当事人来说更加有效率。

(5)建立计算机数据管理系统。

理想的计算机案件管理系统能够记录数据、案件进程并发布公众通知和决定的截止期限,还能自动提前通知工作人员相关的日期以提醒当事人的最后期限。计算机数据管理系统现在已经与争议解决程序的每一个阶段都融为一体。这种工具虽然花费不菲,但是能为有效的案件管理提供有价值的支持。美国纽约市正在开发一种数据库,使得地区之间对违法行为和处罚能进行及时沟通、交流,以实现信息资源共享。

(6)启动 ADR 筛选程序。

ADR 筛选程序作为“踏入法院门槛”体系的组成部分,通常由最初审查案件立案信息的登记员或法官进行操作。根据标准化的评价依据,启用筛选系统对案件进行初步审查,可以基本认定案件是适合调解还是适用法院的其他处理“门径”。国外现在已经发展到提供在线 ADR 标准化评估表,这样就能开展继续评价,ADR 的适用效果就能被跟进。

(7)建立并及时更新网站。

绝大多数发达国家都提供这种环境网站。对用户公开,并能与环境法院(庭)展开互动的网站可以提供:

第一,关于环境法院(庭)的全面公共信息,比如发展历程、审判权限、法律和规则、立案程序、成本、诉讼年报和评价统计等。

第二,庭审通知和环境法院(庭)的其他事项。

第三,在线电子立案,能接受所有档案和文件。

第四,在当事人和环境法院(庭)之间展开一对一的不公开沟通交流。

新南威尔士州土地与环境法院有最为宽泛的网站,允许当事人获得关于法院、诉讼成本、法律、规则和案件决定的最新信息,甚至提供不同法官公开的详细信息。既然是网站,持续不断的更新至关重要,其花费自然不菲。

全球范围内信息技术的创新发展可谓一日千里,大力支持着环境法院(庭)网站功能的推进。但是,环境法院(庭)在利用高新技术上存在两大问题。

一个就是为确保数据间转换和兼容,实现新系统与旧系统之间的整合,这需要时间和昂贵的花费。另一个就是环境法院(庭)工作人员和公众在学习如何使用新系统上的滞后性。环境法院(庭)中的许多裁决者并不能将计算机作为常备的伙伴。每一次系统调整之后,需要对裁决者进行进一步的培训,这就意味着本已经不堪重负的法官,还要抽出大量的时间去学习、消化新技术,实际上法官很不情愿,有时也是客观履行不能。在今天还能看到靠手写记录和利用书架上的法律书查找法条的法官并不奇怪,有些人就是对学习使用网络不感兴趣。

(8)提供其他信息技术。

这些信息技术包括:

第一,视频和远程会议,进行即时开会和庭审活动。

第二,对证据进行同步转录和传送,使得一个在远方的法官几乎当下就能对书面复印件进行审查。

第三,判决数据库使得很快能查找到类似案件的先前裁决,从而保证裁决的一致性和公正性。

第四,违法者数据库,允许作为违法者的个人查阅过去类似的违法和审判,从而对自己的违法行为后果进行合理预测。

(9)灵活安排时间。

灵活的时间亦即可替代时间,法官可以选择工作日之外的其他时间开庭,如“夜间”或“周末”法庭。这样当事人和公众能在不影响正常工作的情况下参加庭审,也使有限的法庭资源得到缓解。该手段与巡回法庭结合在一起,能大大提高裁决者审理案件的效率。

(10)简化规则。

在实践中,根据授权,环境法院(庭)可以采用简单易操作、灵活机动的程序和证据规则,使得环境法院(庭)的运行与普通法院形成鲜明的不同。这种做法产生的实效性是法庭有一定的灵活性,程序得以简化,庭审更加公开、透明,当事人易于接受并减少对庭审的恐惧。有些环境法院(庭)的法官不穿正式的法袍,不戴假发,也不要求当事人在法官走进或离开法庭时起立,当事人不需要在一张抬高的展示台上出示证据。可是,质疑声也由此而起,这种随意性会不会降低法庭的权威性和起诉者对法官应有的尊重?尤其是更高级别的法院认为,非正式庭审无法体现程序的重要性。一般来说,只有环境法院(庭)是一个分离出来的独立主体,并通过立法授予其宽泛的权力,它才有可能采用灵活的规则和惯例。而像绿色合议庭、绿色法官,他们是无权采用不同于“母体”的规则和惯例的,他们一定要与所在法院的审理规则保持一致。

4. 充分发挥法学院法律诊所的效用①

许多国家的法学院都成立了异常活跃并运作成功的环境法律诊所(ELCs)。在这些持续传承下去的学习型诊所里,法学院学生和他们的指导老师通过为某些原告提供免费的法律服务,大大提高了环境司法正义。当然,原告必须有个人起诉资格(原告必须受到某个决策或行为的影响,而不仅仅对保护环境问题具有广义的利益),并且能代表最大多数人的公共利益。诊所会针对那些违反环境法律、法规的项目、规划和决策提起诉讼。对环境法、自然资源法和土地利用法感兴趣的同学,为了修满学分申请到环境法院(庭)实习,与那些经验丰富的环境法教授和专业法律实务者朝夕相处,这不仅可以得到锻炼和积累学习经验,而且会更好的理解什么是环境司法正义。法学院法律诊所的优点在于学生和指导老师的法律服务是免费的,但是原告自己还是要支付立案费、专家出庭作证及其他与非律师有关的花费。

丹佛大学斯特姆法学院的环境法律诊所创建于20世纪70年代,在过去这些年里打赢过很多重要的环境法律官司。学生有两个方向可以选择:一个主要致力于野生动植物、濒危物种和生物多样性的案件;另一个主要关注城市环境正义和公共健康案件。该法律诊所因为成功代表黑熊、热带鸟类、蝴蝶、猞猁、土拨鼠和其他物种等濒危物种的案例而声名在外。丹佛法律诊所也会对大气污染、能源和可再生能源提起诉讼。在一起有关大气污染的实例中,诊所

① See George Pring and Catherine Pring, *Greening Justice: Creating and Improving Environmental Courts and Tribunals*. 除了法律诊所以外,法律实习(又被称为校外实习)作为法学院学生的必修课之一,一般在大四上学期期末开始,学生必须到法院、律师事务所等法律机构实习一个月不等,协助法律职业人处理法律方面的相关事宜,法律机构不承担任何费用,学校会为学生拨出一部分款项作为实习费。这是法学院提供无偿服务从而降低公益诉讼花费的另外一种做法。

依据《北美自由贸易协定》提交公民请愿书，成功阻止了雪佛莱公司在科罗纳多岛附近修建一座耗资650,000,000美元液化天然气终端的计划，拯救了世界上生物多样性最丰富的地区之一。

不可否认，法学院环境法律诊所确实有助于实现环境司法正义，但是费用的限制也常常成为诊所服务的障碍。他们一般不会提起需要专家的诉讼，主要针对那些纯粹法律问题、程序相对简单的案件。这样做的结果就是限制了诊所的案件种类，学生也很难获得充分、多样的法律实务经验，也将一干迫切需要帮助的人拒之门外。

第二节　国外环境公益诉讼制度及其对我国的启示

一、国外环境公益诉讼制度概况

国际著名诉讼法学家卡佩莱蒂教授说过，随着现代社会的复杂化，单单一个行为就致使许多人受益或受害的事件频繁发生，其结果使得传统的把一个诉讼案件仅放在两个当事人之间进行考虑的框架，越发显得不甚完备。为使此类纠纷得以善处，集团诉讼、公益诉讼等制度由是发达。美国在1970年由财团资助的“公益法律事务所”出现后，兴起了接近正义活动的第二“波”，旨在让消费者或环保主义者有机会获得“扩散利益”的机会。这种用新的诉讼方式来满足新的社会要求的现象是“一种更具广泛性的全球现象”。①

（一）美国环境公益诉讼制度的运行与发展情况

美国是现代环境公益诉讼制度的创始国，也是现代环境公益诉讼制度最完备的国家之一。

首先，美国司法诉讼案件的原告资格十分宽泛。1970年美国《清洁空气法》中最早规定了环境公益诉讼的原告资格问题，其中著名的“公民诉讼条款”中规定了任何人都可以提起诉讼，而不需要原告证明有任何法律上的利害关

① ［意］莫诺·卡佩莱蒂编：《福利国家与接近正义》，刘俊祥等译，法律出版社2000年版，第11页。

系或利益遭到了侵犯。美国《联邦地区民事诉讼规则》第17条规定也解决了在公益诉讼中的原告资格问题。美国最高法院的道格拉斯大法官结合审判实务,对放宽诉讼资格作了恰当的解释:“我们的社会变得越来越复杂,无数人民肯定会蒙受共同的灾难和风险……他们应当受到法律保护。部分人也许是消费者,请求的标的价值也许很小,而个人却无具体途径获得补偿或禁止性救济。另一部分可能是环境保护人士,虽然他自己没有农作物受到放射物引起的大气污染的损害,但他们却受到了可见的烟尘、放射物和毒气的损害。或者,这些芸芸众生不得不支付为公用事业而索取的过高物价。”[①]美国著名的环保团体——野生生物保护者(Defenders of Wildlife)在提起环境公民诉讼过程中深有体会:“我们的最终目的当然不是提起诉讼,而是为了保护野生生物和其他自然资源。然而,如果没有公民实施之机会,我们相信环境保护将会承受灾难。尽管我们提醒政府应该履行其身为生物多样性和所有环境价值受托人之义务,但是,只有公众才能最后确保公众利益之保护。”[②]

其次,美国公民诉讼的可诉范围具有明确的范围。美国环境法规定,公民诉讼必须依法提起,公民提起诉讼必须符合法律规定的条件,具有明确的可诉范围,即公民诉讼只能针对法律规定的违法情形提起,可诉范围是由法律明确界定的。[③] 而“法律就是朝着允许公民起诉他们感兴趣的任何行政裁决的方向发展”。[④] 各单行联邦环境法律的公民诉讼条款,一般都规定了明确的可诉范围,包括两类:其一是违反授权该公民诉讼条款的联邦环境法律的特定法律条款或内容的行为,比如违反《清洁水法》所规定的排污标准、限制、排污许可证及其条款的行为,以及违反行政执法机关依据上述排污标准、限制、排污许可证及其条款所颁布的有关行政规章或命令的行为。[⑤] 其二是执行联邦环境法

---

① 姜明安主编:《外国行政法教程》,法律出版社1993年版,第306页。

② Defenders of Wildlife & Center for Wildlife Law, *the Public in Action*: *Using State Citizen Suit Statutes to Protect Biodiversity*, http://www.wendangwang.com/states/publications/public.

③ 参见陈冬:《环境公益诉讼的限制性因素考察——以美国联邦环境法的公民诉讼为主线》,载《河北法学》2009年第8期。

④ [美]伯纳德·施瓦茨:《行政法》,徐炳译,群众出版社1986年版,第419页。

⑤ 参见33 U.S.C. §1365(a)(1)。

律的联邦环保局等行政机关的不作为违法行为。如《清洁空气法》《清洁水法》均规定,若联邦环保局局长不能履行本法所规定的不属于环保局局长自由裁量领域的作为或义务,公民可以提起公民诉讼。①

(二)英国环境公益诉讼制度的运行与发展情况

在英国,存在一种混合程序,用公法名义保护私权之诉,是检察总长在别人要求禁止令或宣告令或同时请求这两种救济时,为防止某种情况而提起的诉讼。通过为此而出借他的名字,检察总长使得禁止令和宣告令这些基本上是捍卫私人权利的救济,转而成为保护公共利益的公法救济。该程序的基础是国家利益,为了普通的公共利益而维护法律。② 在环境保护方面,英国在认识到传统法律不足以阻止环境侵害之后,也修改了相应的法律规定,认可对于公益妨害受害者本人或通过检察官都可提起诉讼。英国《污染控制法》规定:"对于公害,任何人均可起诉。"总之,在环境公益诉讼方面,英国也倾向于比较宽松的起诉资格限制,一般仅要求原告有"充分的利益",组织合法,其理由是:在公法体系中,为了实现法治和制止违法行为,某一个压力集团或者仅是精力充沛、比较活跃的纳税人,受到那些过时的关于起诉资格的技术规则的限制,无法将问题提交到法院获得司法救济的历史时代应该结束了。

(三)其他国家环境公益诉讼制度的运行与发展情况

一些国家的宪法或法律承认群体诉讼。这些法律的典型特色就是授予任何主体在政府违反法律的时候甚至可以起诉政府。荷兰、葡萄牙、西班牙、爱沙尼亚、斯洛文尼亚等国家是代表。

在特立尼达和多巴哥,任何公民或团体只要证明其具有环境或其他特定事项上的普遍利益,就能对违反《环境管理法》的行为直接提起团体诉讼。

在印度,印度法庭已经接受私人向政府决定的开战。私人可以对印度政府允许皮革厂向恒河排放污染物的命令提起诉讼,印度法庭会作出裁决关闭这些皮革厂,直到它们安装完废物处理系统为止,虽然印度法庭清楚这一做法

---

① 参见42 U.S.C. §7604(a)(2);33 U.S.C. §1365(a)(2)。

② 参见[英]威廉·韦德:《行政法》,徐炳等译,中国大百科全书出版社1997年版,第257页。

对皮革厂会造成重大的经济损失。[①] 也允许自然人越过一审和二审法院，直接向最高法院提起环境权诉讼，即使涉及的是无关紧要或地方性的申诉。

法国、德国、日本等国都在民事诉讼制度中规定了检察官可以国家利益和社会公共利益的保护者对某些案件提起民事诉讼。另外，德国还有宪法诉讼，它规定本国公民只要认为某项法律的制定或实施已经违反了宪法的精神或基本要义，都有权向法院提起宪法诉讼，请求宣布该法律因违宪而无效。而菲律宾高等法院在1993年的一个判例中，授予42名儿童以诉讼权，使之能够以自己和子孙后代的名义提起诉讼，要求政府停止大规模出租国家森林给开发公司砍伐，最后，法官判决对原告的诉讼请求予以支持。

二、国外环境公益诉讼制度对我国的启示

（一）环境公益诉讼制度的理论透视

1. 价值理论：环境正义的维度

历史发展到今天，可以肯定地说，一个社会，无论多么“公正”，如果不考虑环境正义，最终必将导致社会集体的贫瘠，也就谈不上是真正的公正，即使有这种“公正”，经过历史的检验，也终将为社会和人民所不取。一个旨在实现环境正义的司法制度，会谋略在自由、平等、安全等方面创设一种切实可行的综合体和和谐体。[②] 从环境司法公正的终极价值追求和实践来看，在对待环境问题上，环境正义不仅是一种理念和价值观方面的问题，更主张深究造成环境恶化的原因，并追究环境污染和破坏对社会主体造成的伤害。环境正义作为环境司法的首选价值目标，是人们在应对新的困境时推演出来的，它无疑充实了传统司法正义价值观念，并对后者造成冲击和提出了挑战，大大拓宽了司法的价值空间。

从福利国家接近正义的活动可以看出，环境诉讼追求的与其说是个人环境权利的保护，不如说是整个社会福利保障制度本身的改变。“法律的终极原因是社会的福利。正义是一切民事法律的目标和目的。”[③]环境公益诉讼制度

① 参见蔡守秋主编：《环境资源法学教程》，武汉大学出版社2000年版，第237页。

② 参见陈光中主编：《外国刑事诉讼程序比较研究》，法律出版社1988年版，第30页。

③ [美]本杰明·卡多佐：《司法过程的性质》，苏力译，商务印书馆1998年版，第39～40页。

的建立、完善和健全，不仅能大大增强环境法律执行的力度，而且将引起司法机关在社会生活中的地位和作用的变化，在司法体制上，也将引起司法机关与行政机关、立法机关之间关系的微妙变化，使司法机关为公民接近环境司法正义在更为广阔的空间扫清障碍，提供便利。

2. 诉益理论：起诉资格的维度

根据张文显教授的观点，利益和权利是两个不同的概念，权利具有道德价值，本质上首先属于道德伦理范畴，其次才属于法律范畴；权利并不都是利益，也可能意味着利益的付出。但两者也有不可分割的联系，法定权利无非是对复杂的实际利益关系的简化和浓缩。权利背后蕴含着利益，但利益具有功利性，有正当和不正当之分，正当的利益才称为权利。① 显然，利益只有经过法律确认才能成为权利，进而理所当然地获得司法救济。但是，立法具有一定的滞后性，导致现实中有些新型的正当性利益得不到法律的确认，如环境利益，这样在法无明文规定的情况下，如果当事人的主张虽然尚未得到法院判决的认可，但是已经通过立案程序，进入案情的审理，这表明诉的利益得到承认，这可谓是迈向生成权利的第一步。如果在足够多的案件中，该权利均得到认可，就可以认为关于该权利的实体法规范出现的时机已经成熟。反之，如果在很多案件中，判决的结果都是不认可这一权利，就证明该权利的产生尚不具备合理性。“从这个角度看，诉的利益是启动权利主张进入诉讼审判过程的关键，也是通过诉讼审判后创制实体法规范这一过程的重要开端。”②在此过程中，司法机关权衡当事人的起诉是否具有需要保护的正当利益，应该寻找什么依据来保护这种利益，要在多大范围内给予保护，这就是一个利益衡量问题。而正是通过法官的权衡，逐步将环境利益这种尚处于利益形态的现代型纠纷纳入诉讼，原告胜诉的结果就是“通过本案判决承认了该利益具有作为法的利益即权利的资格，则实体法体系关于权利的目录中又增加了一个新的项目”，③环境司

---

① 参见张文显主编：《法理学》，法律出版社 1997 年版，第 269～270 页。

② ［日］谷口安平：《程序的正义与诉讼》（增补本），王亚新、刘荣军译，中国政法大学出版社 2002 年版，第 180～181 页。

③ ［日］谷口安平：《程序的正义与诉讼》（增补本），王亚新、刘荣军译，中国政法大学出版社 2002 年版，第 268 页。

法在促成环境权利的生成过程中发挥着举足轻重的作用。而"从西方各国行政诉讼演化的历史来看,当代立法的趋势是降低起诉资格的要求,使更多人能对行政机关的行为提起诉讼,促公民对自身利益和公共利益的维护。法律就是朝着允许公民起诉他们所感兴趣的任何行政裁决的方向发展,原告资格的不断放宽使环境法发生了名副其实的革命"。① 可见,通过诉益理论来保护公民的环境权益,既是现实的需要和发展趋势,也不会带来严重的负面效应。有学者对此一针见血地指出:"从人类社会的发展历史来看,社会成员的权利遭受侵犯后不能得到恢复,往往肇始于诉讼权受限、无法接近法院、进入司法程序,其次才是由于审判不公正、诉讼权利被弱化和剥夺。"②

3. 功能理论:权力制约的维度

汉密尔顿指出:"如果人们是天使,那么就不需有政府。如果天使将统治人类,那么无论对政府的外在控制或内在控制都将没有必要了。"③但是天使并不存在,因此,现代法治国家,为了防止权力滥用和权力腐败,都会通过法律对国家权力的设定和运作进行约束和规范。美国学者诺内特和塞尔兹尼克指出:"法治诞生于法律机构取得足够独立的权威对政府权力的行使进行规范约束的时候。"④法律主要通过两种模式对权力进行控制:一是采用分权的办法,以一种国家权力去制衡另一种国家权力;二是以为公民、法人和其他组织设定权利的方式,用权利去制约权力。⑤ 司法机构主要通过两种方式来行使对权力制约的功能。

其一是司法审查。"它是法院通过司法程序来审查和裁决立法和行政机关制定的法律、法令以及行为是否违反宪法的一种权力。"⑥司法审查制度是违宪审查制度最初确立的一种形式,由美国在1803年的马伯里诉麦迪逊案中建

---

① [美]伯纳德·施瓦茨:《行政法》,徐炳译,群众出版社1986年版,第419页。

② 左卫民、朱桐辉:《公民诉讼权:宪法与司法保障研究》,载《法学》2001年第4期。

③ [美]汉密尔顿等:《联邦党人文集》,程逢如等译,商务印书馆1982年版,第264页。

④ [美]诺内特、塞尔兹尼克:《转变中的法律与社会》,张志铭译,中国政法大学出版社1994年版,第59页。

⑤ 参见徐显明:《论"法治"构成要件》,载《法学研究》1996年第3期。

⑥ 尹忠显:《司法能力研究》,人民法院出版社2006年版,第36页。

立,此案确立了司法机关有权以宪法为依据审查其他国家机关行使权力的活动是否合宪的原则。① 美国的司法审查中原告资格的变化经历了从"法定损害标准"到"双重损害标准",最后到"事实不利影响标准""从当事人扩大到竞争人再扩大到消费者;先扩大到现有经济利益的消费者,再扩大到了受非经济损害的消费者,下一步就是要把原告资格扩大到环境消费者"。② 在我国,著名学者徐显明把司法审查权作为司法权的基本表现之一,法院因为拥有司法审查权而获得了制约权力的有效手段:"司法权有权判断立法的不法与执法的不法。立法的不法在立法权内是难以得到纠正的,执法的不法又总是受到行政权的袒护,惟有司法的合宪性及合法性审查与判断才可克去这二痼疾。"③著名行政法学家理查德·斯图尔特(Richard Stewart)更是深刻揭示了司法审查的本质:"面对看上去难以控制的部门(agency)的裁量权,法院已经开始转移其在司法审查中的注意力……这样,其主要目的不再是防止对个人自由的非法侵犯,而是保证其各政府部门在行使立法机关所赋予的职权过程中,各方面的利益都会得到公平的考虑。"④

其二是行政诉讼。在大陆法系国家,也有将其称为行政审判,是与民事诉讼和刑事诉讼并列的三大基本诉讼制度之一,是对因政府或非政府的行政管理人员、机构的行政行为违法、失职、越权,未遵守法定程序或有其他不当,从而造成公民、组织权益损害引发的各种案件的审判,⑤是司法机关保障社会主体行使监督权的制度化基础。只有赋予其行政诉讼权,权利与权力的分立和划分才可能真正达到实际效果,阻止国家权力随意进入私人空间。例如,在法国,任何环保团体均得向行政法院提起行政诉讼,纠正违法行为,排除环境侵害;对国家在行政上的过失,均得请求法院作出对不法行为之判决;对国家之

---

① 参见陈力铭:《违宪审查与权力制衡》,人民法院出版社2005年版,第45页。

② [美]伯纳德·施瓦茨:《行政法》,徐炳译,群众出版社1986年版,第437页。

③ 谢晖:《价值重建与规范选择》,山东人民出版社1998年版,序言。

④ Stewart, *Reforming of American Administration Law*, in R. Shep Melnick, Regulation and the Court: The Case of The Clean Air Act, Political Science Quarterly, 1984, p. 388.

⑤ 参见左卫民、周长军:《变迁与改革:法院制度现代化研究》,法律出版社2000年版,第98页。

不作为或在环境污染监测及监督管理方面的严重疏忽、缺失行为，均得提起诉讼；对违背法律法规的行政措施，均得诉请废止之等。[①] 德国的环境诉讼主要是以行政诉讼的形式体现的，利害关系人（既包括直接利害关系人，也包括间接利害关系人）对行政机关因违法或不当行为导致的环境侵害，可提起撤销、履行法定职责之诉等行政诉讼。

4. 帕累托均衡理论：环境司法效益的维度

帕累托均衡理论最初用于分析经济效益，具体"在司法资源配置中，帕累托均衡是一种理想状态的资源配置模式。所谓帕累托均衡，是指一项法律制度不会因此而境况更糟的状态。换言之，这项法律或规范决策是所有当事人一致同意的，并确实能给他们带来更多的法律权利和福利"。[②]

在环境公益诉讼中，"原告不仅主张自己的利益（多数场合是很小的权利），而且还尝试排除与原告人处于同一立场的利益阶层的人们的扩散的片断性利益的侵害（但从整体上看，或许并不是那么广泛的侵害），这是该诉讼的特点所在……"[③]可见，作为法律制度的一种，环境公益诉讼具有强烈的公法属性，在性质上属于公共产品。实践证明，同样作为非盈利公共产品的传统诉讼制度，已经无法满足社会主体保障环境权益的需求，在客观上也已经造成对环境诉讼的压制或者拖延。而"只有当法律供给与法律需求实现全面均衡时，即法律供给能够充分满足法律需求，不存在过剩，也不存在短缺，且在各种可供选择的法律供给方案中成本最低、收益最大，不存在进一步制度变迁所增加的'潜在利润'，此时法律才是最有效率的"。[④] 环境公益诉讼实现了对环境法律基本使命的认真定位，将环境效益的实现、保障并最终获取社会财富的最大化，纳入环境司法理念的衡量之中，并对传统司法效益价值的重心作出调整，由社会经济效益转向环境效益。要求在发生社会经济效益和环境效益之间的

---

① 参见柯泽东：《环境法论》，台北，三民书局1993年版，第119～123页。

② 周世中：《论司法资源配置与司法公正》，载《法治研究》2007年第1期。

③ ［意］莫诺·卡佩莱蒂编：《福利国家与接近正义》，刘俊祥等译，法律出版社2000年版，第66页。

④ 王军：《税法效率研究——税法供给需求的视角》，山东大学2007年博士学位论文，第78页。

冲突时，优先考虑环境效益，尤其不能以牺牲环境效益以追求单纯地经济效益。人们转而需要在当代人和后代人利益之间，以及经济利益、经济效率与生态利益、生态效率之间的对立统一之中经过慎重考虑作出正确的判断和选择。

（二）构建环境公益诉讼制度的几个重大问题

1. 司法的能与不能：明确公益的性质

公益，亦称公共利益，我们通常将英文中的 Public interest 译为公共利益。边沁曾说："共同体的利益是道德术语中所能有的最笼统的用语之一，因而它往往失去意义。"在边沁看来共同体的利益只不过是组成共同体的若干成员的利益的总和。① 哈耶克也认为自由社会的共同福利或"公共利益"的概念，绝不可定义为所要达致的已知的特定结果的总和，而只能定义为一种不是政府或其他个人所可能完全知道的、不可诉的抽象的秩序。② 英国学者戴维·米勒则认为："非产品的公共利益有三个基本特性：首先，这种物质利益不可能只提供给社群中某个人，而不提供给其他人。换言之，公共利益就是这样一种利益，当把它提供给某个人时，它必然同时也自动地为同一社群的其他成员所享有。例如，街道卫生就是这样一种公共利益。清洁的街道不可能为某个人独自享有，而必然为居住在该街道附近的所有居民享有，哪怕清洁街道最初的动因是为了某个人或某个家庭。其次，这种利益具有相关性，即它不仅有利于某个人，而且有利于其他相关的许多人，例如，企业中某些民主管理规则，这些规则的受益者不是某个工人，而是全体工人。最后，这种公共利益还涉及某些基本的人际原则，如城市、无私、奉献等。"③

可见，关于何谓公益，尚未有一个统一的标准，这就直接影响到哪些环境案件能够进入法院大门，并作为环境公益诉讼进行处理。

第一，"公共利益"是在消费上不排他的利益，如洁净的空气、稳固的国防，不是你用了我就不可以用，而是你用了我也可以用。第二，"公共利益"具有不

---

① 参见［英］边沁：《道德与立法原理导论》，时殷弘译，商务印书馆 2000 年版，第 58 页。

② 参见［英］哈耶克：《法律、立法与自由》（第二、三卷），邓正来、张守东、李静冰译，中国大百科全书出版社 2000 年版，第 2 页。

③ ［英］戴维·米勒：《市场国家与社群：市场社会主义的理论基础》，克拉伦登出版社、牛津大学出版社 1989 年版，第 81～82 页。

可分性。“‘公共利益’所具有的数量不能像私人利益那样被划分，不能由个人按照他们的偏好多要一点或少要一点。”①第三，“公共利益”的供给具有一定的外部效应，往往是“一荣俱荣”“一损俱损”。保护环境不仅有利于自己，也有利于他人，产生的是正外部性；反之，环境污染不仅有害于自己，而且有害于他人，产生的是负外部性。博登海默说过：“历史表明，要求承认个人权利的欲望在任何时候都不可能完全从人的头脑中消除。另外，似乎也没有一个社会能够消除公共利益的观念，因为它根植于人性的共有成分之中。”②一般来说，国家利益、社会利益都属于公共利益。在对环境个案进行解析时，我们可以从以下几个方面进行判断：

第一，从诉讼目的看，私益诉讼维护的是私人利益，亦即特定当事人之间的权利义务之争；在公益诉讼中，从当事人提起的主张或诉求来看，其宗旨就是为了维护公共利益，法院的最终裁决结果也涉及的是全部社会主体的共同利益。对此，美国学者盖茨曾作过一个较恰当的描述，即诉讼中的原告不仅主张自己的利益，而且还尝试排除与原告处于同一立场的利益阶层的人们的扩散的片断性利益的侵害。③

第二，从诉讼功能看，私益诉讼的前提条件是已经存在不当或违法行为，并且该行为已经造成了一定的损害结果，法院在其中起到的是事后救济的作用；公益诉讼可以针对可能发生的损害行为，该行为造成的严重结果在提起诉讼时尚未显现出来，因此，具有明显的预防性。

第三，从诉讼结果看，私益诉讼发生在特定当事人之间，是一种“一对一”的关系，法院的裁决只能在他们之间发生效力；在公益诉讼中，由于涉及的利益是公共利益，往往具有“对世效力”，因此，裁决结果也必然作用于社会主体整体，约束所有社会成员，具有普适性。

---

① 茅于轼：《中国人的道德前景》，暨南大学出版社1997年版，第62页。

② ［美］E. 博登海默：《法理学：法律哲学与法律方法》，邓正来译，中国政法大学出版社1999年版，中文版前言第4页。

③ 参见［意］莫诺·卡佩莱蒂编：《福利国家与接近正义》，刘俊祥等译，法律出版社2000年版，第66页。

2. 法官的能与不能：利益衡量

在实践中，环境案件可能以环境民事案件和环境行政案件的关联诉讼形式出现在法官面前，既涉及私人利益、群体性利益，也涉及公共利益，既有经济利益，也有生态利益。如何妥善处理这些以私益诉讼为起点，以公益诉讼为终点，或者诉求和宗旨皆以实现公共利益为目的的环境纠纷，实现法律效果和社会效果的统一，体现环境正义，关键在于如何在私益诉讼和公益诉求之间找到兼顾私益和公益的平衡点，在于法官如何在环境法律精神和原则的指引下发挥自由裁量权，创造性的适用法律从而实现司法的公平正义。

审判既是一种法官创造性地适用法律的活动，"也是一种寻求公平的精神和实践活动，在某种意义上讲就是必须要权衡各种价值。所以，在现代行政审判中，将价值判断、利益衡量作为一种重要的裁判方式"。[①] 随着环境公益及环境私益中隐含着公益的案件日渐增多，若法官却还未形成将环境权益这一公共利益放在现行司法体制框架内进行一并审理的理念、意识和能力，还是固执地依据过去旧的诉讼利益观，将很难对私益中隐含的公益和直接的公共利益进行价值判断。如此一来，某些环境公益案件就难以被法院立案受理，而那些虽进入法院大门私益中隐含着公益的环境诉讼，将难以被识别并进行理性审判。日本大分地方裁处所对风成事件的处理可以引起我们的思考。裁处所的处理依据是《公有水面填埋法》第4条第2款，该款强调许可建立填埋场的条件是"由填埋产生的利益的程度显著地超过损害的程度"。因此，裁处所在进行利益衡量时，将建成填埋场的价格以及其所带来的经济效益与建成投入运营后受害者招致的损害程度进行对比，同时将工厂建设、作业、原料和制品的运输造成的大气污染、海水污染等，对周围居民的生活环境带来的影响等考虑进去。正是在此全面、科学的综合考量下，裁处所得出许可建立填埋场带来的效益远小于其带来的损害的结论，故取消了该许可。

那么，如何约束和规范法官在环境公益诉讼中的利益衡量呢？

首先，在指导原则上，要在环境案件中平衡私益和公益，需要从法律适用

---

① 江必新：《论行政诉讼十大关系——兼议行政诉讼法的修改》，载中华人民共和国最高人民法院行政审判庭编：《行政执法与行政审判》（第19集），法律出版社2007年版，第33页。

和利益衡量的角度,思考环境司法制度建构的价值理念,其法理基础是基于环境权益司法保护的需要。对环境之诉涉及的各种利益进行衡量是法官裁判的前提和基础,但是在环境公益与经济私益之间、环境公益与经济公益之间、环境公益与环境私益之间进行协调,在此过程中,如果出现法律适用的空白和漏洞,虽然"有些理念、原则和标准同正式的法律渊源相比,可能更加不明确,但它们不管怎样还是给法院裁决提供了某种程度的规范性指导,而只有诉诸这些理念、原则和标准才能克服实在法制度所存在的那些缺点"。① 在环境司法过程中就是环境正义理念。

其次,考虑社会的现实需求。经由环境司法实现环境正义固然非常重要,一国环境司法机关在进行利益衡量时,如果脱离本国的基本国情和社会的现实需要,这种衡量就难以获得正当性地位。美国对待环境公民诉讼的态度发展史充分印证了这一点。② 卡多佐法官对此的解释是:"规制的含义体现在它们的渊源中,这就是说,体现在社会生活的迫切需要之中。这里有发现法律含义的最强可能性。同样,当需要填补法律的空白之际,我们应当向它寻求解决办法的对象并不是逻辑演绎,而更多是社会需求。"③

最后,正确行使自由裁量权。在审判过程中,"很多东西需留待法院或官员去发挥,他们根据具体情况在互相竞争的、从一个案件到另一个案件分量不等的利益之间作出平衡"。④ 法官对环境个案进行分析,并最终作出裁决的过程就是在对发生冲突的各种利益进行权衡、取舍和选择,这是法官行使自由裁量权的过程。正如美国政治学家希尔斯曼所言:"在各种影响司法决定的因素中,决定本身可能带来的经济和社会后果也是其中之一。无论作出决定的法律论据多么振振有词,但这一裁决可能使汽车制造、钢铁、石油等主要工业停

---

① [美]E. 博登海默:《法理学:法律哲学与法律方法》,邓正来译,中国政法大学出版社 2017 年版,第 462~463 页。

② 美国司法机关在对待起诉资格上经历了宽松—严格—宽松的反复纠结过程。这与美国当时的环境政策是分不开的。

③ [美]本杰明·卡多佐:《司法过程的性质》,苏力译,商务印书馆 1998 年版,第 76 页。

④ [英]哈特:《法律的概念》,张文显等译,中国大百科全书出版社 1996 年版,第 134 页。

摆时,大多数法官是会踌躇的。"①可见,自由裁量权不能任意行使,法官只有在具体案件中找到法理、事理和情理的最佳结合点,运用法律方法、司法智慧,配合审判经验进行分析、处理,才能为私益和公益在现实的社会权力机构安排之中找到最好的利益平衡点,这也是此类环境案件得以妥善解决的前提和基础。

3. 裁判的能与不能:判例(案例)指导

法律总是在对过去生活经验总结的基础上对未来作出一定的预见,"表明未来什么样的行为将被调整"。② 然而,"社会的需要和社会的意见是常常或多或少走在'法律'的前面的,两者之间永远存在'缺口'"。③ 所以,德国著名法学家萨维尼曾断言:"法律自制定公布之时起,即逐渐与时代脱节。"④因此,在长期的审判实践中,针对法律出现的空白和漏洞,逐渐形成了一定的填补方法。一般来说,主要有三种,即依循习惯法、依靠法理、依照判例(案例)。

环境公益诉讼作为一种现代型诉讼,其影响的广度和深度都远超过普通诉讼,尤其在目前,环境公益诉讼在我国远未达到成熟与完善阶段,树立社会主体对环境公益诉讼的认可和信任,必须统一法律适用和裁判尺度。因此,总结审判经验,实施案例指导非常有必要。"当人们知道这些原则和规则将被一视同仁地适用于所有的人身上时,他们就情愿使自己的要求服从于这些原则和规则。这样做是符合人类尊严的,反之,如果他们被掌握着有组织社会的权力的人在没有法规的情况下,把每一件事情都当作一个特殊问题来处理,对他们任意加以践踏,他们是要坚决反抗的。"⑤同样地,当类似环境公益案件取得类似裁判结果时,司法机关对环境公益诉讼的态度实际上在被不断重述、沿袭和发展,就会以一种渐进的方式影响和改变社会主体对环境公益诉讼的态度,"本案如果被诉诸法庭,法院将会对此作出何种裁判"的念头会不断在当事人脑海中浮现,诉讼结果的预期大大增加,环境司法公信力得以树立。

因此,我国地方各级法院,尤其是建立了环保法庭的地区,对判决已经发生

---

① [美]希尔斯曼:《美国是如何治理的》,曹大鹏译,商务印书馆1986年版,第189页。
② [美]埃尔曼:《比较法律文化》,贺卫方、高鸿钧译,清华大学出版社2002年版,第22页。
③ [英]梅因:《古代法》,沈景一译,商务印书馆1984年版,第67页。
④ 黄建辉:《法律漏洞类推适用》,台北,中国台湾蔚理出版社1988年版,第18页。
⑤ [美]罗斯科·庞德:《通过法律的社会控制》,沈宗灵译,商务印书馆1984年版,第26页。

效力的环境公益案件，应当及时送报上级法院，经过审查、筛选、完善之后，交由最高人民法院精选出其中的典型作为案例，予以制定和发布，在全国范围内推广，使得各级法院在面临相同环境公益案件时保持立场一致，维护司法的统一性。

当然，必须明确的是，案例在我国并不具有法律效力，法官只能参考，不能在裁判文书中直接引用。法官参考和借鉴案例要在法律原则和精神指导下进行，不可违背司法正义。因此，要随着情势变更及时代的发展及时作出调整，不能拘泥于先例，从而也为环境公益诉讼制度注入新的元素。

第三节　国外生态环境损害赔偿制度及其对我国的启示

相较于国外其他国家（地区），我国的生态环境损害赔偿起步较晚。学习与借鉴国外生态环境损害赔偿制度的经验对完善我国生态环境损害赔偿制度大有裨益。

一、国外生态环境损害的内涵及其对我国的启示（见表29）

在俄罗斯，2002年《联邦环境保护法》第1条规定，环境损害是指因污染环境而引起的环境不良变化，包括自然生态系统退化和自然资源衰竭。[①]

美国立法和文献（literature）出现的均是“自然资源损害”（natural resources damage）。《综合环境反应、赔偿和责任法》（Comprehensive Environmental Response, Compensation and Liability Act, CERCLA）[②]和《石油污染法》（Oil Pollution Act, OPA）[③]对“自然资源”（natural resources）一词进行了广泛的定义，包括“土地（land）、鱼类（fish）、野生生物（wildlife）、生物群（biota）、空气（air）、地表水（ground water）、饮用水（drinking water supplies），及其他属于、由美国……任何州或地方政府，或任何外国政府管理、托管、附属或以其他方式

---

① 参见《俄罗斯联邦环境保护法和土地法典》，马骧聪译，中国法制出版社2003年版，第2～3页。

② 42 U.S.C. § § 9601－9657(2012).

③ 33 U.S.C. § § 2701－2761(2012).

控制的其他此类资源”。[①] 根据此定义,自然资源损害不仅包括受私有财产权影响的要素(如土地和矿藏),还包括野生生物、鸟类和鱼类等公共物品。对自然资源的伤害显然包括在“自然资源损害”中,由于环境损害而使公众整体遭受的损害也包括在内。

1991 年由阿根廷、巴西、乌拉圭和巴拉圭共同缔结的《亚森条约》第 2 条第 c 款规定,环境损害指的是对环境或其一个或多个组成部分的丧失、缩小或显著损伤。[②]

在欧洲,欧共体委员会于 1989 年提交的关于“废物损害责任”的指令提案[③]第 3 条规定,无论废物生产者有无过错,都应当承担该废物所造成的损害和环境损伤(impairment of the environment)的民事责任。环境损伤是指环境的物理性能、化学性能、生物性能的任何重大退化,不包括私人财产的损害。欧洲议会(European Parliament)和欧洲理事会(European Council)发布的《关于预防和补救环境损害的环境责任指令》(Environmental Liability Directive with Regard to the Prevention and Remedying of Environmental Damage, ELD) 2004/35/CE 建立了“环境损害”责任和管理制度。其中第 2 条第 2 款对环境损害(environmental damage)根据环境要素进行分类定义,并将“损害”进一步明确为对自然资源的重要不利影响,包含直接或间接对自然资源产生的重要损伤。[④] ELD 定义中包括对环境的直接损害,但不包括因此造成的人身伤害和财

---

① 42 U. S. C. A. § § 9601(16)(West 2012);33 U. S. C. A. § § 2701601 (West 2012).

② See Vieira Susana, *Environmental damage evaluation in Brazil*, In Bow man Michael and Alan Boyle ed. Environmental Damage in International an d Comparative Law, Oxford University Press Inc. , 2002, p. 300.

③ COM [89] 282 final of September 15, 1989.

④ 即 Environmental Liability with Regard to the Prevention and Remedying of Environmental Damage。其明确环境损害意指:(1)对维持受保护生物和栖息地的良好保育状态所造成的显著不利影响;(2)土地损害指因直接或间接向土地内、土地上或土地下引入物质、制剂、生物或微生物而制造的显著风险,对人类健康产生影响的土地污染;(3)水体损害指任何对水体化学组成或数量情况或生态潜力造成的显著不利影响。See (2004) European Parliament & Council, Directive 2004/35/ CE of the European Parliament and of the Council on Environmental Liability with Regard to the Prevention and Remedying of Environmental Damage, [Online] Available at, http:// europa. eu. int/ documents/ index en. html [2004 December 10], p. 11 – 12.

产损害。欧洲“环境损害”概念比美国定义的“自然资源损害”更有限制性。

表 29 关于生态环境损害相关概念的观点展示

名称	称谓	内涵
俄罗斯	环境损害	自然生态系统退化和自然资源衰竭
美国	自然资源损害	破坏或侵害自然资源或丧失对自然资源的使用
阿根廷、巴西、乌拉圭和巴拉圭	环境损害	环境或其一个或多个组成部分的丧失、缩小或显著损伤
欧共体委员会	环境损伤	环境的物理性能、化学性能、生物性能的任何重大退化
欧洲议会和欧洲理事会	环境损害	对生物和栖息地、土地、水体等造成的不利影响

在生态环境损害上,仅仅在称谓名称上各个国家均各执一词,尚未形成一个统一权威的概念。但从它们的核心要义看却有共通之处,即不管是环境损害,还是自然资源损害,抑或环境损伤,不管是翻译成 the ecological damage,还是 the damage to ecology,都强调或指向污染或破坏行为直接作用于环境要素、自然资源、生物要素本身所造成的损害,从而引发生态环境的“不良反应”,如质量下降、资源枯竭、物种减少等。这一方面意味着当发生生态环境损害时,经由环境要素的媒介,即便同时出现具体个人的人身或财产损害,也不应由生态环境损害赔偿制度来调整,即私人损害排除在生态环境损害赔偿范围外。另一方面表明在确定生态环境损害赔偿范围时,除考虑其遭受的经济损失外,还必须考虑其经受的非经济损失。

二、国外生态环境损害赔偿范围及其对我国的启示(见表 30)

(一)俄罗斯

对于致害人对自然环境可造成哪些损害,《俄罗斯苏维埃联邦社会主义共和国自然环境保护法》第 87 条在规定“致害人必须按照法律程序对专门价格(TAKCA)和计算损失的专门方法,计算并赔偿其对自然环境所造成的损失”时,明确“应按为恢复被破坏的自然状况所需的实际开支,并结合考虑自然环境所受的损失,其中包括可得利益进行赔偿"。[1] 其中,TAKCA 是一种相对计算单位,专门用于核算自然客体所受损失。不同于一般商品价格,TAKCA 既包括自然资源所具有的产品价值,也包括生态环境修复费用,还包括罚款。[2]

可见,在俄罗斯,自然环境所受的损失包括:一是招致损坏的自然资源自身所具有的经济价值。二是保护环境、合理利用自然资源、修复被损坏的生态环境、再生自然资源所花费的费用。从本质上看,这两部分的损失与通常所说的实际损失相近。三是生态功能损失。这种损失,就其实质而言,相当于"可得利益"。从理论上来说,在随自然环境造成损害的情况下,致害人对自然环境的这三部分的损失都应当赔偿或补偿。赔偿前两个部分损失的理由是,让致害人赔偿自然资源所有人的财产损失和返还他们在采取和实施自然环境保护和自然资源的利用和保护措施方面所耗费的资金。将第三部分的损失名列其中,目的在于惩罚致害人。而实际上用货币价值来估算第三部分的损失并不具有可行性,且该损失一旦发生,就不可逆转,但给予致害人一定的经济惩罚大有必要,一则表明了国家对致害人行为的谴责,二则该笔罚款可以作为保护自然资源的资金。因此,对第三部分生态功能损失的补偿不仅包含在 TAKCA 中,也体现在专门计算损失的方法中。[3]

俄罗斯的自然资源损害赔偿带有惩罚性质。惩罚性损害赔偿实质上是要义务人承担准刑罚民事责任。我国《民法典》第 1232 条也规定了可在环境侵权案件中适用惩罚性赔偿,最高人民法院于 2022 年 1 月 12 日颁布的《关于审理生态环境侵权纠纷案件适用惩罚性赔偿的解释》(法释〔2022〕1 号)第 12 条规定:"国家规定的机关或者法律规定的组织"可以"作为被侵权人代表",向法

---

① 王树义:《俄罗斯生态法》,武汉大学出版社 2001 年版,第 432 页。

② 即作为产品而被非法毁灭、毁坏或损坏的自然资源所具有的价值,恢复被破坏的自然环境或再生自然资源所需的费用,及针对生态违法行为给予的罚款。例如,一条鲑鳟鱼的专门价格是俄罗斯联邦人均最低月劳动报酬的 10 倍,一条欧鳇的专门价格是俄罗斯联邦人均最低月劳动报酬的 35 倍,一条海狗的专门价格是俄罗斯联邦人均最低月劳动报酬的 150 倍,而一头海象的专门价格是俄罗斯联邦人均最低月劳动报酬的 400 倍。如果生态违法行为人非法捕捞了两头海象,那么,计算其对海洋生物资源所造成的损失即为"2 ×(俄罗斯联邦人均最低月劳动报酬 ×400)"。参见王树义:《俄罗斯生态法》,武汉大学出版社 2001 年版,第 432 页。

③ 参见王树义:《俄罗斯生态法》,武汉大学出版社 2001 年版,第 432 ~434 页。

院“请求判令侵权人承担惩罚性赔偿责任”,实际上肯定了在环境民事公益诉讼或生态环境损害赔偿诉讼中,可以适用惩罚性赔偿,但在环境损害案件中,污染或破坏行为通常造成的后果非常严重,仅仅是补偿性的对损失进行全面赔偿就已经让义务人深感无力,除此之外再进行相应的惩罚性赔偿是否合理与可行值得深思,尤其在环境责任险并不完善的背景下。

(二)美国

根据 CERCLA 和 OPA,一些政府机构和印第安部落被允许追偿“因自然资源的损害、破坏或损失”①而造成的损害。美国自然资源损害赔偿散见在相关法案中,既因为法案调整对象的不同而各具特色,也反映了自然资源损害赔偿在美国的发展历程。《清洁水法》(1972 年)中,损害赔偿范围包括政府清理油污费用;1977 年修订案在扩大污染物范围的基础上,进一步将修复费用纳入损害赔偿范围。按照 1980 年的《超级基金法》第 107(a)(4)条的规定,“符合应急计划的清除或修复危险物质泄漏产生的费用,资源的损害,调查、鉴定、评估费用”都在赔偿范围之列。1990 年的 OPA 虽是关于海洋生态环境损害赔偿的,对我们也有诸多启发。其第 1002(b)2 条将损害赔偿范围扩大为 6 项,除了自然资源的损害和为清除污染而支出的费用外,其余 4 项均为财产性损失的费用。而所谓自然资源的损失,则由“修复或者替代修复的费用,在修复期间自然资源的损失,评估的费用”。② 由此可见,《油污法》认为纯粹自然损害的范围包括清除污染产生的费用,修复或替代修复费用,修复期间自然资源的损失,评估费用。

首先,美国自然资源损害赔偿范围的一大特色就是没有统一的范围,而是根据环境要素、生物要素及其组成生态系统的不同而各有差异;其次,美国很注重自然资源的非使用价值,在其损害赔偿范围中,除了修复生态需要的费用,自然资源的非使用价值,如美学价值等也受到重视。

---

① 即使用损失。See 42 U. S. C. § § 9607(a)(4)(C)(2012);33 U. S. C. § § 2702(b)(2)(A)(2012).

② 指的是评估前确认损害、制定评估方案、实施评估方案三个阶段的费用。

（三）欧盟

ELD 规定环境赔偿包括将生态环境修复至基线水平的费用和修复期间价值损失的费用。此外，该指令还将环境修复细分为基本修复、补充修复和补偿修复。同时，欧盟关于侵权的环境责任制度指出某些环境属性很难被赋予货币价值，因此环境损害赔偿关注于可以被纠正的有形环境的修复成本：如果存在一种义务要将环境要素维持在健康水平，那么如果这些要素受到污染，就会同时产生一种义务要将这些要素恢复原状。这一义务还附带有向造成损害者索取修复费用的权利。赔偿责任主体须支付的赔偿金，应该按照环境修复的实际成本计算。①《卢加诺公约》中明确，环境损害的赔偿范围，除了该损害带来的利润损失以外，应仅限于实际采取的或拟采取的恢复措施的费用、预防措施的费用以及预防措施所造成的任何损失或损害的费用。②

在生态环境的非使用价值上，欧盟的态度与美国形成鲜明的对比。“事实上，似乎法院本身几乎不可能基于对抽象的非使用价值的干扰而创制一类新的损害。”“而且，由于围绕这一概念的争议持续不断，要求各国在其责任制度中规定特别条款，将非使用价值纳入损害赔偿的索赔范围也不明智。”“无论如何，这种损害赔偿的效果纯粹是惩罚性的，因为它们不会被直接用于对受影响环境介质的修复。例如，它们仅仅是反映了野生动物减少所造成娱乐价值的损失。将环境修复到野生动物可以回归的状态而进行的修复工作所支出的费用才是实际的修复成本。”③

（四）德国

德国颁布的《环境责任法》可以同时适用于财产损害和生态环境损害两种情形。德国也非常重视生态环境的非使用功能，甚至不惜采取环境损害小赔偿大的方式加以保护。其认为，“生态环境的非使用功能潜在价值是巨大的，

① 参见［英］马克·韦尔德：《环境损害的民事责任——欧洲和美国法律与政策比较》，张一心、吴婧译，商务印书馆 2017 年版，第 337 页。

② 参见［英］马克·韦尔德：《环境损害的民事责任——欧洲和美国法律与政策比较》，张一心、吴婧译，商务印书馆 2017 年版，第 336 页。

③ ［英］马克·韦尔德：《环境损害的民事责任——欧洲和美国法律与政策比较》，张一心、吴婧译，商务印书馆 2017 年版，第 343 页。

对于生态环境的修复不能只看损失的价值和修复的费用的差额，以发展的眼光和生态视角来看待损害赔偿超过损害费用问题时就会发现这是一种合理的赔偿费用”。①

德国的环境损害赔偿既对个人损害进行赔偿，也对生态环境损害进行赔偿，这并未削减其对生态环境的重视。德国甚至许可损害赔偿超过环境损失，同时对生态修复费用采取预先支付制度，以防止损害进一步扩大，使生态环境得到及时修复。

表 30　俄罗斯、美国、欧盟、德国关于生态环境损害赔偿范围的观点梳理

国别名称	法案	观点
俄罗斯	《俄罗斯苏维埃联邦社会主义共和国自然环境保护法》	实际损失（包括自然资源本身具有的经济价值与实施保护环境、合理利用自然资源的措施、再生被破坏了的自然环境或自然资源而产生的费用）+可得利益（生态功能损失）
美国	1972 年《清洁水法》	政府清理油污费用被纳入赔偿范围
	1977 年《清洁水法》修正案	修复和替代性修复费用被纳入赔偿范围
	1980 年《超级基金法》	应急计划的清除或修复危险物质泄漏产生的费用，资源的损害，调查、鉴定、评估费用
	1990 年《油污法》	纯粹自然损害＝清除污染产生的费用＋修复或替代修复费用＋修复期间自然资源的损失＋评估费用
欧盟	ELD	将生态环境修复至基线水平的费用和修复期间价值损失的费用
	《卢加诺公约》	该损害带来的利润损失＋实际采取的或拟采取的恢复措施的费用＋预防措施的费用＋预防措施所造成的任何损失或损害的费用
德国	《环境责任法》	包括生态环境的非使用功能

关于生态环境损害赔偿范围，各国的见解迥异，似乎可予借鉴之处并不

① 程锡海：《生态环境损害赔偿范围研究》，海南大学 2018 年硕士学位论文，第 18 页。

多。但深究下去,各国均是从本国实际需要来确定生态环境损害范围,这里考虑的因素包括经济水平、科技能力、环境现况等。并且生态环境损害赔偿范围也并非一成不变,还会随着社会发展及时作出扩大的变动。

小　结

本章着重介绍了国外环境司法制度中具有特色的三大制度:环境司法专门化制度、环境公益诉讼制度和生态环境损害赔偿制度。国外的环境司法专门化形式多样,环境法院、环境审判庭(包括环境法庭、环境合议庭和环境巡回法庭)及环境行政裁处所在集中、高效处理环境案件中发挥着重要的作用。国外的环境司法专门化制度值得我国借鉴的有:依据一国国情逐步推进,即根据现实需要开展环境司法专门化,且为了适应环境案件的特殊性,环境司法组织设置实行非行政区划化;环境司法专门化的法治化,即有完备的法律规定和理性对待政治影响;高度重视环境司法专门化配套机制的构建,具体表现是逐步放开对起诉资格的限制、管辖范围趋向广泛化、加强案件管理工作及充分发挥法学院法律诊所的效用。

国外环境公益诉讼的产生与发展表明,环境公益诉讼具有深厚的理论基础和丰富的实践经验,理论与实践的高度融合推动了环境公益诉讼制度的成熟与完善。国外的环境公益诉讼制度值得我们借鉴的主要表现在理论和实践两个层面。在理论上,环境公益诉讼以环境正义作为最高价值追求,依据诉益理论,放宽起诉资格,深刻体现了权力制约功能,并根据帕累托均衡理论,在环境效益上达到了最优。在实践过程中,原告提起的哪些环境案件属于环境公益,需要司法机关明确何为公益,即为公益定性;法官必须践行能动司法,在纷繁复杂的利益之间进行衡量;同时,为了保证同案同判,增强司法权威,判例的作用不容忽视,我国与此对应的则是案例指导。

国外生态环境损害赔偿制度的出现大大早于我国,其所积累的丰富经验对我国完善生态环境损害赔偿制度大有裨益,尤其体现在生态环境损害的概念和构成方面。国外的生态环境损害赔偿有着各自明确的适用范围,对哪些损害应纳入赔偿有着清晰的认识,并形成了实现损害赔偿的各种有用工具。但这些适用范围并非一成不变,各国会根据本国社会经济发展的需求适时作出变动。

第五章　我国环境司法制度的改革路径

罗尔斯认为对制度进行适时和适度调整是必要的，“政治的目标是消除非正义和引导社会朝着一种公平的基本结构变化”。[①] 而消除非正义和引导公平目标，在司法领域则表现为对原有司法制度的创新，这是一个持续不断的长期过程，其适用于任何社会制度形态，“即使是在秩序良好的社会里，基本结构的调整也总是必要的”。[②] 丹宁勋爵也说过，如果我们不做任何前人没有做过的事情，我们就会永远待在一个地方，法律就会停止不前，而世界上其他事情将继续前进。当司法理念、司法体制、运行机制、司法能力已经无法反映生态文明建设的需要，开始与人民群众日益增长的环境司法需求显得格格不入，各种矛盾和冲突接踵而来时，其实际上是对我们提出要求，随着人类社会的发展，人类经由自然产生的关系日益复杂、多样化，作为对环境关系和行为进行调节的环境司法制度需要与时俱

---

① ［美］罗尔斯：《政治自由主义》，万俊人译，译林出版社 2002 年版，第 302 页。

② ［美］罗尔斯：《政治自由主义》，万俊人译，译林出版社 2002 年版，第 301 页。

进，不断创新。落后于人与人之间环境关系的环境司法制度将不合时宜并趋于僵化，无法解决环境冲突，得不到正当途径释放的环境矛盾最终将演化为社会问题，直接影响社会稳定；而超前于人与人之间环境关系的环境司法制度，也会因为失去现实土壤而流于空谈。“在中国的现实条件没有根本改变的状况下，建立一个法律至上、以法官为中心的正义体系的试图难以如愿以偿。”①

在国外，有学者把法律分为压制型法、自治型法和回应型法。其中回应型法是对各种社会需要和愿望作出及时反应的法律，其以公共目的为指导原则，在社会问题和社会需要的压力下作出回应，促使法律自身不断得以修正、变革，从而展现出社会与法律之间的良性互动关系。环境司法制度的变革和创新，正是回应现实需要、实现法治现代化的应有之义，是构建生态友好型社会的必由之路，这是一个动态的过程，必须坚持环境正义价值理念为指导，否则就无法保证环境诉讼中为了实现环境司法公正而设置的机制发挥效用，也无法有效排除外界的各种非法干预。有学者论证道：“制度本来没有什么先进或落后之分，只有合用与不合用之分。学习一项制度，尤其要留心考察这项制度之所以合用的社会文化基础，建立一项制度要体察本国的国情与民情。”②同时，“社会变革是结构动力和人的意志综合作用的结果，它既不能归结于纯结构因素，也不能归结于纯主观因素”。③ 同样，要实现环境司法正义和形成环境正义秩序，也必须依靠司法体制和司法主体——法官的合力。我们一定要秉着环境正义的价值追求，遵循我国的基本司法国情，以循序渐进的方式推进我国的环境司法制度改革，这样才能做到与时俱进并真正实现环境司法正义之基本要义。

---

① 季卫东：《宪政新论——全球化时代的法与社会变迁》，北京大学出版社 2002 年版，第 100 页。

② 张千帆主编：《宪法学》，法律出版社 2004 年版，第 392 页。

③ [加]本·阿格尔：《西方马克思主义概论》，慎之等译，人民大学出版社 1991 年版，第 41 页。

第一节 形成科学的环境司法理念

一、转变司法理念

环境司法制度中,司法理念作为法官的内在决定性因素,在一定程度上影响着环境司法制度的效用发挥。因此,改革环境司法制度,除了对法官进行业务培训,要求其掌握环境法律法规,更重要的是转变其长期形成的价值观念,以实现通过司法手段推进生态文明建设的需要。

所谓理念,就是引导人类行为的思想或观念,是规律和价值的统一,是合规律性和合目的性的统一。司法理念就是指导法官裁判的理性的思想或观念,它贯穿法官的整个司法活动过程,直接决定了案件的裁判结果,反映了法官的法律信仰或信念、法律实践、法律文化及价值取向。司法理念作为一种价值理念,是司法人员在长期的司法活动中形成的,用以规范其行为的价值取向的抽取和概括,它反映了司法人员在司法实践中的价值构成、价值标准和价值判断。如同人类的一切活动都离不开某种价值理念的支持和引导,环境司法也需要合理、科学的价值理念的支持和引导。在环境司法中,一个法官徒有精湛的法律素养和高超的司法审判能力,如果没有环境正义意识,缺乏环境正义理念,环境司法公正就成为虚幻缥缈之物。

法官通过专业法律培训,在长期的司法实践过程中,逐渐形成了比较成熟、理性和稳定的司法理念,这种司法理念一旦形成,无法轻易转变。正如法国比较法学家勒内·达维德所说:“立法者可以大笔一挥,取消某种制度,但不可能在短时间内改变人们千百年来形成的、同宗教信仰相连的习惯和看法。”① 究其原因,首先,就法官人格体系而言,法官作为法律职业人,一般都有完整度较高或比较统一的人格体系,所以,对改变对案件的态度有很强的抵抗能力,更遑论价值的转变了,尤其是对司法制度及自己亲自处理的案件,他们已经在

① [法]勒内·达维德:《当代主要法律体系》,漆竹生译,上海译文出版社1984年版,第467页。

较长时期积累了一定的经验和逻辑思考模式,具有稳定的态度,不会因为外在的影响而轻易作出变动。其次,从法官这一职务的特殊要求来看,法律职业人的特殊身份要求法官们无论内心作出怎样的摇摆,最终也要作出带有重大责任的决定。西谚有说:“诉讼应有结果,乃是共同的福祉。”而法官在职业惯性的推动下,有一种对自己作出决定正当化的根据进行不断探索和论证的强烈推动力,这往往使他们无意中可能由于过分集中地与提供正当化根据的信息接触,从而偏于某个方向。相反,基于同样的理由,法官对批评和反对自己观点、决定的意见有一种本能的防卫式反应,甚至其得到的批评和反驳声越多,法官向反方向强化自己态度的可能性就越大。最后,虽然我们强调司法为民、便民,提倡法官从三尺审判台走下来,到田间地头开庭,一般国民和法官之间的信息交换还是存在一定困难的。其中,主要是难以在思想上产生共鸣,在作为法律职业人的法官心里,缺少法律专门知识的公民提出的意见,在利用价值的效度上会大打折扣,这种先入为主的态度大大降低了信息交换的有效性。同时,法官的中立性地位和基本的职业伦理,使他们对那些立足于特定意识形态的组织(某种利益集团,如环境 NGOs)从事的宣传说服行为,时刻抱有警惕和抵触的意识。对此,威廉·韦德也指出:“法官过去本能地不愿意放松有关地位问题的规定,他们害怕这样做会‘打开闸门’,法院将被诉讼所淹没。他们还害怕没有个人权利争议的各方当事人也不能把案件的辩论进行的美好。但最近,这种本能已被另一种情绪所取代,法律必须设法给没有利害关系或没有直接利害关系的居民找到一个位置,以便防止政府内部的不法行为,否则没有人能有资格反对这种不法行为。”①

因此,及时转变传统法官的法律思维实为不易,但其是从根本上推进我国环境司法稳步前进并树立其权威的关键。著名环境法学者吕忠梅教授把法官应具备的法律思维特性概括为五个方面:②第一,转化性思维。善于将各种社会问题转化为法律术语或概念进行表达,并按照法律逻辑进行判断。第二,平

① [英]威廉·韦德:《行政法》,徐炳等译,中国大百科全书出版社 1997 年版,第 365 页。

② 参见饶中享、王建新:《论海事法官审判能力的内核》,载中国涉外商事海事审判网,http://www.ccmt.org.cn,最后访问日期:2021 年 9 月 8 日。

衡性思维。将各种利益维持在法律秩序的框架内,保证法律的稳定性和可预见性。第三,规则性思维。注重缜密的逻辑,谨慎对待情感因素,将法律规则以三段论推理方式对待个案。第四,程序性思维。只追求程序中的真,对法官恣意的限制和对作为理性选择的保证。第五,确定性思维。思维具有追求确定性的倾向,判断结论总是非此即彼。环境法官的法律思维除了具备这基本的五点外,还必须具有专业性的法律思维。

从三大诉讼法看,刑事诉讼的目的是“惩罚犯罪,保护人民,保障国家安全和社会公共安全”,通过对罪犯的惩罚实现对受害人合法利益和社会秩序的保护;民事诉讼的目的是“……确认民事权利义务关系,制裁民事违法行为,保护当事人的合法权益”,属典型的保护私人利益的诉讼;行政诉讼的目的是“保护公民、法人和其他社会组织的合法权益,维护和监督行政机关依法行使职权”,主要是通过法院对具体行政行为的合法性审查来维护私人的合法利益。那么环境诉讼的目的是什么呢?根据马克思主义生态文明观,实现维护生态系统的平衡要求我们通过恢复或重建等举措,对环境污染或生态破坏进行有效治理,改善人类的生活环境和生态环境。显然生态修复是解决生态损害的不二选择。作为维护权利最后一道屏障的司法机关,惩罚违法行为人并不是环境司法的最终目的,生态修复才是环境司法裁决的努力方向。这一理念指导下的环境司法应保证做到以下三个方面:一是参与主体的多样性。不仅有传统意义上的警察、法官、当事人参与,而且吸纳受侵害行为影响而非诉讼意义上的“受害者”参与,如有关行政机关,加上相对独立的第三方一起参与到环境司法中,参与主体呈现多样性。二是处理方式的灵活性。生态修复下的环境司法要为加害人、广义上的受害者及其他参与人搭建了一个对话的平台,通过补植复绿、替代性修复等多种方式处理环境纠纷,比简单的人身罚与财产罚处理纠纷的单一惩戒性司法更具灵活性。三是追求目标的多元性。生态修复下的环境司法并不是放弃对加害人予以惩罚,其着眼点在于创新环境责任方式,以修复被污染或破坏行为造成的损害,实现自然、社会、国家和加害人多方利益的平衡。

当然,司法理念的转变并不意味着赋予法院过多的自由裁量权,法院必须在遵循自然规律的范围内处理环境案件。因为环境污染或生态破坏损害的不是某个环境要素,其往往造成区域内整体生态系统的紊乱和退化、破坏,所以必须是针对区域内整体生态系统有所为,恢复断裂的生物链条,避免其陷入恶性循环,并逐渐回归动态平衡。真正意义上的重建与修复就是上述这种遵循自然规律的重建和修复,否则可能收到了法律效果,却不具有现实可行性,受到污染或破坏的生态系统继续存在,甚至出现恶化。遵循自然规律要求环境裁判提出的保护与修复措施符合自然法则,与当时的科技水平和当地的经济条件相适应,依靠自然的力量,也不绝对排斥人为活动,修复区域内整体生态系统而不局限于单一环境要素,不仅考虑技术上的可操作性,也考虑经济上的可行性。在生态修复理念指导下的环境司法中,法院责令被告承担的责任方式通常是消除、治理已经造成的污染或破坏,甚至颁行禁止令,叫停正在进行的生产活动,其在保护环境权益的同时,"对损害他人权益、具有适法性的产业行为的存续也具有不可忽视的作用",①可能会带来像土地闲置、工人失业、原材料成本上涨、资本借贷加息等非常严重的经济损失。因此,法院在裁决时要适度发挥司法能动性,在经济、社会、环境等多种利益之间寻找平衡点,力求实现处于优先位序的"价值""量"最广,"质"最高,而不是机械地适用或不适用某一责任方式。

二、明确环境司法制度的首要价值

如果单纯从进入诉讼渠道的环境纠纷的数量来看,环境诉讼远远比不上其他的救济渠道。但是,我们需要明确的是,任何一项诉讼渠道的制度性功能并不能仅以诉讼数量作为评价标准,而应该深究构建该制度的目的是否得以实现。"目的是全部法律的创造者,每条法律规则的产生都源于一种目的,即一种实际的追求。"②环境司法制度概莫能外。任何一种制度都体现了制度设计者追求的价值取向。实际上正是这种价值观念支配着设计者的制度设计。不同的环境司法价值、观念,造就了各种各样的环境司法制度。而在司法制度

---

① 管宏友:《论公民环境权侵害的民事救济》,西南大学2008年硕士学位论文。

② 耶林语。转引自[美]E.博登海默:《法理学:法律哲学与法律方法》,邓正来译,中国政法大学出版社1999年版,第109页。

的架构中,其与正义之间的关系最为密切。“正义所关注的却是法律规范和制度性安排的内容,它们对人类的影响以及它们在增进幸福与文明建设方面的价值。”①司法制度予以具体落实、实现司法正义,任何一种法律都必须通过一个理性、科学的程序运作过程,才可能使其从应然状态走向实然状态,从而实现正义。同时,司法正义也是人们对司法制度和由此确定的诉讼关系,以及有关活动是否公正、合理的观念和行为的要求,是一种观念形态。② 正如正义是司法制度的基本理念一样,维护和追求环境正义(environmental justice)理应是环境司法制度的基本理念。

追根溯源,环境正义的概念首先出现在美国,正是在环境正义这一基本理念的推动下,美国爆发了举世瞩目的“环境正义运动”,并成为推动美国环境保护运动和环境法律向纵深处发展的动力。在环境正义运动中,越来越多的人开始认识到环境问题实质上就是社会问题的延伸,只有将环境问题放在实现社会公平的框架内,环境危机才有可能得到有效解决。

按照美国国家环境保护局的定义,“环境正义是指在环境资源法律、法规、政策的制定、遵守和执行等方面,全体人民,不论其种族、民族、收入、原始国籍和教育程度,应得到公平对待并卓有成效地参与”。③ 美国环境保护署的定义是:“经由环境法令、计划及政策,确保不同种族、文化及收入之人类均能获得公平之待遇。”④日本学者户田清则认为:“所谓‘环境正义’(environmental justice)的思想是指在减少整个人类生活环境负荷的同时,在环境利益(享受环境资源)以及环境破坏的负担(受害)上贯彻‘公平原则’(equity principle),与此同时达到环境保全和社会公正这一目的。”

相较于传统司法公正的内涵来说,环境司法公正主要是在司法理念上作了全新的诠释。以往的司法正义一直局限在人与人之间,环境正义使得我们

---

① [美]E. 博登海默:《法理学:法律哲学与法律方法》,邓正来译,中国政法大学出版社 1999 年版,第 252 页。

② 参见徐益初:《论司法公正与司法体制改革》,载陈光中、江伟主编:《诉讼法论丛》(第 1 卷),法律出版社 1998 年版,第 61 ~ 84 页。

③ 李奕、韩广、邹甜:《浅议美国的环境公正》,载《中国环境管理丛书》2004 年第 3 期。

④ 转引自李培超、王超:《环境正义刍论》,载《吉首大学学报(社会科学版)》2005 年第 2 期。

从更广阔的思维平台来诠释和理解司法正义,其大大推动了环境司法制度的发展和进化,也在一定程度上促进了环境法制内在价值的转换。环境司法制度的价值开始走向多元化。我们认为环境正义应包含以下环境价值理念:

第一,环境公平。

环境公平正是环境正义中的公平。美国国家环境保护局在给环境正义下定义的同时,对环境公平解释道:"公平对待是指,无论何人均不得由于政策或经济困难等原因,被迫承受不合理的负担,这些负担包括工业、市政、商业等活动以及联邦、州、地方和部族项目及政策的实施所导致的人身健康损害、污染危害和其他环境后果。"①美国环境正义的发展历程也证明,环境公平随环境正义产生而发展,并构成环境正义的重要内容。从环境法学角度来看,环境公平是指在使用和保护环境资源上,包括当代人和后代人在内的所有主体一律平等,享有同等的权利,承担同等的义务:任何主体的环境权利受到侵害时都能得到及时有效的救济,任何主体从事对环境有影响的活动时,负有防止对环境造成损害,并对违反环境义务的行为予以及时纠正和处罚的义务。因此,"一旦公共供给启动,它就容易受到更进一步的道德约束:它必须对共同体的所有成员平等地提高他们需求的东西;并且,它必须以尊重他们成员资格的方式提供"。② 法国环境法学家亚历山大·基斯将环境公平概括为三方面:"首先,它意味着在分配利益方面今天活着的人之间的公平;其次,它主张代际之间尤其是今天的人类与未来人类之间的公平;最后,它引入了物种之间公平的观念,即人类与其他生物物种之间的公平。"③由此可见环境公平包含代内公平、代际公平和种际公平三个内容。

其中代内公平即"在任何时候的地球居民之间的公平",④是指在同一代内

---

① Institute of Medicine, *Toward Environmental Justice*, Washington D. C. National Academy Press, 1999, p. 1.

② [美]迈克尔·沃尔泽:《正义诸领域——为多元主义与平等一辩》,褚松燕译,译林出版社2002年版,第111页。

③ [法]亚历山大·基斯:《国际环境法》,张若思编译,法律出版社2000年版,第3页。

④ Ronnie Harding et al., *Interpretation of the principles for the Fenner Conference on the Environment*; *Sustainability-principles to practice l* (University of New South Wales), 1994.

的所有人,不论其国籍、种族、性别、经济发展水平和文化等方面的差异,对于利用自然资源和享受清洁、健康的环境方面均有平等的权利。它可以体现在国家和国际两个层次:在一个国家内,同代人公平的享用共有的环境资源,如空气、水流等,同时也在一定程度上对私有财产权进行限制,即不允许以破坏环境资源的形式使用自己的财产。如树林承包人砍伐树木可以很好的实现自己的所有权,但是会对森林资源造成不良的影响。在国际社会,所有国家都能公平的分享全人类共有的环境资源,如海洋等。它意味着人人都有权满足基本生存条件,包括健康舒适的环境、充足的食物等。

代内公平是实现代际公平的前提。代际公平反映的是可持续发展理念,是指当代人在满足自己利益需要的时候,不能影响后代人满足其利益需要的能力。它强调的是人类在世代更迭过程中对环境利益的享有是合乎正义的。

种际公平又称为物种公平,是从伦理学的角度来看待人与物种之间的关系,推崇的是其他非人类的自然物和人一样都有平等生存和发展的权利,各个物种生而平等,没有高低贵贱之分,人要尊重其他物种。这种公平正是环境公平不同于传统公平的特有之处,也是最能体现环境公平特色的内容。传统法学中的公平理念通常强调的都是人与人之间的公平。在种际公平中,我们需要打破的一个迷思是,我们所指的物种是一个整体概念,强调的也是物种整体的公平,是一种动态的过程,其关注的着眼点不是某一物种单个个体的生死,而是整体的持续状态。

环境公平论者认为,作为食物链顶端的人类,理应对自己的绝对权利进行限制,不能无限制地扩张人类的权利直至破坏或剥夺其他物种的固有权利。环境公平的核心就在于自然资源、环境资源在当代人之间、当代人和后代人之间、人与其他物种之间应合理分配。在当今环境问题日益严重的社会,环境公平已经演化为考量社会公平的标杆、尺度。我国著名法学家夏勇更是深刻指出:“如果事先没有资源的公平分配,公民权利就是没有意义的……没有分配的正义,便没有有效的权利。”①

---

① 夏勇:《我这十年的权利思考》,载《读书》2004 年第 12 期。

第二,环境安全。

墨西哥法律哲学家路易斯·雷加森斯·西克斯(Luis Recasens Siches)认为,法律的首要目的是实现集体生活中的安全。虽然法律的最高目标和终极目的乃是实现正义,但安全是法律的首要目标和法律存在的主要原因。[①] 密尔作为功利主义者,继承了霍布斯"自我保存"的观点,把安全作为首要的社会善。"安全是人人都觉得是一切利益中最有关系的事情……无论什么人,不需要安全是不可能的。"[②]"给每个人所应得的,即以善报善,以恶报恶,这个原理,不只包含在我们所定义的那种公道的观念里面,并且也是那个强烈的感情的适当对象,正是这种情感将正义的价值置于其他便利至上。"[③]这句话的逻辑在于,每个人不受侵害的权利即对安全的需要包含在正义观念中,并是正义感的对象,而通过对正义的实施就产生了社会善——安全。这样,正义通过其实现的功利价值——安全,确证了自己的价值,同时也保护了个人的权利。[④]

安全往往与风险、危机纠结在一起。生态风险是指人们在开发利用自然资源和从事经济活动时不可避免的伴生性后果,风险带有明显的不确定性。不是任何生态风险都会带来生态安全问题,只有那些造成环境恶化,超过人们的忍受限度,影响社会和经济的可持续发展,进而影响人类生存的生态风险才会引起生态安全问题。

生态危机则是专门用来表明人类活动与自然关系的概念,主要指由于人类不合理的活动,导致基本生态过程即生态结构与功能的破坏和生命支撑系统的瓦解,从而危害人类存在的现象。[⑤] 阿格尔以马克思历史唯物主义理论为基点,深刻指出:"历史的变化已使原本马克思关于只属于工业资本主义生产领域的危机理论失去效用。今天,危机的趋势已经转到消费领域,即生态危机

---

① 参见[美]E.博登海默:《法理学:法律哲学与法律方法》,邓正来译,中国政法大学出版社1999年版,第196页。

② [英]密尔:《功利主义》,唐钺译,上海商务印书馆1957年版,第58页。

③ [英]密尔:《功利主义》,唐钺译,上海商务印书馆1957年版,第65页。

④ 参见张斌:《环境正义理论与实践研究》,湖南师范大学哲学·伦理学2009年博士学位论文,第75~76页。

⑤ 参见余谋昌:《当代社会与环境科学》,辽宁人民出版社1986年版,第213页。

取代了经济危机。"[①]生态危机从一个侧面证明和反映了人类生存方式的危机，集中表现就是环境恶化，使得人类生存日益陷入环境困境之中，人类与自然环境之间的和谐平衡被打破。

人类社会进入20世纪70年代以来，随着全球经济的快速发展和科学技术的日新月异，全球性和区域性的生态危机愈演愈烈，并开始对人类的生存和发展构成广泛而严重的威胁。在生态风险日渐频繁的背景下，生态安全步入人们的视野。生态安全是国家安全的内容之一，是一种新型的安全，具有整体性的特征。

一般认为环境法中的环境安全包括两个方面的要求：生态环境和自然资源处于良好状态或免于遭受不可恢复的破坏；一切自然事物没有遭受突发性外力破坏，处于相对稳定的状态。即环境安全指没有出现因环境质量状况日益恶化、自然资源日趋枯竭而导致的发展能力削弱和社会秩序紊乱。[②] 环境安全的价值理念已经在世界范围内引起了关注和重视。日本认为"全球性的环境问题已成为国际政治焦点之一"；俄罗斯将"和平、生态、裁军、经济问题通盘考虑"；美国则把环境考虑纳入其外交政策之中。环境和安全的相互依赖性，以及环境安全观的形成，从根本上改变了国家主权、国家安全、国际和平和国家政治的含义，从而出现了不但政治在绿化，政党在绿化，国家安全和外交也在绿化的趋势。[③] 在国家安全体系中，社会安全对环境安全的依赖程度最大，政治安全对环境安全和经济安全具有同等地依赖程度。[④]

不可否认，绝对的环境安全既是人们所期盼的，又难以企及，其不现实。高昂的成本将压垮国家、政府的其他公共供给和摧毁其他需求，超出一国的能力范围。因此，在对国家环境安全水平分配时，不能仅根据成员的需要，还要适度考虑国家的能力。但是，有一个不能突破的最低标准，就是国家提供的环境安全水平应该至少是最低限度上适合人们生存的环境状况。

---

① [加]本·阿格尔：《西方马克思主义概论》，慎之等译，中国人民大学出版社1991年版，第486页。

② 参见周辉、陈泉生：《环境法理念初探》，载《时代法学》2004年第2期。

③ 参见蔡守秋：《论环境安全问题》，载《安全与环境学报》2001年第5期。

④ 参见周珂、王权典：《论国家生态环境安全法律问题》，载《江海学刊》2003年第1期。

总之,生态风险与生态危机是由非正义的社会制度造成的,应该由正义的社会制度来化解,环境司法制度作为社会制度中的一分子,随着环境问题的日益严峻,理应对此作出回应,环境安全理念作为环境司法理念是毋庸置疑的。我国构建环境司法制度有必要在环境安全指导下,重新审视人与人在自然环境中的关系,以及人与自然环境的关系,对现行环境司法制度进行改革和创新,促进其向符合环境正义的方向发展和变迁。

第三,环境效益。

效益是效率和收益的综合体。效益不仅意味着高效率——过程的快,而且表示有收益——结果的好,如果用经济学中比较传神的话语来说就是"多、快、好、省"。"在传统法理学中,法的效率价值在于利用权利和义务的分配方式,来规范资源的有效配置,即利用法律的调控促使效率结果的出现。"①常见的提法是"公正与效率:司法永恒的主题""司法公正与司法效率"等。美国学者彼得·斯坦和约翰·香德指出:"法律中所存在着的价值,并不仅限于秩序公平和个人自由这两种,许多法律规范首先是以实用性,即获得最大效益为基础的。"波斯纳也宣称:"正义的第二种意义,简单地说就是效益。"但是囿于时代的局限,这些学者所指的效益重心是社会经济效益。

根据世界可持续发展工商理事会(World Business Council for Sustainable Development,WBCSD)的定义可知,环境效益指的是在具有竞争性的,为满足人类需要和提高生活质量的活动和服务的传递中,通过生活循环,对环境影响和资源使用的强度会日益加强,但是在某个水平上与地球估计的承载能力相协调。长期以来,人类的环境效益一直处于被忽略的状态,实际上这与其具有价值上的不可量化性有很大关系。用金钱去衡量环境效益的多少以及损失的大小是实际不能的,也是人类自欺欺人的做法。环境效益是与社会效益、经济效益并驾齐驱的"三驾马车"之一,是人类一切利益的基础和源泉,失去了环境效益,人类就等于失去了安身立命之本,其他的效益对人类也将失去任何意义。实践证明,可持续发展不能没有环境效益,无视环境效益的可持续发展是

---

① 陈金钊主编:《法理学——本体与方法》,法律出版社 1996 年版,第 299 页。

"零发展",甚至会出现"负发展"。将环境效益提高到与社会效益和经济效益同等重要的位置,是实现可持续发展的一条切实可行的必经之路。

在环境案件中,环境效益还强调处理环境案件的效率。环境污染往往带有很大的隐蔽性,污染结果的显现需要一段时间,因此很多时候造成的人身伤害是"看不见,摸不着"的,甚至"不痛不痒",很难引起人们的注意和重视。于是,长期以来人们对环境问题视而不见,尤其是在环境刑事案件中,由于侵害的环境要素是公有物,其所有者是国家,不少人至今认为,因为偷伐树木、猎杀偷食庄稼的动物而承担刑事责任实在是小题大做。如果此时国家司法机关还迟迟不能结案,给出一个明确的裁判结果,更加使当事人的环境法制观念淡薄,对所受的处罚"心不甘、情不愿"。贝卡利亚在《论犯罪与刑罚》第十九章中论述:"惩罚犯罪的刑罚越是迅速和及时,就越是公正和有益""犯罪与刑罚之间的瞬间隔得越短,在人们心中,犯罪和刑罚这两个概念的联系就越突出,越持续,因而,人们就自然而然地把犯罪看作起因,把刑罚看作不可缺少的必然结果。"①环境案件发生后,要求司法机关在违法行为发生后尽可能迅速地对其作出否定性的评价,只有使违法行为和责任承担衔接紧凑,才能指望相联的处罚概念使违法行为人从诱惑他们的、有利可图的违法图景中醒悟过来。② 所以,英国在20世纪90年代进行的司法改革,针对的就是司法效率,以扭转和改善与"快速发展的社会不相适应的诉讼程序烦琐、效率低下、案件积压、久拖不决的状况"。③

第四,环境民主。

环境民主指的是人民群众参与国家的环境司法活动,亦即公众参与环境司法。这是世界范围内各个国家都非常重视的原则,如日本战后司法改革的目的就是"实现司法贴近市民,提高公众参与的程度"。④ 基斯先生指出了环境公众参与的本质:"公民对环境保护的具体参与是环境权的真正体现:它不仅

---

① 郭晶:《论刑事案件普通程序简化审》,载胡锡庆主编:《司法制度热点问题探索》(第1卷),中国法制出版社2002年版,第330~331页。

② 参见瓮怡洁:《论刑事程序中的诉讼及时原则》,载《中国刑事法杂志》2001年第6期。

③ 刘立宪、谢鹏程主编:《海外司法改革的走向》,中国方正出版社2000年版,第71页。

④ 刘立宪、谢鹏程主编:《海外司法改革的走向》,中国方正出版社2000年版,第166页。

使个人行使他所享有的权利,还使他在这方面应承担义务。而且,公民因此不再是消极的权利享受者,而要分担管理整个集体利益的责任。"①

首先,在社会中共同生活、在普遍的物质生产和分配的活动中,共同的物质条件和生活环境决定了每个处于其间的公民具有一定的公共理性,也就是比较容易对如何维护社会秩序、进行合作达成一致意见,有点类似于罗尔斯的"重叠共识"。公众参与意味着增加了环境司法裁决的正当性基础。能够减少司法和执行成本。"法律活动中更为广泛的公众参与乃是重新赋予法律以活动的重要途径。除非人们觉得那是他们的法律,否则就不会尊重法律。但是,只有在法律通过其仪式与传统、权威与普遍性触发并唤起他们对整个生活的意识、对终极目的和神圣事物的意识的时候,人们才会产生这样的感觉。"②王家福指出:"自己选择自己负责,往往使个人利益与公共利益能达到神奇般的和谐。"③陈瑞华教授更是深刻表示:"一个人在国家裁判机构作出对其利益有利或不利的裁判时,应当至少能够处于一种可与裁判者就如何对待他的问题进行理性地协商的地位,即强调尊重程序参与者作为自主、负责和理性主体的地位,要求裁判机构与他一起参与裁判结果的形成过程,向他论证裁判结果的合理性和正当性,从而使他成为裁判制作过程中的协商者、对话者、辩论者和被说服者,其作为人的尊严和价值得到充分的尊重。"④这样,"……一个败诉的人如果感到法院是公平的并给与他一个陈述的机会,他也会把法院的判决接受为合法的判决"。⑤

其次,在现代工业化和科技化高度发展的社会中,环境问题带有很强的科技性,甚至可以这么说,许多环境污染或破坏均是现代科技的产物。一国的法官在审理具有如此浓烈专业性色彩的环境案件时,要解决其知识结构的缺陷,除了在自己身上找症结,对症下药,加强培训,还少不了外因的作用,毕竟人的

---

① [法]亚历山大·基斯:《国际环境法》,张若思编译,法律出版社2000年版,第21页。

② [美]伯尔曼:《法律与宗教》,梁治平译,中国政法大学出版社2003年版,第35页。

③ 王家福:《WTO与中国社会主义市场法律制度建设问题》,载《中国法学》2001年第1期。

④ 陈瑞华:《程序正义理论》,中国法制出版社2010年版,第561页。

⑤ 宋冰编:《程序、正义与现代化——外国法学家在华演讲录》,中国政法大学出版社1998年版,第112页。

认知水平都是有限度的,这就需要发挥人民陪审员或专家委员会的协作作用。他们属于民间力量,代表的是社会的良心,其在环境审判中的参与能对国家权力实行有效的监督和制约。他们有最朴实、自然的环境正义观念,而正是依据该观念,他们用以评价法官的行为,对环境案件的是非曲直作出自己的判断。

最后,公众参与环境司法的另一重要体现就是鼓励私人借由社会组织提起环境公益诉讼。人们之所以把社会组织或NGOs又称为草根组织,正是由于它的成员来自普通民众,从而组成了一个公意结合体。承认和允许社会组织对实施了违法行为的企业提起环境损害赔偿,或者对怠于履行职责的行政机关提起诉讼,实质上是变相给公民提供了一条参与环境治理的路径。环境公益诉讼虽然在制裁环境违法行为这一点上实际上发挥着与行政机关的执行行为同样的功能,但是需要在当事人适格、诉讼费用的减缓免、诉讼过程的支援等方面给予方便,或提供大力帮助和支持。这种参与方式不仅意味着公民对本来在环境事务管理方面仅由行政机关享有的制裁权力和资源使用与分配是否恰当有了发言权,而且还能够通过间接参与在一定程度上对行政机关执法行为的流动性有了调控的可能性。叶俊荣先生对此总结道:“环境问题的特色之一乃是其经常涉及繁杂的科技背景。部分论者因而主张环境管制最适宜专家政治。然而,环境管制也经常涉及利益的冲突,有待借用民主理念寻求解决。在环境领域中参与式民主的观念并不在于以投票的方式解决所有的问题,而是由受影响民众借由适当管道参与决策过程,借以调和利益冲突、促进民主政治的发展,及改善‘政府’的决策品质。”①

三、重视发挥环境司法制度的延伸性功能

对于人民法院在审理环境案件中的司法功能在国家权力结构中的定位,当然不能脱离我国政治体制和社会转型的现实条件和需要。在当前生态文明建设进程中,环境司法制度及其功能不仅是机械的“守成”,更需要进行创新,以符合环境司法发展的现实需要和定位。现代社会,司法机关再固守于基本功能——解决私人纠纷,仅仅保护少数人的利益已经不可能,司法机关越来越

① 叶俊荣:《环境政策与法律》,中国政法大学出版社2003年版,第93页。

倾向于为那些利益没有得到充分救济的利益团体，提供一个新的主张其利益的空间。因此，环境司法功能不仅是一个存在的问题，更是一个发展的问题。

（一）扩大环境事务社会管理功能

谷口安平在回顾日本的司法制度发展历史时指出，由于“吸收了大陆法传统自成一格专业系统的日本司法官员在社会上享有很高的权威和威信，一般人对法官的职业道德及公正性抱有很强的信任感。……美国联邦系统的法官和德国的法官也是如此，这使他们有可能发挥‘管理型’的作用”。[①] 虽然法律仅是道德、宗教、习惯等诸多社会控制方式中的一种，但“法律是近代社会的主要控制手段”。[②] 环境司法制度因为环境问题的特殊性，使得其社会管理功能在司法制度的管理功能中显得尤为必要和突出。虽然我们一直强调公众参与在环境管理中的重要作用，但是不可否认，政府环境管理功能的定位准确性和有效性，直接决定了一国环境管理的成功度。司法作为权利救济的最后一道屏障，始终发挥着在社会管理中的重要作用，环境管理更是离不开这一权威机构的保驾护航，缺少了环境司法制度在保护环境权益，彰显环境正义中的积极效用，将直接影响到一国乃至民族的生存和发展。

环境诉讼本身所引发的救济具有教育、宣示和引导作用，尤其是环境公益诉讼，通常会在社会上引起很大的关注和反响，在一定程度上起到了环境法制宣传的功效，促进了民众环境法律意识的增长和提高，媒体报道的越多，对公众的冲击力就越大，引起的争论、思考就越多。对有些环境案件，公众的批评之声可能占了上风，不过公众广泛接触环境事务本身就是环境法律意识提高的证明。所以，环境诉讼不能只看诉讼结果，其过程反映的正是司法机关对环境事务的社会管理行径，只是这一行为或效果是借由处理环境争议依托当事人得以实施的。对于多种多样的环境纠纷，通过司法机关的依法处理，社会主体将逐渐对某类环境纠纷的处理结果具有一定的预测性，其中形成的一般解

---

① [日]谷口安平：《程序的正义与诉讼》，王亚新、刘荣军译，中国政法大学出版社 1996 年版，第 37～38 页。

② [美]罗斯科·庞德：《通过法律的社会控制法律的任务》，沈宗灵、董世忠译，商务印书馆 1984 年版，第 8～13 页。

决标准将渗透进社会生活中为公众所熟悉,当事人在自主协商解决纠纷时常常以此为依据,大大增强了合意化解矛盾的可能性,可见,司法在极为宽泛的范围内发挥着远远超过直接处理环境案件,定分止争的功能。并且,法院在长期处理环境案件的过程中,无疑会积累丰富的经验,管理环境事务固然是行政机关应该履行的职责,但是法院仍然可以在环境行政机关不积极作为或疏忽大意的情况下,对一些明显存在严重污染或破坏环境但无人起诉的经济主体,向相关部门发出法律意见书,建议停止对严重损害环境的经济主体供电、贷款、降低信用等级等。如江苏省法院在审判之余,还主动提出司法建议,促进相关行政机关作出行动。这起环境污染公益诉讼案件的原告是镇江市生态环境公益保护协会,被告是优立光学公司等,起因是被告在制作树脂镜片过程中产生的粉末,原告认为这些粉末作为固体废物污染了环境。镇江市中级人民法院在审理过程中借助科学鉴定认识到树脂镜片粉末并不在危险固体废物的名录范围内,在作出判决之后,发出一份司法建议,针对的对象是丹阳市政府、市环境保护局和市眼镜商会,其目的是希望这三家机构能对如何有效妥善处置这些粉末制定出有效举措。此举既避免再次发生类似行业性污染环境的事件,体现了对社会公共环境利益的维护,又为长期困扰从事眼镜行业企业的难题提供了解决之道,让这些企业不再担心处置树脂镜片粉末的能力和成本,免除了后顾之忧,丹阳的眼镜行业从此走上了健康发展之路。同时,鉴于我国环境行政机关在处理环境事务上的法定授权有限,行政强制执法手段严重不足,司法机关处理行政非诉执行案件也是其参与环境事务社会管理的有效举措。

总之,环境保护作为一项公益事业,仅仅依靠政府的管理是不够的,需要司法机关的参与。尤其是随着中国社会的发展和转型,环境问题导致的矛盾和冲突日益增多,大量的环境纠纷都需要得到解决。在未来,我们要适度强化环境问题的可诉性,扩大司法机关的环境事务社会管理功能。

(二)增强权力制约功能

一般来说,正是因为对环境事务进行监督管理是一国政府的职责之一,所以,相对于从事经济活动的企业和公民来说,行政机关的行政行为可能侵犯公民、法人或其他组织合法权益的概率更大,并且可能出现政府失灵,保护不力的情况。也正是因为环境事务主要是由行政机关进行监督管理,所以法院受案范围在一定程度上反映的是司法权、国家行政权力和诉权之间的关系。对于司法机关来说,可诉范围或者说受案范围就是法院的管辖范围,只有在法院管辖范围之内的纠纷,才能通过司法程序进入法院进行审理;而对于行政管理机关来说,只有在司法机关管辖范围之内的行政行为才可以进行司法审查,否则行政机关可以拒绝;对于其他经济主体来说,可诉范围直接决定了当事人提起诉讼的权利范围,其只能对法院受案范围之内的影响其环境权益的行政行为提起诉讼。

从世界范围看,随着法治文明的发展,司法权和诉权不断得到扩张,行政权日益受到限制成为一种发展趋势。如在美国,《国家环境政策法》(NEPA)规定,所有的联邦机关在"一切对人类有影响的联邦行动"中应该充分考虑环境利益。联邦机关的此类行动均可纳入司法审查范围,一旦联邦机关没有遵守《国家环境政策法》所规定的环境影响评价程序,公民或社会团体就可要求进行司法审查。20 世纪 70 年代以来,包括《清洁空气法》《清洁水法》等在内的 12 部联邦环境法律,都通过"公民诉讼条款"(citizen suit)认可公民像司法部长和政府一样可以提起司法审查。美国对此的体会是:"正是这种司法审查制的存在,美国行政权才未能演变为对公民进行压迫作恶的权力。"①

我国现行法律和实践均承认可以针对行政机关的具体行政行为提起环境行政诉讼。但相较于具体行政行为,行政机关的某些抽象行政行为,如计划、规划、政策等对环境造成的危害要大得多,波及的范围更加广泛,可以考虑将行政机关的上述抽象行政行为纳入司法审查范围。"倘若限制公民只有在权利受到侵害时才能起诉,不仅混淆公法关系和私法关系的性质,而且过分束缚法院对公共机构违法行为的监督,不符合现代行政法发展的趋势。"②有学者指出:"把个案中的行政行为比作水流,则制定规则的行政行为就好比水源,如果水源受到污染就会殃及整条河流。"虽然我国现有对抽象行政行为进行监督制

---

① [美]伯纳德·施瓦茨:《行政法》,徐炳译,群众出版社 1986 年版,第 27 页。

② 王名扬:《英国行政法》,中国政法大学出版社 1987 年版,第 199 页。

约的形式多样，如权力机关的监督、行政机关的内部监督，司法机关监督的有效性充分证明这是监督道路上的一条理应逐渐强化、不可或缺的途径。而司法机关通过在长期实践中的经验总结，也已经具备司法审查所需要的相关机能和分析判断能力。对此，首当其冲需要解决的是构建怎样的司法审查才是恰如其分的司法审查，才能真正发挥司法权对权力的制约功能。如纳入司法审查的环境抽象行政行为的范围多大为好？审查机构如何构建？是设立像行政法院那样的专门审查机构，还是在司法系统内部设置一个部门来审查？如果由现有司法体系来消化，是实施自上而下级别较高的审查模式，还是自下而上？

在现代国家行政权力日渐扩张的大背景下，司法机关通过行使司法权以发挥对行政权的平衡和制约功能是势在必行的。但是，我们要注意的是，司法功能的适度扩大并不意味着司法权力的无限延伸，甚至凌驾于行政权之上，我们需要在司法权和行政权之间找到一个平衡点，以免影响行政机关正常的环境管理工作。毕竟保护环境，维护公共环境利益是一国行政机关职责中的应有之义。

（三）践行环境公共政策功能

司法机关的公共政策功能主要体现在以下两个方面：

其一是消极否定式。司法机关在处理具体个案的过程中，通过司法审查行为，宣布一项计划、规划、政策违法或无效，实现对公共政策的间接干预，这是权力制约权力的一种表现，司法机关在长期的司法实践中通过总结，早就形成了一种公共决策素质，完全具备审查所需要的相关技能和分析判断能力，通过行使事后否决权对其他机构制定出的公共政策发表意见，体现了司法机构的公共政策观。

其二是积极肯定式。尤其是在像环境诉讼这类新型诉讼中，很容易出现法律的漏洞甚或空白，法官根据环境正义、衡平理念、公序良俗等法律原则，对法律适用进行解释，作出裁决，实际上超出了对个案的处理，具有判例法的作用，其在处理某个环境纠纷涉及的社会问题所采用的思路和方式，会产生涟漪作用，影响环境法领域政策的制定和执行。在这个过程中，司法机关牢守其职责范围，并没有直接决定政府不能做什么，而是规定了政府应该做什么。所以,美国政治学家安德森指出:"法院闯入了许多社会和政治活动领域。"①

不可否认,环境政策、法令及规章制度对环境保护进行直接干预,并对一国经济发展模式、社会主体的行为产生影响,从而对生态环境保护发生间接影响。因此,可以说,环境政策在促进生态环境可持续发展过程中处于主导地位。然而环境管制也经常涉及利益的冲突,行政机关往往由于"目标单一""部门主义"等缺陷,无法理性对待各种利益冲突的环境问题,常常导致现实中制定出来的环境决策有非理性化倾向。实需"由受影响民众借由适当管道参与决策过程,借以调和利益冲突、促进民主政治的发展,及改善'政府'的决策品质"。② 这一途径当然包括环境诉讼。司法机关解决环境纠纷的根本目的并不是纠纷这一个案,而是经由具体环境案件的审理,"建立一套旨在影响当事人和其他人的未来行为的规则"。环境司法机关通过司法裁决,不断向社会输出各种有效的环境信息,在信息共享中增强环境规则对社会主体的影响力;将各种权利、手段有效结合起来,使公众了解环境司法过程的性质,提高公众的环境意识,增强公众对环境问题的理性认识,引导公众改变并树立正确的消费观念。社会主体在环境司法中享有的程序性权利,使得那些受到环境恶化影响的弱势群体,如妇女、无产者及严重依附自然资源的土著居民等,对引起改变环境的社会决策进行关注,并为其提供了参与环境管理的正当途径,从而对环境成本与收益之间的不公平分配作出救济,这种参与环境决策的体制内通道,有助于缓和各种日渐高涨的环保关切,以防环境群体事件的发生。

与行政程序不同的是,现代环境司法程序具有专业化、公开化等特征,重视对当事人提交证据的审查,在庭审中充分保障当事人举证质证的权利,法院审判中心主义的确立使得当事人必须切实参与到案件审理中,调动了程序参加者的积极性,这在一定程度上保证了审判结果的理性化。尤其是环境公益诉讼,其将涉及公共利益的复杂问题引入审判过程,诉讼参与人在或为公益,或为私益的动机驱使下,会尽其所能收集各种对己方有利的证据以赢得官司的胜利。这些证据为法官作出理性裁判提供了丰富的信息,辅之以现代司法程序的保障,环境

① 胡伟:《司法政治》,三联书店(香港)有限公司1994年版,第175页。

② 叶俊荣:《环境政策与法律》,中国政法大学出版社2003年版,第93页。

公益诉讼在确保环境决策理性化上发挥着不言自明的比较优势。

我们认为,未来环境司法的重要任务就是通过处理环境纷争重塑生态社会的和谐。司法机关要以环境正义为价值理念,在定分止争过程中促进政治、社会和环境的协调发展。对待层出不穷的新类型环境纠纷,司法机关在处理时常常会发现缺乏可资适用的法律规则,也没有先例可循,这时法官就要适度发挥司法能动性,基于环境法律精神和社会正义进行裁判。法官通过对环境案件的裁判,认定和维护某种环境权益,会导致司法自身性质和功能的微妙变化,司法在此过程中少了一些保守性,多了创新性,司法机关的政策形成功能得以壮大。

第二节 构建公正的环境司法制度

一、建立适应环境案件特殊性的司法体制

习近平总书记在关于《中共中央关于全面推进依法治国若干重大问题的决定》的说明中提出:"探索设立跨行政区划的人民法院和人民检察院……有利于构建普通案件在行政区划法院审理、特殊案件在跨行政区划法院审理的诉讼格局。"这对我们突破传统司法体制的"瓶颈"、建立适应环境案件特殊性的司法体制指明了道路。2016 年 5 月 26 日,最高人民法院发布《关于充分发挥审判职能作用,为推进生态文明建设与绿色发展提供司法服务和保障的意见》(法发〔2016〕12 号)明确:"对于环境公益诉讼以及跨行政区划的环境污染、生态破坏等案件,探索实行跨行政区划集中管辖。"实践中,跨区域环境司法管辖在不断探索发展中。"有的是根据流域实行跨区域环境司法案件集中管辖,如江西省高级人民法院为实现对信江流域、饶河流域环境资源案件的集中管辖,在上饶市分别设立信江流域环境资源法庭和饶河流域环境资源法庭;山东省高级人民法院则根据地域特点,在沿黄河 9 地市设立生态环境保护巡回法庭,推进黄河流域生态环境审判组织全覆盖。""有的法院是根据生态功能区划实行跨区域环境司法案件集中管辖,如上海市高级人民法院指定由金山、青浦、崇明、上铁四家人民法院集中管辖环境资源案件。""还出现了特殊环保法

庭。这类环保法庭出于保护特殊对象,如生物多样性或专门生态系统而成立。四川省在7个市州设立大熊猫国家公园专门法庭,服务于濒危物种和生物多样性保护。贵州省设立茅台特殊环境保护法庭,以保护重点产业生态系统。"[①]那么,从总体来看,我国该如何设计并建立这一适应环境案件特殊性需要的跨行政区划环境司法管辖体制呢?党的十八届三中全会《中共中央关于全面深化改革若干重大问题的决定》中出现的"适当"[②]二字给了我们一定启发。"适当"并不是一个简单的限定词,其既意味着环境审判机构的跨行政区划是有限度的,并不是越宽泛就越好。若是在一定范围内设置过多的环境审判机构,每个环境审判机构管辖的区域势必不大,会造成司法资源的浪费;反之,过少的环境审判机构带来的是较大的管辖范围,将该管辖范围内的所有环境案件都集中到仅有的几个环境审判机构审理,有可能出现"案多人少"的局面,既加大了法院的审判压力,也不利于提升办案效率,还会增加当事人的诉讼成本;也意味着环境审判机构的管辖也不是无止境的,其公权属性使得管辖区域也好,管辖对象也好,都具有法定性;还意味着在环境司法管辖改革上需逐步推进。对此,设计方案如下:

(一)构建跨行政区划环境司法管辖原则

1. 充分利用现有环境司法资源原则

改革确实存在破旧立新的局面,但新的制度与体制并不是凭空产生的,从历史发展的长河看,它是在旧制度的基础上成长起来的,固然不是对旧制度的修修补补,但其中仍会"闪现"旧制度的某些积极因素,这种传承与超越,扬弃有度的做法才符合辩证历史观。目前,法院系统当中存在一些由省级地方统一管理的、跨市县级行政区划设立的专门人民法院,如铁路运输法院、油田法院等,这些法院作为特定历史条件下的产物,发展到今天,由其审理的案件屈指可数,但建置齐全。对照党的十八届三中全会提出的司法改革精神,它们的司法管理体制和管理制度均符合条件。将这些处于半闲置状态的司法资源充分利用起来,就等于找到了可作为试点的优质"壳资源"。而就环境审判而言,

---

① 吕忠梅等:《中国环境司法发展报告(2020年)》,法律出版社2021年版,第5~7页。

② 即"九、推进法治中国建设 (32)……探索建立与行政区划适当分离的司法管辖制度,保证国家法律统一正确实施。"

环境资源审判庭自下而上与自上而下的双向“会师”开启了我国环境司法专门化的新局面，预示着我国环境司法必将向纵深发展。与当前部分人民法院仍然按照案件性质将环境案件分属于三大审判庭的体制相比，环境审判机构作为专门化审判机构具有更强的抗压能力和专业能力，关键是如何充分释放环境审判机构的两种能力，这直接关系到能不能将更好的司法产品提供给社会公众，这就需要当前在司法权允许的限度内明确环境审判机构的职能，尝试在审判模式上作出创新，对实务操作进行经验总结，促进审判规则的形成。

对资源进行整合也是充分利用现有环境司法资源原则的体现。这既包括司法行政管理资源的整合，也包括司法物质基础资源的整合，尤其是司法办案资源的整合。举例来说，在A、B两个行政区法院合并后，可根据实际需要减少司法行政人员，尽量将司法工作人员充实到审判一线，应对司法辖区扩大后案件的增多与复杂化。同时，可选择原A、B法院中地理位置更方便的场所办公，考量因素包括公交车、地铁线路等，只有在确定不适应新的办公需要时再去选址新建，避免浪费。

2. 稳妥推进原则

不谋全局者，不足以谋一域。要构建起跨行政区划环境司法管辖制度，只有以高屋建瓴的视野、统揽全局的能力来统筹规划司法辖区与行政区划的适当分离，所构建起的跨行政区划环境司法管辖制度也才有绵延不绝的生命力。最高人民法院在《关于全面加强环境审判工作为推进生态文明建设提供有力司法保障的意见》中也指出建立环境资源专门审判机构应“本着确有需要、因地制宜、分步推进的原则”，由该具体指导意见可知，在高级人民法院设立环境资源专门审判机构是常态，中级人民法院可设可不设，关键看有没有必要，这决定于环境资源审判业务量的多寡。确有必要设立的，也要做到“合理”；将环境资源审判机构设立在基层人民法院属于例外情况，要求在“个别”“案件较多”的基层法院开这个口子。亦即地方探索和试错既要在中央主导和整体部署下逐步推行，亦要紧密结合本地实际情况有步骤展开。对此，不妨采取“三步走”的方式，即设定近期举措、中期措施和长期策略，循序渐进，逐步推进，每一阶段的目标完成后就进入下一阶段，由最初省内的“小跨”再到最后省际间的“大跨”,由最初仅在部分地区探索的局部现象到形成常规性和体制性管辖制度。近期举措为:继续发挥已成立环境资源审判庭在审理环境案件上的作用,采取“提级管辖+指定管辖”模式将一定区域范围内的环境案件集中到某个或某几个法院集中处理,实现环境资源司法区划与行政区划有限度的分离;对于将要设立的环境资源审判庭,需在充分考量案件数量的基础上决定有无设立的必要性,而后结合交通的便利性、环境的特点、资源的分布、已有的条件等情形确立设置的地点,做到与行政区划的适当分离。中期措施为:从当前环境资源审判庭设立的情况看,既有设立在西部偏远地区的如重庆,也有设立在沿海地区的如福建,既有在经济比较发达的地区如江苏,也有在经济比较落后的地区如贵州,虽然各地由于资源禀赋、经济发展等方面的差异,在环境资源审判庭的设置上积累了丰富的经验,这对下一步“根据全国生态功能区划、重点生态功能区、重点区域、重点流域、生态红线等一系列环境治理中重要元素的相关规定”①,适时调整环境资源案件的管辖范围大有裨益。中期举措与近期措施可同步进行,共同推进环境司法管辖的完善。长期策略为:从“先行先试”样本上总结经验,将非常规的指定管辖、集中管辖等发展为在更大范围内划定与行政区划适当分离的管辖,最终在体制上作出大的调整,促生常态性的、制度性的系统,在全国范围内形成在环境案件处理上与行政区划适当分离的司法区划。

3. 实际需要原则

不对人口数量、经济状况、交通状况等行政区域以外的因素予以考量,设置法院时严格依循人为行政区划疆界的结果是各个行政区域虽面积大小不同、经济发展不同,却都平均分布着大同小异的法院。但实际上即使两个行政区域在面积上相差无几,由于所分布的人口数量、政治经济发展程度及生态环境的不同,对环境司法资源的需求也大不相同。我国地域辽阔,各地除了在政治、经济、社会、文化等方面的发展极不平衡外,水文、地貌等环境资源更是千差万别,再加上我国有56个民族,各个民族分布的区域不同,各个民族更具有迥异的风土人情,这是在设置跨行政区划环境司法管辖时必须考虑到的现实

---

① 张忠民:《建立与行政区划适当分离的环境资源案件管辖制度》,载《环境保护》2014年第16期。

问题,要求我们区别对待不同地区,而不是“一刀切”。如经济欠发达、环境问题不太严重、环境纠纷较少的地区可以少设环境资源审判机构;具有相似的环境问题、一个地方发生的环境污染事件很容易蔓延到另一地,所设置的环境资源审判机构管辖范围可扩大到相互毗邻的几个地区。从更宏观的层面讲环境司法区域与行政区域适度分离,可在考察各个地区当事人对环境司法需求多寡基础上实现在法院辖区范围内全局性、整体上分配环境司法资源;在设置专门审理环境资源案件的审判机构(包括环境法院、环境审判庭、环境合议庭、环境巡回法庭等)这一横向操作时,不再苛守法院设置与行政区域在管辖范围和数量上都高度重叠的做法,在综合考虑地域面积、人口数量、经济状况、生态环境等因素,根据环境司法需求来确定法院的管辖地域范围和数量。也就是说,某个行政区域的环境司法需求大,就应该将其分成两个或以上的区块,分属不同的司法区域,由不同的法院进行管辖;反之,如果某个行政区域环境司法需求不大,就可与其他行政区域共同并入一个司法区域,实现环境案件的跨行政区划司法管辖。无疑这种做法是将全国各地法院视为一个个紧密联系的个体,对司法区域严格依循行政疆界设立的现有模式作出突破,根据各地的实际需求调整法院在地域上的分布,做到环境司法资源的有效利用,既避免有的法院“无案可审”“少案可审”,又杜绝有的法院将环境案件湮没在普通案件中难有出头之日。布局司法区域中要考虑的核心要素是司法需求。因此,即使某个地域不大,只要生态资源丰富,环境纠纷多,司法需求量大,仍应设置相应的审判组织;反之,即使某个地域面积广阔,如果生态环境良好或生态环境不具备典型性,环境纠纷稀少,司法需求量小,则可能要与邻近的区域共同设置一个审判机构。总之,不在实践调查基础上,仅在理论研究中获得推行某项制度改革的必要性与可行性是万万不行的,跨行政区划环境司法管辖的推行也不例外。有没有必要对现有司法资源作出撤与并的举动,以及如何撤并才更科学合理等均应建立在翔实的第一手调查资料基础上。

(二)构建跨行政区划环境司法管辖的具体路径

1. 提高环境案件审级

这是一种比较现实,阻碍度不是很大,但是不够彻底的举措。即,在现有司法体制不变的情况下,适当提高环境案件的审级,尤其是涉及行政机关的环境行政案件,大范围使用指定管辖和集中管辖,适当允许原告在有合理、正当理由时选择原、被告所在地以外的第三地法院管辖。在被告是行政机关时,适当提高审级,由与被告上级政府同级的法院管辖该案。《民事诉讼法》第 38 条规定:“有管辖权的人民法院由于特殊原因,不能行使管辖权的,由上级人民法院指定管辖。人民法院之间因管辖权发生争议,由争议双方协商解决;协商解决不了的,报请它们的共同上级人民法院指定管辖。”虽然指定管辖确实为解决管辖争议问题发挥了很大的作用,看似非常清楚,但是在环境案件中,很多环境纠纷跨越多个省市,经常出现污染“源头地”和“受害地”分属不同行政区域的现象。例如淮河流域的污染牵涉周边 4 个省份的利益,即使由最高人民法院指定管辖,无论由哪个省的审判机构审理,其他省份必然会提出异议,更遑论现在频发的大气污染引致的诉讼,甚至会出现国际管辖的问题,指定管辖在这种纠纷面前只能是束手无策。并且按提高审级的原则,最高人民法院审理的一审环境案件将大大增加,既与我国实行“两审终审”的初衷相背离,也加重了最高人民法院的负担,在一定程度上,将影响最高人民法院对下级法院指导、监督功能的发挥。

2. 设立巡回法庭

这是一种符合我国《人民法院组织法》的规定,比较理想的方案。即在现有环境司法体制框架下,设立最高人民法院和高级人民法院的巡回法庭,巡回法庭既然由最高人民法院和高级人民法院设立,其审级当然与设立其的法院同级。故,究其实质仍然是提高环境案件的审级,弱化地方制度对其的干预。巡回法庭的及时性、灵活性、特效性等优势,在审理环境案件过程中也能得到发挥。巡回法庭在性质上属于审判监督机构,除了自己亲自审理环境案件外,主要是全程监督下级法院的环境案件审理、执行活动。“它可以代表最高人民法院就个案向有关基层案发出受理命令、重新审理命令和执行命令。”[①]目前,

---

① 马怀德主编:《司法改革与行政诉讼制度的完善——〈行政诉讼法〉修改建议稿及理由说明书》,中国政法大学出版社 2004 年版,第 5 页。

最高人民法院在全国范围内共设立了6个巡回法庭，[①]涵盖了东南、东北、华南、中部、西南、西北等区域。在绿发会与宁夏瑞泰科技股份有限公司环境污染责任纠纷申请再审案中，[②]最高人民法院从三个方面对什么是“专门从事环境保护公益活动”进行了解释，即社会组织的“宗旨和业务范围是否包含维护环境公共利益”“是否实际从事环境保护公益活动”“所维护的环境公共利益是否与其宗旨和业务范围具有关联性”，从而肯定了绿发会的起诉资格。而在泰州市环保联合会与江苏常隆农化有限公司、泰兴锦汇化工有限公司等环境污染责任纠纷再审案中，[③]最高人民法院通过肯定泰州市环保联合会的起诉资格、认定污染行为与损害结果之间的因果关系、明确责任人的生态环境修复责任等，驳回了再审申请。这些案例都充分说明了最高人民法院是如何在环境案件审理上发挥作用的。作为内部常设机构，为了避免最高人民法院和高级人民法院设立的巡回法庭被地方化，其组成人员应该是不固定的，由最高人民法院和高级人民法院随机抽调，不定期更换。一般来说每巡回一个周期，就更换一次。

3. 构建专门化环境审判机构

这里又可以分为两种情形：一种情形就是我国目前推行的环境法庭。截至2020年年底，全国共设立环境资源专门审判机构1993个，包括环境资源审判庭617个，合议庭1167个，人民法庭、巡回法庭209个。[④] 这些环境法庭都隶属普通法院体系，推行“二合一”、“三合一”或“四合一”模式，[⑤]将环境公益诉讼和生态环境损害赔偿诉讼视为其生命线，集中处理环境案件，便于实现环境

---

① 第一巡回法庭设在广东省深圳市，巡回区为广东、广西、海南、湖南四省（区）。第二巡回法庭设在辽宁省沈阳市，巡回区为辽宁、吉林、黑龙江三省。第三巡回法庭设在江苏省南京市，巡回区为江苏、上海、浙江、福建、江西五省（市）。第四巡回法庭设在河南省郑州市，巡回区为河南、山西、湖北、安徽四省。第五巡回法庭设在重庆市，巡回区为重庆、四川、贵州、云南、西藏五省（区、市）。第六巡回法庭设在陕西省西安市，巡回区为陕西、甘肃、青海、宁夏、新疆五省（区）。北京、天津、河北、山东、内蒙古五省（区、市）有关案件由最高人民法院直接受理。

② 参见最高人民法院（2016）最高法民再47号民事裁定书。

③ 参见最高人民法院（2015）民申字第1366号民事裁定书。

④ 数据来源于最高人民法院在2021年6月4日发布的《中国环境资源审判（2020）》。

⑤ 截至2020年年底，全国共有22家高级人民法院及新疆生产建设兵团分院推行了此种集中审理模式。数据来源于最高人民法院在2021年6月4日发布的《中国环境资源审判（2020）》。

司法正义。但是弊端也是显而易见的,其是不彻底、不完全的环境司法专门化,无法完全摆脱原有司法体制的桎梏;同时有效应对跨界的区域性环境问题。另一种情形就是已经在国外实行的环境法院,在我国则有海事法院等专门法院以供参考。环境法院属于独立的司法体制,是直属于最高人民法院的审判机构,原来由普通法院三大业务法庭分别审理的环境民事案件、环境行政案件和环境刑事案件统一交由环境法院集中审理。其设置的原则是遵循环境的自然规律,并不严格按照现行行政区划来设置,对于交通不便的偏远地带,可以采取派出法庭或巡回法庭的方式加以解决。鉴于我国环境纠纷的地域性特色及现实需要,环境法院的审级宜以中级法院为起点。但是,目前在我国设立环境法院还存在诸多障碍及未解决的问题,例如,如何选择自然地域,选择标准是什么,是以流域趋向为标准,还是以地域发展特色为标准?独立环境法院需要一整套人、物质等软硬件设施,在我国案多人少,尤其是环境法官数量有限的情况下,环境法院如何运作?即使环境法院已经实际运营,怎样建立对其的后续评价机制?在这些障碍及问题尚未解决之前,仅仅在理论上“闭门造车”构造理想蓝图,除了费时、费力、费财,还会大大影响环境司法权威。所以,环境法院固然是一种彻底的环境司法专门化形式,在一定程度上能解决我国环境司法体制中的“地方化”问题,但是在推行过程中要经过充分调研考察,慎之又慎。可在我国海事法院前车之鉴基础上,结合我国现行环境法庭运作中的经验,参考国外环境法院的实践,待“天时、地利、人和”等条件都成熟之际,构建我国的环境法院。司法权与行政权之间的力量对比发生变化,除了正常的工作需要,为更好实现保护生态环境,在司法机关与行政机关开展联动,形成公力协作,法院依法独立行使审判权受外在干涉的情况鲜少出现。

4. 继续发挥现有与环境有关的专门法院的作用

我国早在20世纪80年代就建立了林业法院、农垦法院。[①] 林业法院、农垦法院体现了司法专门化的某些特色,例如,不是遵照行政区划而设置,而是反映自身业务需要或地域特点。

---

① 林业法院主要分布的区域是黑龙江等林业比较发达的地区,新疆农垦法院的特殊性不在于其仅仅调整某一类社会关系,而在于其适用的范围有限,只在特定区域。

当前,我国林业法院、农垦法院都存在不同程度和性质的问题,甚至面临着“生存危机”,要求撤销这些专门法院的呼声不绝于耳。但是有些学者认为撤销容易设立难,如果我们只是无限放大这些专门法院的困难,而忽视了其在环境、资源和生态保护上的作用,简单地将其转变为或改造为地方法院,林业法院、农垦法院自身具备的优势和多年积累的经验将付之东流,这是国家今后花上几亿元和耗上十几年时间都无法弥补起来的。因此,我们应该珍惜、保留和充分发挥林业法院、农垦法院等专门法院,在保护林业生态、湿地生态方面的传统特点、经验、知识和资源,并根据环境、资源、生态保护的需要,将它们改造为更具专业特色、行业特色和地域特色的生态型法院。①

至于我国的海事法院,其主要设置在海事、海商案件发生较多的港口城市等,如天津、大连、上海、宁波、厦门、青岛、武汉、广州、海口、北海,主要审理海事、海商案件。据统计,我国海事法院共受理案件类型多达60余种,种类居世界首位。依据最高人民法院《关于海事法院受理案件范围的若干规定》,海事法院可以受理很多关于环境海事侵权案件,例如“船舶排放、泄漏、倾倒油类、污水或者其他财产损失的损害赔偿纠纷案件”“海上或者通海水域的航运、生产、作业或者船舶建造、修理、拆解或者港口作业、建设,造成水域污染、滩涂污染或者他船、货物及其他财产损失的损害赔偿纠纷案件”。因此,可以通过如下途径发挥海事法院在审理环境纠纷案件中的作用:一是扩大海事法院受理环境案件的范围和内容。如将有关陆源污染海域及与海相通的可航水域的污

① 最具代表性的观点就是蔡守秋教授在《关于建立环境法院(庭)的构想》中所持的看法。参见蔡守秋:《关于建立环境法院(庭)的构想》,载《东方法学》2009年第5期。实践中,这些法院也开始尝试积极转型。如甘肃省于2017年9月将矿区法院改建为专司环境资源审判的中级人民法院,集中管辖全省环境资源案件,同时在全省14家基层人民法院设立环境资源审判合议庭。2019年11月,兰州环境资源法庭正式挂牌成立,负责集中审理省内环境资源公益诉讼和生态环境损害赔偿诉讼一审案件,同时,调整林区法院的设置和管辖范围,特别是祁连山林区法院集中管辖甘肃祁连山五个自然保护区内的案件,实现了全省重点林区和国家级自然保护区内案件跨行政区域全覆盖。甘肃已形成以甘肃省高级人民法院环境资源审判庭为“点”,甘肃省林区中级人民法院及所属林区基层人民法院为“线”,甘肃矿区法院及各市(州)府所在地基层法院专门合议庭为“面”的环境资源集中管辖审判体系。

染案件交由海事法院管辖。[①] 2006年，最高人民法院《关于海事审判工作发展的若干意见》提出要适时调整海事法院的案件管辖范围，以充分发挥海事法院跨行政区域设置的优势，充分利用其专业特长，积极支持环保公益诉讼，有选择地管辖一批此类案件，重点管辖陆源污染长江水域的案件。[②] 2016年2月24日，最高人民法院发布《关于海事法院受理案件范围的规定》。海事法院可受理的案件类型由2001年的63项增至108项，将因开发利用与保护海洋生态环境的案件具体分为9项，明确可受理案件包括"海洋及通海可航水域开发利用与环境保护相关纠纷案件"。[③] 二是加强和改进海事法院派出庭的建设，发挥海事法院派出法庭在审理环境纠纷案件上的力度。[④] 这样，不断完善的海事法院至少能在保护海洋环境问题上贡献一己之力。

其实，不管是环境司法专门化也好，还是普通司法机构处理环境纠纷也好，都必须使审理环境案件的机构成为一个多面体、多功能的机构，宗旨是为

---

① 以渤海为例，原国家海洋局发布的《2008年渤海海洋环境公报》显示，7.7万平方公里的渤海俨然是"藏污纳垢"的场所，每年约有高达28亿吨的工业、农业和生活污水从50余条河流不断涌入渤海。2008年，环渤海沿岸共监测到陆源入海排污口96个，排污超标率达到82%。该信息来自《2008年渤海海洋环境公报》，载国家海洋局网，http://www.soa.gov.cn/hyjww/hygb/yhssyhjzlgb/lbn/webinfo/2009/08/1238639586451324.htm，最后访问日期：2021年7月25日。

② 参见《2006年10月最高人民法院万鄂湘副院长在全国海事法院审判工作会议上的讲话》，载中国法院网，http://www.zfwlxt.com/search demo/html/20081111113625296781976685.html，最后访问日期：2021年8月23日。

③ 参见最高人民法院《关于海事法院受理案件范围的规定》（法释〔2016〕4号）。在该规定中，第三部分为"海洋及通海可航水域开发利用与环境保护相关纠纷案件"，包括第53～67项，共计15项。具体为："53. 海洋、通海可航水域能源和矿产资源勘探、开发、输送纠纷案件；54. 海水淡化和综合利用纠纷案件；55. 海洋、通海可航水域工程建设（含水下疏浚、围海造地、电缆或者管道敷设以及码头、船坞、钻井平台、人工岛、隧道、大桥等建设）纠纷案件；56. 海岸带开发利用相关纠纷案件；57. 海洋科学考察相关纠纷案件；58. 海洋、通海可航水域渔业经营（含捕捞、养殖等）合同纠纷案件；59. 海洋开发利用设备设施融资租赁合同纠纷案件；60. 海洋开发利用设备设施抵押、质押等担保合同纠纷案件；61. 以海洋开发利用设备设施设定担保的借款合同纠纷案件，但当事人仅就借款合同纠纷起诉的案件除外；62. 为担保海洋及通海可航水域工程建设、海洋开发利用等海上生产经营相关债权实现而发生的担保、独立保函、信用证等纠纷案件；63. 海域使用权纠纷（含承包、转让、抵押等合同纠纷及相关侵权纠纷）案件，但因申请海域使用权引起的确权纠纷案件除外；64. 与上述第53项至第63项规定的合同或者行为相关的居间、委托合同纠纷案件；65. 污染海洋环境、破坏海洋生态责任纠纷案件；66. 污染通海可航水域环境、破坏通海可航水域生态责任纠纷案件；67. 海洋或者通海可航水域开发利用、工程建设引起的其他侵权责任纠纷及相邻关系纠纷案件。"

④ 参见陈媛媛：《环保法庭期待打破发展瓶颈》，载《中国环境报》2008年9月25日，第3版。

环境纠纷提供更为快捷、廉价、高效的一站式服务。目前,在我国环境审判庭与普通法庭审理环境案件并存情况下,除了继续发挥环境审判庭在处理环境案件方面的优势,在普通法院内部,根据现有法院的层级划分和职能分工,应该强化组建环境合议庭,即分别在各级法院民事、行政和刑事审判庭内,构筑具备一定环境科学和环境法知识、有一定环境审判经验、组成稳定的职业化合议庭,专门用以集中处理环境纠纷。在目前环境司法专业人才缺乏的情况下,除了从内部着手,加强法官队伍自身的环境专业知识学习和培训,还可以聘请环境资源科学和环境资源法学方面的专家参与到环境案件的审理过程中,以解决普通法庭在审理环境案件上专业知识的不足。另外,三大传统审判庭在解决环境争议时,不能各行其是,必须加强环境民事、行政及刑事之间的沟通和协调,并且在审判阶段就要为后续可能产生的执行程序做好充分的准备工作,使审判与执行实现有效衔接,减轻执行困境。

二、促进环境司法能力的提高

从组织和人两个角度着眼,司法能力无疑包括司法机关行使司法权的能力和法官履行司法职责的能力。那么,提高司法机关的司法能力相应地要从以下两个途径进行:一是司法机关的首要司法功能得到何种程度的实现;二是如何增强法官适用法律,处理纷争的能力。

(一)实现司法机关首要司法功能之解析

既然我国一直强调构建法治国家,法治的基本原理就是各种社会纷争、矛盾与冲突被纳入法律范畴,从而通过司法手段得以解决,以借助法律的稳定性、普遍性、强制性、程序性等特性为社会内部的摩擦提供释放的途径,保障社会的和谐与长治久安。尤其在目前社会转型时期,各种新型纠纷层出不穷,通过司法制度将其予以吸收和中和,将尖锐的利益之争转化为技术问题,遵循一定的程序予以合理、公正的解决,正是我国司法改革的目的和要完成的任务之一。“在社会里,公民安全主要赖以为基础的东西,就是把整个个人随意谋求权利的事务转让给国家。但对于国家来说,从这种转让中产生了义务……因此,如果公民之间有争端,国家就有义务对权利进行裁决,并且在占有权利上要保护拥有权利的一方。”①鉴于司法权具有被动性的本质特征，不会主动保护公众权利，诉权便成为连接公民环境权益和环境司法的桥梁和中介，社会主体之间关于环境问题的正义借助于诉权来到司法权面前，启动了司法审判程序。可见，社会主体一旦丧失了诉权，也就失去了借由司法权保护和救济环境权利的正当途径。所以，国家有义务通过保障公众的诉权畅通接近司法正义的渠道。1992年联合国环境与发展大会通过的《里约宣言》已经明确提出：“……应让人人都能有效地使用司法和行政程序，包括补偿和补救程序。”

救济受害者，惩罚加害者，实现环境司法正义，这就是环境司法的基本职责和一般功能。作为救济环境私益与公益的制度，环境司法制度要对各种诉求回应到位，全方位保护公众的权利，不留死角，不留漏洞。“保护无漏洞”体现在三个方面：一是纳入保护网的权利类型丰富、全面，不管是环境侵权等传统案件，还是生态损失这类新型纠纷都包括在内。二是法律保护环境公益诉讼的所有情形，既能对直接污染者提起环境民事公益诉讼，也能对环境管理者提起环境行政公益诉讼。诉讼类型的基本理念就是“对于侵犯公民权利的每一种国家权力行为，都必须有一个适当的诉讼种类可供利用。”②三是裁判回应诉讼请求。不仅对当事人提出的由侵权人作出赔礼道歉的请求进行回应，还对当事人提出的由侵权人对其污染破坏行为造成的生态环境损害进行赔偿的请求进行回应，而不管这个赔偿是以支付生态环境修复费用的形式体现的，还是以支付服务功能损失的名目出现的。目前，我国尚未形成环境诉讼规则，借助三大传统诉讼法，环境污染或破坏者的相关民事责任、行政责任和刑事责任都能得到一定程度的追究，践行“谁污染，谁负责”的原则，让社会主体在享受自己的行为带来好处和利益的同时理所当然地也为自己的行为付出相应的代价，但环境要素经济性和精神性的双重属性也决定了环境诉讼目的的复合性——既具有及时充分救济特定受害人的私益性，也具有维护不特定多数人环境权益的公益性。解决公民之间的环境私益纠纷仅是环境诉讼的一个面

---

① [德]威廉·冯·洪堡：《论国家的作用》，林荣远、冯兴元译，中国社会科学出版社1998年版，第137页。

② [德]弗里德赫尔穆·胡芬：《行政诉讼法》，莫光华译，法律出版社2003年版，第204页。

相,维护环境公共利益也是环境诉讼的应有之义,是一枚硬币的另一面。因此,应继续善和健全环境公益诉讼制度,环境公益诉讼的不断发展最终能引发执法领域的连锁反应,行政机关也好,社会公众也好,其执行环境法律的力度将会由此得到增强。从这一层面来看,“甚至可以说,司法权是公民的权利,司法制度是为了公民而设置,而不是为国家及法官设置的”。[①] 我们理应将保护环境权益的司法大门向社会主体开放,为其接近环境司法正义扫清障碍,并提供实体和程序保障。

(二)提高法官环境司法能力

法官本人对于环境法的认知、理解和熟练程度,直接关系着裁判解释的效果,决定了“这个案件”的裁判是否公正,是否有助于环境法秩序的形成;更进一步,决定着司法的社会功能是否能够在环境保护中实现。这就对法官的环境法理论、环境法实践、环境司法技术与技巧等环境司法能力提出了严峻挑战。[②] 环境法官的司法能力不仅要求法官具备专门的环境法律知识,而且还要具有相应的环境审判实践经验。也就是说,环境法官的司法工作是通过环境法官依凭环境法律专业知识和实践经验来进行的。所以,环境法官的司法能力首先得益于或依托于人类长期以来处理环境纠纷的精华之总结——环境法律规范。近代以来,尤其是20世纪70年代以来,随着环境问题的大量集中涌现,直接影响到人类社会的生存和发展,各国纷纷重视构建符合本国国情和特色的环境法律体系,因此,有关环境法律的知识变得浩瀚精深;同时,处理环境纠纷的实践经验日积月累,越来越丰富发达,除非经过专门系统的学习与培养,否则,普通法官将难以掌握或至少难以全面掌握这种专业性知识和经验。曾任美国联邦最高法院法官的弗兰克·福特认为,鉴于最高法院之工作要求敏锐的感觉和超乎一般的判断力,在最高法院法官堪称最伟大者,当是休斯与卡多佐,因为他们是思想家,而且尤其是法哲学家。[③] 而另一位优秀的美国法

---

① 左卫民、朱桐辉:《公民诉讼权:宪法与司法保障研究》,载《法学》2001年第4期。

② 参见陈学敏:《设立环保法庭的冷思考》,载曾晓东、周珂主编:《中国环境法治》(2011年卷)(上),法律出版社2011年版,第54~68页。

③ 参见[美]亨利·J.亚伯拉罕:《法官与总统——一部任命最高法院法官的政治史》,刘泰星译,商务印书馆1990年版,第42页。

官汉德则说:“对一名被要求审核有关宪法的问题的法官来说,他除了要熟悉关于这个问题的专著,还需懂得一点阿克顿和梅特兰、修昔底德、吉本和卡莱尔、荷马、但丁、莎士比亚和弥尔顿、马基雅弗利、蒙田、拉伯雷、柏拉图、培根、休谟和康德。因为在这些知识中,每一种都全有助于解决摆在他面前的问题。”①由此可见,对于法官尤其是最高级别的法官而言,社会和法官自身的要求是多么严苛。作为专门性的环境法官要应对社会对环境司法提出的挑战,也需要不断提高自己的环境司法能力,并将是否具备、具备何种程度的环境知识和实践经验作为合格与否的主要标准。如新西兰环境法院组成人员中,环境专员和副环境专员的任职资格要求候选人必须具有与环境争议相关领域的专业知识和经历,具体包括经济、商业、地方事务、规划、资源管理、遗产保护、环境科学、建筑、工程、测量、矿产技术等。②

鉴于此,从内部看,“打铁还需自身硬”,法官必须正视自身在审理环境案件上的不足,有意识从法律思维和专业知识强化培养。“生态环境修复”等价值理念的指引在一定程度上可以让法官更好在经济利益和生态价值之间进行平衡,从而兼顾环境公益和个人私益。总之,树立先进的环境司法理念,法官就不会在面对多种利益时恣意裁判,而是会在司法理念的约束下,适度发挥司法能动主义作出理性创新。实践中,不少法官对环境责任承担方式的创新,如分期支付赔偿款、以劳务替代支付、以污染技术革新抵扣赔偿款等,都是对“绿色发展观”的贯彻与践行,实现了法律效果和社会效果的统一。至于专业知识的掌握,需要形成首尾贯通的终身性学习与培训机制。其一,加快形成专业人才培养机制③。一方面,在高校开设环境法方向的课程。“如果法官具备足够的环境保护知识,他们就能够完成这项任务(这项任务指的是在出现法律文本空白的时候,通过合法合理的解释来予以填补,从而推动环境诉讼的进行和环

---

① [美]亨利·J.亚伯拉罕:《法官与总统——一部任命最高法院法官的政治史》,刘泰星译,商务印书馆1990年版,第42~43页。

② 参见沈跃东:《可持续发展裁决机制的一体化——以新西兰环境法院为考察对象》,载《西北农林科技大学学报(社会科学版)》2008年第3期。

③ 参见吕忠梅等:《中国环境司法发展报告(2020年)》,法律出版社2021年版,第43页。

境法的发展。——笔者注)”①。在推进生态文明建设过程中,各高校作为培养人才的集训地,必须设置合理的环境与资源保护法课程,既要有偏向理论的必修课,也要有偏向实务的案例分析选修课,既要重视国内环境法基本理论研究,也要兼顾国际环境法与域外环境法的探讨,让学生在大学阶段就形成比较完备的环境法知识,以为法院输送合格的前“法官”。另一方面,“从体系化、系统性角度对环境司法人才培养进行顶层设计,建设跨学科人才培养平台,注重培养具有生态环境与法律多元知识结构、理论与实践双重能力素质的复合型专业人才。”②其二,建立规范性培训机制。随着科学技术的发展,环境问题也以层出不穷的更复杂、更棘手的面目出现,如危害珍贵、濒危野生动物罪从线下转战到线下与线上结合,更具有隐蔽性,涉及的人员更多、范围更广;再如,气候变化诉讼中,在科学对汽车尾气等是否是造成温室效应的罪魁祸首等方面尚无确定性结论时,如何认定二者之间的因果关系,进而追究相应主体的法律责任等,这都要求环境法官在其职业生涯中,必须紧跟时代,常培常新,实现全国范围内甚至全球范围内环境法官理论与实务知识的交流与分享,提升理论水平和实务能力。“从 2011 年起法院系统组织的每年一届的‘环境司法论坛’”就是一个“环境法官、学者交流环境司法理论与实践经验从而促进环境审判专门化”③的良好平台。其三,推行人才挂职交流机制。可借鉴最高人民检察院与生态环境部之间签署“互派干部挂职交流合作协议”的做法,在法学专家学者挂职交流制度之外,与生态环境部门展开合作交流。生态环境部门拥有掌握自然生态、水生态环境、海洋生态环境、大气环境、应对气候变化、土壤生态环境、固体废物与化学品、核设施安全等各个生态环境保护领域专业知识的人员,让他们参与到环境案件审理中,不失为一条“借力借智提升专业化办

---

① [美]克里斯托弗·G. 威拉曼特里:《法官与环境法》,杜群、冯青译,载《首届环境司法论坛论文集》(2011 年),第 128 页。

② 吕忠梅等:《中国环境司法发展报告(2020 年)》,法律出版社 2021 年版,第 43 ~44 页。

③ 吴勇:《环境审判机制创新研究:以环境审判机构专门化为视角》,法律出版社 2019 年版,第 132 页。

案水平”[1]的路径。

(三)弥补环境司法能力不足之其他举措

从外部看,虽然我们认可法官也需要具备生物、化学、水文等专门性知识,以更好识别污染行为的损害事实,实现对因果关系的认定,但法官毕竟是适用法律的专家,要求其“十八般武艺样样精通”既不现实,也没有必要。通过“智慧外借”,一些专业知识完全可以通过环境专家予以实现,以满足环境案件的技术性、专业性特点。

1. 专家人民陪审员制度

从国际上看,各国法院体制在国家和公民之间分配司法裁判权主要有两种类型:一种是我们熟知的陪审团制度,主要在英美法系国家比较普遍。另一种是参审制度,设置非政府任命的法官或陪审员职位,由符合一定条件的普通公民来出任。如在法国,商事法庭和工事法庭全部都是由非职业的法官来审理。商事法庭的这些非职业法官不是由政府任命,而是从在本地经商满5年的商人中选出,任期一到两年不等,不领俸金;工事法庭主审劳动纠纷案件,组成人员中业主和雇工的数量相同,也是由选举产生,不领俸金。这种公民参审制度是将某些对行业习惯有比较大依赖性的裁判活动的裁判权力,交给熟知这些惯例的公民,虽然不管是陪审制度,还是参审制度,实际运行过程中都不是完美无缺的,均存在一定瑕疵,但正如美国研究陪审制度的权威汉斯所指出的那样,“关于陪审制度,我的最终判断是积极的,尽管陪审制度存在许多不足之处,但是对于现实正义起着重要的作用”。[2]

就我国而言,人民陪审员制度在一定程度上可以弥补法官专业知识的不足,有助于减轻财政负担。实施人民陪审员制度,有利于更多的公民参与到司法活动中,便于人民了解司法内幕,提高对裁决的信任,发挥司法监督的作用,不断促进司法的透明、公开。在环境审判中,复杂的因果关系判断往往涉及法

---

① 张军:《最高人民检察院关于开展公益诉讼检察工作情况的报告》(2019年10月23日在第十三届全国人民代表大会常务委员会第十四次会议上最高人民检察院公益诉讼检察专项报告),载最高人民检察院网,http://www.spp.gov.cn/spp/tt/201910/t20191024_435925.shtml,最后访问日期:2023年4月3日。

② Hans and Vindmar, *Judging Jury*, Journal of Criminal Law & Criminology, 1989, p. 250.

学之外的许多学科,缺少这些专业背景知识的法官常常会“陷入科学争论和裁判难决的泥沼中,无异于剥夺了受害人的请求权而无法得到救济”。[①] 环境司法的成功运行需要有足够相关专业技能的法官主持审理环境案件,但对法官进行环境法律和环境保护知识的培训和提高显然是一项大工程,不可能一蹴而就。在此情此景下,专家人民陪审员的协助无疑是解决当前窘况的有效举措。最高人民法院《关于适用〈中华人民共和国人民陪审员法〉若干问题的解释》(法释〔2019〕5 号)第 3 条明确了“具有相应专业知识的人民陪审员参加合议庭审判”的现实需要;最高人民法院于 2021 年 10 月 28 日发布的《关于新时代加强和创新环境资源审判工作 为建设人与自然和谐共生的现代化提供司法服务和保障的意见》再次肯定以“构建具有专门知识的人民陪审员参加环境资源案件审理制度”作为“专门化建设”的必要一环。实践中,开始陆续出现在一些专业技术性强的环境资源案件中,邀请相关专业人员担任人民陪审员。在福建省泰宁县人民法院审理的邹某荣非法猎捕、杀害珍贵濒危野生动物刑事附带民事公益诉讼案及天津市第一中级人民法院审理的天津市蓟州区生态环境局诉李某、郑某港生态环境损害赔偿纠纷案中,法院均组成“3 名审判员 +4 名人民陪审员”的 7 人合议庭进行审理。[②] 对此,要积极发挥专家人民陪审员在环境诉讼中的作用,以弥补法官在某些专业问题上的不足,可考虑从以下几个方面着手:

首先,在人民陪审员的选拔上,要真正做到“不拘一格降人才”。如具备城市规划、环境科学、环境保护、环境工程、环境评估、土地评估、建筑、测量、建筑物构建、自然资源管理、经济管理等专业技术领域的专家、学者或环境保护组织成员,这些专业人士担任人民陪审员,可以对是否已经形成环境污染行为、行为和结果之间是否具备因果关系、需要进行哪些专业鉴定等决定案件审理进程和审判结果的问题进行审议并作出决定,从而实现法律与环境科学的完美结合,有效地弥补了环境法官在环境科学知识上的不足,解决了法官的技术

① 金瑞林:《环境侵权与民事救济——兼论环境立法中存在的问题》,载王曦主编:《国际环境法与比较环境法律评论》,法律出版社 2002 年版,第 376 页。

② 参见《中国环境资源审判(2019)》。

性困扰问题，又切实保护了当事人的合法权益。①

其次，改变呆板的任用方式，可以探索经审判长举荐、人民法院院长批准，由具备专业技术知识背景的人民陪审员担任环境案件的调解员，充分发挥其环境保护专业知识和技术组织，指导双方当事人参与调解。

再次，落实没有工资收入的人民陪审员补助，解决其食宿、交通费、误工费等问题。具体来说，人民陪审员在法院执行职务所需费用，应列入政府的预算范围，并作为专款拨给人民法院。人民陪审员参加审判活动所支出的交通、就餐等费用，由人民法院给予补助。有工作的人民陪审员，原单位要正常发工资，坚决禁止各类名目的克扣或变相克扣工资的作为，奖金和其他福利待遇也不得减少；没有工作的人民陪审员，司法机关可以参照当地的最低生活水平，按照职业法官收入的一定标准，结合陪审的具体情况，按次、按日计发报酬。

最后，要充分尊重人民陪审员在法院审判过程中的作用，使其有充分发表意见的机会。尊重他们的审判权利，使他们积极参加审判。人民陪审员在合议庭中有独立发表意见的权利，职业法官不能操控人民陪审员的工作，剥夺其发表意见的机会，侵害其独立的职权，更要避免对人民陪审员有意识的进行引导和干扰。

不过，法官与人民陪审员之间是有一定分工的，在环境案件的处理中，法官不能过分依赖人民陪审员。一般来说，案件处理中涉及法律方面的问题由法官来处理，而专业技术方面的则由人民陪审员进行解决。对于法律和技术性无法截然分开的案件，交由法官统一来处理，此时法官还可以寻求专家委员的帮助。

2. 专家委员会制度②

因为环境问题常常与化学化工、地质水文等牵连在一起，技术性、科学性

① 我国环境审判机构吸纳技术性专业人员作为陪审员与我国相关法律制度相符。见《人民法院组织法》第 34 条；我国三大诉讼法的规定，如《民事诉讼法》第 39 条、《行政诉讼法》第 68 条、《刑事诉讼法》第 13 条、第 183 条；2018 年，《人民陪审员法》颁布并实施，其第 15 条、第 16 条均对人民陪审员参加环境诉讼组成合议庭作了相应规定。

② See George Pring and Catherine Pring, *Greening Justice: Creating and Improving Environmental Courts and Tribunals*: *Chapter 1*: *A Study of Access to Justice*.

含量高,环境法表现出明显的技术性法规特征,很多环境原则和规则,如最可行技术(Best Available Technology, BAT)标准等都需要进行专业性的技术分析,环境争议也常常牵涉复杂的科学技术,一件复杂的环境案件可能需要六种或七种不同种类的专业技能,这并不是法官所擅长的领域。鉴于法官在辨别鉴定过程、方法或技术上的"知识短板",应充分发挥具有相应知识背景的环境专家的作用,由其出庭接受质询,做出解释,增加裁决的公信力。环境案件的特殊性使得专家的介入成为常态,最为理想的司法现状是环境法官既受过法律培训,也是科技方面的专家。这虽然几乎能应对所有环境诉讼难题,但是要求过高,也没有太大的必要性。国际上通常的做法就是借助专家的援手。一般来说,需要专家委员会解决以下问题:

第一,评价环境污染或破坏是否已经造成身体上的伤害;

第二,阐明行为与损害之间是否存在因果关系;

第三,提出防止或平衡损害的建议;

第四,评价对经济主体的健康和生活正在造成的损害以及未来的损害;

第五,预测对健康和收入造成损害需要进行的补偿;

第六,计算破坏自然资源对公共资源的损害;

第七,预测拟议行为的后果。

如新西兰环境法院就有一个由20名成员组成的固定的专家委员会,这些人被精挑细选出来以参与到与他们的专业相关领域的案件审理中。他们由司法部长任命,可以是全职,也可以是兼职,5年期满之后可以连任,报酬是正式法官的70%。委员们有地方政府、资源管理、规划、环境科学和毛利人协定方面的知识和经验,还包括水质量专家和工程师。他们也可被训练成调解员和协助者。通常,在环境民事纠纷中,环境法院的法官与两名委员一起庭审,但是在环境刑事案件中就只能是环境法院的法官了。当法官与两名委员共同审理时,委员可以通过少数服从多数的规则反对法官的观点。另外,新西兰环境法院也会质证当事人带来的专家证人提供的证言证词。这样根据案件的需要和专家们的专业领域,环境法院中既有从法院内部挑选的专家,也有当事人从外面聘请的专家,从而保证案件审理获得最大范围的专业知识。

在澳大利亚的土地和环境法院里,有6位法官和10名委员审理案件。委员必须符合《土地和环境法院法案》第12条列出的专业资格要求,他们通常是地方政府管理、城乡和环境规划、环境科学或者与环境保护及环境评价相关的事务、植物栽培和园艺、土地估价、建筑、工程、测量及建筑施工、自然资源管理、原住民土地权利及涉及原住民的纠纷、城市设计与遗产、法律等领域的专家。法律问题由法官决定,委员则对行政决定的合理性进行价值性审查。由于土地和环境法院里大量的案件是对政府的行政决定进行价值性审查,因此,法官与委员一起承担了大量的工作。① 澳大利亚塔斯马尼亚的资源管理和规划申诉裁处所(Resources Management and Planning Appeals Tribunal, RMPAT)也有一个由26名专家组成的固定小组,这些人有科学家、工程师、规划师、建筑师和其他方面的专家。

我国贵阳市环境法庭在运营过程中也开始加强环境审判能力建设,在审判机制上做了很大创新,如设立了环境保护专家库,即环境保护各方面的专家名单库。当环境审判过程中遇到环境知识方面的困境,可以根据专家库的名单和各位专家的特长,在理论和技术上寻求他们的帮助和支持;并尝试聘请相关专家担任人民陪审员,让专家真正走入司法审理程序,提高审判效率,有利于在一定程度上实现司法公正。当前,江苏省、广州市、长沙市等也陆续组建了自己的环境保护专家库。专家库中的专家不仅可以专家证人的方式出现在案件审理阶段,还可以在执行阶段参与制定生态修复方案或对方案进行审核、监督和评估。②

3. 专家证人制度

正如学者所言:“如果说专家在环境法院中是一个至关重要的因素,那只是陈述了一个明显的事实”。③ 新南威尔士州在专家证人方面的法律依据除了散见在该州的《证据法》和《民事诉讼法》等中,主要有:“1999年的南威尔士州

---

① 参见丁晓华:《澳大利亚的土地和环境法院》,载《法治论丛》2005年第2期。

② 参见《中国环境司法发展报告(2019)》。

③ R. N. Talbot, *Land and Environment Court Expert Witness Practice Direction*, Urban Development Institute of Australia Expert Witness Forum, Friday 8 August 2003.

环境法院第16号法院实践指引——‘专家证据实践指引’;2002年的南威尔士州环境法院第20号法院实践指引——‘统一专家证据实践指引’;2003年的南威尔士州环境法院‘专家证据标准指引’;南威尔士州‘最高法院规则’的第39部分有关专家证人的有关内容”。[①] 这些法律规则将哪些主体在满足何种条件下才能被称之为专家作出了规定,如专家是那些在相关争议问题上具有相应知识或者经验的人,他们能根据争议问题的特性提出意见,而这些意见有证据效力,且他们发表的意见必须属于自己专业范围内;专家证人也可以出现在环境法院,这里有两种路径:一是环境法院根据需要自行聘任;二是当事人也可以这么做;对专家证人的要求,主要体现在行为规范和专家证人会议两部分。如专家证人即令是当事人聘请,其首要义务也是对法庭的,即他不是当事人的律师,是对法庭而不是聘请人负责,等等。环境法院的专家范围很广,“包括生态学家、工程师、化学家、测量员、计划专家、价格评估师,以及会计、视觉影响、继承、安全、交通和公园方面的专家”,这些专家的职责就是分析判断法官在审理环境案件中遇到的专业性知识,解决环境案件专业技术性强的问题,保证法院判断的科学性。但是,专家证人的意见并不是提交到法院就了事;他们要在法院的召集下,一起对证据进行质辩,并接受法官、律师和其他同行的提问。这种质问方式俗称“热水澡”(hot tub),形象地反映了争论的激烈性。将专家们的观点摊开,也就能使他们彼此之间的分歧点展露无遗。在同一时间里,所有的专家依次对同一问题发表自己的看法,并对持此种看法的理由进行解释和说明,使法官和听众在充分理解的基础上对专家意见的误解也就大大减少了。这种方式的质证既便于法官了解有关专业问题,也大大减少专家证据中存在的问题。其对我国环境司法审判的启示是:在我国的环境审判中,确定侵权人的侵权行为与污染或破坏生态环境所致的损害之间存在关联性、受害人遭受的损失及生态环境的损害等专业技术问题大多是通过鉴定来解决的。当前,环境审判中有一个倾向就是法官过度倚重鉴定意见来认定因果关系、确定法律责任,鉴定意见的证明力在法官眼中往往高于其他证据,深究下去,造成

① 邓可祝:《澳大利亚环境法院专家证人制度研究——以新南威尔士州土地与环境法院为例》,载《上海政法学院学报(法治论丛)》2012年第3期。

这一现象的很大原因在于法官是法律人员，擅长的是法条的适用和解释，而确实对水文、地貌、化学、生物等环境科学类专业知识非常陌生，而这些知识对认定污染行为、确定因果关系具有至关重要的作用，法官只有过分倚赖鉴定意见了，即使他们心里清楚鉴定意见与其他形式的证据一样，也要经过庭审中的充分质证才能最终来确定其是否具有证明力及证明力的大小，但同样的窘境出现，专业知识的缺乏使得他们难以针对这些鉴定意见进行有效的质询。针对该制度在程序、内容等方面存在的缺陷与不足，借鉴南威尔士州环境法院的专家证人制度，要解决环境审判中的专业技术问题要注意：第一，发挥法院在专家证人制度中的指导作用，充分保证原、被告的申请权，由各方当事人自行决定是否聘请专家，以及具体聘请哪位专家。当然，为避免过度鉴定，法院在是否需要鉴定、鉴定次数上有裁量权。第二，为使法院和当事人更容易理解鉴定意见，鉴定人不能仅仅将得出的是何种意见展现在公众面前，而需要解释是如何得出这一意见而不是另一意见，有哪些因素的存在可能影响鉴定意见。第三，强调对专家证人的质证。为便于法院和当事人充分理解专业技术问题，并对意见中的真伪作出判断，对专家证人进行多方质证是必要的。

三、建立环境预防诉讼机制

从环境活动的实践来看，环境保护具有三大内涵：(1)为排除现已存在与出现的对环境的损害；(2)为排除或减轻现在对环境可能或潜在的危险性；(3)为经由预防措施的采取来防止对未来环境的危害性。[①] 其中，第一种是环境状况出现不良状态，已经造成人身、财产损害，此时进行的救济只能是事后救济；第二种情况表明此类环境问题一定会出现，但是尚未暴露，能够采取一定的预防措施；第三种则属于环境风险类，是指环境是否遭受损害只是有一定可能性。前两种可以统称为传统环境问题，其区别仅在于救济方法上，一个是事后补偿，一个是事前预防。

环境作为一个状态系统，本身具有一定的张力来容纳和消解来自外界的各种影响，只要这个影响不超过生态系统的自净力，整个环境就会处于一个相

---

① 参见陈慈阳：《环境法总论》，中国政法大学出版社 2003 年版，第 31 页。

对平衡和稳定的状态。也正是因为环境的这种张力使得大多数环境污染和破坏都是积累到一定程度才最终显现出来,而一旦显现之后,往往非常难以消除和恢复,甚至是不可逆转的。即使能够有所补救,也要耗费大量的人力、物力和财力。淮河的污染治理就是一个活生生的例子。而从事后补偿的可行性来看,环境损害中造成的绝对损失是根本无法通过事后救济得到补偿的。所谓绝对损失,经济学家宫本宪一认为,绝对损失是指:(1)人类的健康障碍及死亡;(2)人类社会必要的自然的再生产条件的不可恢复的破坏;(3)无法复原的文化遗产、街道及景观的损伤等。① 显然,绝对损失的发生造成的后果无限大,事后赔偿不是最有效的措施。这就说明在环境司法中,必须强调预防原则,事后的救济根本无法保护生态系统的完整性和功能的健康稳定性。故,在环境损害发生之前,对可能产生的损害行为提起环境诉讼就能防患于未然,而且符合经济学上的成本效益原则。这种预防性理念也符合风险社会的要求。那么究竟在什么样的情况下进行预防呢? 德国学者洪堡认为:"必须同时观察危害、获得成效和限制自由的概率,就这种情况进行商议。不过,在这些行为当中,根本没有一个允许我们对之采取一种普遍的尺度,尤其是概率的计算总是会让人误入歧途。因此,除了表明那些考虑的因素外,理论不能有更多的作为。"②

从法律规定和司法实践看,构建环境预防诉讼机制需要解决的核心或关键问题有三个:第一个是何为"重大风险",这关系到适格主体提起的预防性诉求是否可以得到法院的支持;第二个是因果关系的认定,具体而言,如何证明尚未发生的损害与正在或将要进行的行为之间具有关联性,进而推定因果关系成立呢? 第三个是法律责任的承担方式,与事后救济相比,预防诉讼的责任承担方式有何特殊呢?

就第一个问题而言,风险原本给人的第一观感就是具有"不确定性",很难对其进行定性和定量,再加上"重大"这一表示"程度"的修饰语,就更加重了对

---

① 参见[日]宫本宪一:《环境经济学》,朴玉译,北京三联书店 2004 年版,第 123 页。

② [德]威廉·冯·洪堡:《论国家的作用》,林荣远、冯兴元译,中国社会科学出版社 1998 年版,第 120 页。

其准确判断的难度。“将风险作为损害规模与发生可能性的乘积的保险精算学的定义,不足以回答关于风险的妥当性问题。数量化的风险概念事实上也不适合作为法律概念”,[①]既然无法在数量上刻画出风险的程度与规模,可考虑从其相反概念“安全”来界定风险的内涵与外延。预防风险要消弭的是不确定的风险,追求的是安全,而“法律试图以双重的方式来获得与未知性和不可权衡性相对的安全性(Sicherheit):一是法益的安全,即为所涉法益提供安全保障;二是法律的安全,即保证法律作为一个决定体系本身的可靠性和可预见性”。[②] 具体到生态环境保护领域,预防机制要保护的是环境法益的安全,常见的判断环境法益安全的指标要素是各种环境标准,如我国现行《地表水环境质量标准》中规定了三种水质标准,1 类水质标准要求最高,可以直接饮用,常见的饮用水水源保护区、重要生态环境区域等都采用这种水质标准;2 类水质标准是通用于全国的水质标准,城市生活用水、渔业用水等都采用这种水质标准;3 类水质标准最低,要求水体对人体健康无直接危害,常适用于一般工业、农业、景观。针对水体,根据不同用途,我们对其设定了不同的标准,这个标准就是“安全阀”。那么,如果饮用水水源保护区的水体逼近 1 类水质临界点,就表明该保护区的生态法益受到威胁,处于不安全状态,就需追根溯源,及时切断危险源。如果说法益的安全是从所保护对象的角度进行审视,那么法律的安全则是从行为主体的角度进行考量。法律是对人行为的调整与规范,法律的出现与运行使得人们在从事某项活动之前就对自己的行为可能产生的结果有一定预期与判断,常见的就是该行为是合法行为还是违法行为,是不是会由此承担法律责任等。因此,法律对风险的规制必须具有合理性,不能超出普通民众的预期,否则就是强人所难,就是对人们正常生活的干扰。从现有预防性环境公益诉讼案件看,在北京市朝阳区自然之友环境研究所(以下简称自然之友)诉云南华润电力(西双版纳)有限公司、中国电建集团昆明勘测设计研究院

---

① [德]莱纳·沃尔夫:《风险法的风险》,陈霄译,载刘刚编译:《风险规制:德国的理论与实践》,法律出版社 2012 年版,第 82 页。

② [德]莱纳·沃尔夫:《风险法的风险》,陈霄译,载刘刚编译:《风险规制:德国的理论与实践》,法律出版社 2012 年版,第 82 页。

有限公司案①中，为证明被告一的行为对“回龙山水电站库区未砍伐、破坏的国家重点保护植物、热带雨林等植被，澜沧江、罗梭江流域鱼类洄游通道和西双版纳国家级自然保护区被毁灭、阻隔、淹没的危险”，自然之友提交的证据包括被告一在建设项目作出重大变更后，未重新申报环评，已有环评内容不实、存在重大遗漏，②以及专家意见。在自然之友诉中国水电顾问集团新平开发有限公司(以下简称新平公司)、中国电建集团昆明勘测设计研究院有限公司生态环境保护民事公益诉讼案③中，为证明云南省红河(元江)干流戛洒江一级水电站建设对“绿孔雀栖息地、陈氏苏铁生长有重大风险”，自然之友提交的证据包括《红河上游戛洒江、石羊江、绿汁江植被调研报告》、《云南绿汁江下游河谷季雨林群落学研究》、专家证人证言、图片、视频等，以及法院发函云南省林业和草原获得的函复和该局编制的《元江中上游绿孔雀种群现状调查报告》。法院认为，对何为“重大风险”，面对“尚不明朗的事实状态”及“不确定性”，“自然之友首先需提出初步证据证明存在(重大或不可逆转)环境损害可能性”，“然后再由环境重大风险制造者提供证据，以充分的理由消除合理怀疑或证明其行为的无损性”。自然之友的主张成立，而新平公司不能证明上述重大风险不存在或业已采取合理必要的预防措施，故应承担法律责任。在中国生物多样性保护与绿色发展基金会(以下简称绿发会)与被告雅砻江流域水电开发有限公司(以下简称雅砻江公司)环境民事公益诉讼案④中，为证明“雅江县雅砻江上即将修建的牙根梯级水电站以及配套的公路建设将直接威胁到五小叶槭这种珍贵濒危野生植物的生存”，提交的证据包括世界自然保护联盟濒危等级标准、有关五小叶槭的新闻报道或学术论文等。法院认为以“新闻报道或学术论文”等内容来“认定为本案案件事实的证据不足”，只认可了“五小叶槭在生物多样性红色名录中的等级”，并支持了绿发会“依法判令被告立即采取适当措

---

① 云南省玉溪市中级人民法院(2018)云04民初15号民事调解书。

② 即《小黑江回龙山水电站环境影响报告书》未对以下生态环境影响进行客观的评价：(1)鱼类方面的影响；(2)对热带雨林及国家保护植物的破坏及影响；(3)对西双版纳国家级自然保护区及勐养—勐仑段生物走廊带的影响。

③ 云南省高级人民法院(2020)云民终824号民事判决书。

④ 四川省甘孜藏族自治州中级人民法院(2015)甘民初字第45号民事判决书。

施,确保不因雅砻江水电梯级开发计划的实施而破坏珍贵濒危野生植物五小叶槭的生存”的诉讼请求,驳回了绿发会“依法判令被告在采取的措施不足以消除对五小叶槭的生存威胁之前,暂停牙根水电站及其辅助设施(含配套道路)的一切建设工程”的诉讼请求。在自然之友诉中石油云南石化有限公司环境污染责任纠纷案①中,自然之友为证明“被告行为具有损害社会公共利益重大风险”,提交了有关被告的批复、环评报告书、延迟焦化装置事故案例分析及安全措施、延迟焦化装置危险性分析及预防等证据材料,法院认为上述证据材料不能说明“有社会公共利益受到损害”或“被告的行为已经损害社会公共利益或者具有损害社会公共利益重大风险”,同时认为原告关于禁止补办环境影响评价文件报批并责令撤回的诉讼请求,“属于行政机关行政管理权限调整范围,不属于受理民事公益诉讼的范围”,故一审法院裁定不予受理,二审法院对此予以维持。对比上述4个案件,对何为“重大风险”或如何认定“重大风险”有一定借鉴和启发。首先,前3个案例都是针对水电站建设开发影响生物多样性的案件,从案件性质上看,属于生态破坏型案件,第4个案例是针对中石油炼油项目的案件,从案件性质上看,属于污染环境型案件,而恰恰前3个案件都以胜诉告终,第4个案件则不被受理,在一定程度上说明要证明生态破坏行为对生态环境具有重大风险要易于证明污染环境行为对生态环境具有重大风险,这主要是因为后者更具有隐蔽性、潜伏期长,致害因素复杂。其次,法院认定环境污染行为或生态破坏行为对生态环境具有重大风险主要考量了三个要素,第一个要素是受保护对象的重要程度,不管是绿孔雀,还是苏铁,抑或五小槭叶,都属于珍贵、濒危野生动植物物种,数量稀少,对野生生境的依赖性强;第二个要素是污染物排放标准、总量控制标准、环境影响评价、行政许可等。即是否达标排放、是否遵循总量控制标准、是否进行了环境影响评价、是否按照许可证的内容行事;第三个要素是可及性,这里又可分为两种情况,一是指可救济性,即禁止某特定行为可以起到对生态环境的保护作用,如果即便该特定行为被禁止,生态环境仍然处于受威胁状态,就需要审慎考虑是否要对该特

① 云南省高级人民法院(2017)云民终417号民事裁定书。

定行为进行预防性制止。二是指可管辖性。即属于司法管辖范畴的事项。例如,禁止未作环评的水电站继续施工属于司法管辖范畴的事项,但责令被告进行环境影响评价则是行政管辖范畴的事项。在上述三个要素中,第一个要素和第二个要素都是从维护(环境)法益安全角度进行考量,与“法益的安全”相契合,第三个要素从被规制行为主体的客观现实出发来设定法律,以免脱离实际的法律沦为“一纸空文”,与“法律的安全”相契合。

就第二个问题而言,从最高人民法院《关于生态环境侵权民事诉讼证据的若干规定》(法释〔2023〕6 号)第 5 条第 1 款①需要原告提交存在关联性的证据以及第 7 条②被告要否认因果关系成立需要证明的事项可知,在事后救济型环境案件中,只要原告能够证明损害与污染或破坏行为之间具有关联性,就可推定二者之间存在因果关系。对此,原告可以从以下几个方面予以证明:一是侵权人所排放的污染物质与被侵权人受损害对象中发现的物质具有同一性;二是被侵权人受损害对象的不良症状是在侵权人排放污染物、破坏生态的行为出现后才产生的;三是被侵权人受损害对象在侵权人排放污染物、破坏生态行为的影响范围内,等等。我国尚未建立起完善的预防性环境诉讼机制,更未曾对尚未发生的损害与正在或将要进行的行为之间的关联性作出规定,司法实践中,法院适用的是事后救济型环境诉讼的关联性证明与因果关系认定标准,要求原告举证证明尚未发生的损害与正在或将要进行的行为之间具有关联性,这种关联性证明即便在损害结果已经发生的环境案件中,也会因为被侵权人专业知识不足和举证能力较差等原因很难实现,更遑论损害结果尚未发生的预防性环境诉讼,科学的不确定性、损害结果发生的不确定性等,都使得原告在因果关系证明上“有心而无力”。作为一种弱相关关系,要证明这种关联性存在,只能反其道而行之,通过考察“对损害发生的可能性是否起到增加或

① 最高人民法院《关于生态环境侵权民事诉讼证据的若干规定》(法释〔2023〕6 号)第 5 条第 1 款规定:“原告起诉请求被告承担环境污染、生态破坏责任的,应当提供被告行为与损害之间具有关联性的证据。”

② 第 7 条规定:“被告证明其排放的污染物、释放的生态因素、产生的生态影响未到达损害发生地,或者其行为在损害发生后才实施且未加重损害后果,或者存在其行为不可能导致损害发生的其他情形的,人民法院应当认定被告行为与损害之间不存在因果关系。”

促进”作用来予以界定。也就是说,凡是能提高损害发生概率的行为就可认定正在或将要进行的行为与尚未发生的损害之间存在关联性,进而推定因果关系存在,被侵权人就完成了这一举证责任,被告对此要否认的,就由被告举证予以证明。在此类复杂问题上,法院的裁决对科学技术的依赖性是很强的,科学方法成为法院可靠的“同盟军”,它为法院建构具有可操作性的标准提供有力帮助;而科学技术得以被公众认可往往也离不开司法权威的背书。因此,被侵权人要学会对相关环境领域科学新发展的利用,并充分发挥专家在案件中的作用,可由专家提供法律意见,证明危险因侵权人的行为而可能发生。

就第三个问题而言,在“停止侵害、排除妨碍、消除危险、修复生态环境、赔礼道歉、赔偿损失”的六种责任承担方式中,前三种责任承担方式因其可以起到制止或防止损害后果进一步扩大的作用被称为防御型责任承担方式,可以适用于预防型环境诉讼中。在自然之友诉新平公司、昆明设计院环境污染责任纠纷①案中,一审法院判决“新平公司立即停止基于现有环境影响评价下的戛洒江一级水电站建设项目,不得截流蓄水,不得对该水电站淹没区内植被进行砍伐”就是“停止侵害”这一责任承担方式的具体体现。2021 年 12 月 27 日,最高人民法院发布《关于生态环境侵权案件适用禁止令保全措施的若干规定》(法释〔2021〕22 号),明确了申请人可以在诉讼前或诉讼中,向法院申请作出禁止令,这是一种具有行为保全性质的禁止令,通常用于“被申请人正在实施或者即将实施污染环境、破坏生态行为,以及如不及时制止将使申请人合法权益或者生态环境受到难以弥补损害的情形”,显然可以实现预防环境诉讼的目的。对此,在不违背环境法律责任承担规定的前提下,可考虑将禁止令从诉前、诉中延伸至最后的责任认定,即在判项中禁止被告为一定或不为一定行为,如禁止继续排放含镉的废水、禁止在行政许可之外从事资源开发利用活动,等等,这些“禁止令”可被视为“停止侵害、排除妨碍、消除影响”的变体,只是更加具体、更具有可操作性。

---

① 云南省高级人民法院(2020)云民终 824 号民事判决书。

第三节　实行规范的环境司法运作

实体法固然规定了光辉耀眼的权利,但是如果这种应然性文本性权利没有适当的途径得以实现,就如同空头支票上所标明的数字。现代法治国家普遍认为,诉权,是国家法律赋予社会主体在其权益受到侵害或与他人发生争执时,请求审判机关通过审判方式保护其合法权益的权利。① 诉权作为一种救济权,是一切国民平等享有的一种宪法性权利。而且,诉权也是给予每一个国民以制度上表达自己意志的途径。② 在 20 世纪,诉权的研究和发展出现了三个特点:一是诉权的社会化。不仅检察官在公益代表的意义上获得的特别诉权得到了进一步发展,而且一些社会公共团体也被赋予帮助特定的社会成员寻求诉讼保护的权利。在一些国家,公民仅仅出于关心公益,也可以有限地运用诉讼手段。二是诉权的范围进一步扩大。现代诉权包括了立法性诉权(违宪诉讼等)、司法性诉权(包括刑事诉权、民事诉权、行政诉权)、行政性诉权(在行政决定、复议、仲裁等活动中的程序权)。三是以 1964 年《人权宣言》为开端的诉权保护的国际化趋势。③ 在现代诉权理论的指引下,将不同的侵害和不同的权益相结合,认可诉权表现形式的多元化,在环境纠纷中,考虑到不仅存在私益,还存在公益,所以在赋予私人以诉权的同时,也赋予那些公益维护者出于公益目的的诉权,这是环境司法发展的趋势。

当然,我们必须作出最基本的选择,即为了应对环境案件新情况和新要求,我们是否需要建立新的类型的法院,还是在现有司法程序中通过简化程序以满足要求,或是降低诉讼费用更好?但是不管怎样,不可否认的是环境冲突日益多样化,我们需要类型化和适合的司法程序。实践证明,社会主体"无论学历高低,之所以产生回避审判的倾向,并不是这一般群众不喜欢明确分清是

---

① 参见徐静村、谢佑平:《刑事诉讼中的诉权初探》,载《现代法学》1992 年第 1 期。

② 参见莫纪宏:《论人权的司法救济》,载《法商研究》2000 年第 5 期。

③ 参见王福华:《民事诉讼基本结构》,中国检察出版社 2002 年版,第 16 页。

非的诉讼而愿意互谅互让的妥协解决。回避审判的现象根源在于程序的烦琐和花钱费时等审判制度本身的缺陷”。① 因此，如果这种缺陷无法得到根本性改善，即使我国社会主体的环境法意识得到进一步提高和进化，也很难期待利用环境司法途径为环境纠纷的解决提供畅通的渠道。

一、规范环境司法程序

（一）改革环境司法立案登记制度

1. 放宽诉讼资格

司法上原告资格概念并不是静止不变的。② 19 世纪的英国，“除非某个人有着自己的个人冤情，否则，法院是不愿意让任何人跨进自己大门的，一般来讲，一个人必须指出他自己哪些合法权利受到了侵犯或哪些财产受到了损害，如果他仅是成百上千的受害者之一，他就没有足够的资格来法院起诉”。③ 但是，随着法治进程的推进，英国法官也开始认识到其弊端。丹宁勋爵在布莱克伯恩诉大都会警察局一案中指出：“如果公共权力机构犯了误用权力罪，谁可以来法院进行起诉呢？布莱克伯恩先生是伦敦市民，他的妻子是纳税人，如果他没有充分的利益，那么任何其他公民也就没有这种利益。”④可见，即使是现代法治国家，也经历了从限制诉讼资格向放宽诉讼资格逐步进化的过程。

虽然这些年我国关于扩大诉讼主体资格、放宽限制的探讨非常多，实践中也不乏有真实案件的成功运作，但是不可否认的现实是，我国建立的公益诉讼制度，在环境民事公益诉讼领域，法律规定的机关和有关组织可以提起诉讼，从当前来看，这类机关和组织主要是环境行政机关、检察机关和社会组织。在环境行政公益诉讼领域，仅赋予了检察机关起诉资格。且从近两年最高人民法院的工作报告可知，相较于检察机关，社会组织在环境公益诉讼中的身影越来越少，到底是检察机关挤压了社会组织的生存空间，还社会组织自身的原因使得原本就逼仄的空间更加狭窄，这是一个值得深思的问题。但我们也不难

---

① ［日］棚濑孝雄：《纠纷的解决与审判制度》，王亚新译，中国政法大学出版社 1994 年版，第 187 页。

② 参见王名扬：《美国行政法》，中国法制出版社 1995 年版，第 161 页。

③ ［英］丹宁勋爵：《法律的训诫》，杨百揆等译，法律出版社 1999 年版，第 125 页。

④ 龚祥瑞：《西方国家司法制度》，北京大学出版社 1993 年版，第 117 页。

发现,不管是环境民事公益诉讼,还是环境行政公益诉讼,个人始终都被排除在外。由个人提起公益诉讼,理论上认同,但是实践中还存在巨大障碍。既然实践证明,公民个人才是规制产业的有效主体,在仅通过对行政机关执法行为的监督和参与行政过程已经不足以充分实现公民自我治理的时候,我们并不排除在未来某一天,公民个人也有被允许提起环境公益诉讼的可能性。对此,我们认为,环境行政机关、检察机关、环保组织和社团、公民等社会主体都有权提起环境公益诉讼。但是,纵使在古罗马时期,也对公益诉讼主体作出区分,那些"受到非法行为损害(即使只是私人利益受损)的人或被公认较为适宜起诉的人具有优先权。"

因此,在分析上述诸具备起诉资格的主体与环境公益关系的疏密程度、环境公益诉讼的性质及构建环境公益诉讼制度宗旨的基础上,我们认为享有环境权的公民、环保组织和社团是第一顺位的适格原告,在没有第一顺位的原告(对于某些特殊环境,如远海、原始森林等,无人可主张环境权),或第一顺位的原告在合理期限内不愿或不能起诉的,第二顺位的环境行政机关(包括环保主管部门、政府及其海洋、渔业、水利等与环保相关的职能部门)为维护环境公益可以直接提起诉讼,[①]此时,检察机关行使的只是法律监督权,督促相关机关提起环境民事公益诉讼,在起诉主体需要相关法律支持时,支持起诉。只有相关机关在督促起诉后仍然没有或无力提起环境民事公诉的情况下,检察机关才能转而行使公益诉权。[②] 故,检察机关是第三顺位的原告,即第一顺位原告缺失或在合理期限内未能起诉的,且第二顺位原告经督促也未在合理期限内起诉的,检察机关可作为原告直接提起环境公益诉讼。这种顺位安排也是《民事

---

① 参见杨朝霞:《环境民事公益诉讼:环保部门怎么做?》,载《环境保护》2010 年第 22 期。《海洋环境保护法》第 89 条明确规定了行使海洋环境监督管理权的部门有权对破坏海洋生态、海洋水产资源、海洋保护区,给国家造成重大损失的责任人提起诉讼,提出损害赔偿要求。

② 参见吴勇:《环境民事公诉适格原告的实践考察与立法选择》,载《云南·昆明首届环境司法论坛会议资料论文集》(2011 年),第 282 页。

诉讼法》第58条规定的精神反映。①

为了避免出现公民、环保组织和社团滥用诉讼权的情况，可借鉴美国公民诉讼制度，设立必要的起诉条件和前置程序，如美国公益诉讼规定的"60日通知"制度，该项制度规定环保社团或者私人原告必须在起诉前将书面的"起诉意愿通知"送交被主张的违法者及联邦政府和州政府，在该起诉通知送交之日起满60日，起诉人方可向法院提起诉讼，简称为60 days Notice。②

另外，为了防止各起诉者滥用公益诉权，故意或过失提起诉讼，由此给被告造成损失，还应该在环境公益诉讼制度中明确规定侵权责任制度，追究起诉人的相应责任，如消除影响、恢复名誉、赔礼道歉，造成经济损害的还应当承担经济损失。其中，以环境行政机关和检察机关为起诉人的，可以通过国家赔偿予以解决。

2. 诉讼成本的解决

根据国务院《诉讼费用交纳办法》的规定，当事人交纳诉讼费用确有困难的，可以申请司法救助。这属于法律援助的范畴，在此不作详细展开，将于构建我国环境法律援助制度部分的内容中予以论证。这里，我们主要寻求的是环境司法中一类特殊的环境诉讼——环境公益诉讼的诉讼成本的解决措施。

根据《环境民事公益诉讼解释》的规定，对交纳诉讼费有困难的原告，人民法院应予准许其依法提出的缓交申请。若原告胜诉，诉讼费由被告担负；若原告败诉，诉讼费能否减交或免交，则要由最高人民法院定夺。③ 可见，尽管原告是出于保护环境公益的目的提起诉讼，能否缓交、免交诉讼费不仅程序烦琐，

---

① 《民事诉讼法》第58条规定："对污染环境、侵害众多消费者合法权益等损害社会公共利益的行为，法律规定的机关和有关组织可以向人民法院提起诉讼。人民检察院在履行职责中发现破坏生态环境和资源保护、食品药品安全领域侵害众多消费者合法权益等损害社会公共利益的行为，在没有前款规定的机关和组织或者前款规定的机关和组织不提起诉讼的情况下，可以向人民法院提起诉讼。前款规定的机关或者组织提起诉讼的，人民检察院可以支持起诉。"

② 但是，60日要件在许多包含有公民诉讼条款的法律仍然有例外的规定，即具有有关毒性污染物或紧急事件，免除告知程序，以有利于抓紧时机，争取时效。

③ 《环境民事公益诉讼解释》第33条规定："原告交纳诉讼费用确有困难，依法申请缓交的，人民法院应予准许。败诉或者部分败诉的原告申请减交或者免交诉讼费用的，人民法院应当依照《诉讼费用交纳办法》的规定，视原告的经济状况和案件的审理情况决定是否准许。"

且结果具有不确定性。实际上,我国环保 NGOs 起步晚,发展不成熟,财力有限,往往比较薄弱,无法承受环境公益诉讼耗费的巨额成本,对此,可考虑建立环境公益诉讼基金给予扶持;对公民个人,可以允许在案件审理结束后缴纳诉讼费用;人民检察院提起环境公益诉讼的,免交诉讼费;不管是由上述哪一个主体提起环境公益诉讼,在原告胜诉时,诉讼费用一律由被告承担,由被告向环境公益诉讼基金专户支付。

至于原告因提起公益诉讼产生的除诉讼费之外的其他费用,如差旅费、调查取证费、评估鉴定费、律师代理费等诉讼费用,《环境民事公益诉讼解释》第22 条对原告在诉讼过程中产生的合理费用作出了规定:在原告的请求下,法院可以裁判由被告担负。① 这种形式同样具有一定的不确定性,且在原告败诉的情况下,此要求往往无法得到法院的认可。正因如此,《环境民事公益诉讼解释》第 24 条明确了败诉原告此类费用的解决办法:酌情从人民法院判决被告支付的用以修复被损害生态环境的费用中提取。② 此种做法,一是与生态修复费用专款专用的性质不符;二是实践中不易操作,如何酌情提取,从哪个环境民事公益诉讼案件中酌情提取?对此,我们认为,通过两种方式来转嫁更具有可行性:一是诉讼费用保险;二是成立环境公益诉讼基金会。可以从每件胜诉的环境公益诉讼案件的赔偿款中提留一定比例作为环境公益诉讼基金,同时,也可以接纳社会捐款作为基金来源。环境公益诉讼的原告在提起公益诉讼之前,可以向环境公益诉讼基金会申请公益诉讼费用,环境公益诉讼基金会在接到申请后通过对申请的审查,认为提起的是环境公益诉讼,并有相应的事实和

① 《环境民事公益诉讼解释》第 22 条规定:"原告请求被告承担以下费用的,人民法院可以依法予以支持:(一)生态环境损害调查、鉴定评估等费用;(二)清除污染以及防止损害的发生和扩大所支出的合理费用;(三)合理的律师费以及为诉讼支出的其他合理费用。"

② 《环境民事公益诉讼解释》第 24 条规定:"人民法院判决被告承担的生态环境修复费用、生态环境受到损害至修复完成期间服务功能丧失导致的损失、生态环境功能永久性损害造成的损失等款项,应当用于修复被损害的生态环境。其他环境民事公益诉讼中败诉原告所需承担的调查取证、专家咨询、检验、鉴定等必要费用,可以酌情从上述款项中支付。"

理由的可批准。[1] 被告败诉的,由被告承担。

此外,从我国环境公益诉讼司法实践看,《环境保护法》第 58 条明确规定了提起诉讼的社会组织不得通过诉讼谋取经济利益,[2]《环境民事公益诉讼解释》第 34 条也对社会组织通过提起诉讼谋取经济利益的行为应当担负的法律责任作出了规定。[3] 这当然无可厚非。但根据环境公益诉讼的性质和目的,原告不是为了私益而是为了公益起诉,不惜消耗其时间、精力、金钱,若不给原告一定的奖励建立公益诉讼的激励机制,也许更多的人不会为了维护公益而牺牲自己的既得利益。因此,在起诉是合理合法有意义的情况下,应给原告一定的奖励具有合理性。这种奖励应从对被告的经济制裁中提取,或由国家或地方政府出资设立环境公益诉讼奖励基金。这样,一方面,是对原告付出的弥补;另一方面,有利于鼓励更多的人维护社会公益。如美国《反欺骗政府法》规定,败诉的被告将处以一定数额的罚金,原告有权从被告的罚金中提取 15% ~ 30% 的金额作为奖励。除此之外,也可在实践中尝试成立环保诉讼专项基金。[4]

3. 明确可诉范围

现代法治社会的一个重要特征就是法的可诉性。[5] 法治程度越高的国家,能够进入司法机关经由司法程序解决的纠纷的范围就越广泛。从世界范围看,为了更有效地保护好环境,各国法律在放宽环境诉讼起诉资格的同时,也扩大了可诉范围。“比如美国《清洁空气法》第 304 条 a 款明文规定:任何人均可以自己的名义对任何人(包括美国政府、政府机关、公司和个人等)就该法规

---

① 参见何国萍:《环境公益诉讼的理论解读与制度创新》,载《甘肃政法学院学报》2008 年第 3 期。环境公益诉讼基金实际上与下面提到的环保诉讼专项基金如出一辙。在笔者看来,后者的资金来源、用途等比前者更为全面,更有可操作性。

② 《环境保护法》第 58 条规定:“……提起诉讼的社会组织不得通过诉讼牟取经济利益。”

③ 《环境民事公益诉讼解释》第 34 条规定:“社会组织有通过诉讼违法收受财物等牟取经济利益行为的,人民法院可以根据情节轻重依法收缴其非法所得、予以罚款;涉嫌犯罪的,依法移送有关机关处理。社会组织通过诉讼牟取经济利益的,人民法院应当向登记管理机关或者有关机关发送司法建议,由其依法处理。”

④ 在性质上,环保诉讼专项基金的性质就是环境公益诉讼基金。在此,笔者只是为了保留文章的本来面目而未将其改为环境公益诉讼基金。

⑤ 法的可诉性是指具备了为了判断社会纠纷的是非而使纠纷主体可诉求于法律主体加以判断的属性。参见谢晖:《独立的司法与可诉的法》,载《法律科学》1999 年第 1 期。

定的事项提起诉讼。这样美国《清洁空气法》一改昔日国家不能作为被诉对象的作法，将美国政府、政府机关以及环境保护局局长等均列入被诉对象的范围。在日本，随着国民环境意识的提高，公民以日本行政厅对产生公害的事业活动控制不力而可能导致公害损害为由，而对行政厅提起诉讼的案例也越来越多。此外，对行政厅因违法在环境上采取措施致使国民遭受损害，从而导致受害人对国家或公共团体提起请求国家赔偿的诉讼也日趋增多。"①

于是，有学者就此提出，只要是违反了环境法律法规的案件都应该纳入司法机关的审理范围。实际上，司法机关的受案范围是有一定标准的，这就是环境司法制度自身具备的专业性特征。例如，那些纯属私益之争的环境纠纷，由于其可能涉及不动产所有人或使用人在其生产或生活中产生的废水、废气、噪声等环境问题，因此在审理此类环境纠纷案件时，往往需要对导致环境污染的原因进行技术鉴定。这种专业性很强的环境私益诉讼理应纳入环境司法的审判范围。与此同时，在推进生态文明建设过程中，还应对环境侵权诉讼的功能予以拓展，以识别和回应以"美好"为取向的私人生态利益诉求。即法院在审理环境侵权案件中，应对有限度范围内、以"美好"为取向、借助私人诉讼提起的生态利益诉求予以识别并作出回应。这一生态利益诉求虽然也具有公益，但因与受害人的关系具有比较密切的关系，可考虑在深化和拓展诉讼机制的定分止争功能时，将该部分易被环境公益诉讼忽视的利益纳入调整范围。这既彰显了《宪法》"保障人有体面和有尊严生存与发展"的精神追求，也是对公民"在健康、舒适、优美生态环境中生存"的要求的司法回应。

而从本源上看，司法机关的可诉范围也称为诉因，即司法机关受理案件的范围界限，能受理哪些案件，不能受理哪些案件。比较分析世界上其他国家环境纠纷的可诉范围，在考察我国环境立法、执法、守法的基础上，我国的环境诉讼范围也不能过于狭窄，我们认为，目前至少有以下几项可以列入司法机关的受案范围：(1)环境纠纷的诉讼。在开发利用土地、森林、矿藏等自然资源过程中，涉及环境资源保护性质的合同类、侵权类及其他类型的环境民事纠纷；因

① 陈泉生：《环境保护与诉讼法的发展》，载《亚太经济》2001年第5期。

自然资源开发利用及环境污染等问题引发的行政许可、行政处罚、治安管理处罚等环境行政纠纷。(2)环保部门提起的行政非诉案件中涉及生态资源环境保护内容的强制执行案。(3)环境公益诉讼。包括环境民事公益诉讼、环境行政公益诉讼和环境刑事公益诉讼。(4)与区域政策、区域规划的诉讼。主要是对地方政府有关环境规划与保护进行价值性审查。(5)其他属于司法机关管理的环境案件。[①] 这种分类方法摒弃了根据案件性质将其简单划归于刑事、民事、行政案件的传统做法,开始着眼于环境资源案件的特点,既有环境私益诉讼,亦有环境公益诉讼,既包括生态环境保护,也包括资源开发利用,既涉及常见的环境污染防治,也关涉可能的气候变化应对和国土空间规划等案件。

此外,可通过明确环境民事公益诉讼与生态环境损害诉讼的受案范围,如直接或间接涉及不特定多数人的环境公益,宜提起环境民事公益诉讼,而那些损害纯生态环境公益、更多体现国家环境利益和行政机关环境管理权的案件,宜置于生态环境损害赔偿诉讼范畴。这样,就能将两种诉讼更好区别开来,实现"环境民事公益诉讼的归环境民事公益诉讼,生态环境损害赔偿制度的归生态环境损害赔偿制度",使其各司其职,实现制度协力,达致制度 1 +1 >2 的效果。

(二)改革环境司法审判制度

"互相竞争的各种层次上的价值或利益都可以得到综合考虑和权衡,其结果,不满被过程吸收了,相较而言一种最完善的解释和判断被最终采纳。这样做出来的决定极大地缩小了事后怀疑和抗议的余地。经过正当化过程的决定显然更容易获得权威性……当价值已不复存在时,程序就一跃而成为价值的原点。"[②]环境诉讼作为一种现代型诉讼,按照日本学者守屋明的说法,是"非对等的多数当事人之间,为了确保事前的利益或进行价值确认的、非权威性的调整秩序"。其主要特点是无既定的法律规范,涉及集团利益并较大程度依赖于

---

① 参见陈学敏:《设立环保法庭的冷思考》,载曾晓东、周珂主编:《中国环境法治》(2011 年卷)(上),法律出版社 2011 年版,第 54 ~68 页。

② 季卫东:《法制秩序的建构》,中国政法大学出版社 1999 年版,第 53 ~54 页。

法院的裁量。① 因此,环境诉讼有着不同于传统诉讼的特征,我们必须在审判制度上采取与之相适应的特别程序和措施。“环境诉讼的解决是和行政诉讼和民事诉讼所不同的一种单独的专门诉讼,其并不是单纯的民事诉讼,也并非单纯的行政诉讼。而是使民事诉讼和行政诉讼相互联系,互相影响的独特诉讼制度。民事诉讼和行政诉讼都有其单独的特点,而适应环境纠纷的诉讼部分具有民事诉讼的特点,同时也有行政诉讼的特点。……要更好的解决环境诉讼,是制定单独的程序法……”②

因此,为了充分体现环境纠纷的特征,必须建立起配套的环境诉讼新机制,综合考量环境私益和环境公益,全面审查民事行为和行政行为,重视对环境权益的衡量,放宽环境诉讼主体资格,逐步实现诉权的社会化。环境司法审判制度的设计必须体现环境诉讼的特色。当前,我国虽已实现环境私益救济与环境公益救济并行,但在后者之中尚存在选择性司法救济的情形;虽已开始在提出经济赔偿之余,顾及到精神赔偿,但尚需对后者加以规范;虽已强调生态修复为先,注重环境治理,但具体如何操作,实现方案合理、监督有力、评估得当尚在探索中;虽已尝试建立环境纠纷多元化解决方式,但在实现行政、司法、仲裁、调解等方式的有效衔接上并不成熟。我们可以考虑将环境诉讼从传统三大诉讼中解救出来,形成独立的环境民事诉讼、环境行政诉讼和环境刑事诉讼;扩大诉讼主体资格,实现诉权社会化;同时还要注意环境诉讼中法律技术的适用,建立专门规则,解决举证难、因果关系认定难、鉴定难、审理难的状况,对诉讼资格、证据的收集、证据效力、举证责任、因果关系确定、诉讼时效、诉讼费用等问题进行明确。③ 这不仅可以规范司法机关的环境审判活动,指导法官的庭审行为,约束过分宽泛的自由裁量权,同时也有助于当事人充分参与环境诉讼活动,使其对环境审理的预期有一定的确定性,并指导其做好相关的庭审准备工作,如该如何保留证据、向哪些机构可以申请鉴定,等等。只有最终

---

① 参见范愉:《非诉讼纠纷解决机制研究》,中国人民大学出版社2000年版,第19页注①。

② 郝发辉、黄德林:《我国环境纠纷诉讼遇到的问题及建立环境诉讼制度的思考》,载《全国环境资源法学研讨会论文集》(2006年),第542页。

③ 参见吴勇:《环境诉讼研究》,武汉大学法学院2006年博士学位论文,第34页。

解决了审理环境案件的审判组织的体制基础和法律问题，确立了专门化的制度和规则，一国设立的环境司法审判制度才能持续发挥其预期的作用。

鉴于环境公益诉讼和生态环境损害赔偿诉讼两种新型诉讼的特殊性，本书将在本节专门探讨如何优化环境公益诉讼制度和改进生态环境损害赔偿制度。

（三）创新环境司法执行制度

要走出环境执行难困境必须创新机制：

1. 强化生态环境修复的第三方监督

所谓第三方监督，是指邀请诉讼参与人之外的主体作为独立第三方，由其对诉讼判决或调解协议的履行情况进行监督，在被告出现违法行为时，既有要求被告依法履行法院裁判文书的权利，也有向法院或原告报告的义务。相较于普通案件，生态修复的执行时间更长，专业性更强，需要投入更多的精力仅是一个方面，监督履行情况更缺不了“软硬件”的配合。“软”件方面要求监督方具备专业的环保知识，“硬”件方面则要求监督方掌握着专业的检测工具。至于法官，“案多人少”是困扰多数法院的一大难题，且每个案件还有审限如同“达摩克利斯之剑”悬在那里，法官分身乏术，无法将更多的精力放在审判活动之外。引入环保NGO、环保志愿者承担监督的第三方，将为生态修复的有效实施提供坚强保障，也为排污企业戴上一个“紧箍咒”，使其不敢、不能继续从事损害生态环境的行为，更有利于实现环保目的。如贵阳公众环境教育中心之所以被委托能以第三方的身份对清镇市范围内37家企业环境保护情况及政府职能部门履职情况进行监督，在于清镇市政府与其签订了协议，而这是在法院推动下实现的，所形成的监督角度广、层次多，是典型的立体监督模式；而法院仅对第三方的监督予以监督，在合适的时候进行回访，掌握案件效果、环境效果的基本概况，确保执行内容得到落实，法官的执行压力由此分流得到了一定缓解，本就紧张的司法资源也不会因此更加捉襟见肘。在中华环保联合会诉好一多乳业有限公司（以下简称好一多公司）案中，法院作出生效判决后，核心问题是好一多公司对判决的执行情况，即责令限时安装的污水处理设施好一多公司会不会自觉在今后的生产中使用，好一多公司继续产生污染的可能性有多大。贵阳公众环境教育中心作为第三方在法院分身乏术，也缺少相关专业配备无法有效担负起监督职责时被引入其中，该中心在行使监督权中支出的合理费用由好一多公司负担。当前，好一多公司在有条不紊开展污染治理的情况下，出水水质已达到国家标准要求，生产运营符合环境法律的规定。

而从实践来看，受主观意愿和客观因素等种种限制，生态环境修复工作有时并不能如期完成。为推动生态环境修复方案的顺利履行，使受损生态环境得以及时修复，可让责任人缴纳生态环境修复保证金。矿山领域的保证金制度值得借鉴。如福州实施矿山生态环境恢复治理保证金制度。① 类似规定还有《山东省深化煤炭资源有偿使用制度改革实施方案》②《重庆市矿山环境治理和生态恢复保证金管理暂行办法》③《关于调整深圳市自然生态环境治理保证金标准的通知》。④ 但，推行保证金的一大难题在于如何确定缴纳标准，以达到既能起到威慑责任人，也不会造成责任人资金困难，影响正常生产之效用。对此，可从以下方面进行考量：第一，各地所处的生态环境特点各异，经济发展

① 根据这项制度规定，矿山采矿权人必须预先缴纳暂存资金，用于其矿山生态环境恢复治理。保证金缴纳分为一次性缴纳和每年度按一定比例缴纳两种。采矿许可证有效期3年以下(包括3年)的，采矿权人应在领取采矿许可证时一次性全额缴纳保证金。采矿许可证有效期超过3年的，保证金可一次性全额缴纳，也可以每年度按一定比例缴纳。每年度按一定比例缴纳的，首次缴纳的保证金应不少于总额的20%；余额每年度按一定比例缴纳，在采矿许可证期满前1年，应缴纳全部保证金。采矿权人完成治理工作后，应向收取保证金的国土资源行政主管部门申请验收。经验收合格，在验收合格之日起30日内将保证金及其利息金额返还采矿权人。验收不合格，由国土资源行政主管部门责令采矿权人限期治理，逾期不治理或限期治理仍达不到要求的，保证金及其利息不予返还，并直接用于矿山生态环境恢复治理。恢复治理经费超过保证金部分由采矿权人承担。

② 即鲁政发〔2007〕15号。明确建立煤矿矿山环境治理和生态环境恢复责任制。实行矿山生态环境治理保证金制度，严格执行矿山生态环境影响评价制度。

③ 即渝财建〔2007〕41号。第4条按照“谁破坏、谁治理”原则，矿山企业是矿山环境治理和生态恢复的责任主体，必须依法履行矿山环境治理和生态恢复的义务，向县级以上国土资源行政主管部门作出书面承诺，并预提保证金。第5条保证金专项用于因开发矿产资源造成的危害人民生命财产安全的崩塌、滑坡、泥石流、地裂缝、地面沉降和地面塌陷等地质灾害及其隐患的治理项目，以及因开发矿产资源造成的植被、地层、岩石、土壤、地质遗迹、地下水、地表水、地形地貌等矿山环境破坏的恢复保护项目，不得用于其他任何项目。

④ 二、采矿权人在申领《采矿许可证》时，应向市地矿局缴纳保证金。三、保证金由市地矿局负责收缴，存入银行专户，属采矿权人所有，作为自然生态环境治理的备用金，专款专用。五、采矿权人没有复垦或复垦未达到规定标准，且拒不进行复垦的，由市地矿局组织复垦，费用从采矿权人的保证金中列支。如缴交的保证金不足复垦所需的费用，市地矿局可要求采矿权人补齐差额；如有剩余，待复垦行为完成后10日内退还给采矿权人。

水平不同,往往会根据本地区的具体情况规定不同的生态环境修复保证金。为避免地方保护主义的发生,国务院可制定一个关于征收生态环境修复保证金的指导标准,允许地方各级政府结合本地的生态环境状况制定本行政区域内的具体的征收标准。第二,在向跨行政区划的经济主体征收生态环境修复保证金而所跨地区征收标准不一时,该主体所在省级政府应向生态环境部提请协调。第三,保证金制度的设计不宜过于僵化,允许随时申请使用。第四,加强对生态环境修复保证金的监督,一方面保证有义务缴纳生态环境修复保证金的经济主体及时足额缴纳,另一方面保证生态环境修复保证金进入到专项账户,做到专款专用。第五,可将生态环境修复保证金制度与许可证制度联系起来,即在特定领域申请许可证的前提条件是缴纳生态环境修复保证金。

2. 灵活适用认罪认罚认修认赔从宽制度

从本质上看,认罪认罚从宽制度体现了恢复性司法理念,环境民事公益诉讼制度强调修复危险,赔偿为辅,也是恢复性司法理念的一种体现,两种制度司法理念的同一性使得认罪认罚从宽制度在环境刑事诉讼与环境刑事附带民事公益诉讼中都有很大的适用空间。恢复性司法理念下的刑事责任不再拘泥于惩戒这一单一功能,而是兼顾“社会防卫”、“补偿受害人”及“培养加害人负责能力”三项功能。就破坏环境资源罪而言,对违法犯罪行为人判处徒刑在一定程度上起到了震慑作用,但受损的生态环境依旧如故。采用认罪认罚从宽制度,便于及时恢复被破坏的社会关系,使社会再度回归到稳定、有序的状态,也激励违法犯罪行为人积极修复或赔付,实现受损生态环境的有效修复。同时因从宽、减轻情节被缓刑或假释的加害人在进行修复或赔付过程中将加深对保护环境重要性的认识,从而担负起应付的环境责任,避免重蹈覆辙。这也与司法解释的精神相契合。① “认罪认罚认修认赔”是认罪认罚制度与环境公益救济诉讼机制相结合的产物,刑事部分的认罪认罚与民事部分的认修认赔

---

① 最高人民法院、最高人民检察院《关于办理环境污染刑事案件适用法律若干问题的解释》(法释〔2023〕7号)第6条规定:实施刑法第三百三十八条规定的行为,行为人认罪认罚,积极修复生态环境,有效合规整改的,可以从宽处罚;犯罪情节轻微的,可以不起诉或者免予刑事处罚;情节显著轻微危害不大的,不作为犯罪处理。

相互影响,共同作用,激励着违法犯罪行为人自愿采取救济环境公益的措施。“认赔”中,“认”的是“生态环境修复金”和“损害赔偿金”。“认罚”中,“认”的是罚金,都是要求违法犯罪行为承担的金钱给付责任,难免会发生冲突,根据《民法典》第187条的规定,①应以“认赔”中的赔付优先。如何“从宽”,这里没有一个明确的标准,只有指导意见②的原则性规定。法院需要考虑的是认罪认罚的态度(主动、自愿还是被动、不情不愿)、时间(早还是晚)、程度(彻底还是部分)、效果(是前后一致还是反反复复)。以最高从宽限度40%为基准,依次递减。为保证后续执行的顺利进行,实现认罪认罚认修认赔制度的具体路径有三种:

第一种,刑民同步。即在诉前就刑事部分提出量刑建议,就民事部分与被告达成修复或赔偿协议。其合理性基础在于:相较于其他刑事案件,环境刑事案件当事人往往出于牟利而实施污染、破坏生态资源的行为,虽有一定主观恶性,但人身危害性相对不大,对那些后果比较轻微的环境刑事案件,可在明确被告已经认识到其行为对生态环境造成损害的情况下,在诉前就根据被告的赔付能力、修复意愿等情节,与被告就环境损害赔偿金、生态环境修复费用或生态环境修复方案等达成协议,统一签署认罪认罚生态修复具结书,可实现同步履行刑民责任,是一种典型的诉前督改。实践中,江苏省南京市高淳区人民法院就采取的就是这种路径。③ 此时,民事部分的“认修认赔”也是刑事部分

---

① 《民法典》第187条规定:“民事主体因同一行为应当承担民事责任、行政责任和刑事责任的,承担行政责任或者刑事责任不影响承担民事责任;民事主体的财产不足以支付的,优先用于承担民事责任。”

② 《关于适用认罪认罚从宽制度的指导意见》第9条规定,“办理认罪认罚案件,应当区别认罪认罚的不同诉讼阶段、对查明案件事实的价值和意义、是否确有悔罪表现,以及罪行严重程度等,综合考量确定从宽的限度和幅度。在刑罚评价上,主动认罪优于被动认罪,早认罪优于晚认罪,彻底认罪优于不彻底认罪,稳定认罪优于不稳定认罪。”

③ 参见崔洁:《南京高淳区:探索刑附民公益诉讼“认罪认罚认赔”新模式》,载 http://www.jcrb.com/procuratorate/jcpd/201904/t20190429_1996316.html,最后访问日期:2023年3月22日。具体做法是:在刑案办理环节,检察院在民行程序中同步介入、同步提审,同时以《江苏省人民法院关于推进公益诉讼工作的指导意见》为指引,制作了《刑事附带民事公益诉讼诉前督改告知书》《缴纳生态环境修复费用具结书》,告知当事人侵权行为对生态资源造成的危害,邀请法律援助律师到场,督促其在认罪认罚的同时主动“认赔”,自愿修复造成的公益损害。法院就认罪认罚的真实性、自愿性予以审查,并作出判决。

"认罪认罚从宽"的影响因素之一。对此,为了避免被告人在"从宽"后消极履行赔付或修复,可根据案件具体情况,如赔付金额的多寡、修复的难易程度等,设置合理的考察期,被告在这个期间无正当理由未完成或未完全完成履行义务,检察机关可调整原来的量刑建议。

第二种,先民后刑。通常发生在民事责任的履行具有紧迫性,等不及刑事部分审理完毕的情况下。如吴某等人非法捕捞水产品案。[①] 根据实践经验,此类非法捕捞水产品的案件通常以增殖放流作为修复生态环境的一种方式。但2018年6月30日是国家所规定的禁渔期的结束日期,为利用最后的禁渔期给投放的鱼苗一定缓冲期,检察院于6月20日申请先予执行,法院裁定被告在5日内交付生态修复金,用以购买鱼苗投放。6月25日,在法院、检察院、公安、渔政、社会公益组织、渔民以及志愿者的共同见证下,鱼苗成功投放,公证部门对此进行公证。而刑事部分在7月5日才开庭宣判,法院最终依法从轻处罚,理由之一就是被告人积极履行先予执行的裁定,在一定程度上修复了被破坏的水生物资源和水生态环境。实践中采先民后刑路径的案例并不多见,主要是先予执行有一定的适用条件,并非一种常态化方式。这种路径选择再次表明了民事部分的"认修认赔"直接影响刑事部分对"认罪认罚从宽"的认定。

第三种,审前调解。关于附带环境民事公益诉讼部分是否可以调解,相关法律并未给出明确的规定。但从附带环境民事公益诉讼的性质讲,其并非完全依附刑事诉讼,具有相对独立性,而根据《环境民事公益诉讼解释》第25条[②]、最高人民法院《关于适用〈中华人民共和国民事诉讼法〉的解释》第287条[③]、《人

---

① 最高人民检察院《关于印发检察机关服务保障长江经济带发展典型案例的通知》。

② 《环境民事公益诉讼解释》第25条规定:"环境民事公益诉讼当事人达成调解协议或者自行达成和解协议后,人民法院应当将协议内容公告,公告期间不少于三十日。公告期满后,人民法院审查认为调解协议或者和解协议的内容不损害社会公共利益的,应当出具调解书。当事人以达成和解协议为由申请撤诉的,不予准许。调解书应当写明诉讼请求、案件的基本事实和协议内容,并应当公开。"

③ 最高人民法院《关于适用〈中华人民共和国民事诉讼法〉的解释》第287条规定:"对公益诉讼案件,当事人可以和解,人民法院可以调解。当事人达成和解或者调解协议后,人民法院应当将和解或者调解协议进行公告。公告期间不得少于三十日。公告期满后,人民法院经审查,和解或者调解协议不违反社会公共利益的,应当出具调解书;和解或者调解协议违反社会公共利益的,不予出具调解书,继续对案件进行审理并依法作出裁判。"

民法院审理人民检察院提起公益诉讼案件试点工作实施办法》第8条,[①]环境民事公益诉讼是可以适用调解的。可在庭前会议阶段就民事部分进行调解,所达成的调解协议按照规定予以公告,最后由法院出具调解书的,在庭审阶段可仅就刑事部分进行审理,并将调解协议内容作为量刑的考量因素之一。而对法院最终未能出具调解书的,则将刑事部分与附带民事部分一并审理、裁决。

3. 加强环境司法协作

不管是出于跨行政区划环境司法管辖的现实需要,还是为了保证执行的顺利开展,在环境司法中加强协作都是大有必要的。从本质上讲,司法协作是对司法管辖权的延展。随着市场经济的发展,人员、财产等在全国范围内自由流动,所产生的纠纷也突破了某一行政区划,这种情况尤以毗邻的地区为甚。这些地方在地理位置上紧紧相连,经济、人员关系紧密,在很多案件中,当事人、住所、财产等因素都交织在一起,相关地方法院出于司法便利性和提高司法效率的需要,自愿选择司法协作,这种以区域为界的司法协作具有持久性、批量性,并进而形成常态机制;不仅参与协作框架的司法主体越来越多,并且协作的范围也越来越大,扩展到立案、重大案件审理、人才交流等领域,可以说贯穿整个司法过程。环境司法协作属司法协作中的专属领域,即在处理生态环境案件中开展的司法协作。环境司法协作是回应环境问题特殊性的有效路径。环境问题是典型的跨域公共问题。生态环境的跨域性,如大气、水源的流动性、渗透性,野生动物的迁徙性、移动性等,不是人为行政区划能够阻隔的,也决定了在环境治理上必须形成合力。传统行政区分治、各自为政的环境治理模式既不科学也不经济。通过建立环境司法协作,可以打破人为行政区划对生态环境的割裂,克服各地区在环境保护上独自操作而造成的治理单一化、碎片化,促使区域内或流域间各司法主体在保护经济一体化上达成共识,共同为区域或流域绿色发展保驾护航。例如,2017年9月29日,京津冀三省(市)

---

① 《人民法院审理人民检察院提起公益诉讼案件试点工作实施办法》第8条规定:"人民检察院与被告达成和解协议或者调解协议后,人民法院应当将协议内容公告,公告期间不少于三十日公告期满后,人民法院审查认为和解协议或者调解协议内容不损害社会公共利益的,应当出具调解书。"

六地法院(北京平谷法院、天津蓟州法院、河北三河、遵化、兴隆、玉田法院)签订司法协作会议,确定八项机制。明确四个共建,其中之一就是"共建区域经济协同发展保障机制,在破产案件审判、环保案件处置、强拆案件协调上及时沟通,互通信息,努力营造健康向上的营商环境和发展环境"。2019 年 11 月 5 日,长三角地区三省一市高级人民法院签署《长三角地区人民法院环境资源司法协作框架协议》和《长三角地区人民法院联合发布典型案例推进法律适用统一实施办法》两个文件,开展区域司法协作。

除了法院与法院之间的协作,法院还需要借助与外部机关或单位的协作方能实现对环境案件的调查和生态环境的修复。2022 年 10 月 27 日,生态环境部、国家发展改革委、工业和信息化部、公安部、司法部、财政部、自然资源部、住房和城乡建设部、交通运输部、水利部、农业农村部、商务部、审计署、市场监管总局、能源局、林业和草原局、最高人民法院及最高人民检察院联合发布《关于推动职能部门做好生态环境保护工作的意见》,明确建立完善生态环境部门会同有关职能部门和公安、检察、法院等机关联动机制,加强行政执法与刑事司法的衔接配合。实践中,常见的协作是采取联席会议的形式。如在福建省,环境审判机构"邀请人大常委会、政协、检察院、公安局、林业局、环保局、旅游局、水土办、信访局等机关单位相关人员参加联席会议",①商讨解决生态环境保护中出现的问题。

4. 鼓励第三方治理

环境污染第三方治理的提出在一定程度上是为了克服"谁污染,谁治理"原则的局限性,在我国已有一定的发展历史,是市场化机制的一种形式。可由第三方对环境污染进行治理最先出现在《中共中央关于全面深化改革若干重大问题的决定》中。全国工商联环境商会随后于 2014 年全国"两会"上提交了《关于推行环境污染第三方治理的建议》的提案。环境司法中的第三方治理主要是考虑到生态修复工程的专业技术很强,不是普通企业所能够胜任的,在排污企业不具备修复受其污染的生态环境的能力时,排污者在法院支持下以付

---

① 吴勇:《环境审判机制创新研究:以环境审判机构专门化为视角》,法律出版社 2019 年版,第 83 页。

费的形式将排除污染、修复生态的事项委托给专业化环保公司。如在中山某金属制品公司诉江阴某合金材料公司(以下简称合金公司)买卖合同纠纷案①中,由于是买卖合同标的物造成放射性污染引发的纠纷,而合金公司作为不锈钢生产企业,客观上不具备专业处理放射性污染金属的能力,因此在法院主持下,引入具备处理涉核金属能力的湖南核工业宏华机械有限公司作为第三方,由合金公司支付处置费用186万元,同时为加强监管,保证治理成效,合金公司先付93万元,另93万元待第三方向合金公司提供放射性污染金属最终处理报告后一周内给付。这种做法既降低了治理成本,提供了治理效率,还顾及到了对治理的约束与监督,避免简单的"一赔了之",后续治理成效无人问津的局面。

5. 探索社会化责任分担机制

不可否认的是,环境问题涉及多方利益,不仅是司法问题,也是社会问题。法院在审理案件过程中不能仅考虑如何让受害人得到赔偿,如何恢复受到污染或破坏的生态环境,也要考虑如何使企业达标排放,从而避免简单关停企业导致员工失业引发社会的不稳定。同时,环境侵害人带来环境污染和破坏的经济行为具有一定的正当性和价值性,是一个社会发展不可或缺的推动力量。如果由侵害人完全为环境污染或破坏埋单,往往带来的后果就是侵害人无力赔偿环境污染损害,甚至造成破产倒闭,受害人也无法获得及时、足额的补偿。所以,我们应该在强调环境侵权人个体责任的前提下,尝试建立环境侵权责任的社会化制度,这样既拓展和丰富了侵权人的责任承担方式,又可以使受害人获得真正的赔偿。其合理性和正当性在于"环境侵害的原因行为往往具有社会有用性、价值正当性、合法性和不可避免性,这就使得相关的实体法和程序法也难免打上浓郁的社会性色彩。因此,论及环境侵权救济的法理学基础,须从社会法理着眼,而不是传统的个人主义法理"。② 要实现环境司法制度的正义价值,必须构建环境损害赔偿的社会化制度。目前,环境侵权责任的社会化方式主要有生态补偿制度、环境责任保险制度和环境损害赔偿基金制度。

---

① 江苏省江阴市人民法院(2013)澄西商初字第0324号民事调解书。

② 高利红:《环境资源法的伦理基础》,载韩德培主编:《环境资源法论丛》(第1卷),法律出版社2001年版,第200页。

第一,生态补偿制度。生态补偿既能弥补为生态环境保护而有所牺牲的主体,也能激发这类主体继续保护生态环境的积极性和主动性。对此,中共中央、国务院于2015年出台《关于加快推进生态文明建设的意见》,明确要求健全生态保护补偿机制,对生态保护者和受益者的权利义务进行界定,以使“损害者担责,受益者付费,保护者补偿”。生态环境是一种典型的公共物品,环境问题具有跨区域性,其所影响的不是某个或某些特定个体的权益,而是由全体主体共享的环境公益,这就决定了在环境事务上,需按照“谁受益,谁补偿”原则,明确政府、受益者、损害者对生态保护的补偿义务。“社会制度的运行目的在于将人们组织起来,实现有序的生活状态,并在实践生活中就产生的利益和负担进行分配。”①首先,就政府而言,一方面,政府通过征收环境税、排污费等,对社会主体生产生活行为予以调整,以履行保护环境的管理职责。另一方面,政府掌管着全体社会成员的公共财富,“以社会成员公共财富承担社会发展的成本,应当对社会发展中的受害者给予补偿。”②因此,补偿金的一部分应该来自政府。③ 其次,就受益者而言,从源头来讲,受益者享受的生态红利源于保护者对经济活动的限制与约束,对生态环境的不断投入,最终“以‘利益外溢’为基本表现形式的正的外部性的产生,这种正的外部性的存在如若得不到有效的纠正,”④保护者将因为成本收益的严重失衡而渐渐失去保护环境的动力。适度的补偿则可以形成基本的激励。因此,补偿金的一部分应该来自受益者。⑤ 最后,就损害者而言,正是由于其违规行为造成环境质量下降,生态服务功能减退,不仅影响生态系统,更是对公众健康构成威胁。将生态环境损害填补基金的一定比例作为补偿金,专用于补偿潜在受害人,可以实现对生态环境损害的全面救济。因此,补偿金的一部分应该来自损害者。此外,为解决资金

---

① [美]约翰·罗尔斯:《正义论》,何怀宏、何包钢、廖申白译,中国社会科学出版社2009年版,第51页。

② 窦海阳:《环境污染与生态破坏责任论》,社会科学文献出版社2021年版,第19页。

③ 例如,在日本,政府会将所受的水费用作为对上游林主河流的补偿。

④ 张璐:《“经营之法”的形成——市场化条件下环境资源法的理论拓展》,载《环境资源法论丛》2003年6月15日。

⑤ 例如,在哥斯达黎加,作为受益者,水电公司要对河流上游植树造林项目进行资助。参见钟琴:《共同富裕观视域下的生态文明建设研究》,重庆工商大学2015年硕士学位论文,第22页。

需求与投入总额不匹配的难题，需要改变当前以财政资金为主导的局面，从社会和个人中吸引更多资金参与到生态补偿中来。即“探索通过环境与资源产权出让、推广新型绿色金融工具等方式吸纳社会资金”。[①] 在补偿思路上，由单纯的经济补偿转向社会性补偿，实现二者的有机结合，畅通资源在生态保护区与受益区之间双向流动的路径，使生态保护区因产业转型带来的原有劳动力的溢出成本及发展机会的损失得到充分补偿。

第二，环境责任保险制度。环境责任保险制度则能够将集中在污染企业身上的巨额赔偿责任分散到众多投保人身上，在一定程度上避免工业企业因现阶段无法解决的环境污染问题而陷入破产倒闭的境地，维护社会经济的正常运转。它是一种通过责任风险社会化解决环境污染损害赔偿的有效方式，其集中社会的力量，有利于可持续发展目标的实现，也使得政府在解决环境问题方面的负担大大减轻，有一定的选择余地，避免常常陷入僵局。学者们认为：“责任保险不仅不使损害集于一人或一企业，使其得由社会大众共同分担，以达到损害赔偿社会化之目的，可以促进无过失责任之建立，应特受重视。”[②] 环境责任保险制度在实践中平衡着环境保护中的个体利益、企业利益和国家利益三大利益关系，不仅体现了传统法律所包含的公平、秩序、自由等基本价值理念，更是体现了现代法的协同互助互利作用，具有很强的生命力。实践证明，一旦发生重大环境污染事故，波及的范围广大，巨额的赔偿和治理费用让企业不堪重负，即使法院判令原告胜诉，执行也是很大的问题，受害人得不到应有的补偿，造成的环境污染和破坏也只能由政府花费巨资进行治理，受害人、侵权人、政府三方在这个过程中都蒙受巨大损失。环境责任保险制度可以保证环境污染受害人及时获得充分赔偿，不至于因为环境污染而使正常生活受到极大干扰，也能缓解我国目前执行难的局面。在国际上，美国的环境污染责任保险是工程保险的一部分，无论是承包商、分包商还是咨询设计商，只要在涉及该险种的情况下没有投保的，都不能取得工程合同。德国和印度则通

---

① 刘桂环等编著：《中国生态补偿政策发展报告 · 2020》，中国环境出版集团 2021 年版，第 17 页。

② 王泽鉴：《民法学说与判例研究》（第 2 册），中国政法大学出版社 1997 年版，第 174 ~ 175 页。

过专门立法,明确规定强制责任保险。联合国国际法委员会2004年《危险活动引起跨界损害所造成的损失的国际责任原则草案》第6条也规定,相关缔约国应采取必要措施,以确保经营者为偿付索赔建立并维持保险、债券或其他财政担保。[①] 我国应该借鉴国际上的先进经验,尽快建立起符合我国具体情况的环境责任保险制度,在承保范围、承保金额、理赔程序等方面给予规范,以自愿保险为主,强制保险为辅,明确强制保险的范围。

第三,环境损害赔偿基金制度。实践已经证明,传统私法在救济环境损害方面存在诸多局限,单靠私法救济已经无法圆满解决环境侵权所引起的环境损害赔偿问题。《魏玛宪法》确立的“福利国家和服务行政”理念,使得人们在救济环境损害方面的思路有了全新的改变,社会救济和国家救济成为当前福利国家的一种潮流和趋势。环境损害赔偿基金制度作为环境损害赔偿责任社会化的具体制度,在很多国家的环境法中都有所规定。在美国,为了使受到油污损害的受害人得到充分及时的赔偿,美国依据1969年的《油污染损害赔偿基金公约》设立了油污染损害赔偿基金。其更是于1980年通过了《综合环境反应、赔偿和责任法》,该法又称《超级基金法》,从名称就可知其主要内容,比较全面的规定了危险物质环境损害责任及赔偿基金制度。日本深受环境公害之苦,其补偿金制度由提存金制度和公积金制度构成。其中,提存金制度是指为担保对受害者支付的赔偿金,对那些可能造成环境损害的事业活动者,规定其有向提存所交付一定提存金的义务,受害者一旦受到相应的环境损害,能够从该提存金中优先获得赔偿。公积金制度是为了分散事业者之间的风险,以切实履行损害赔偿责任,从那些经营具有相当风险事业的事业者中筹集公积金,当这些成员中的某一事业者实际上发生了环境损害赔偿义务时,就可用预先缴付的公积金支付赔偿金。为了完善环境损害赔偿金制度,日本在1973年制定了《公害健康受害补偿法》,以取代旧的《公害健康受害救济特别措施法》,从质和量两大方面全面充实完善了对健康受害补偿的内容,以实现对受害者进行快速、切实的救济。[②] 结合我国的实际情况,我们认为日本的补偿金制度更

① 参见王同林:《环境污染损害赔偿研究》,山东大学环境法学2009年硕士学位论文,第36页。
② 参见[日]原田尚彦:《环境法》,于敏译,法律出版社1999年版,第47～49页。

加契合我国的国情,值得我们借鉴。我国可以通过法律明确规定环境损害补偿金制度,其中最为重要的就是资金的来源。一般来说,其由三部分构成:来自国家的财政拨款;来自社会的捐赠;来自排污者的课征,主要包括环境风险提存金和公积金、环境费和环境税的部分转移,等等。

当然,"不仅应该综合通盘研究各种填补制度始能得其全貌。此外,并应该参照社会、政治、经济之发展状态,彻底检讨各项损害填补制度所应负担之功能,以决定何种损害事故,应该由何种制度加以规范,最为恰当"。① 对于环境损害的社会责任之承担理应如此。

二、优化环境公益诉讼制度

环境公益诉讼制度突破了传统诉讼模式下私益救济、个人责任和个体补偿的基本逻辑,体现了环境法上社会责任和公益补偿的特殊性,针对的主要是在不特定多数人的环境权益受到侵害,直接利害关系人缺位时,专门就维护环境公益而提起的诉讼。这种诉讼具有诉讼理由前置、请求内容以预防性救济为主、裁判效力扩张等特点。②

一般来说,国际环境公益诉讼的发展表明,建构环境公益诉讼制度需要满足以下几个条件:一是以公民、环境NGOs、律师等为代表的社会主体参与的主动性和积极性;二是社会主体维护环境公益权利意识的觉醒和自觉性;三是社会主体诉求的公益性;四是人民法院受理、审理、裁决的能动性。我国的环境公益诉讼历经自下而上的探索,逐渐满足了以上四个条件,最终,于2012年《民事诉讼法》中首次明确了环境民事公益诉讼的合法地位。随后,2017年的《行政诉讼法》又对行政公益诉讼作出了规定。

从本质上看,现代的环境公益诉讼政策,不是通过政治推动,局限于涉及公益的环境纠纷的相对解决或个别解决,而是要顾及环境纠纷的整体解决。个别解决的争议只是相对解决,这类争议并未在整体上得到彻底解决,除了造成诉讼浪费,增加诉讼成本之外,也难以制度化、规范化,保证法律适用的统

① 王泽鉴:《民法学说与判例研究》(第2册),中国政法大学出版社1997年版,第169页。

② 参见吕忠梅:《环境友好型社会中的环境纠纷解决机制论纲》,载《中国地质大学学报(社会科学版)》2008年第3期。

一。将公益引入环境诉讼,不仅能大大增强环境法律执行的力度,而且将引起司法机关在社会生活中的地位和作用的变化,在司法体制上,也将引起司法机关与行政机关、立法机关之间关系的微妙变化。

在世界范围内,根据诉讼主体的不同,环境公益诉讼被分为环境公民诉讼与环境公诉。① 全球开启环境公民诉讼先河的是美国,我国可以在借鉴美国经验的基础上,进一步完善适合我国国情的环境公益诉讼制度。其内容包括原告资格的赋予、起诉顺位的确定、举证责任的分配、因果关系的认定、责任方式的充实、激励机制的探索、诉讼参加人的角色、地位、职能等,从而为社会公众参与环境治理畅通渠道,并充分发挥我国检察机关的监督作用。具体来说,可从以下几个方面优化环境公益诉讼制度:

第一,强化环境民事公益诉讼的预防功能。当前,我国绝大多数环境民事公益诉讼案件都针对的是已经造成环境损害的污染或破坏行为,这本无可厚非。但是,环境问题的特殊性决定了预防是司法必须考量的一大原则,也决定了我们必须开始关注并重视那些尚未产生危害后果但有损害之虞的行为,提起事前预防诉讼。对此,我们需区别对待:首先,对不违反我国环境法律、法规规定的环境行为提起环境民事诉讼,应以实际发生环境损害为前提。如果没有实际发生,则不存在违法和侵害问题。其次,对违反我国环境法律、法规规定的环境行为提起环境民事诉讼,因其行为本身的违法性,不以环境损害的实际发生为前提,但应先请求环境行政管理部门及时采取行政措施加以制止:如果环境行政管理部门怠于履行或不履行其管理职责,则原告可以选择提起环境民事公益诉讼或环境行政公益诉讼。②

第二,扩大并区别对待环境行政公益诉讼的可诉对象。我国现行法律和实践均承认可以针对行政机关的具体行政行为提起环境行政公益诉讼。相较于具体行政行为,行政机关的抽象行政行为,如计划、规划、政策等对环境造成

---

① 参见吕忠梅、吴勇:《环境公益实现之制度构想》,载别涛主编:《环境公益诉讼》,法律出版社2007年版,第153页。

② 参见刘卫先:《对我国环境公益诉讼可诉范围的立法构想》,载《黑龙江省政法管理干部学院学报》2009年第2期。

的危害要大得多,波及的范围更加广泛。行政机关的抽象行政行为理应纳入环境公益诉讼的范围。对于具体行政行为,可分为两种情况区别对待:对于行政机关的非自由裁量行为,只要其违反了有关法律、法规的规定,无论其是否已经带来环境损害的后果,都可以成为环境行政公益诉讼的对象;对于行政机关的自由裁量行为,不考虑其是否违反了有关法律、法规的规定,只要其造成环境损害的后果发生,就应成为环境行政公益诉讼的对象。

第三,明晰环境民事公益诉讼和环境行政公益诉讼的顺位。从环境公益诉讼的类型看,环境民事公益诉讼追究的是从事生产经营活动的经济主体的法律责任;环境行政公益诉讼要求不依法履职的行政机关承担相应的法律责任。但生产经营者污染环境或破坏生态的行为,亦在国家行政机关的职责管理范围内。归根结底,国家才是保护环境的义务主体,我国如是,国外亦然。[①]在环境保护事务中,国家居于主导地位,公民从旁予以协助,且这种协助是自愿的,而非强制性的,所以,相关制度才会出现对公民的奖励。[②] 我国环境民事

① 这点也可从国外环境法律规定中看出,日本于1969年制定的《东京都公害防治条例》,在序言中明确提出全面尊重市民健康、安全以及舒适生活的权利,并确立了二项原则:(1)所有市民都有过健康、安全以及舒适的生活的权利,这种权利不能因公害而滥受侵害;(2)所有市民对他人享有的健康、安全以及舒适的生活的权利,都负有尊重的义务,不得从事造成侵害该项权利的公害发生原因的行为;(3)作为东京都市民的自治组织体的东京都,负有最大限度地保障市民健康、安全和舒适生活权利的义务,为了切实负起这一职责,东京都应该采取一切手段,防止与消除公害。美国宾夕法尼亚州《宪法》第1条第27款规定,人民拥有对于清洁空气、水和保存环境的自然的、风景的、历史的和美学的价值的权利。宾夕法尼亚州的公共自然资源是全体人民包括其后代的共同财产。作为这些财产的受托管理人,州政府必须为全体人民的利益而保护和保持它们。瑞士《宪法》第24条第7项规定,联邦应该采取立法措施保护人民及其自然环境免受有害的或不愉快的侵害,联邦特别应该与大气污染和噪声污染作斗争。1993年修订的《韩国环境政策基本法》第6条规定,所有国民都享有在健康而舒适的环境中生活的权利,并应协助国家及地方自治团体的环境保全对策的实施,也应该为环境保全而努力。参见陈泉生:《环境时代与宪法环境权的创设》,载《福州大学学报(哲学社会科学版)》2001年第4期。这些法律规定虽分属不同的国家,但存在的共性在于,都承认国家在保护环境权中起着绝对的主导性地位,其他社会主体仅仅是协助作用,且不从事污染环境、破坏生态的活动,属于典型的不作为行为。

② 《环境保护法》第11条规定:"对保护和改善环境有显著成绩的单位和个人,由人民政府给予奖励。"

公益诉讼虽禁止社会组织通过诉讼谋取经济利益，但在诉讼费用的缴纳、①诉讼费用的支出②上都给出了一定便利。即便在美国，其公民诉讼也突破了“美国规则”，③引入了“律师费用转移条款”，让法院在认为条件“合适”时将大部分诉讼费用和律师费用判由诉讼的任一方（通常是被告企业或政府）承担，④并且明确起诉者可获得罚款的10%或15%的奖励。可见，在环境保护中，公民担负的义务更多地是一种消极的不作为义务。国家作为义务主体，要做的是如何在发挥自身主导作用的同时，调动其他社会主体的积极性、主动性，由典型的政府管制型转变为多元共治型，这样才能改变政府在环境治理中单打独斗、孤军奋战的窘状，建立起自上而下和自下而上相结合的环境治理“组合拳”，为公民提供满足其美好生活需求的生态服务。国家作为环境权的义务主体，通常以两种方式实现对环境公共利益的保护：一是以不侵犯公民环境权的消极方式；二是以履行环境行政管理职责的积极方式。且后者是主要实现方式。但国家的消极不作为易造成权利虚化，国家的积极作为则可能造成权利的被侵害，因此，亟须建立对政府环保履职行为的监督，环境行政公益诉讼由此产生。在此意义上，当因同一污染环境或破坏生态的行为既可以针对污染者或破坏者提起环境民事公益诉讼，也可以针对行政机关提起环境行政公益诉讼时，基于国家是环境权义务主体的身份，环境行政公益诉讼优先于环境民事公益诉讼。但设立环境行政公益诉讼制度并非要追究作为国家权力代表的生态环境主管机关的责任，而是以该诉讼为辅助敦促生态环境主管机关依法积极履职。由此可见，环境行政执法才是实现环境权的第一选择，环境公益诉讼只是行政执法的补充，因此，应在环境公益诉讼中建立诉前通知制度。⑤

---

① 《环境民事公益诉讼解释》第33条规定：“原告交纳诉讼费用确有困难，依法申请缓交的，人民法院应予准许。败诉或者部分败诉的原告申请减交或者免交诉讼费用的，人民法院应当依照《诉讼费用交纳办法》的规定，视原告的经济状况和案件的审理情况决定是否准许。”

② 《环境民事公益诉讼解释》第22条规定，原告请求被告承担检验、鉴定费用，合理的律师费以及为诉讼支出的其他合理费用的，人民法院可以依法予以支持。

③ 美国规则（American rule）指无论诉讼结果如何，诉讼当事人均需各自承担己方的律师费用。

④ 参见王曦、张岩：《论美国环境公民诉讼制度》，载《交大法学》2015年第4期。

⑤ 参见陈学敏：《环境公益诉讼视域下环境权的属性及其实现》，载《兰州学刊》2021年第7期。

三、改进生态环境损害赔偿制度

（一）明确磋商的性质

本书认为，生态环境损害赔偿制度中的磋商穿着民事行为的外衣，本质上仍属于行政行为。理由是：

比较民事磋商和行政磋商，民事磋商的特征是：（1）磋商双方地位平等；（2）磋商双方可以就拟解决的问题讨价还价，任何一方都有让渡一部分权利的可能；（3）双方最终达成的协议是经过"讨价还价"的结果，反映了各方的自由意志。行政磋商的特征是：（1）磋商一方是特殊主体，即为有关政府机关，双方是典型的管理者与被管理者，地位并不平等；（2）在磋商过程中，有关政府机关不能随意处分公益，更不能牺牲公益；（3）所达成的协议应予以公告，由公众监督是否损害了公益。试想一下，如果生态环境损害赔偿中的磋商制度单纯属行政磋商，那么实际是披着磋商外衣的行政强制行为，将很难缓和侵害者的抵触心理，也无法调动侵害者及时修复受损生态环境的积极性。即使磋商不成，有关政府机关也不应该直接向法院提起生态环境损害赔偿诉讼，而应采取查封、扣押等行政强制措施。而如果生态环境损害赔偿制度中的磋商属民事磋商，又与磋商一方的实际身份地位不符。对此，我们认为，要厘清生态环境损害赔偿诉讼的前置程序——磋商的性质，除考虑磋商自身的特征外，还需结合生态环境损害赔偿诉讼的特殊性。相较于环境民事公益诉讼，生态环境损害赔偿诉讼救济的是纯生态公益，责任承担中修复生态优先于赔偿损失。而修复生态需要充分调动责任人的积极性；同时，环境污染或生态破坏是经济活动的附随物，具有一定正当性。因此，在环境民事公益诉讼中不要求侵害行为违反国家规定，而生态环境损害赔偿诉讼的门槛要高于环境民事公益诉讼，要求侵害行为违反国家规定。这就为侵害行为发生后留下了磋商的空间。一方面，维护生态利益是有关政府机关的职责；另一方面，在有关政府机关主导下，与侵害人就生态修复、损害赔偿等进行磋商，有关政府机关作为公权力机关的性质并未发生改变，但却让侵害人有了更多选择，如采取哪一种修复方案，在提供担保时可否进行分期赔偿，能不能赔偿一部分、修复一部分，在已被判处罚金和缴纳行政罚款的情况下，能不能适当减少赔偿金等。相较于无法参与其中只能被动接受的行政强制措施，显然磋商让侵害人更愿意主动履行所达成的协议，有助于及时修复受损生态环境。所以，磋商是我国政府机关在现代环境法治理念指导下，借用磋商的外壳所采取的多元化环境治理方式的一种，为公众参与提供了更多路径。究其本质，生态环境损害赔偿诉讼的前置程序——磋商，是穿着民事外衣的行政行为，但磋商绝不是环境行政强制措施。环境行政强制措施是环境管理手段，其中所作的行政处罚，即便是采取按日计罚也没有办法弥补侵害人污染环境、破坏生态的行为对生态环境造成的损害，且行政处罚上缴国库，无法做到专款专用。磋商的内容是确定生态环境修复方案或者支付损害赔偿金，以修复受损的生态环境。在磋商中，赔偿权利人行政机关作为管理者，与赔偿义务人之间是不平等的关系，所进行的行为属行政行为，行政机关拥有决定权，即使需要人民法院进行审核，也只能对协议内容的合法性进行审核，而不能触碰合理性问题。赔偿权利人之所以能进行磋商，是因为其被赋予环境资源监督管理职责。磋商与环境行政强制措施本质上的不同表现在，在磋商过程中，赔偿权利人考虑的是如何全面、及时修复生态环境，或足额、到位赔偿。所以会在不损害生态环境公益前提下，就如何修复，是原地修复还是异地修复，是赔偿义务人自己修复还是由具有修复资质的第三方来修复，是即时修复还是定时修复，及如何赔偿，是一次性赔偿，还是分期赔偿等进行磋商，为赔偿义务人提供便利，而不再是行政强制行为中的“单行线”“一刀切”“一言堂”。是故，生态环境损害赔偿制度中的磋商，实为披着民事外衣的行政行为，其在形式上符合民事行为的特征，而在本质上仍属行政行为。

（二）明确损害赔偿范围

明确生态环境损害赔偿范围，需要结合该制度的目的，并建立在生态环境损害的构成基础上。

生态环境损害赔偿制度具有三个层次的目的：第一个层次是保护具体的环境要素和生物要素。作为生物圈重要的调节和稳定成分，环境要素和生物要素在数量上的增、减和其他变化，能够对自然生态系统的稳定造成极大的影响。从此意义上讲，在生态环境损害赔偿中，我们首先要保护单一环境要素和生物要素(如水、土壤、某种鱼类、某个动物)免受污染或破坏。第二个层次是保护由环境要素与生物要素所组成的生态系统。在确认具体环境要素或生物要素受到污染或破坏的同时,必须认识到其对所在及周围生态系统也带了不良影响,以致最终将危害到整个生态系统。第三个层次是保护环境健康。环境健康是生态环境损害赔偿制度保护生态法益的终极体现。

生态环境损害由哪几部分构成受生态环境损害赔偿基本原则的制约,即"全部损害赔偿原则"。作为损害赔偿制度的一种,生态环境损害赔偿制度,因生态环境而具有特殊性,其必须反映真实的生态环境损害成本,并且实现更大的分配公平。因此,既应该过滤掉一些比较牵强的和衍生性的经济损失索赔,也需要全面核算生态环境因污染或破坏行为所受的损害和所失的利益。这就要求我们既要看到有形的财产上的损害,也要看到无形的非财产上的损害。从生态环境可以提供的服务来看,一般包括:一是提供资源本身。如水、森林、动植物等,这被称为产品供给服务,具有财产价值,能够用金钱加以计算大小的损害,往往可以通过市场价值体现出来。如滥伐林木时可根据市场上同类树木的交易价格计算砍伐树木造成的经济损失。二是提供生态功能。如野生动物的生态功能体现在其是自然资源和地球生物多样性不可分割的要素,是生物圈的一个重要的调节和稳定成分。它们在数量上的增、减和其他变化,能够对自然生态系统的稳定造成极大的影响。① 三是提供文化旅游服务。该部分反映的是生态环境的社会价值,具体表现为文化、美学、娱乐等方面的服务,例如未受污染的青山绿水等景观给人们所带来的愉悦。该价值有时被称作"被动的使用价值"。因为它们不涉及对环境有任何实际影响的活动。② 其中,侵害生态环境造成资源环境本身的损害就是有形的财产上的损害,而与此同时造成的生态功能的减损和社会价值的贬值,则属于无形的非财产上的损害,其难以用金钱加以衡量。只有将上述这些损益全部考虑在内,才算是"全面赔偿""赔偿到位"。一国之所以构建生态环境损害赔偿制度,就是要对污染或破

---

① 参见王树义:《俄罗斯生态法》,武汉大学出版社2001年版,第37页。

② 参见[英]马克·韦尔德:《环境损害的民事责任——欧洲和美国法律与政策比较》,张一心、吴婧译,商务印书馆2017年版,第147页。

坏行为对生态环境造成的损失实现全部赔偿,做到既能保护具体的环境要素和生物要素,也能保护由环境要素与生物要素所组成的生态系统,以维持环境健康。这就需要明确损害行为所造成的损失既包括有形的财产上的损失,也包括无形的非财产上的损失。

因此,生态环境损害赔偿理应包括以下四项(以下统称"生态环境损害赔偿费用",见表31):第一项是生态环境修复费用,包括为防止污染扩大、消除污染而采取的必要措施所需的费用,制定、实施修复方案的费用,修复期间的监测、监管费用,修复完成后的验收费用、修复效果评估费用;第二项是生态环境修复期间服务功能的损失;第三项是生态环境功能永久性损害造成的损失;第四项是环境健康的损失。至于诉讼过程中的调查取证、专家咨询、检验、鉴定,以及律师费、诉讼费等费用,虽按照规定,权利人可以要求法院判令义务人承担,但在性质上这些费用不能归属于生态环境损害赔偿之范围,更精确的称谓应是"因追究生态环境损害赔偿而产生的事务性及其他合理性费用"(以下统称"其他费用",见表32)。

表31　生态环境损害赔偿的范围

名称	构成框架	具体构成
生态环境损害赔偿费用	生态环境修复费用	包括防止污染扩大、消除污染而采取的必要措施所需的费用,制定、实施修复方案的费用,修复期间的监测、监管费用,修复完成后的验收费用、修复效果评估费用等
	生态环境修复期间服务功能的损失	受损生态环境从损害发生到其恢复至原初状态期间提供生态系统服务的损失
	生态环境功能永久性损害造成的损失	受损生态环境难以恢复,向公众或其他生态系统提供的服务功能完全丧失的损失
	环境健康的损失	受损生态环境在整个生态系统(生态链、生态圈)中的价值、功能、作用的损失

表 32　侵害人应担负的其他赔偿责任

名称	构成框架	具体构成
因追究生态环境损害赔偿而产生的其他费用	事务性费用	调查取证、专家咨询、检验、鉴定等环节产生的费用
	合理性费用	差旅费、律师费、诉讼费等

具体来说，哪些费用当划归“生态环境损害赔偿费用”，哪些费用当划归“其他费用”，判断标准是“专属性”，即专用于生态环境自身和专属于生态环境损害赔偿程序的费用就归于生态环境损害赔偿范围。至于“其他费用”，首先，众多“其他费用”并不直接用于生态环境，将其位列生态环境损害赔偿范围与损害赔偿金“专款专用”原则相悖。其次，这些“其他费用”与其说与生态环境有着千丝万缕的联系，不如说是因追究生态环境损害赔偿责任而产生的费用，它们都流向了相应的主体，如检验、鉴定费用流向了鉴定机构，律师费流向了律师事务所，诉讼费流向了国库。最后，“其他费用”中，调查取证、专家咨询、检验、鉴定等具体环节，起着推进生态环境损害赔偿有序进行的作用，由此所产生的费用均属事务性费用，除此之外的费用统称为其他合理性费用，这些费用并非专属于生态环境损害赔偿案件，在其他普通案件中也可能产生这些费用。相较而言，不管是“生态环境损害赔偿费用”，还是其组成部分之一的“生态环境修复费用”进一步细化出的其他费用，都专款用于生态环境。

（三）规范损害赔偿金的管理和使用

当前，关于生态环境损害赔偿金的管理使用主要有以下几种观点：第一，设立专门基金的模式。即设立生态环境损害赔偿基金会。① 第二，设立专项账户的模式。即设立环保公益金专项资金账户或其他专项账户。② 第三，纳入地方财政账户的模式。即将生态环境损害赔偿金作为政府非税收入纳入地方财

① 参见郭武、岳子玉：《生态环境损害赔偿金的管理模式选择与法律制度构建》，载《兰州学刊》2020 年第 12 期。

② 参见林煜：《我国生态环境损害赔偿资金制度的困境与出路》，载《中国环境管理》2019 年第 4 期。

政。这与《资金管理办法(试行)》(财资环〔2020〕6号)第6条的精神是一致的。① 比较三种模式的优劣,结合生态环境损害赔偿金的性质,我们认为,通过设立基金会的方式来管理和使用生态环境损害赔偿金是最佳选择。

1. 专项账户模式的优劣比较

该模式具有的明显优势是可以做到专款专用,即将损害赔偿金专款用于修复受损的生态环境。但其劣势也很清楚:首先,从设立专项账户的主体来看,不管是在法院、检察院设立专项账户,还是在行政机关,如环保局设立专项账户,这些公权力机构既是资金的管理者,也是资金的监督者,资金如何进行使用、流向何在、使用效果如何等并不透明,还很可能在此过程中发生挪用、占用情形,也很容易滋生腐败。其次,从损害赔偿金的使用效果来看,法院作为中立的裁判机构,检察机关作为法律监督机构,二者都不具备生态修复的专业知识和技能,无法保证有效使用损害赔偿金。即便是行政机关,其虽在生态环境保护上具有一定专业性,但鉴于生态修复的复杂性,由其主导制定的生态修复方案可能并不是最佳方案,由此造成损害赔偿金的浪费和使用效率低下。

2. 纳入地方财政模式的优劣比较

将生态环境损害赔偿金纳入地方财政,作为政府非税收入,由财政部门予以审核和监管的模式,其优势在于仍能保证专款专用,且使用更加透明,降低了挪用或占用的概率。但其劣势也很明显:首先,相较于参与诉讼的法院、检察机关和行政机关,地方财政局并不能充分认识到生态修复的重要性和紧迫性,从而造成在审批环节的拖延,最终影响损害赔偿金的使用效率;其次,地方财政局属于政府部门,使得损害赔偿金的使用和监管仍旧"徘徊"于政府内部,行政色彩浓郁,这与生态环境损害赔偿制度和环境民事公益诉讼制度的公益性质不符。

3. 基金会模式的优劣比较

该模式在性质上具有明显的民间色彩,减少了行政机关的干预,且在资金来源上呈现多元化特点,除了来自侵害人的损害赔偿金之外,还接受社会捐

---

① 《资金管理办法(试行)》第6条第2款规定:"生态环境损害赔偿资金作为政府非税收入,实行国库集中收缴,全额上缴赔偿权利人指定部门、机构的本级国库,纳入一般公共预算管理。"

赠、政府征税等;同时,通过在市场中购买第三方服务,实现生态修复的专业性和高效性。这种模式与损害赔偿金的非财政收入性质及专款专用的特点相符。我国首家环保基金会成立于2020年12月30日,即江西思华生态环境保护基金会。该基金会在民主党派和法院的共同推动下设立,是一家致力于生态环境保护的公益性社会组织,资金来源包括民主党派成员的捐赠、环保志愿者的捐赠、罚金、损害赔偿金等。基金会将"践行'绿水青山就是金山银山'理念,保护生态环境,维护公共利益"作为宗旨。围绕宗旨确定的业务范围为:一是开展生态环境保护公益活动,维护社会公共利益。二是接受公益信托,对委托人依法授权管理的财产和专项资金进行监督使用,开展生态环境保护和生态环境修复。三是开展符合基金会宗旨的生态环境保护宣传教育培训、国际交流合作等其他公益活动。在此模式下,法院将以公益信托的方式,将环境民事公益诉讼案件中侵害人赔付的损害赔偿金存入基金会的账户,委托其进行管理,并监督使用,保证赔偿金专款用于修复受损的生态环境。基金会接受委托后,会采用项目招标方式,购买具有生态环境修复资质的第三方服务,由第三方具体从事生态环境的修复工作。基金会及第三方对损害赔偿金的使用、生态修复的效果如何等情况,由公益诉讼主体、生态环境保护行政主管部门等相关单位进行监察。既然基金会接受来自法院的委托,理应严格履行信托合同,完成生态修复工作,并以书面形式将修复过程报告给法院,由法院留存。此外,由于损害赔偿金的使用与生态修复程度密切相关,关涉社会公众的环境公益,理应在基金会官网公布损害赔偿金的使用过程及生态修复的效果,保证社会公众的知情权,由他们进行监督。

(四)理顺环境民事公益诉讼与生态环境损害赔偿诉讼之间的衔接

关于环境民事公益诉讼与生态环境损害赔偿诉讼之间的衔接,当前主要有三种观点:一是顺位说;二是无序说;三是折中说(详见表33)。所谓顺位说,指的是在提起诉讼的先后顺序上,政府处于第一顺位。只有在政府没有提起生态环境损害赔偿诉讼时,社会组织和检察机关才能提起环境民事公益诉讼。三者之中,环保行政机关是基本求偿主体,检察机关是主要监督主体,社会组织是督促主体,这样就能形成"三位一体"的生态损害求偿机制。无序说下又有两种观点,其一是合并说。此说认为不宜在主体之间设置先后顺位,只要主体符合法定条件,均可提起生态环境损害赔偿诉讼或环境民事公益诉讼,如果符合条件的主体同时向法院提起相应的诉讼,提出各自的诉讼请求,或在一主体起诉后,另一主体也随后起诉,法院可合并审理。其二是共同原告说。此说也赞同符合法定条件的主体均可提起诉讼,只是谁所提起的诉讼在法院首先立案,其后提起诉讼的主体只能以共同原告的身份参加到前一主体的诉讼中去,所适用的程序自然是前一主体所属诉讼制度的程序。至于折中说,其一方面肯定了若行政机关所提出的诉求在性质、范围上与社会组织等适格主体所提出的诉求一致或基本一致时,优先审理行政机关提起的生态环境损害赔偿诉讼;另一方面表示若社会组织等适格主体提出的诉求超出行政机关诉求的范围,且均是出于保护环境公共利益的,法院可将两个诉讼合并审理。

表 33 环境民事公益诉讼与生态环境损害赔偿诉讼程序衔接的观点梳理

观点	顺位说	无序说		折中说
		合并说	共同原告说	
含义	生态环境损害赔偿诉讼优先于环境民事公益诉讼	提起诉讼的相应主体并无先后顺序之分,两种诉讼被同时或先后提起的,予以合并审理	提起诉讼的相应主体并无先后顺序之分,哪一种诉讼先在法院立案,就以哪一种诉讼程序审理案件,其后提起另一种诉讼的原告只能以共同原告的身份参加诉讼	在两种诉讼请求一致或基本一致时,生态环境损害赔偿诉讼优先于环境民事公益诉讼;在环境民事诉讼的诉求超出生态环境损害赔偿诉讼的诉求范围时,合并审理

《审理生态环境损害赔偿案件的若干规定(试行)》第 17 条①的规定表明,在环境民事公益诉讼与生态环境损害赔偿诉讼的衔接上,我国践行的是顺位

① 《审理生态环境损害赔偿案件的若干规定(试行)》第 17 条规定:"人民法院受理因同一损害生态环境行为提起的生态环境损害赔偿诉讼案件和民事公益诉讼案件,应先中止民事公益诉讼案件的审理,待生态环境损害赔偿诉讼案件审理完毕后,就民事公益诉讼案件未被涵盖的诉讼请求依法作出裁判。"

说。这种做法看到了行政机关有保护生态环境的职责,在处理环境问题时起着主导作用,但忽略了或弱化了环境民事公益诉讼制度与生态环境损害赔偿制度的差异性。如前所述,为了更好实现对生态环境的保护,亟须明确环境民事公益诉讼和生态环境损害赔偿诉讼的受案范围。其中,环境民事公益诉讼重在救济不特定多数人的环境公益;生态环境损害赔偿诉讼强调对纯生态环境利益的保护。当因同一生态环境损害事实,社会组织提起了环境民事公益诉讼,而行政机关提起了生态环境损害赔偿诉讼时,就需要法院结合具体案件事实来判断:此案是更偏向于对不特定多数人环境公益的保护,还是更倾向于表现行政机关的环境管理职责,出于保护纯生态环境公益的需要。如果是前者,宜以环境民事公益诉讼为先,为以 NGOs 为代表的社会公众提供一条参与环境治理的路径;如果是后者,则宜以生态环境损害赔偿诉讼为先,通过法院这个第三方中立机构的参与,更好地发挥行政机关在环境治理的作用。可见,在两种诉讼制度受案范围边界明晰时,不会发生两种制度之间的“冲突”,陷入“先”或“后”的两难境地。但由于该两种诉讼都以保护环境公益为归旨,难免会出现受案范围重合的情形,此时就产生了程序上的衔接问题。即因同一生态环境损害事实,既可以提起环境民事公益诉讼,也可以提起生态环境损害赔偿诉讼时,该如何处理两种诉讼的衔接呢?在这种情况下,当以生态环境损害赔偿诉讼为先。理由有二:第一,保护生态环境,维护生态公益是行政机关的主要职责之一,且行政机关在此方面既有专业知识、专业人才、专业设备,还在长期的工作中积累了丰富的经验,具有社会组织无可比拟的优越性。因此,不管是从法律职责看,还是从专业能力看,生态环境损害赔偿诉讼都应优先于环境民事公益诉讼。第二,从程序设计看,行政机关在提起生态环境损害赔偿诉讼之前,必须与赔偿义务人进行磋商,这就是说,行政机关已经在掌握生态环境损害事实的基础上,确定了生态环境损害赔偿金数额、生态修复方案等核心问题,在磋商不能或无法达成磋商协议的情况下,由其作为起诉人提起诉讼是最符合“成本—收益”的方式。是故,本书赞同在明晰环境民事公益诉讼和生态环境损害赔偿诉讼受案范围的前提和基础上,优先审理生态环境损害赔偿诉讼。

四、完善环境司法辅助制度

(一)完善环境法律援助制度

在环境事务中,美国通过1986年的《超级基金修正与再授权法案》(Superfund Amendment and Reauthorization Act,SARA)明确规定可提供公民团体5万美元的技术支援补助款(technical assistance grants),但是要求用于支付公民团体参与评估污染场所潜在危害的花费。2004年,新西兰建立了《环境法律援助基金》(Environmental Legal Assistance Fund, ELA Fund),允许非营利公益组织和毛利土著人组织可以最多申请援助达40,000新西兰元(约合28,000美元)。该款项在准备阶段就会落实用以支付律师和专家费等。有些政府会为致力于实现环境司法正义的非营利合法组织提供资助。如在1995年,澳大利亚政府资助创建了环境公益诉讼律师国家网站。

同时,在国外,公益诉讼一般都是由律师等专业性人士或团体发起。这是因为此类诉讼除了能够给发起人带来巨大的社会知名效应外,一般的被诉对象都是经济领域中的超级企业或跨国集团,实力都非常强大,非专业性人士不能胜任。在美国,律师协会设有关于公益辩护的特别委员会,律师6.2%左右的时间都投入了公益活动。① 南莱克法官代表法庭说,在刑事案件的对抗制度中,任何一个因为太穷而不能聘请律师的人,如果法院没有为他提供辩护人,就不能保障他得到公正审判。对我们来说,这是显而易见的真理。② 因此,南非的法律援助局一直致力于为贫穷的原住民提供免费的法律代理。2011年以来,政府已经拨款4.37亿兰特,用以增强南非法律援助局的运转能力,使得那些真正贫困之人获得司法救助。③ 棚濑孝雄指出:"至于由于贫富差距而造成的法律服务不均匀的问题,可以通过增加律师人数、强化职业竞争来降低法律服务的价格,以及通过诉讼支援团体、财政援助、成功酬金制来调节委托人的

---

① 参见刘卫先:《对我国环境公益诉讼可诉范围的立法构想》,载《黑龙江省政法管理干部学院学报》2009年第2期。

② 参见许永俊:《诉讼价值与审判方式改革》,载刘守芬、黄丁全主编:《刑事法律问题专题研究》,群众出版社1998年版,第737页。

③ 参见[南非]雅克布·祖马:《为人民利益提供充分司法保障》,林娜译,载《人民法院报》2012年12月7日,第6版。

支付能力等方式加以减缓和解决。”①在实践中，律师除了可以为当事人提供诉讼活动中的法律援助外，接受法律咨询、代拟法律文书等非诉讼法律事务，也属于法律援助的表现。

所以，期待环境司法制度能够在化解环境纠纷、缓解社会冲突与矛盾中发挥作用，意味着我国要形成一种能使社会主体很容易利用审判的制度保障，“尤其是采取减轻当事者的负担或帮助他们承受一部分负担的措施”。② 司法公正天然地和每一个当事人的主观感受联系在一起，这启发我们必须对那些处于社会底层、缺乏最起码的诉讼能力与经济能力的当事人进行必要的司法援助，以避免某些弱势社会群体在司法过程中“失语”，乃至被“边缘化”。而一国要实现司法公正，彰显司法权威，需要完善司法制度，“法律援助作为一项优质的法律制度，是司法制度不可或缺的组成部分”。③ 为了保证我国环境法律援助的可行性和可操作性：

第一，要转变环境法律援助制度的基本理念。环境法律援助制度要实现的是环境正义，在此基础上改变社会主体的生存状况和社会地位，最终保障其作为人的基本权利和尊严，卡多佐在《司法过程的性质》中说：“法律制度的根本目的在于社会福利。”④只有符合这种理念的环境法律援助制度才能实现其内在的价值，这也应该是构建环境法律援助制度的逻辑起点和终点。

第二，必须明确环境法律援助对象、环境法律援助资金的来源、⑤管理、环境法律援助审批机构、环境法律援助程序等内容。不断探索环境法律援助的

---

① 季卫东：《当事人在法院内外的地位和作用》（代译序），载［日］棚濑孝雄：《纠纷的解决与审判制度》，王亚新译，中国政法大学出版社1994年版，第13页。

② ［日］棚濑孝雄：《纠纷的解决与审判制度》，王亚新译，中国政法大学出版杜1994年版，第111页。

③ 肖扬：《关于司法公正的理论与实践问题》，载《法律适用》2004年第11期。

④ ［美］本杰明·卡多佐：《司法过程的性质》（中译本），苏力译，商务印书馆1998年版，第105页。

⑤ 世界上大部分国家都采取了多渠道模式以获取法律援助资金，其在某种程度上关系到法律援助的范围和提供法律援助的质量。一般来说，法律援助资金通常有四种来源：一是中央财政拨款；二是地方财政支持；三是社会捐助；四是受助人回馈。

运作模式,是构建政府主导型还是实行政府引导型的不同模式①的环境法律援助,产生的效果大不相同。这就要求我们要基于环境法律援助制度运作的特殊性,并结合我国关于法律援助总体的法律、政策和目标,注重其实效性。

第三,构建环境法律援助制度与环境信访制度的协作。生态环境部于2021年2月25日召开的2021年全国生态环境信访投诉工作会议指出,2020年,全国生态环境信访举报管理平台共接到投诉举报44.1万件。虽然比上年下降约17%,但数量还是惊人。不可否认,环境信访是缓解环境纠纷、疏通当事人矛盾与对立情绪的重要途径。在环境信访中,有相当比例的环境纠纷是可以经由诉讼、仲裁、复议等方式得以解决的。通过环境法律援助,为当事人提供法律咨询,对信访中的矛盾纠纷进行分流,不仅可以柔化当事人与政府之间的紧张关系,还能够引导当事人通过正常的诉讼、仲裁等法律途径,以理性、正当的方式获得救济。

第四,强化法律援助与司法救助的衔接。法律援助与司法救助的联系非常紧密,在实施宗旨上可谓殊途同归。二者恰如其分的衔接将保障当事人从诉前,到诉中,直至诉后,都能得到充分及时的救助。2007年10月10日,浙江省高级人民法院、浙江省司法厅联合下发的《关于司法救助与法律援助相互衔接若干问题的规定》对我们很有启发性。其规定,对已经获批法律援助的当事人又申请司法救助的,只要出具法律援助机构所作的《给予法律援助决定书》,人民法院就不再对当事人是否符合经济困难的标准进行审查,而是直接作出给予司法救助的决定,并对相应诉讼费用给予缓交、减交、免交。同样地,当事人在向法律援助机构申请法律援助时,只要出具人民法院所作的缓交、减交、免交诉讼费用的书面决定,对符合《法律援助条例》第10条规定情形的,法律援助机构对申请人是否符合经济困难标准不再进行审查,而应直接作出给予法律援助的决定。这充分说明,要实现法律援助和司法救助的衔接,需要统一审查原则。

---

① 世界范围内的法律援助机构的管理模式主要有四种类型:其一是法律协会或律师协会管理,代表国家是英国;其二是特设法律援助委员会管理,代表国家是加拿大等;其三是政府机构管理;其四是法院管理,代表国家有法国、德国,是大陆法系国家普遍采取的方式。

第五,构建律师援助制度。除了金钱援助,还可通过提供公益律师予以援助。关于公益律师,西方学者认为,“公益律师的作用在于为对抗集团利益提供法律对策,并注入新的活力。所包含的意义不仅仅是保障公正程序,也在于要求选择恰当的社会政策。”①在美国,律师协会设有关于公益辩护的特别委员会,律师6.2%左右的时间都投入了公益活动。② 而在我国,也开始出现公益律师。成立于2003年8月25日的“北京市东方公益法律援助律师事务所”是我国第一家致力于为公益提供无偿法律服务的非盈利律师事务所,成为我国开展法律援助工作及完善律师制度的改革试点。“北京环助律师事务所”则是一家以提供环境法律援助为己任的公益性律师事务所,成立于2010年12月。随着环境公益诉讼的发展,有志于为环保公益作出贡献的律师开启了另一种参与环境治理的新形式——组建公益律师团,互相帮助,形成合力。环境公益律师团于2013年4月14日在武汉成立,该团队是由来自全国不同地方、熟悉环境诉讼的律师所组成,其定位即为“以个案介入、案件探讨、公众倡导等方式,为环境污染受害者、环境维权者和环保组织、环保人士提供法律服务”。③ 公益律师或专职于环境保护的环境公益律师在我国是一种新生事物,要使其获得长足发展必须为其提供合适的土壤,并创造广阔的空间。这就需要一方面明确公益律师的地位,肯定其无偿提供法律服务的做法,同时指出公益律师参加诉讼不仅仅要维护私人利益,也要兼顾社会公益。另一方面对公益律师进行资助或补偿,使其能安心致力于公益事业。而为了提升公益律师的业务能力,还需要构建合理的培养机制。“2011年中南财经政法大学环境资源法研究所和美国自然资源委员会(NRDC)联合设立环境见习律师项目”,④通过学习环境法律理论和见习环境律师业务,以培养具有高业务水平的专职环境律师。

---

① Charles R. Halpern, *Public Interest Law: It's Past and Future*, 58 Judicature 118, 120 (1974).

② 参见[日]小岛武司:《诉讼制度的改革与实证》,陈刚等译,法律出版社2001年版,第18页。

③ 王会贤:《环境公益律师团在湖北成立》,载《公益时报》2013年4月16日。

④ 吴勇:《环境审判机制创新研究:以环境审判机构专门化为视角》,法律出版社2019年版,第196页。

第六,拓宽司法援助渠道。应对纷繁复杂的法律体系、晦涩难懂的法律术语和高度专业化的诉讼技术等现状,仅依靠律师的援助在这样一个"诉讼时代"①实在是杯水车薪,通过设置"法律诊所"等方式,整合那些素质高、社会责任感强的大学生资源,不失为一条好的途径。它能够有效缓解职业律师的匮乏,在一定程度上满足社会主体对法律援助的需求,解决供需之间的矛盾,是法律援助的后备储蓄力量,为我国法律援助的积极发展开拓了一条新路径。北京市的做法值得我们借鉴。北京市司法局和清华大学及中国人民大学的法学院签订协议,由两所大学向北京市法律援助中心不定期派出法律专业学生,这些志愿者要为援助中心办理一定数量的案件。鉴于环境案件的特殊性,法律援助志愿者不应仅局限于法律专业的学生,化工、生物等方面的学生都可以参与。

第七,公平提供法律援助。我们在提供法律援助的时候,在救济对象上并不能仅仅局限于对权利人维权的救济,而应本着双方当事人诉讼地位平等的原则。虽然在大多数情况下,在环境诉讼中,原告是弱势群体,被告多是完全有实力购买最好法律服务的企业法人,但是也不排除例外情况,若实施环境侵权的致害人经济困难,无力应诉,这时,法律援助的大门理应也为其敞开,一视同仁地对待诉讼中处于不同诉讼地位的当事人,切实做到不偏不倚的中立、公正。例如,在泰州市人民检察院诉王某朋等 59 人生态破坏民事公益诉讼案中,在经济困难的被告申请下,南京市中级人民法院提供了法律援助,使被告的诉讼权利得到了充分保障。②

(二)健全环境司法鉴定制度

在英美法系国家,鉴定机构中作出鉴定结论的鉴定人属于专家证人,其在承担出庭接受询问方面与普通证人没有本质性的差别。如在美国,一般是原被告双方申请法院传唤鉴定人出庭接受询问质证,法庭首先确定鉴定人资格,

① 法学家张卫平把我国改革开放以后的这一阶段称为"诉讼时代"。参见徐昕:《论私力救济》,中国政法大学出版社 2005 年版,第 5 页。

② 参见《中国环境资源审判(2019)》。具体案情见江苏省南京市中级人民法院(2019)苏 01 民初 2005 号民事判决书和江苏省高级人民法院(2019)苏民终 1734 号民事判决书。

而后鉴定人要接受传唤方的主询问,紧接着就是反对方的反询问。在庭审过程中,还可以根据案件的实际情况,对鉴定人展开多次的再主询问和再反询问。如果不是由当事人提供鉴定人而是由法院自行委托鉴定人,鉴定人的资格则要受双方当事人的质疑和审查。

鉴于环境司法中经常要涉及一些非常专业化和技术化的问题,司法机关无法对有些环境污染和破坏的成因或病变机理等作出判断,必须依靠科学、中立的鉴定,我们必须开始正视和重视环境司法鉴定制度的构建。

第一,改革和完善环境损害司法鉴定管理体制。

改革和完善环境损害司法鉴定管理体制实质上是协调好各管理主体的权力分配,目的是组建中立的环境损害司法鉴定机构,以保证所作司法鉴定的公正、客观。对此,针对环境损害司法鉴既具有司法鉴定的一般性,也具有环境损害的特殊性,面对当前的“册中册”管理现象,可分两步走。第一步是司法行政部门、法院与环保相关部门共享鉴定名册,司法行政部门对其他两部门名册中的机构进行统一审查与评定并适时扩容,与法院的鉴定委托“黑名单”对接,对名单中的鉴定机构进行再审查,并作出相应的处罚或采取资格退出机制;第二步是司法行政部门逐步收回其他部门的名册审核权力,由其最终进行统一审核管理。当然,这并不意味着自此以后司法行政部门开始单兵作战。鉴于环境损害司法鉴定的专业性,司法行政部门需加强与环保部门及法院的协作,以保证制定出来的评审办法、管理办法、工作细则等规章制度具有可操作性、可行性。

第二,促进环境损害司法鉴定程序的规范化。

目前,司法鉴定的基本程序比较原则。在环境司法鉴定中出现鉴定环境(条件)争议时应如何进行,或者在一方当事人不配合甚至破坏鉴定环境时如何处理,2001 年制定的《人民法院司法鉴定工作暂行规定》中未作规定。因此,应当在最高人民法院有关规定的基础上,制定详细的环境损害司法鉴定程序,以保证鉴定的客观、公正、规范、科学、准确。① 如在鉴定结论报告上必须要有

① 参见乐有金、刘猜:《司法鉴定程序化问题研究》,载《铁道警官高等专科学校学报》2004 年第 1 期。

进行鉴定工作人员的签名,详细记录现场采样情况(包括采样的具体位置、周围环境、样品模样等),对委托人自送样品进行鉴定的,则要及时鉴定,妥善保存等。

第三,强化环境损害司法鉴定的监督。

一是强化司法行政部门监督。各级司法行政机关应对已获得鉴定资格的机构从近期案件中的鉴定活动记录、鉴定范围是否严格遵照许可、鉴定仪器是否进行常态化维护等方面进行定期抽检。考虑到检查事项的专业性,可聘请国家库、地方库专家同行,司法行政部门着重进行机构参案程序性审查,而专家则对实质性的鉴定结果及评估方案提出建议。二是强化行业自律管理。制定加强司法鉴定行业惩戒工作的指导意见,使惩戒规则更加具体化、明确化,发挥行业惩戒的警示作用。三是强化公众监督。拓展信息渠道,完善举报机制,鼓励有关单位和个人及时向司法行政机关举报鉴定机构委托受理工作中的违法违规问题。把黑名单制度与退出机制衔接起来,对环境损害司法鉴定机构和鉴定人失信情况进行记录、公示和预警。将以下行为纳入环境损害司法鉴定黑名单:(1)违规收取高额费用;(2)无故拖延鉴定期限;(3)无正当理由拒绝接受鉴定委托;(4)与有关人员串通违规开展鉴定;(5)其他违反司法鉴定管理规定的行为。应及时向社会公开黑名单,并推送给委托人。

第四,推行环境损害司法鉴定援助制度。

环境损害司法鉴定费用对司法鉴定申请人(一般是环境私益诉讼中污染受害者,或者是出于保护环境公益目的提起诉讼的环保 NGOs)而言是一笔不小的数目,而且如果败诉,他们就可能要承担鉴定费。在现有的鉴定中,就有24%的当事人因未交费而取消鉴定。因此,对受到污染危害后因经济特别困难而无力申请鉴定的,有关机构应当为当事人提供法律援助。① 对于鉴定费用过高的问题,还有一种解决办法就是改变过分依赖鉴定意见的状态。可根据鉴定对象对案件审结结果的影响大小,将其分为关键性、核心与非关键性、非核心两大类。前一类包括污染物质的性质、成分、污染行为造成的损失大小等,

---

① 参见周杰:《环境司法鉴定案例分析与思考》,载《环境监测管理与技术》2010年第3期。

属于有鉴定必要的对象，但若鉴定费用畸高，也可与后一类可鉴定也可不鉴定范畴的对象一起，由审判机关结合环境监测，参考环境保护部门意见、专家意见等进行综合判断。当前，全国不少省份都组建了环境保护专家库，可以发挥其专业优势，由他们对技术性很强的案件提供客观、公正的污染证据、损失证据。①

当然，为了避免司法实践中法官过分依赖鉴定意见，要建立一套行之有效的证据规则和监督机制，以规范和约束法官对鉴定意见的审查、评断和采信，并从制度上确保鉴定意见在法庭上由双方当事人进行充分、实质性的质证。这就要求法官对鉴定意见的形式审查逐渐转向实质审查，即从仅仅审查鉴定机构或鉴定人是否具备鉴定资质、鉴定人是否在鉴定报告上签字、鉴定程序是否违法等方面开始审查鉴定内容是否不当、是否与科学常识相悖。这并非对法官的苛求，要求其具备如专业人士一样的知识储备，但至少要高于普通人，即法官通过长期的审判经验积累，应对环境司法领域的科学判断具备基本、初步的判断能力。如此，才能保证不被鉴定意见牵着鼻子走，才能确保司法裁决的公正。

（三）完善环境司法 ADR 机制②

澳大利亚新南威尔士州土地与环境法院是适用环境司法 ADR 方式的典范，其积极鼓励当事人采用 ADR 方式解决争议。《土地和环境法院法案》第 5a 部分，授权法院将其认为合适且当事人同意的事项提交调解。登记员及助理登记员都是经过培训的调解员，他们向诉讼当事人提供免费的调解服务。另外，首席法官会定期公布经该院批准的调解员名录。③ 首席大法官布莱恩·普林斯顿（Brian Preston）将此种现象称为“多路径法庭”（multi-door court），意即在同一屋檐下有一系列解决争议的程序。“多路径法庭”使公民更容易诉诸司

---

① 参见赵永新：《如何破解环境诉讼难题》，载《人民日报（教育·科技·文化版）》2002 年 11 月 22 日。

② 2004 年 9 月 16 日最高人民法院发布的《关于人民法院民事调解工作若干问题的规定》中，明确规定了“审前调解程序、协助调解人制度、独立调解人制度和调解协议的确认制度”，这对构建我国环境诉讼调解制度亦即法院附设调解制度有重大意义。

③ 参见丁晓华：《澳大利亚的土地和环境法院》，载《法治论丛》2005 年第 2 期。

法,减少案件的拖延,并提供相应的服务,为当事人提供更多解决问题的选择。“多路径法庭”程序的关键要素是:哪些问题由 ADR 解决机制来处理应该有一组参照标准;适用 ADR 的案件一旦被筛选出来,哪种 ADR 争议解决方式适合被引用;要建立一个处理上述两个事项的中心。提交到中心的争议主体除了争议者本身外,还可以是其他代理人——检察院办公室、法律服务处和社会服务机构。“多路径法庭”可以提供的争议解决程序仅仅受到法院资源的限制。最常见的资源有调解、和解、查明事实、早期中性的评价、仲裁、混合型程序[如调解—仲裁、和解—仲裁、行政听证(价值性审核)和审判(诉讼)],其他可以视为同一屋檐下的方式还包括监察或社会服务。总之,案件经过筛选之后,当事人可以在法院机构内部参照选择多种多样的冲突解决服务。由于法院的主要目的是解决实际问题,而不是简单的胜负,因此,越来越多的环境规划选择通过庭前程序中的磋商,进行局部调整或修改,以争取得到各方的认可而得以解决。①

而美国早在 20 世纪 90 年代末,就开始尝试在环境案件中适用调解机制,并成立了专门的调解顾问委员会。调解员由法院培训,并将其名单公布于法院网站上,以方便当事人直接从中挑选。在美国,除非有充分的理由证明环境法庭受理的案件没有必要经过调解程序,否则所有的环境案件都会被下令经过调解程序,整个调解过程处于保密状态。因此,“在 1/3 的被下达调解令的环境案件中有 2/3 通过调解结案。运用调解机制解决了法院超过 20% 以上的案件,加快了纠纷解决的速度,节省了诉讼当事人的成本,同时也节约了司法资源,缓解了司法资源紧张的状况”。②

当前,我国正处于社会转型时期,新旧矛盾交织在一起,不管是从数量上看,还是从复杂性上看,都达到前所未有的程度。为满足人民群众日益增长的解纷需求,党的十八届四中全会将“完善多元化纠纷解决机制”作为法治社会建设的重要内容写入《中共中央关于全面推进依法治国若干重大问题的决

---

① See George Pring and Catherine Pring, *Greening Justice: Creating and Improving Environmental Courts and Tribunals*.

② 参见 Report to the General Assembly on the Performance of the Environmental Court. Appendix。转引自李挚萍:《美国佛蒙特州环境法院的发展及对中国的启示》,载《中国政法大学学报》2010 年第 1 期。

定》，不仅明确提出要“完善调解、仲裁、行政裁决、行政复议、诉讼等有机衔接、相互协调的社会纠纷多元解决机制”，还特别指出“要依法强化损害生态环境等重点问题的治理”。党的十九届六中全会在《中共中央关于党的百年奋斗重大成就和历史经验的决议》中再次强调了健全社会矛盾纠纷多元预防调处化解的重要意义，提出要坚持和发展新时代“枫桥经验”。所谓纠纷多元解决机制，实际上就是引导人民群众在诉讼之外，选择 ADR 机制。在环境案件中提倡 ADR 机制，与环境纠纷的特点有密切关系。就环境私益纠纷而言，其多发生在邻里之间，涉及噪声、采光、通风、排水等，仅仅明晰权利，界定义务，而没有做好社会关系的修复，很可能引发次级纠纷。就环境公益纠纷而言，其往往影响到不特定多数人的权益，一旦处理不好，很可能转化为群体性事件，引发社会的不安定。对上述两类纠纷，诉讼的对抗式解纷方式并不具备优势，相反，调解、行政裁决等 ADR 方式因其高效性、灵活性，反而可以安抚当事人的对立情绪，引导他们理性表达诉求，学会依法维权。因此，面对环境纠纷，应做好诉讼与非诉讼——调解、行政裁决、行政复议、仲裁等解纷方式的衔接机制，实现相互之间的配合与优势互补。

以在我国最为典型的调解制度为例可以形象呈现如何构建符合我国国情的环境 ADR 机制：①

第一，主持者资格问题。

即由谁来主持调解。如果法院决定调解是其裁判过程的一部分，就必须确保调解者受过专门训练，并对调解环境问题颇有经验，同时保持中立。当事人必须对调解者满意，认为他们公平、公正。如果裁决者担任过调解这种角色，一旦调解不成，争议转入审判，该裁决者理应回避参加庭审。

第二，适用标准问题。

即哪些案件才符合适用调解标准，这说明并不是一切环境纠纷都可以不加区分、一视同仁地适用调解。因此，在推荐或命令适用调解之前，要对纠纷进行评价。佛蒙特环境法院的“调解筛选”就是选择能否适合调解案件的一个

① See George Pring and Catherine Pring, *Greening Justice: Creating and Improving Environmental Courts and Tribunals.*

有效工具。对这一工具的研究发现:筛选调解案件有助于解决争议;筛选标准虽不是完全决定性的,但是很有用;筛选者要具备一定资格并有可信度;筛选程序设计的合法性很重要;即使使用调解没能达成满意的协议,也要确保程序公正。因此,要培训调解筛选者,使其熟知问题、法律及规则体系;调解程序必须是透明和清晰明确的;当事人对调解者有选择权;根据调解案件的建议对筛选程序进行反馈或作出评价,及时总结经验。在我国,可根据具体责任承担方式有选择进行调解,即框定调解范围。如停止侵害、排除妨碍、消除影响,作为防御性责任承担方式,一般是为了避免损害的进一步扩大,不具有调解的空间。赔礼道歉作为带有精神抚慰的一种责任承担方式,也不具有调解空间。只有生态环境修复和赔偿损失可以进行调解,但所能调解的仅是款项支付的方式,如是分期支付还是一次性支付,是金钱支付还是以行为替代支付,是全额支付还是技术革新抵扣支付等?以及生态环境修复地点的选择,是在甲地还是在乙地,抑或在原地修复等,或修复方式的选择,是自行修复还是替代修复。

第三,适用意愿问题。

即法院能不能强制适用调解模式。虽然调解很显然能降低法院的工作量,可以得到一个效率更高、花费更少、效果更好的结果,但是强制性程序还是在冒险。这些风险包括符合条件的调解员人手不够,不足以应对过多的案件量;当事人不愿意选择调解,或当事人不明白调解程序;筛选程序不透明或不够完善;发现案件不适合调解时缺少“退出”机制等。因此,原则上适用调解要尊重当事人的意愿。

第四,程序中环境专业性问题。

在环境诉讼过程中遇到的复杂科学技术问题同样会在调解程序中碰到。有些法院允许专家参加调解解决了这一困境。澳大利亚昆士兰环境法院的做法值得借鉴,即要求专家单独与调解登记员见面开会,而后出具一份报告,这份报告的利用率很高,调解者、当事人和法官均可采用。在环境案件中,当事人对技术层面的问题很难达成一致意见,因此在适用调解过程中,也需要对所有专家证据进行认真审核。

第五，非诉协议的效力问题。

这里的疑问是，法院需要审核调解协议并予以确认，或者赋予其强制执行的效力吗？有的国家（地区）审核调解协议，认可调解行为，使其具有约束力，但是还是会召开对调解者的听证会，让其解释整个调解过程。有些国家（地区）则一达成调解协议马上宣布案结事了，没有法律强制效力的协议背后就靠法院的权力撑腰，由法院负全责，并对调解协议承担义务，以确保它在程序和实体上都是合法的，符合当事人的利益，尤其符合未被提及的公共利益。在此，我们可以借鉴我国台湾地区的做法，环境案件经由市及县政府设立的公害纠纷调查委员会调处后，制作调处书，调处书要在调处成立之日起7日内递交到管辖法院进行审核，经过法院审核的调处书具有与判决书同等的效力，但是不能上诉。为了避免可能造成的损失的进一步扩大，当事人可以在法院审定前，向法院申请假扣押或假处分。

事实证明，环境司法ADR收到了比较好的效果，既解决了环境争议又节约了司法资源，并且有助于及时采取措施，使环境资源得到比较好的保护。不过采取该种环境纠纷处理方式，需要具备一定的先决条件。如环保组织力量强大，能够在物力、人力、财力上与那些实力雄厚的污染者相抗衡，尤其是在这些污染者或破坏者为某些支柱企业时；公民的环境意识要达到一定高度，能够认识到并愿意舍弃自己当前利益来保护环境权益；法官的环境意识要强，具备一定的环境法素养，等等。这些都是我国在构建环境司法ADR机制过程中需要着力培育之处。

小　结

本章是关于环境司法制度的改革。小岛武司发现："在法治社会，法院已变得习惯于社会变化，对社会问题以及自己作出的裁决的效果富有敏感性。法官不仅离社会秩序的距离日渐缩小，且在反应上也更加灵敏，法院不再墨守成规，十分热衷于实现公民最基本的最低限度的权利，至少法院在整体上是朝着这个方向不断发展。”①我国要建设法治国家,实现生态文明,理应适度打破成规,及时回应社会变化引致的公众对环境司法制度的各种需要。在找到影响我国环境司法制度诸多因素的基础上,提出对环境司法制度进行变革和创新正是回应现实需要、实现法治现代化的应有之义,是构建生态友好型社会的必由之路。如果说进行环境司法制度改革的宗旨是实现环境正义过于原则和抽象,那么其具体表现就是在转变司法理念、明确环境司法制度的首要价值和重视发挥环境司法制度延伸性功能的基础上,形成科学的环境司法理念,在科学环境司法理念的指引下,通过改变传统司法体制以回应环境案件的特殊性,提高环境司法能力和建立环境预防诉讼机制,构建公正的环境司法制度,并在规范环境司法程序、优化环境公益诉讼制度、改进生态环境损害赔偿制度和完善环境司法辅助制度的基础上,实行规范的环境司法运作。

---

① 小岛武司等:《司法制度的历史与未来》,汪祖兴译,法律出版社2000年版,第15页。

结　语

虽然世界范围内都在积极探索多元化环境纠纷解决机制,无疑,司法是救济权利的一种最根本、最重要的手段和途径。相较于其他纠纷解决方式,有权威的司法权和高效的司法运作机制在调整和缓解各种相互冲突的利益(不管是私益,还是公益)上更稳定,更有成效。一个国家如果缺乏司法这种利益衡量机制,“那么这种权益的调整就会取决于或然性或偶然性(而这会给社会团结与和谐带来破坏性后果)或取决于某个有权强制执行它的决定的群体的武断命令”。[①] 故,构建环境司法制度是现代法治国家无法回避的主题。“司法的组织规范和运作规范是在对司法活动规律的认识的指导下有效实现司法权能而作的实体与程序制度安排。”[②]在环境司法中,我们可以并且需要随着对环境司法活动规律认识的深化和司法环境的变迁对其进行改革,其目的就是更合理地配置我国处理环境纠纷的

① [美]E. 博登海默:《法理学:法律哲学与法律方法》,邓正来译,中国政法大学出版社1999年版,第399页。

② 王从峰:《司法体制改革的宪法审视》,载《四川师范大学学报(社会科学版)》2010年第3期。

司法资源,更有效的实现环境司法正义。“中国人将在他们的社会生活中,运用他们的理性,寻求能够实现其利益最大化的解决各种纠纷和办法,并在此基础上在人们的互动中(相互调整和适应)逐步形成一套与他们的发展变化的社会生活相适应的规则体系。”①邓小平也曾说过:“每个国家都有自己的情况,各自的经历也不同,所以要独立思考。”②因此,只有对我国本土国情进行深入研究,顾及公众的反应和社会的承受力,扎根于我国环境司法实践,考虑到司法人员的素质、能力等因素,本着循序渐进的方式来设置的环境司法制度,才会具有强大的生命力。

不可否认,一方面,环境司法制度是保障公民及其团体公众环境权利的最后一道屏障。我国立法应在条件成熟之际明确确认公民环境权利,为公民及其团体参与影响其基本生活的环境公共决策提供各种有效途径,而司法机关就能通过环境司法维护公民及公众环境权利,从而实现公民和公众在环境公共决策上的参与影响作用。另一方面,司法权力理应成为规范和约束行政权力的制衡力量。只有这样,越权行政、滥用权力和玩忽职守的环境行政行为,才能得到有效规制,国家机关工作人员的失职行为才能予以追究制裁。由此可见,拓展权利和约束权力将是构建我国环境司法制度的基本原则,其宗旨则是为了实现环境正义。

司法机构在处理各种环境纠纷的过程中,应该通过各方力量的较量,不断平衡各种理论和观点,促进环境法律基本问题解释的不断完善,尤其是对环境公益诉讼在司法制度和政治制度中的位置不断地进行调整,使之合法化、合理化。否则,当公众在环境诉讼中屡受限制和打击时,就会逐渐丧失对司法的信仰。当公众开始怀疑司法机关在环境纠纷中的功用时,这不仅是法官和律师等法律职业人的损失,更是整个社会的损失,这与一国法治建设格格不入。当民众为此转而寻求司法之外的救济方式,如私力救济来解决环境纷争时,就危及社会的和谐稳定,无序化的混乱将浪费更多的资源和成本。有的学者对此提出“诉的利益乃原告谋求判决时的利益,即诉讼追行利益。这种诉讼追行利

① 苏力:《法治及其本土资源》,中国政法大学出版社1996年版,第6页。

② 《邓小平文选》(第3卷),人民出版社1993年版,第260页。

益与成为诉讼对象的权利或者作为法律内容的实体性利益以及原告的胜诉利益是有区别的,它是原告主张的利益(原告认为这种利益存在而作出主张)面临危险和不安时,为了去除这些危险和不安而诉之于法的手段即诉讼,从而谋求判决的利益,这种利益由于原告主张的实体利益现实地陷入危险和不安时才得以产生",[①]从而主张对诉之利益重新作出诠释。而实际上,世界范围内的很多国家,尤其是那些已经走上现代法治道路的发达国家,在环境诉讼资格上,均不同程度地减少了对当事人适格条件的限制,扩大了当事人的起诉资格,从而使更广范围内的社会主体可以参与到对环境公共利益的保护中,并能充分利用现代环境司法制度,使其切实发挥救济权利的最后一道屏障。随着我国已历史性解决了困扰中华民族几千年的绝对贫困问题,"人民日益增长的美好生活需要和不平衡不充分的发展之间的矛盾"会变得更加突出,亟须我们畅通民众参与环境治理的路径。如何借助社会组织这一草根组织,为其代表公意提供更多空间,需要我们深度思考。对此,有必要明晰环境公益诉讼的定位、目的、价值和功能。

从现实来看,在我国环境法治的漫漫长途中,"法治"之"法"可谓已经硕果累累,"法治"之"治"也初具规模。历经数十年的发展,传统审判庭与环境审判庭并行不悖,均在解决环境纷争,维护环境权益上发挥着各自应有的作用。但局限于一定范围内和程度上的微调只能解决部分问题,从长远来看并不能完全回应环境资源案件的特殊性,如我国尚未形成专门的环境诉讼制度,环境案件的类型化有待进一步精细化,环境案件的集中管辖虽突破了行政区划的限制,但陷入了一种新的人为区划,等等。不能正视并逐一解决上述问题,环境司法制度只能是"夹生"的"环境"司法制度——披着"环境"外衣,缺少"环境"灵魂的司法制度。当然,在实现全面法治的道路上,不管哪种环境司法制度模式,除了要考虑我国环境司法的现实需要,还要考虑在司法之外的其他相关社

---

① [日]谷口安平:《程序的正义与诉讼》,王亚新、刘荣军译,中国政法大学出版社1996年版,第151页。

会条件。如环境案件数量、[1]环境司法管辖范围和交通条件、经济发展与领导条件、司法队伍素质与经验条件、社会文化背景与各种环境法律意识。

综上,我国生态环境侵权现状仍不容乐观,这些环境纠纷能否进入法院,成为环境案件,关键在于现有的环境司法制度给这类纠纷提供了多少接近司法正义的渠道。设置专门化环境审判机构、开拓环境诉讼新模式固然可在短期内缓解环境纠纷窘境,但最终的解决举措还是要依法构建公正合理科学的环境司法制度,以使环境权益获得充分、有效的救济。构建和改革环境司法制度必须以环境正义作为其最高价值标准,这种正义不仅是权利和义务均由环境法律规范得以确立,人们认为理所当然的正义,而且是当初在制定环境法律规范时就应当遵循的正义。"在此意义上,正义是一种比仅仅遵从规则更微妙、更模糊的概念。"[2]也正是在此理念指引下,环境司法制度才一直致力于改变"整个社会的法治觉悟和法治供给还与法治需求不相适应"[3]的状况,最终实现社会的公平正义！而只有对我国本土国情进行深入研究,顾及公众的反应和社会的承受力,扎根于我国司法实践,考虑到审判人员的素质、能力等因素,本着循序渐进的方式来设置的环境司法制度,才是公正、合理、科学的环境司法制度,才能最终实现环境正义。我国的环境司法制度是时候进行从英雄时代向法治时代的华丽转型了。

---

① 注意:是环境案件数量,而不是环境纠纷数量。环境纠纷再多,如果当事人不敢、不愿或不能起诉到法院,都表明设置专门化环境审判机构的时机尚未成熟。

② [美]本杰明·N.卡多佐:《法律的成长 法律科学的悖论》,董炯、彭冰译,中国法制出版社2002年版,第50页。

③ 孔祥俊:《论法律效果与社会效果的统一——一项基本司法政策的法理分析》,载《法律适用》2005年第1期。

主要参考文献

一、中文著作

1. 窦海阳:《环境污染与生态破坏责任论》,社会科学文献出版社 2021 年版。

2. 王竹:《侵权公平责任论:我国侵权法上公平责任的立法与司法研究》,中国人民大学出版社 2021 年版。

3. 汪劲等:《类型化视角下的环境权利研究》,北京大学出版社 2020 年版。

4. 张新宝:《中国民法典释评:侵权责任编》,中国人民大学出版社 2020 年版。

5. 李雪:《欧盟环境法经典判例与评析》,中国政法大学出版社 2020 年版。

6. 史会剑主编:《生态环境损害赔偿制度理论与实践研究》,中国环境出版集团 2020 年版。

7. 吴德胜、陈淑珍:《生态环境损害经济学评估方法》,科学出版社 2020 年版。

8. 江必新:《环境资源审判的理念、政策与机制》,人民法院出版社 2019 年版。

9. 李丽:《环境民事公益诉讼程序研究》,中国政法大学出版社 2019 年版。

10. 颜运秋:《中国特色生态环境公益诉讼理论和制度研究》,中国政法大学出版社 2019 年版。

11. 杜辉:《环境公共治理与环境法的更新》,中国社会科学出版社 2018 年版。

12. 张祥伟:《环境公益诉讼司法运行理论与实践研究》,中国政法大学出版社 2018 年版。

13. 李楯主编:《环境公益诉讼观察报告》(2016 年卷),法律出版社 2018 年版。

14. 刘倩、季林云等编著:《环境损害鉴定评估与赔偿法律体系研究》,中国环境出版社 2016 年版。

15. 贾峰等编著:《美国超级基金法研究:历史遗留污染问题的美国解决之道》,中国环境出版社 2015 年版。

16. 于敏:《日本侵权行为法》(第 3 版),法律出版社 2015 年版。

17. 张挺:《环境侵权中侵害排除理论研究——以中日法比较为视角》,中国社会科学出版社 2015 年版。

18. 侯佳儒:《中国环境侵权责任法基本问题研究》,北京大学出版社 2014 年版。

19. 王军:《侵权损害赔偿制度比较研究:我国侵权损害赔偿制度的构建》,法律出版社 2011 年版。

20. 邹雄等:《环境侵权法疑难问题研究》,厦门大学出版社 2010 年版。

21. 吴勇:《专门环境诉讼:环境纠纷解决的法律新机制》,法律出版社 2009 年版。

22. 钭晓东:《论环境法功能之进化》,科学出版社 2008 年版。

23. 吕忠梅:《沟通与协调之途——论公民环境权的民法保护》,中国人民大学出版社 2005 年版。

24. 杨素娟:《完善环境民事鉴定制度的立法视角》,载王灿发主编:《环境纠纷处理的理论与实践》,中国政法大学出版社 2002 年版。

25. 齐树洁、林建文主编:《环境纠纷解决机制研究》,厦门大学出版社2005年版。

26. 李树忠:《国家机关组织论》,知识产权出版社2004年版。

27. 赵秉志、王秀梅、杜澎:《环境犯罪比较研究》,法律出版社2004年版。

28. 顾培东:《社会冲突与诉讼机制》,法律出版社2004年版。

29. 叶俊荣:《环境政策与法律》,中国政法大学出版社2003年版。

30. 吕忠梅主持:《超越与保守——可持续发展视野下的环境法创新》,法律出版社2003年版。

31. 陈慈阳:《环境法总论》,中国政法大学出版社2003年版。

32. 韩波:《法院体制改革研究》,人民法院出版社2003年版。

33. 孙万胜:《司法权的法理之维》,法律出版社2002年版。

34. 王灿发主编:《环境纠纷处理的理论与实践》,中国政法大学出版社2002年版。

35. 颜运秋:《公益诉讼理念研究》,中国检察出版社2002年版。

36. 江伟、邵明、陈刚:《民事诉权研究》,法律出版社2002年版。

37. 王名扬:《法国行政法》,中国政法大学出版社2001年版。

38. 周珂:《生态环境法论》,法律出版社2001年版。

39. 王树义:《俄罗斯生态法》,武汉大学出版社2001年版。

40. 左卫民主编:《中国司法制度》,中国政法大学出版社2001年版。

41. 汪劲:《环境法律的理念与价值追求》,法律出版社2000年版。

42. 王利明:《司法改革研究》,法律出版社2000年版。

43. 吕忠梅:《环境法新视野》,中国政法大学出版社2000年版。

44. 汤维建:《美国民事司法制度与民事诉讼程序》,中国法制出版社2001年版。

45. 范愉:《非诉讼纠纷解决机制研究》,中国人民大学出版社2000年版。

46. 张卫平:《诉讼构架与程式——民事诉讼的法理分析》,清华大学出版社2000年版。

47. 章武生等:《司法现代化与民事诉讼制度的建构》,法律出版社2000

年版。

48. 左卫民、周长军:《变迁与改革:法院制度现代化研究》,法律出版社 2000 年版。

49. 刘荣军:《程序保障的理论视角》,法律出版社 1999 年版。

50. 韩志红、阮大强:《新型诉讼——经济公益诉讼的理论与实践》,法律出版社 1999 年版。

51. 季卫东:《法治秩序的构建》,中国政法大学出版社 1999 年版。

52. 宋冰编:《程序、正义与现代化》,中国政法大学出版社 1998 年版。

53. 赵震江主编:《法律社会学》,北京大学出版社 1998 年版。

54. 宋冰编:《读本:美国与德国的司法制度及司法程序》,中国政法大学出版社 1998 年版。

55. 苏力:《法治及其本土资源》,中国政法大学出版社 1996 年版。

56. 王名扬:《美国行政法》,中国法制出版社 1995 年版。

57. 周旺生:《立法论》,北京大学出版社 1994 年版。

58. 张文显:《法学基本范畴研究》,中国政法大学出版社 1993 年版。

二、中译本著作

1. [美]理查德·拉撒路斯:《环境法的形成》,庄汉译,中国社会科学出版社 2017 年版。

2. [英]马克·韦尔德:《环境损害的民事责任——欧洲和美国法律与政策比较》,张一心、吴婧译,商务印书馆 2017 年版。

3. [美]文森特·R. 约翰逊:《美国侵权法》(第 5 版),赵秀文等译,中国人民大学出版社 2017 年版。

4. [奥地利]海尔姆特·库齐奥:《侵权责任法的基本问题》(第 1 卷),朱岩译,北京大学出版社 2017 年版。

5. [美]弗朗西斯·福山:《政治秩序与政治衰败:从工业革命到民主全球化》,毛俊杰译,广西师范大学出版社 2015 年版。

6. [美]达玛什卡:《司法和国家权力的多种面孔》,郑戈译,中国政法大学出版社 2015 年版。

7. [美]阿兰·艾德斯、克里斯托弗·N. 梅:《美国宪法:个人权利案例与解析》,项焱译,商务印书馆 2014 年版。

8. [美]理查德·D. 弗里尔:《美国民事诉讼法》(第 2 版),张利民等译,商务印书馆 2013 年版。

9. [日]吉村良一:《日本侵权行为法》(第 4 版),张挺译,中国人民大学出版社 2013 年版。

10. 许传玺主编:《美国法律重述汉译丛书·侵权法重述第二版:条文部分》,许传玺、石宏、和育东译,法律出版社 2012 年版。

11. [日]阿部照哉等编著:《宪法》(下册),周宗宪译,中国政法大学出版社 2006 年版。

12. [日]岩间昭道:《环境保全与〈日本国宪法〉》,载冷罗生:《日本公害诉讼理论与案例评析》,商务印书馆 2005 年版。

13. [日]小岛武司、伊藤真编:《诉讼外纠纷解决法》,丁婕译,中国政法大学出版社 2005 年版。

14. [日]高桥宏志:《民事诉讼法制度与理论的深层分析》,林剑锋译,法律出版社 2003 年版。

15. [美]莱斯特·M. 萨拉蒙等:《全球公民社会——非营利部门视界》,贾西津等译,社会科学文献出版社 2002 年版。

16. [日]谷口安平:《程序的正义与诉讼》(增补本),刘荣军、王亚新译,中国政法大学出版社 2002 年版。

17. [日]棚濑孝雄:《现代日本的法和秩序》,易平译,中国政法大学出版社 2002 年版。

18. [意]莫诺·卡佩莱蒂编:《福利国家与接近正义》,刘俊祥等译,法律出版社 2000 年版。

19. [日]大须贺明:《生存权论》,林浩译,法律出版社 2001 年版。

20. [日]小岛武司:《诉讼制度改革的法理与实证》,陈刚、郭美松等译,法律出版社 2001 年版。

21. [美]E. 博登海默:《法理学:法律哲学与法律方法》,邓正来译,中国政法大学出版社 1999 年版。

22. [美]彼得・G. 伦斯特洛姆编:《美国法律辞典》,贺卫方等译,中国政法大学出版社 1998 年版。

23. [美]J. 范伯格:《自由、权利和社会正义——现代社会哲学》,王守昌、戴栩译,贵州人民出版社 1998 年版。

24. [美]罗纳德・德沃金:《认真对待权利》,信春鹰、吴玉章译,中国大百科全书出版社 1998 年版。

25. [美]本杰明・卡多佐:《司法过程的性质》,苏力译,商务印书馆 1998 年版。

26. [美]罗杰・W. 芬德利、丹尼尔・A. 法伯:《环境法概要》,杨广俊、刘予华等译,中国社会科学出版社 1997 年版。

27. [斯里兰卡]威拉曼特里编:《人权与科学技术发展》,张新宝等译,知识出版社 1997 年版。

28. [法]托克维尔:《论美国的民主》,董果良译,商务印书馆 1997 年版。

29. [美]德沃金:《法律帝国》,李常青译,中国大百科全书出版社 1996 年版。

30. [日]棚濑孝雄:《纠纷的解决与审判制度》,王亚新译,中国政法大学出版社 1994 年版。

31. [美]汉密尔顿、杰伊、麦迪逊:《联邦党人文集》,程逢加等译,商务印书馆 1980 年版。

三、中文论文

1. 陈学敏:《环境公益诉讼视域下环境权的属性及其实现》,载《兰州学刊》2021 年第 7 期。

2. 徐忠麟、夏虹:《生态环境损害赔偿与环境民事公益诉讼的冲突与协调》,载《江西社会科学》2021 年第 7 期。

3. 樊崇义:《我国法律援助立法与实践的哲理思维》,载《江西社会科学》2021 年第 6 期。

4. 顾永忠:《法律援助机构的设立、职能及人员构成之立法讨论》,载《江西社会科学》2021年第6期。

5. 金自宁:《作为科学证据的环境损害鉴定评估——基于环境司法案例的考察》,载《法学评论》2021年第5期。

6. 陈学敏:《论生态环境损害赔偿范围的确定》,载《中国应用法学》2021年第4期。

7. 张强、蔡俊雄等:《我国生态环境损害司法鉴定发展历程与问题研究》,载《中国司法鉴定》2021年第4期。

8. 陈光中、褚晓囡:《刑事辩护法律援助制度再探讨——以〈中华人民共和国法律援助法(草案)〉为背景》,载《中国政法大学学报》2021年第4期。

9. 陈学敏:《环境刑事附带民事公益诉讼制度的检视与完善》,载《华南理工大学学报(社会科学版)》2021年第3期。

10. 曹明德、马腾:《我国生态环境民事预防性救济体系的建构》,载《政法论丛》2021年第2期。

11. 王曦:《我国环境公益诉讼制度设计的弊端与改进》,载《昆明理工大学学报(社会科学版)》2021年第1期。

12. 吕梦醒:《生态环境损害多元救济机制之衔接研究》,载《比较法研究》2021年第1期。

13. 黄锡生、余晓龙:《社会组织提起环境公益诉讼的综合激励机制重构》,载《法学论坛》2021年第1期。

14. 张翔:《关注治理效果:环境公益诉讼制度发展新动向》,载《江西社会科学》2021年第1期。

15. 郭武、岳子玉:《生态环境损害赔偿金的管理模式选择与法律制度构建》,载《兰州学刊》2020年第12期。

16. 戴建华:《生态环境损害赔偿诉讼的制度定位与规则重构》,载《求索》2020年第6期。

17. 潘牧天:《生态环境损害赔偿诉讼与环境民事公益诉讼的诉权冲突与有效衔接》,载《法学论坛》2020年第6期。

18. 周勇飞、高利红:《多元程序进路下环境公共利益司法体系的整合与型构》，载《郑州大学学报(哲学社会科学版)》2020年第5期。

19. 朱谦、谌杨：《“生态环境损害赔偿诉讼优先论”之思辨——兼论与环境民事公益诉讼的顺位问题》，载《学术论坛》2020年第5期。

20. 张玉慧：《我国生态环境损害赔偿金制度之实证分析及其完善》，载《黑龙江省政法管理干部学院学报》2019年第2期。

21. 宋宗宇、郭金虎：《环境司法专门化的构成要素与实现路径》，载《法学杂志》2017年第7期。

22. 于文轩：《论我国生态损害赔偿金的法律制度构建》，载《吉林大学社会科学学报》2017年第5期。

23. 巩固：《美国环境公民诉讼之起诉限制及其启示》，载《法商研究》2017年第5期。

24. 余德厚：《跨行政区划环境资源案件的司法管辖制度研究》，载《法学杂志》2017年第2期。

25. 张忠民：《环境司法专门化发展的实证检视：以环境审判机构和环境审判机制为中心》，载《中国法学》2016年第6期。

26. 王曦、张岩：《论美国环境公民诉讼制度》，载《交大法学》2015年第4期。

27. 吴勇：《我国环境审判机构专门化的路径选择》，载《南京大学法律评论》2015年第1期。

28. 林燕梅：《环境司法区域化审判模式的比较研究》，载《中国政法大学学报》2015年第1期。

29. 吴勇：《域外环境审判机构专门化的发展与趋势》，载《中国环境法治》2014年第2期。

30. 刘海年：《司法体制改革的原则与策略》，载《环球法律评论》2013年第2期。

31. 李清宇、蔡秉坤：《我国环境行政执法与司法衔接研究》，载《甘肃社会科学》2012年第3期。

32. 赵立新：《环境侵害司法救济的缺口分析》，载《江汉大学学报(社会科学版)》2011 年第 2 期。

33. 范海玉、王琳:《环境纠纷司法解决机制的检视与思考——以环境审判机构改革为视角》,载《河北大学学报(哲学社会科学版)》2010 年第 6 期。

34. 吕忠梅:《环境法的裁判解释初论》,载《江苏社会科学》2010 年第 6 期。

35. 陈泉生、林哲森:《论我国环境资源审判机构的设立》,载《东南学术》2010 年第 5 期。

36. 郑艺群:《环境审判制度初探》,载《东南学术》2010 年第 5 期。

37. 吴勇:《林事纠纷司法解决机制的问题与重构》,载《华南农业大学学报(社会科学版)》2010 年第 4 期。

38. 蔡守秋:《关于建立环境法院(庭)的构想》,载《东方法学》2009 年第 5 期。

39. 王运慧:《民事执行难问题的原因与对策新探》,载《中州学刊》2009 年第 5 期。

40. 杨华:《环境法庭设立的应然性与实然性分析》,载《江西社会科学》2009 年第 3 期。

41. 吴勇:《论环境诉讼立法的进路与选择》,载《湘潭大学学报(哲学社会科学版)》2009 年第 3 期。

42. 王亚明:《司法执行转型:从强力到兼容》,载《法治研究》2009 年第 1 期。

43. 汤啸天:《论法律援助与司法救助制度的衔接》,载《中国司法》2009 年第 1 期。

44. 沈跃东:《可持续发展裁决机制的一体化——以新西兰环境法院为考察对象》,载《西北农林科技大学学报(社会科学版)》2008 年第 3 期。

45. 吕忠梅:《环境友好型社会中的环境纠纷解决机制论纲》,载《中国地质大学学报(社会科学版)》2008 年第 3 期。

46. 李玉芳、高杰:《环境仲裁法庭显身手——江苏省东台市首次环境纠纷仲裁纪实》,载《环境经济》2008 年第 2 期。

47. 朱群毅:《论法院组织体系的完善》,载《理论界》2007 年第 9 期。

48. 汤维建:《关于破解“执行难”的理性反思——以执行体制的独立化构建为中心》,载《学习与探索》2007 年第 5 期。

49. 夏玉珍、吴娅丹:《中国正进入风险社会时代》,载《甘肃社会科学》2007 年第 1 期。

50. 董燕:《从澳大利亚土地环境法院制度看我国环境司法机制的创新》,载《华东政法学院学报》2007 年第 1 期。

51. 阳露昭、刘艳:《美国环境责任保险制度审视及启示》,载《法学杂志》2005 年第 6 期。

52. 柴建国、王燕霞:《独立审判与司法体制改革》,载《河北法学》2005 年第 3 期。

53. 丁晓华:《澳大利亚的土地和环境法院》,载《上海政法学院学报》2005 年第 2 期。

54. 刘国有:《浅论专门法院出现的原因及对法律现代化的意义》,载《天津市政法管理干部学院学报》2004 年第 2 期。

55. 张述元:《论司法体制改革的原则》,载《中国法学》2004 年第 1 期。

56. 李艳芳:《美国的公民诉讼制度及其启示——关于建立我国公益诉讼制度的借鉴性思考》,载《中国人民大学学报》2003 年第 2 期。

57. 杜群:《日本环境基本法的发展及我国对其的借鉴》,载《比较法研究》2002 年第 4 期。

58. 李维:《环境污染侵权案件审判实务若干问题研究》,中南大学 2011 年硕士学位论文。

59. 毛冠琳:《环境侵权民事责任的社会化构建》,安徽大学 2010 年硕士学位论文。

60. 杨华:《环境司法中的法院》,载《生态文明与环境资源法——2009 年全国环境资源法学研讨会论文集》(2009 年)。

61. 路保钧:《日本环境诉讼制度研究》,河北大学 2009 年硕士学位论文。

62. 都清华:《实现环境利益公平的法律探讨》,中山大学 2009 年硕士学位论文。

63. 向章平:《完善我国法律援助制度之理性思考》,湖南师范大学 2009 年硕士学位论文。

64. 吕忠梅:《完善司法救助机制构建和谐社会——以解决长江流域水污染纠纷为例》,载《水资源可持续利用与水生态环境保护的法律问题研究——2008 年全国环境资源法学研讨会论文集》(2008 年)。

65. 朱飞飞:《日本经济高速发展期的环境污染及其治理》,对外经济贸易大学 2008 年硕士学位论文。

66. 邓一峰:《环境诉讼制度研究》,中国海洋大学 2007 年博士学位论文。

67. 马云波:《环境污染防治中的地方保护主义及其法律规制》,湖南大学 2007 年硕士学位论文。

68. 郭金虎:《环境侵权民事救济制度研究》,重庆大学 2005 年硕士学位论文。

69. 李维驹:《环境诉讼研究》,河南大学 2004 年硕士学位论文。

70. 罗飞云:《环境权诉讼法律制度研究》,南京师范大学 2004 年硕士学位论文。

71. 陈国裕、李玉梅:《环保工作要实现历史性转变——国家环保总局局长周生贤答本报记者问》,载《学习时报》2006 年 4 月 24 日,第 1 版。

72. 陈媛媛:《环保法庭期待打破发展瓶颈》,载《中国环境报》2008 年 9 月 25 日,第 3 版。

73. 王继然:《最高院为水"把脉"跨区域水资源司法保护待完善》,载《法治日报》2008 年 6 月 20 日。

74. 周子勋:《期待环保法庭发挥更大作用》,载《中国环境报》2008 年 4 月 23 日,第 2 版。

75. 宗边:《建议设立环境审判庭》,载《中国环境报》2008 年 3 月 10 日,第 1 版。

76. 武卫政:《环境维权亟待走出困境》,载《人民日报》2008 年 1 月 22 日,第 5 版。

77. 蔡方华:《环境法庭试水是中国环境治理的"拐点"》,载《北京青年报》

2007年11月22日。

78. 温家宝:《全面落实科学发展观　加快建设环境友好型社会》,载《光明日报》2006年4月24日,第1版。

79. 陈丽平:《环保法修改分歧大有关部门和专家将进一步论证》,载《法治日报》2005年11月18日。

80. 左卫民:《法院制度现代化论纲》,载《人民法院报》2001年5月19日,第3版。

81. 徐龙震:《环境污染逼出环境法庭》,载《中国青年报》2000年8月29日,第4版。

四、英文著作、论文

1. George Pring and Catherine Pring, *Greening Justice: Creating and Improving Environmental Courts and Tribunals*.

2. Gretta Goldenman et al., *Environmental Liability and Privatization in Central and Europe*, Members of the Klumer Academic Publishers Group.

3. Chairman Patrilia Thomas, *Environmental Liability*, Graham & Tortman and International Bar Association.

4. Steven Ferry, *Environmental Law*, Critic Publishing House, 2003.

5. Donald Ven De Veer, Christine Pierce, *The Environmental Ethics and Policy Book: Philosophy, Ecology, Economics*, 2nd edition, Wadsworth Publishing Company, 1998.

6. Geoffery Palmer, *Environment: the International Challenge*, Wellington: Victoria University Press, 1995.

7. A. Kiss, D. Shelton, *Manual of European Environmental Law*, Cambridge University Press, 1994.

8. P. Ali Memon, *Keeping New Zealand Green Recent Environmental Reforms*, Dunedin, University of Otago Press, 1993.

9. Veljanovski C. G., *The Economic Approach to Law*, Butterworth, 1981.

10. William L. Prosser, *Law of Tort*, West Publishing Co, 4th Ed. 1971.

11. Randall P. Peerenboom, *Right, Interests, and the Interest in Rights in China*, in Stanford Journal of International Law.

12. Sylvie Demurger, *Infrasture Development and Economics Growth: An Explanation for Regional Disparities in China*, Journal of Comparative Economics, 2001 (29).

13. Dorothy Wright Nelson, *ADR in the Federal Courts—one Judge's Perspective: Issues and Challenges Facing Judges Lawyers, Court Administrators, and the Public*, 2001, Ohio State Journal on Dispute Resolution.

14. *Developments in the Law—The Paths of Civil Litigation*, Harvard Law Review, volume 113, May 2000.

15. Pearlman M. L., *The Land and Environment Court of New South Wales a Model for Environmental Protection*, Water, Air, Soil Pollution, 2000.

16. Cutter, Susan L., Holm, Danika and Clark, Lloyd, *The Role of Geographic Scale in Monitoring Environmental Justices*, Risk Analysis, 1996.

17. Anderton, Douglas L. et al., *Environmental Equity: the Demographics of Dumping*, Demography, 1994.

18. Generally David M. Beatty, *The Last Generation: When Rights Lost Their Meaning*, Human Rights and Judicial Review, 321 (1994).

19. M. E. Winston, *Philosophy of Human Rights*, 1989.

B. A. Ackerman, *The Economic of Property Law*, New York, 1975.

20. *Islamic Principles for the Conservation of the Natural Environment* 13, IUCN and Saudi Arabia, 1983.

21. D. W. Burger, 1*sn' t There A Better Way*, Annual Report on the Stof Judiciary, January 24, 1982.

22. R. J. Bollard, *The Important Role of Town and Country Planning Board*, New Zealand L. J., 1973.

后　记

本书是以我的博士论文为基础修改而成的。而从我顺利完成博士论文那刻开始,我国的环境司法就在发生着日新月异的变化。在此期间,从法律上看,《宪法》《法官法》《人民法院组织法》《法律援助法》《人民陪审员法》《环境保护法》《民事诉讼法》《行政诉讼法》等法律得到修正,《民法典》开始颁行;从制度上看,环境公益诉讼和生态环境损害赔偿诉讼作为救济生态环境公益的两类新型诉讼,在我国获得合法地位;从法院自身看,“四五”司法改革(2014—2018 年)已经完成,正在如火如荼进行“五五”司法改革。因此,本书除了依据最新的法律规定调整了旧有的观点外,还增加了新的内容,如我国的环境公益诉讼和生态环境损害赔偿诉讼,以及国外的生态环境损害赔偿诉讼。

写作过程中,难免有一种岁月如流水的深切感受。完成博士论文的时候,我尚能抓住青春的尾巴,张扬中以一种初生牛犊不怕虎的勇气奋力前进。而今,虽已是不惑的年纪,各种疑惑却接踵而来。好在生于农村长于农村的我,自小就有一股执拗劲儿,从未停下脚步左顾右盼,而是带着疑惑纵使跌跌撞撞也一路前行,正是种种酸甜苦辣成就了如今越发淡定从容的我,心底留下的尽是洗尽铅华的纯美与怀念。

回想起来,2001 年成为王树义老师的硕士研究生,是我人生中一个非常重要的转折点。自此,我这个来自河南偏远乡村的野丫头就与王老师和温老师结下了深厚的师生情缘,他们关心我的学习,关心我的生活。2004 年硕士毕业后,我留在了武汉,我的工作也成了他们牵挂的事情。他们的学识,他们的风范诠释了什么是无疆的大爱,什么是如山的师恩,因此,虽然孤身一人在武汉打拼,我从未感到过孤单。无助、彷徨的时候,王老师和温老师那里永远是温暖的港湾。我人生中的每一个进步,无不凝聚着他们的心血。时至今日,即便我已到为人父母的年纪,又从武汉辗转到天津,他们的关心始终如一,让我对未来更有底气。

身为女性,从罗吉老师身上我知道什么是贤淑雅静,气质如兰,从杜群老师那里感受的则是美丽与智慧的共存;而别涛、蔡守秋、秦大宝、李启家、李广兵、胡滨、柯坚等老师,让我可以很自豪地对朋友、对同事炫耀武大环境法所的老师要才情有才情,要帅气有帅气。亦师亦友的大气情怀让我们这些学子在这里既学到了知识,更懂得了做人的道理,终身受益!

如果说我在硕士阶段懵懵懂懂,博士阶段让我开始体会到做学问的不易与艰辛,那么,从法院离职到高校任教,则让我深刻领悟到什么是"活到老,学到老",什么是"坐得冷板凳",什么是"不忘初心"。行的路越多,遇的人越多,我越明白什么是山外有山,云外有云,什么是无知者无畏。我深知在做学问上,我并不是一个有悟性的人,但我有几十年如一日的勤奋,有他人无可比拟的自律,就这么每天一小步,我终会看到别样的风景!

最后,我要感谢生我养我的父母。他们都是土生土长的农村人,一辈子只晓得"面朝黄土背朝天",从地里刨几个钱供我上学。父亲一辈孩子多,没有上过学,只会识得简单几个字,会写自己的名字。母亲稍微好点,会算简单的账。他们秉持"棍棒底下出才子"的朴素理念监督着我的学习,把我从本科送到硕士,再到博士。不懂事的时候对他们这种粗暴的教育方法我总是又恨又怕,一心想考上大学,逃离他们;等走上工作岗位,开始理解他们的良苦用心的时候,他们已在经年的辛苦劳作中变得苍老虚弱。而此时,他们出奇地保持口径一致,对我永远报喜不报忧。我尚未尽到为人子女的孝道,2014 年父亲去世,3 年后,母亲跟随而去。从此,再也没有人喊着我的乳名叫我回家吃饭,再也没有人记得我的农历生日,再也没有人在我的皮箱里塞满我喜欢吃的家乡美食……没有了父母,我的家也没了,我只能想象着父母对我的殷殷期望,不去回头,一路向前!

还有天津大学法学院的孙佑海院长。作为领导,他为教师们提供了良好的科研环境,给了我莫大的帮助和支持;作为学术带头人,他对法学研究的热忱,时刻感染着我,而他在法学领域的独到见解,则不断给我带来头脑风暴,让我从多个角度去诠释现象,思考问题。

岁月固然是琐碎和平淡的,没有不染纤尘、隔离世俗的童话生活,但是感谢有这么多真情环绕在我身边,让我的每一步都走得笃定和坦然。过去曾有的任性、无理的取闹,都不断随风而去,我开始懂得感悟点点滴滴的精彩,或许是惊喜,或许是悲伤……但不管是哪一种感悟,都是源于生命的馈赠。当我快乐,当我幸福,当我成功,当我优越,当我欣喜的时候,当一切美好辉煌的时刻,我会提醒自己——这是命运的光环笼罩了我。在这个环里,居住着机遇,居住着偶然性,更居住着所有帮助过我,爱我和我爱的人!